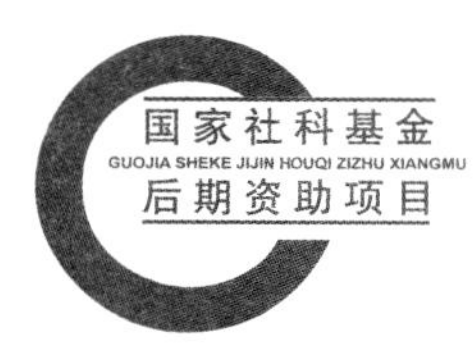

明四夷馆韃靼馆及《华夷译语》韃靼“来文”研究

A Study on the “Da Da Guan” of “Si Yi Guan” in Ming and Mongolian tribute-letters of “Hua-I-I-Yü”

乌云高娃　著

中国社会科学出版社

图书在版编目(CIP)数据

明四夷馆韃靼馆及《华夷译语》韃靼“来文”研究/乌云高娃著.—北京:中国社会科学出版社,2014.11

ISBN 978-7-5161-4242-4

Ⅰ.①明… Ⅱ.①乌… Ⅲ.①蒙古语(中国少数民族语言)—音译—汉字—研究 Ⅳ.①H212.59

中国版本图书馆 CIP 数据核字(2014)第 090972 号

出 版 人 赵剑英
策划编辑 郭沂纹
特约编辑 沂 涟 安 芳
责任校对 刘 俊
责任印制 李寡寡

出 版 中国社会科学出版社
社 址 北京鼓楼西大街甲 158 号(邮编 100720)
网 址 http://www.csspw.cn
中文域名:中国社科网 010-64070619
发 行 部 010-84083685
门 市 部 010-84029450
经 销 新华书店及其他书店

印 刷 北京君升印刷有限公司
装 订 廊坊市广阳区广增装订厂
版 次 2014 年 11 月第 1 版
印 次 2014 年 11 月第 1 次印刷

开 本 880×1230 1/16
印 张 21
插 页 2
字 数 493 千字
定 价 65.00 元

凡购买中国社会科学出版社图书,如有质量问题请与本社联系调换
电话:010-64009791

国家社科基金后期资助项目

出版说明

后期资助项目是国家社科基金设立的一类重要项目，旨在鼓励广大社科研究者潜心治学，支持基础研究多出优秀成果。它是经过严格评审，从接近完成的科研成果中遴选立项的。为扩大后期资助项目的影响，更好地推动学术发展，促进成果转化，全国哲学社会科学规划办公室按照“统一设计、统一标识、统一版式、形成系列”的总体要求，组织出版国家社科基金后期资助项目成果。

全国哲学社会科学规划办公室

序

东亚大陆自古以来便是一片众多民族居住的地方。近二千余年来，中华民族历史演进的主线之一，便是以黄河、长江流域为中心，以定居农耕文化为代表的汉族人，与大漠南北草原游牧民之间的政治、经济与文化交往。语言是不同民族之间交往的主要障碍。汉以前，中原周边各族多未有文字，因此这个时代不同民族间的交往主要依靠舌人——即双语人的口头翻译来沟通。魏晋以后，东亚大陆的经济、社会与文化持续发展，中原周边各族陆续创制了自己的文字，各族间的交流也变得更为多彩，因而研习其他民族语言文字的学问——译学也应运而生。

译学史研究可以有不同的切入点，而原始资料的丰富与否则是影响学者选择研究视角的主要因素之一。遗留至今的有关中国古代译学史的主要资料集中于三个时期，各有其代表性主题：一是宋以前亚洲各民族间以研习、传播佛教为主的文化交流；其次是明代官办番语教习及与四夷馆有关的文献；其三是明中期以后随着传教士的入华而开始的西方文献的汉译。乌云高娃的专著《明四夷馆鞑靼馆及〈华夷译语〉鞑靼“来文”研究》关注的是上述第二个时期。

既往学界与蒙古学有关的《华夷译语》研究，多集中于元明两代各种蒙汉对译字汇，乌云高娃的研究从非母语研习的角度入手，深入地考察了明四夷馆的生徒录取程序、教学内容、考核制度、学制、教师来源和师生待遇等问题，在此基础上，作者进而将研究推进至明鞑靼馆教学以外的职能，特别是首次对鞑靼馆“来文”作了非常深入研究。

在东亚大陆，与明清两代并存的朝鲜王朝也模仿四夷馆设置了外语教学机构——司译院，其中包括“四学”，即汉学、蒙古学、野人学（清代称清学）与倭学。因此，乌云高娃的上述研究，不但展示了明代官办蒙古语教育的主要方面，为前述农耕与草原两大文明交往史研究提供了新的样本，而且对近代以前中国乃至亚洲各国的外语教学史和中外关系史研究，也有重要的参考价值。

乌云高娃自幼入学后一直接受蒙古语教育，至入南京大学攻读博士学位时开始以汉文写作。她在自己的博士论文《明四夷馆及朝鲜司译院研究——以“蒙古语学”为中心》答辩通过之后，以十年之力悉心修改。现在奉献给读者的，是原论文迭经丰富增补以后的有关明四夷馆部分的内容，相信不同学术背景的读者，均能从中汲取有益的营养。

刘迎胜

2013 年 7 月 23 日于南京

目　　录

第一章　绪论

第一节　研究切入点与创新处

自古以来，中原与周边地区的民族有着频繁的交往。中原农耕文明与周边的游牧文明之间，不同民族之间有着不同的语言、文化背景。当不同语言文化背景的人们进行交往时，首先应解决的问题是语言文字的翻译问题。在不懂得彼此语言文字的情况下，需通过译者作为媒介，才能够进行交流与沟通。长期以来，译者在中原王朝与周边民族之间的政治、经济、文化交流中起到了沟通语言的中间人的作用。

自西汉时期开始中原与周边的民族有了频繁的交往，这一时期译者的活动亦非常活跃。汉、唐以来中原王朝以汉语为官方语言，在朝廷内部不需要译者，只有在外交关系方面才需要翻译人员。这一时期，译者主要以口译人员为主，虽然有笔译者，但主要以翻译佛经为主。当少数民族在中原建立统治王朝之后，例如，契丹、女真、蒙古人入主中原建立辽、金、元朝等多元民族国家之后，统治者不通汉语，不识汉字，君臣、官员之间随时需要通过译者才能进行语言文化方面的交流。契丹统治者常令通事翻译汉语，而女真人则在汉地当官皆设置通事，蒙古统治者更是设置了大量的专职翻译人员。而且，契丹、女真、蒙古统治者不仅在外事方面需要翻译人员，在朝廷内部也需要大量的翻译人员，译者的地位和作用大为提高。

从事翻译工作者有口译人员和笔译者之区别。充当口译者有时只需要懂语言即可，不识文字也无妨。但从事笔译者则大不相同，懂得语言的同时也需要识双方的文字。充当口译者掌握其他民族、国家的语言的途径主要有通婚、多民族杂居、战争俘虏等情况。但充当笔译者必须有学习语言文字的过程。笔译人员的培养与语言文字的教学有着密不可分的关系。随着人们对译者的需求的增长，在某一特定的历史时期亦出现了官方设立的专门培养翻译人员的机构，其目的应该是重点培养兼通语言文字的笔译人员。笔者将这些培养翻译人员并兼负翻译工作的机构命名为“译学”。“译学”兼有进行双语教学与担负翻译工作的双重性质。

汉、唐、宋时期，统治者与朝廷官员基本上由汉族组成，朝廷内部交流只需用汉语即可，并不需要很多的译者，这一时期，尚未出现过官方设立的专门培养翻译人员的机构。充当译者的人可能是通过不同民族间的通婚、多民族杂居、在战争中被俘虏等情况下掌握了其他民族的语言文字而充当“译者”的。

金元时期，汉语作为唯一官方通用语的现象有所改变，在官方语言教学中也出现了教习女真、蒙古语言文字的情况。那么，金朝所设的女真语学校和元代设立的"蒙古国子学"、"蒙古字学"是否能称得上"译学"机构呢？由于史料不足，金朝的女真语学校和元代的"蒙古国子学"、"蒙古字学"的具体教学内容尚不清楚，金朝的女真语学校是否进行过女真语和汉语的双语教学，元代的"蒙古国子学"、"蒙古字学"是否进行过蒙古语和汉语的双语教学，这些学校的教授和生徒是否从事翻译工作不得而知。但是，金代女真语学校和元代的"蒙古国子学"、"蒙古字学"的设立目的很有可能与培养翻译有关，至少可以肯定这些学校培养出来的人员，其中有一部分人应该充当过朝廷的翻译人员。

古代早有译官的培养，但是，设立培养译官的专门机构是从明代才开始的。明代的四夷馆、清代的四译馆均属于官方设立的"译学"机构。明四夷馆和清四译馆进行汉语与非汉语的双语教学，同时，这里培养出来的译官负责政府的语言文字的翻译工作。

明朝是继元朝多元民族国家之后由汉族建立的统治王朝，这一时期与汉、唐、宋一样，汉语作为唯一的官方语言。但是明朝与汉、唐、宋朝不同，经过契丹、女真、蒙古等边疆民族在中原的统治，不得不使明朝对蒙古、女真等族随时进行提防。为了了解蒙古、女真的情况及其动向，明朝非常重视译者的培养问题，为培养外交翻译人员，在永乐五年（1407）专门设立四夷馆，内设鞑靼、女直、西番、西天、回回、百夷、高昌、缅甸、八百、暹罗等十馆，负责四夷往来文书的翻译，并在此教习诸蕃语言文字。

明灭元之后，亦与北元有着外交关系，为了培养与北元交往的翻译人才，明政府在四夷馆设"鞑靼馆"，教习蒙古语言文字，培养兼通蒙、汉语言文字的翻译人员。鞑靼馆培养的兼通蒙、汉语言文字的"译官"在明与蒙古、女真的交往中起到了重要的媒介作用。那么，为何说在四夷馆有女真馆的情况下，鞑靼馆"译官"在明与女真的交往中起到了重要的媒介作用呢？这种说法不是没有根据的。自明正统九年（1444）以后开始，女真各部逐渐放弃使用女真文字，开始使用蒙古文字，女真与明朝交往时，出现了往来文书使用蒙古语言文字的现象。而且有史料证明明四夷馆"鞑靼馆"的翻译人员在负责翻译明与蒙古的往来文书的同时，曾经代译过"女真馆"的来文。由此可见，在满族使用蒙古语、借助蒙古文字创制满文之前，明代的女真人已经深受蒙古语言文化的影响，可以肯定明代女真人中有一些通蒙古语言文字的人。

满族入主中原之后，继承明代传统，将四夷馆改为四译馆，继续进行诸番语言文字的教学并培养通诸番语言和汉语的翻译人员。但清朝统治者裁掉了四译馆中的鞑靼馆和女真馆。裁撤女真馆的主要原因应该是满族早已不再使用女真文字，已开始使用满文，并不需要通汉语和女真语言文字的翻译。裁撤鞑靼馆的原因也许与漠南、漠北蒙古各部归附清朝之后不再是"外夷"，蒙古语言文字也成为清朝政府的通用语之一，清朝政府中并不缺少通蒙古语者有关。此外，在清朝满语成为国语，满语与汉语、蒙古语并用。因此，清朝政府设立八旗官学，给八旗满族和蒙古族子弟教习满语和蒙古语。清朝政府在科举中也特设了翻译科考试，用来选拔满文和蒙古翻译。这也是清朝将四译馆中的女真馆和鞑靼馆裁撤的原因之一。

清朝培养从汉语翻译成满语、再从满语翻译成蒙古语的译者，即培养这种在朝廷内部所需的翻译的情况与金、元两朝的女真语学校和蒙古国子学、蒙古字学培养翻译基本相似。这与我所界定的译学机构有所区别。清朝将培养通诸番语言文字的翻译和培养满语、蒙古语的翻译没有等同对待。两者的重要性和重视程度有所不同。在四译馆培养兼通汉语和西番、西天、回回、百夷、高昌、缅甸、八百、暹罗、朝鲜、苏禄、南掌、西洋语言文字的翻译人员，这属于我所命名的“译学”范畴。从清朝的这种两个体系的培养翻译人员的机构，清楚地看出，金、元的女真语学校、蒙古语学校和清朝的八旗官学教习满语和蒙古语，主要是选拔朝廷内部所需的翻译人员，对朝廷来说非常重要，应该引起朝廷足够的重视。明四夷馆、清四译馆是培养和选拔在外交、朝贡贸易中充当翻译者，重视程度及其性质都与前者有所不同。

本书以中国、日本、德国图书馆保存的鞑靼馆“来文”为中心，对明四夷馆鞑靼馆“来文”进行校释，探讨明代四夷馆的蒙古语教学、文书翻译、译官的活动等问题。

首先，通过对现存的明四夷馆鞑靼馆“来文”蒙汉文部分进行比勘对照，加以注解，可分析当时鞑靼馆教授、译字官、译字生掌握蒙古语的情况及翻译水平。其次，通过对洪武本《华夷译语》中的“鞑靼来文”进行拉丁转写，还原成蒙古文原文，寻找明代以汉字标记蒙古语的特点及其拼写规律。

此项研究的开展，不仅有助于探讨蒙古语言文字教育史，对研究明代蒙古文书翻译及译官的活动等问题，也有所裨益。其次，探讨明朝与周边民族的朝贡关系，不仅有助于中原文化与周边民族文化交流史的深入研究，而且也具有重要的现实意义。

本书的主要创新之处在于：

1. 明四夷馆鞑靼馆的译官有代译女真馆“来文”的现象，其原因是自明正统九年（1444）开始，女真人与明朝往来的文书改用蒙古文字书写，这证明当时除了明朝有官办学校教习蒙古文字之外，明代的部分女真人也有可能学习蒙古语言文字。这可能是清初满族人中有不少通蒙古语者，并根据蒙古文字创制满文的背景之一。

2. 在日本东洋文库、德国柏林图书馆、北京图书馆善本室所藏的《华夷译语》中的鞑靼馆“来文”进行比较，发现这些鞑靼馆“来文”中有以蒙古语书写的女真馆“来文”，这证明明四夷馆鞑靼馆的译官确实曾经代译过女真馆“来文”。这一发现不仅有助于开展明四夷馆鞑靼馆的研究，对明代女真史的研究也提供了新的史料。

第二节　前人研究

笔者在检索前人研究时注意到，国内外学者虽对明四夷馆有所研究，但尚未出现全面探讨整个“译学”中蒙古语教习活动的论著，且这一语言学界早已关注的课题，尚未引起史学界的足够重视。过去学者只是在探讨《蒙古秘史》的汉字音译与《华夷译语》的编撰问题时，提到过上述两书的编撰目的是作为教习蒙古语的教科书，而对明代四夷馆的教学体制、翻译人员在与周边民族、国家的交往中所起到的作用等问题重视不够。

换言之，既往的研究多集中于语言、译语的研究。在对四夷馆各馆的研究中，对女真馆、回回馆的研究近年来有所进步，而关于鞑靼馆及其蒙古语教学、蒙汉翻译活动等问题的研究则相对薄弱。

有关鞑靼馆的研究情况，他们的研究多是语言学的，从史学角度所进行的研究并不多。

学界对四夷馆的蒙古语教学、文书翻译等问题也不够重视。

一 对明四夷馆的研究

前人有关明四夷馆的研究主要有：日本学者神田喜一郎的《关于明四夷馆》[①]一文，就明朝设置四夷馆的年代、设置原因、四夷馆的教师、生徒等问题进行了研究。关于四夷馆设置之初属翰林院，后来是否改属太常寺这一问题，作者依据《大明会典》的记载，认为“弘治七年（1494）开始增设太常寺卿、少卿各一员为提督四夷馆是事实。四夷馆改属太常寺是绝不可能的事情，应该是《明史》职官志记载之误”[②]。

田坂兴道的《最近关于四夷馆及华夷译语的研究》[③]一文，篇幅不大，介绍了我国学者向达、罗振玉、西方学者威立德、伯希和、福克斯及日本学者山崎忠等六位学者有关“四夷馆及《华夷译语》”的研究论文目录。

吕维琪的《四译馆则》增定馆则中详载明嘉靖、万历年间有关四夷馆的规章制度等情况，是研究明四夷馆的珍贵史料。那波利贞的《四译馆则》[④]一文，介绍了日本富冈谦藏氏所藏《四译馆则》，并对其重要的史料价值加以肯定。

我国学者向达的《记巴黎本王宗载〈四夷馆考〉——瀛涯琐志之二》[⑤]一文，探讨了王宗载《四夷馆考》（巴黎本）的编撰时间、内容、王宗载的生平等问题。张文德的《王宗载及其〈四夷馆考〉》[⑥]一文，在向达先生的研究基础上，进一步探讨了《四夷馆考》的资料来源和史料价值。指出此书实际上是四夷馆译字生的学习参考书，主要以抄本的形式在四夷馆（或清四译馆）内部流传，清乾隆时禁毁书目中未见其名或许与此有关。此书主要是以李贤的《大明一统志》、郑晓的《皇明四夷考》和《皇明北虏考》为基础写成的，同时涉及严从简的《殊域周咨录》的部分内容。其最有价值的部分是作者记载的隆庆、万历年间鞑靼、暹罗等历史，以及有关四夷馆活动的内容。

刘迎胜师的《宋元至清初我国外国语教学史研究》[⑦]、《明代中国官办波斯语言教学教材源流研究》[⑧]和《古代中原与内陆亚洲地区的语言交流》[⑨]等论文，探讨了明四夷馆的设立、回回馆的波斯语教学等问题。他在后一文中，指出北魏时初设四夷馆，为外国使臣居住的宾馆，包括金陵、燕然、扶桑、崦嵫等四馆。并认为明代的四夷馆不同于前代，它主要是一个

---

① 神田喜一郎：《明の四夷館に就いて》，《史林》第12卷第4号，1927年，第1—16页。

② 同上书，第6页。

③ 田坂兴道：《最近における四夷馆及び华夷译语の研究》，《东洋学报》第33卷第3、4号合刊本，1951年，第145页。

④ 那波利贞：《四译馆则》，《史林》第13卷第3号，1928年，第145—146页。

⑤ 向达：《记巴黎本王宗载〈四夷馆考〉——瀛涯琐志之二》，收于《唐代长安与西域文明》，生活·读书·新知三联书店1957年版，第653—660页。

⑥ 张文德：《王宗载及其〈四夷馆考〉》，《中国边疆史地研究》2000年第3期，第89—100页。

⑦ 刘迎胜：《宋元至清初我国外国语教学史研究》，《江海学刊》1998年第3期，第112—118页。

⑧ 刘迎胜：《明代中国官办波斯语言教学教材源流研究》，《南京大学学报》（哲学社会科学版）1991年第3期，第104—109页。

⑨ 刘迎胜：《古代中原与内陆亚洲地区的语言交流》，《学术集林》卷7，上海远东出版社1996年版，第167—203页。

语言、文字的翻译机构和学习机构。①

特木勒的《明暹罗馆设置考》② 一文，探讨了四夷馆增设暹罗馆的背景、暹罗馆的设置情况、握闷辣等人在中泰两国关系史上的作用等问题。他的《迁都前明朝四夷馆方位小考》③一文，指出四夷馆在明朝迁都前在南京的位置是在长安右门外。

乌云高娃的《14—18 世纪东亚大陆的“译学”机构》④ 一文，指出四夷馆在北京的位置不是在长安右门外，而是设在长安左门外。她的《明四夷馆“鞑靼馆”研究》⑤ 一文，对明四夷馆及鞑靼馆的设置年代、鞑靼馆的蒙古语教学及其内容、鞑靼馆译官的文书翻译活动等问题作了探讨。指出明初鞑靼馆缺少教师，四夷馆各馆缺教师时，从本馆年深职官内，选擅长翻译，行为端正者中挑选。自 1566 年开始，四夷馆生徒专从世业子弟中挑选。鞑靼馆“译语”和“来文”是鞑靼馆教习蒙古语的主要教科书。鞑靼馆负责翻译明与北元、女真部交涉事务中的朝贡、贸易外交文书。馆中教师、译字官、译字生，都参与文书翻译工作。有时为了验放夷人进贡“表文”，鞑靼馆官生经常被派到边关。鞑靼馆除了翻译明与蒙古的往来文书之外，代译女真馆文书。因此，翻译任务非常繁忙。

二　对《华夷译语》的研究

《华夷译语》是四夷馆十馆为教习诸番语言文字而编撰的番汉合璧教科书。日本学者对《华夷译语》多有研究。《华夷译语》有广、狭两义，广义的《华夷译语》是四夷馆编撰的诸番语言和汉语的对译辞书。按天文、地理、人事、器物分门别类，对诸番语词汇进行汉译并列出汉字音译。狭义的《华夷译语》单指洪武本《华夷译语》。

《华夷译语》可分为三种不同版本，国内学者分别称为洪武本、永乐本、会同馆本。

洪武本《华夷译语》是洪武十五年（1382）明太祖命火源洁、马沙亦黑等编撰的译语，洪武二十二年十月十五日附翰林学士刘三吾之序锓板刊行。只有蒙古译语一种。由译语和“来文”两部分组成。译语有汉字音译蒙古语，没有蒙古语原文。“来文”部分有汉字音译蒙古语，汉文直译，汉文义译等。

永乐本《华夷译语》是永乐五年（1407）初设四夷馆之后，乃至到清朝四译馆，由各馆馆员编修的诸番语言和汉语的对译语汇，不同抄本的内容有所不同。有诸番语言和汉语对译的《译语》和《杂字》部分。有些《译语》还有诸番语言和汉语互译的“来文”，即诸番来使向中国进贡表文。会同馆本《华夷译语》是明末茅瑞征所辑，只有汉语和汉字音译诸番语言，没有诸番语言的原文，而且，缺少“来文”部分。日本学者石田干之助则称洪武本《华夷译语》为甲种本、永乐本《华夷译语》为乙种本、会同馆本《华夷译语》为丙种本。长期以来，日本学术界认同这种分类法。

日本学者关于《华夷译语》的研究，早在幕府时代末年，近藤守重将试图对《华夷译

① 刘迎胜：《古代中原与内陆亚洲地区的语言交流》，《学术集林》卷 7，第 179、191—192 页。

② 特木勒：《明暹罗馆设置考》，《元史及民族史研究集刊》第 14 辑，南方出版社 2001 年版。

③ 特木勒：《迁都前明朝四夷馆方位小考》，《元史及民族史研究集刊》第 14 辑，2009 年 12 月。

④ 乌云高娃：《14—18 世纪东亚大陆的“译学”机构》，《黑龙江民族丛刊》2003 年第 3 期。

⑤ 乌云高娃：《明四夷馆“鞑靼馆”研究》，《中央民族大学学报》2002 年第 4 期。

语》进行研究。在所著《安南纪略稿》（《近藤正斋全集》卷一，第86—93页）中，收入了有关丙种本《华夷译语》中“安南馆译语”的研究。

日本早期学者中，内藤湖南（虎次郎）、羽田亨和石田干之助等对《华夷译语》的关注和研究，使《华夷译语》诸多抄本和各种复制本公之于世。他们在日本的《华夷译语》研究史上作出了很大贡献。

明治四十年（1907），内藤湖南以“日本满洲交通略说”为题进行演讲，涉及《华夷译语》的解题、已往的研究状况等问题。并试图对《吾妻镜》中女真文字四字铭进行解释。大正六年（1917）六月十三日，他在大阪“每日新闻”以谈话笔记的形式发表了《〈华夷译语〉的发现》（《内藤湖南全集》第十二卷，东京，筑摩书房1970年版）一文，就《华夷译语》进行概述，并将自己得到的明抄本公布于世。明治三十一年（1902），内藤湖南发表了《蒙文〈元朝秘史〉》（《史学杂志》第3编第3号）一文，成为日本研究《蒙古秘史》的开端。那么，其《〈华夷译语〉的发现》一文的发表，也称得上是日本学者研究《华夷译语》的开端。

羽田亨的《〈华夷译语〉的编者马沙亦黑》（《东洋学报》，第七卷第三号，1917年）一文，认为马沙亦黑与《华夷译语》的编撰有关，但与《蒙古秘史》的汉字音译没有关系。

鸳渊一、村上嘉实的《关于新〈华夷译语〉》（《史林》，第十七卷第二号，1932年）一文，介绍了新《华夷译语》的情况。此文的研究对象不属于石田干之助所提出的甲、乙、丙三种版本《华夷译语》系统。这里所谓新《华夷译语》是指德国学者福克斯发现的我国故宫所藏的一批《华夷译语》。这批《华夷译语》应是1748年，清四译馆改为会同四译馆之后所编撰的版本。包括36种语言或方言。1943年石田干之助提出对《华夷译语》应该另立新类。自1968年开始，日本学术界将这批《华夷译语》命名为丁种本。后来，1973年西田龙雄又称此《华夷译语》为“多续《华夷译语》”。

外山军治的《关于阿波国文库〈华夷译语〉》（《史林》，第二十三卷第三号，1938年）一文，篇幅很短，认为《华夷译语》不单是一种诸番语言的辞典，对史学、语言学的研究，也有重要的史料价值。

山崎忠的《我国〈华夷译语〉研究史》（《朝鲜学报》第五辑，1953年）和《我国〈华夷译语〉研究史补遗》（《朝鲜学报》第六辑，1954年），介绍了日本学者对《华夷译语》诸番“译语”的研究状况，就日本学者对《华夷译语》的研究史进行了研究和总结。为我们了解日本早期学者有关《华夷译语》的研究状况提供了线索。他对《华夷译语》甲种本、乙种本都有所研究，他一人有关《华夷译语》的研究论文，就有十多篇。

他的《关于〈华夷译语〉的资料——以所谓甲种本为中心》（《宗教文化研究所报》第十一辑，1950年10月），《关于甲种本〈华夷译语〉的音译用字》（《宗教文化研究所报》第十五辑，1951年10月），《甲种本〈华夷译语〉的音译汉字研究》（《天理大学学报》第三卷第一号，1951年）及《增订〈华夷译语〉语释（1）——所谓甲种本的语汇部分A》（《天理大学学报》第4卷第3号，1953年）等文章，对洪武本《华夷译语》的音译汉字的用法、语汇等方面进行了研究。

我国学者对《华夷译语》的研究，有闻宥先生在1977年撰写的未刊遗稿《国外对于〈华夷译语〉的收藏和研究——兼介绍西田龙雄的〈研究丛书〉》①。该文简单介绍了英国、法国、日本所藏《华夷译语》的情况，并介绍了西田龙雄计划出版的《〈华夷译语〉研究丛书》。

冯蒸的《〈华夷译语〉调查记》② 一文，对《华夷译语》的分类、北京地区《华夷译语》的调查、九种《川番译语》、《译语》和《河西译语》等问题作了介绍。

乌云高娃的《明四夷馆和朝鲜司译院研究状况及史料简介——以“蒙古语学”为中心》③ 一文，对国内外学者有关明四夷馆和朝鲜司译院的研究状况及基本史料做了介绍。

乌云高娃的《朝鲜司译院的“类解书”与〈华夷译语〉》④ 一文，根据《译语指南序》的记载，认为15世纪朝鲜司译院编撰的汉、蒙、倭、女真语学的分类辞书与明代《华夷译语》有承传关系。司译院根据《译语指南》编纂了蒙、倭、女真学的分类辞典，命名为《物名》。17、18世纪司译院官员在《译语指南》、蒙、倭、女真学《物名》的基础上，对司译院的“类解书”进行修订，对汉、蒙、倭、清学的分类辞书，分别命名为《译语类解》、《蒙语类解》、《倭语类解》、《同文类解》。可见，司译院的“类解书”与《华夷译语》有一定的承传关系。

日本学者对《华夷译语》的成书年代和《蒙古秘史》音译年代的先后问题也有所研究。主要有两种观点：一是那珂通世、内藤湖南、服部四郎、石田干之助等认为《蒙古秘史》的汉字音译在先，另一种是小林高四郎和村山七郎所持的《华夷译语》的成书年代为先的观点。这里提到的《华夷译语》，主要是指编撰于明朝洪武十五年（1382）的甲种本。那珂通世在《成吉思汗实录》（大日本图书，1907年版，1943年新版，筑摩书房）序文中指出：《华夷译语》取元朝秘史为参考，对蒙古语的音和意都进行了汉译，因此，首先对《蒙古秘史》进行了汉字音译，并对词语及段落，进行了汉译（旁译和总译）。其目的不是为了理解历史，而是为了理解蒙古语。所以那珂通世认为《华夷译语》成书年代晚于《蒙古秘史》的汉字音译年代。小林高四郎在《元朝秘史研究》（东京日本学术振兴会，1954年）中，将《元朝秘史》汉字音译年代与《华夷译语》的成书年代进行比较，断定《元朝秘史》的汉字音译年代为明朝洪武二十二年（1389）到明朝洪武三十一年（1398）之间。并认为《元朝秘史》的汉字音译者，也许是《华夷译语》的编撰者翰林院侍讲火源洁、马沙亦黑等。村山七郎在《关于〈华夷译语〉与〈元朝秘史〉的成立先后问题的解决》（《东方学》第二十二号，1961年）一文中，也认为是《华夷译语》的成书年代要早于《蒙古秘史》的汉译年代。关于这一问题，小泽重男在《元朝秘史》（岩波书店1994年版）中，认为《元朝秘史》是在编修《华夷译语》的过程中进行汉字音译的，《元朝秘史》的正卷卷一、卷二是与《华夷译语》的语汇部分一起进行汉字音译的。

---

① 闻宥《国外对于〈华夷译语〉的收藏和研究——兼介绍西田龙雄的〈研究丛书〉》，（张永言先生提供）《学术集林》卷7，上海远东出版社1996年版，第244—249页。

② 冯蒸：《〈华夷译语〉调查记》，《文物》1981年第2期，第57—68页。

③ 乌云高娃：《明四夷馆和朝鲜司译院研究状况及史料简介——以“蒙古语学”为中心》，《元史及民族史研究集刊》第15辑，2002年8月。

④ 乌云高娃：《朝鲜司译院的“类解书”与〈华夷译语〉》，《华夷译语论文集》，日本大东文化大学语学教育研究所，2007年10月。

德国学者福克司（Walter Fuchs）发现收藏在北京故宫博物院图书馆（寿安宫）的一部《华夷译语》与石田干之助所划分的甲、乙、丙三种版本的《华夷译语》有所不同，这批《华夷译语》原藏于故宫方略馆，但这批《华夷译语》是属于清四译馆为教习诸番语言文字而编纂的教科书。福克司将这批《华夷译语》命名为新《华夷译语》。他在《关于新〈华夷译语〉》一文中，介绍了这一版本《华夷译语》的情况。[①] 1968 年日本学者将此版本的《华夷译语》定名为丁种本。[②] 笔者根据北京故宫博物院图书馆所作图书卡片，认为应将这批《华夷译语》命名为清写本《华夷译语》。

乌云高娃的《清四译馆“西洋馆”》[③] 一文，对清四译馆的设置及演变、清写本《华夷译语》中的“西洋馆”杂字、西方传教士与“西洋馆”等问题进行探讨，指出清代的四译馆是为培养翻译人才而设立的专门机构。清写本《华夷译语》是保留至今的清四译馆所用教科书之一。根据清写本《华夷译语》中的“西洋馆杂字”，认为清代的会同四译馆应该增设过“西洋馆”。

三 对诸番“译语”的研究

日本学者对《华夷译语》诸番“译语”的研究情况也有所不同。有关女真馆译语、日本馆译语、朝鲜馆译语、回回馆译语、鞑靼馆译语等，日本学者的研究非常深入、全面。而其他各馆译语的研究则相对薄弱，专题性论文少。20 世纪 50 年代之前，《华夷译语》诸番“译语”中，日本学者除了对“暹罗馆译语”未进行研究外，对其他各馆“译语”均有所研究。20 世纪 50 年代以后，日本学者对《华夷译语》及各馆“译语”的研究，也取得了新的成就。

关于“女真馆译语”石田干之助的研究成绩显著。他的《女真语研究的新资料》[④] 一文，将《华夷译语》详细地分为甲、乙、丙三种版本，并介绍了乙、丙种版本的所藏情况。列出载有“女真译语”的乙种本的六种抄本以及《华夷译语》丙种本的九种抄本。他所列乙种本的六种抄本分别为：（1）柏林国立图书馆所藏抄本，明抄本二十四册。（2）柯劭忞所藏明抄本。（3）东洋文库所藏明抄本。（4）内阁文库所藏抄本。（5）英国剑桥大学图书馆所藏《华特搜集》中的称为《译字》的抄本。（6）内藤博士所藏抄本。丙种本的九种抄本分别为：（1）伦敦大学学院所藏罗伯特·莫里逊收藏的明抄本。（2）近藤守重目睹并著录于《正斋书籍考》的本子。（3）松泽老泉著录于《汇刻书目外集》的本子。（4）河内所藏法国远东学院的本子。（5）稻叶君山秘藏本，内藤博士本和京都帝国大学本是此秘藏本的副本。（6）水户彰考馆所藏本。（7）清王闻远《孝慈堂书目》见所谓“十国译语”的本子。（8）静喜堂文库所藏本。（9）德岛市光庆图书馆内旧阿波国文库所藏本。并认为续编的《华夷译语》载有朝鲜、琉球、日本、安南、占城、暹罗、鞑靼、畏兀儿、西番、回回、满剌加、女直、百夷等 13 种语言的对译语汇。他的《女真语杂俎》（池内博士还历纪念《东洋史论丛》，1940 年）

---

① 福克司：《关于新〈华夷译语〉》，《辅仁英文学志》第 8 期，民国二十年（1931）十二月出版，第 91—97 页。Walter Fuchs: Remarks on a new “Hua - I - I - Yü”, Bulletin of the Catholic University, peking, No. 8, 1931.

② 大友信一、木村晟：《日本馆译语》，东京洛文社 1968 年版，第 37 页。

③ 乌云高娃：《清四译馆“西洋馆”》，澳门政府文化局《文化杂志》第 53 辑，2004 年冬季刊。

④ 石田干之助：《女真语研究の新资料》，刊于（桑原博士还历纪念）《东洋史论丛》1931 年，第 1271—1312 页。

一文，借助格鲁伯所校勘的《华夷译语》，对《方氏墨谱》所见女真字铭文进行了考释。并在文章之后附录静喜堂文库所藏本中的“女真馆译语”部分。

稻叶岩吉的《吾妻镜女真字的新研究》[①] 一文，就“女真馆译语”语汇部分进行了研究。秋山谦藏的《镰仓时代女真船的来航——〈吾妻镜〉的女真文字和〈华夷译语〉中的女真文字的比较》[②] 一文，介绍了东洋文库本《华夷译语》，并对《吾妻镜》的女真文字和《华夷译语》中的女真文字，进行了比较研究。渡部熏太郎的《女真语的新研究》[③] 一文，对阿波文库本、静喜堂本、石田干之助《女真语研究的新资料》中提到的资料进行校订，并对“女真译语”语汇进行注解。山本守的《静喜堂本“女真馆译语”考异》[④] 一文，考释了阿波文库本和静喜堂本“女真译语”的异同。

日本学者关于“日本译语”的研究，有伊波普猷的《介绍日本译语》[⑤] 一文，就《华夷译语》进行概述，对“日本馆译语”全部语汇进行了研究。秋山谦藏的《明代支那人的日本语研究》[⑥] 一文，论述了《华夷译语》编撰的缘由、藏书状况等问题，以会同馆本“日本馆译语”为基础，根据其分类对“日本寄语”进行了研究。浅井惠伦的《校本日本译语》[⑦] 一文，没有对“日本馆译语”语汇进行注释，以伦敦本为底本，对阿波本、静喜堂本、稻叶本“日本译语”进行校订，并指出异同。另外，有服部四郎的《“琉球馆”和“国语”的音韵法则（二）》[⑧]。

渡边三男的《关于〈华夷译语〉及“日本馆译语”》（1）、（2）[⑨] 一文，就《华夷译语》丙种本中的“日本馆译语”的语汇进行了注解。还有大友信一、木村晟的《日本馆译语》[⑩] 一书。

关于《华夷译语》“朝鲜馆译语”，有小仓进平的《“朝鲜馆译语”语释》（上、下）[⑪] 一文，在总结前人研究成果的同时，就《华夷译语》丙种本中的“朝鲜馆译语”中的天文、地理、时令、花木、鸟兽、宫室、器用、人物、人事、身体、衣服、声色、珍宝、文史、数目、干支、卦名、通用等18个门类，共596个词汇进行了注解。提出甲种本《华夷译语》只有“蒙古译语”一种，因此，可将其命名为“华蒙译语”或“华鞑译语”。并认为《华夷译语》对研究明代语言来说，具有重要的史料价值。

日本学者当中，首先对“回回馆译语”进行研究的学者是津吉孝雄。田坂兴道和本田实

---

① 稻叶岩吉：《吾妻镜女真字的新研究》，《青丘学丛》第九号，1931年。

② 秋山谦藏：《镰仓时代女真船的来航——〈吾妻镜〉的女真文字和〈华夷译语〉中的女真文字的比较》，《历史地理》第六十五卷第一号，1935年。

③ 渡部熏太郎：《女真语的新研究》，《亚细亚研究》第十二号，1935年。

④ 山本守：《静喜堂本“女真馆译语”考异》，《书香》第十六卷第十号，1943年。

⑤ 伊波普猷：《介绍日本译语》，《方言》第二卷第九号，1932年。

⑥ 秋山谦藏：《明代支那人的日本语研究》，《国语和国文学》第十卷第一号，1933年。

⑦ 浅井惠伦：《校本日本译语》，《安藤教授还历祝贺纪念论文集》，1940年。

⑧ 服部四郎：《“琉球馆”和“国语”的音韵法则（二）》，《方言》第二卷第九号，1932年。

⑨ 渡边三男：《关于〈华夷译语〉及“日本馆译语”》（1）、（2），《驹泽大学研究纪要》第十八、十九辑，1960年、1961年。

⑩ 大友信一、木村晟：《日本馆译语》（本文和索引），东京，洛文社1968年版。

⑪ 小仓进平：《“朝鲜馆译语”语释》（上、下），《东洋学报》第二十八卷第三、四号，1941年。

信两位学者在“回回馆译语”研究方面，取得了显著成果。

津吉孝雄的《关于回回馆译语》① 一文，介绍了“回回馆译语”的情况，并对“回回馆译语”中的一些波斯语词汇进行了研究。

田坂兴道的《有关“回回馆译语”的觉书》② 一文，在石田干之助的研究基础上，介绍了《华夷译语》的版本和抄本。并认为小仓进平的《“朝鲜馆译语”语释》一文的发表，可以说是《华夷译语》研究史上的一大伟观。他的《“回回馆译语”语释》（一）至（四)③，就“回回馆译语”进行了全面、细致的研究。对“回回馆译语”中的天文、地理、时令、人物、人事、身体、宫室、鸟兽、花木、器用、衣服、饮食、珍宝、声色、文史、方隅、数目、通用等18个门类的所有词汇进行了注释。他在石田干之助的研究基础上，在《“回回馆译语”语释（一)》一文中，列出了乙种本的十种抄本和丙种本的九种抄本。乙种本的十种抄本分别为：(1）柏林国立图书馆所藏抄本，明抄本二十四册。(2）柯劭忞所藏明抄本。(3）东洋文库所藏明抄本。(4）内阁文库所藏抄本。(5）英国剑桥大学图书馆所藏《华特搜集》中的称为《译字》的抄本。(6）内藤博士所藏抄本。(7）巴黎国民图书馆所藏抄本，清代抄本。(8）巴黎亚洲协会抄本，清康熙年间抄本。(9）Edkins 旧藏现大英博物馆藏本，明代版本。(10）京大·东洋文库·Edkins 旧藏别本·神田教授所藏本。丙种本的九种抄本与石田干之助的所列相同。

另外，他的《“回回馆译语”及其国际性》④ 一文，篇幅虽短，但提出了值得关注的论点。他认为回回馆“译语”和“来文”，对东西交涉史的研究，有重要的史料价值，能够反映明代东西交涉史的实态。不仅东西土耳其斯坦和伊朗各地方国家，要通过回回馆与明朝进行朝贡、贸易往来。而且，西亚、非洲以及欧洲国家乃至南亚诸国的一部分，也要通过回回馆与明朝通好。四夷馆中单回回馆一馆，就不只局限于单一民族、国家的交往，在明朝与世界的各国经济、文化交往中，起到了极为广泛的国际性作用。

在田坂兴道之后，本田实信对“回回馆译语”进行了详细的研究。他的《关于“回回馆译语”》⑤ 一文，将西德杜宾根大学等六个海外图书馆藏本与日本的几种抄本进行互校。

辻直四郎的《西天馆译书调查报告（序言)》⑥ 一文，是最早试图对“西天馆译语”进行研究的论文。

关于《华夷译语》“西番馆译语”，有西田龙雄的《丙种本“西番馆译语”研究》⑦ 一文。他的《多续译语研究》⑧，对故宫所藏所谓的新《华夷译语》，日本学者定为丁种本的《华夷译语》进行了研究。

---

① 津吉孝雄：《关于回回馆译语》，《东洋史研究》，第二卷第二号，1936 年。

② 田坂兴道：《有关“回回馆译语”的觉书》，《回教圈》第六卷第五号，1942 年。

③ 田坂兴道：《“回回馆译语”语释》（一）至（四)，《东洋学报》第三十卷第一、二、四号，1943 年；第三十三卷第三号，1951 年。

④ 田坂兴道：《“回回馆译语”及其国际性》，《东洋史研究》第八卷第一号，1943 年。

⑤ 本田实信：《关于“回回馆译语”》，《北海道大学文学部纪要》第十一辑，1963 年。

⑥ 辻直四郎：《西天馆译书调查报告（序言)》，《东洋学报》第三十一卷第二号，1947 年。

⑦ 西田龙雄：《丙种本“西番馆译语”研究》，《京都大学文学部研究纪要》第七辑，1963 年。

⑧ 西田龙雄：《多续译语研究》，京都，松香堂，1973 年版。

聂鸿音、孙伯君《〈西番译语〉校录及汇编》[①]，对明清时代编译《华夷译语》、国内外学者对《华夷译语》的研究情况、清代九种《西番译语》的地域分布等问题进行探讨，并对清写本《华夷译语》中的九种《西番译语》进行校录。指出明清两代中央政府设有联络、接待外国及中国少数民族往来信使的专门机构，这一机构出于日常翻译参考和培养生员的需要，编写过一批汉语和外国语或少数民族语对译的辞典，后世统称为“华夷译语”。成书于乾隆十五年（1750）的《西番译语》为其中之一。它展示了近300年前四川省西北地区的少数民族语言面貌，提供了数百则常用词语，是藏缅语族历史、文化、语言研究一份珍贵的参考资料。

三田村泰助《关于“暹罗译语”》[②]一文，对一直以来日本学者未能研究的“暹罗馆译语”进行了研究。

道尔吉、和希格的《女真译语研究》[③]，对明四夷馆女真馆来文进行了系统的研究。另外，还有和希格的《永乐〈女真译语〉词汇总论》一文[④]。乌云高娃《明四夷馆“女真馆”和朝鲜司译院“女真语学”》[⑤]一文，对明四夷馆“女真馆”和朝鲜司译院“女真语学”进行了比较研究，指出明四夷馆“女真馆”和朝鲜司译院“女真语学”均为教习女真语言文字并负责翻译女真文书的“译学”机构。

关于《华夷译语》的“回回馆译语”，刘迎胜师以我国北京图书馆所藏《回回馆杂字》和《回回馆译语》为依据，在日本学者田坂兴道、本田实信的研究基础上，对《华夷译语》中《回回馆杂字》和《回回馆译语》进行了详细的研究。他的《明代中国官办波斯语言教学教材源流研究》[⑥]一文，指出明代波斯语言教学，分为官办教育和民间授受两大类。官办教育主要指四夷馆和会同馆中的“回回馆”以培养翻译为目的的教学活动。其所用教材，保留至今者有《回回馆杂字》和《回回馆译语》。他的《古代中原与内陆亚洲地区的语言交流》[⑦]一文，指出北魏时初设四夷馆是使外国人居住的宾馆，有金陵、燕然、扶桑、崦嵫等四馆。明代的四夷馆不同于前代，它主要是一个语言、文字的翻译机构和学习机构。他的《宋元至清初我国外国语教学史研究》[⑧]一文，指出“四夷馆”是我国最早的结构完备的、带有语言教授功能的“亚洲研究院”。并探讨了四夷馆的设立、教师、生源等问题。他的《〈回回馆杂字〉和〈回回馆译语〉研究》[⑨]一文，对我国北京图书馆善本室所藏《回回馆杂字》和《回回馆译语》所收语汇，打乱原来的分类，按波斯语字母顺序排列，编制了索引。此文的发表，成为其对四夷馆及“回回馆”研究的开端。

---

① 聂鸿音、孙伯君：《〈西番译语〉校录及汇编》，社会科学文献出版社2010年版。

② 三田村泰助：《关于“暹罗译语”》，《言语研究》第十九、二十合刊号，1952年。

③ 道尔吉、和希格：《女真译语研究》，《内蒙古大学学报》（哲学社会科学版）1983年增刊。

④ 和希格：《永乐〈女真译语〉词汇总论》，《满族研究》1998年第2期。

⑤ 乌云高娃：《明四夷馆“女真馆”和朝鲜司译院“女真语学”》，《中国史研究》2005年第1期。

⑥ 刘迎胜：《明代中国官办波斯语言教学教材源流研究》，《南京大学学报》（哲学社会科学版）1991年第3期。

⑦ 刘迎胜：《古代中原与内陆亚洲地区的语言交流》，《学术集林》卷七，上海远东出版社1996年版。

⑧ 刘迎胜：《宋元至清初我国外国语教学史研究》，《江海学刊》1998年第3期。

⑨ 刘迎胜：《〈回回馆杂字〉和〈回回馆译语〉研究》，《元史及北方民族史研究集刊》第十二、十三辑合刊本，1989年10月—1990年2月。

他的《〈回回馆杂字〉与〈回回馆译语〉“天文门”至“时令门”校释与研究》①、《〈回回馆杂字〉与〈回回馆译语〉“花木门”校释》②、《〈回回馆杂字〉与〈回回馆译语〉校释举例（“器用门”至“文史门”）》③ 和《〈回回馆杂字〉与〈回回馆译语〉“方隅门”至“数目门”校释》④ 等论文，对四夷馆本和会同馆本《华夷译语》中《回回馆杂字》和《回回馆译语》的天文、地理、时令、人物、人事、身体、宫室、鸟兽、花木、器用、衣服、饮食、珍宝、声色、文史、方隅、数目等17个门类的语汇进行了校释和注解。

他的《〈回回馆杂字〉与〈回回馆译语〉研究》一书，以国家图书馆所藏、柏林国立图书馆所藏、国家图书馆所藏袁氏抄本《回回馆杂字》与《回回馆译语》为底本，结合其他善本加以校释，采用波斯文原文、汉译部分、汉字音译部分之间进行比较、互校的方法，更正单靠不同刊本、不同抄本之间进行比较而不能解决的讹误，并对波斯文原文进行拉丁转写，并作了全面的注释工作。为这一领域研究提供了可靠的文本与有较高参考价值的资料。在书中前沿部分还介绍了中国伊朗文与波斯文教学史、《回回馆杂字》与《回回馆译语》研究状况，尤其对《回回馆杂字》与《回回馆译语》不同版本与抄本的介绍，为我们了解《华夷译语》不同版本与抄本，以及对我们了解各版本、抄本所藏《回回馆杂字》与《回回馆译语》的情况，提供了重要线索。

日本学者对《华夷译语》各馆“来文”也进行了研究。渡边熏太郎的《女真馆来文通解》⑤ 一文，对女真馆“来文”的内容和语汇进行了研究。泉井久之助的《巴黎本·东洋文库本〈华夷译语〉“百夷馆杂字及来文的解读”》⑥ 一文，对百夷馆“来文”进行了研究。

四 对鞑靼馆“译语”、“来文”的研究

关于《华夷译语》“鞑靼译语”的研究，有日本学者石田干之助的《所谓丙种本〈华夷译语〉的〈鞑靼馆译语〉》⑦ 一文，总结了已往学者对《华夷译语》的研究，并对丙种本《华夷译语》进行了详细的考证。指出丙种本《华夷译语》中载有“鞑靼译语”的本子有四种：（1）静喜堂文库所藏本，（2）德岛市光庆图书馆内旧阿波国文库所藏本，（3）稻叶岩吉博士藏本及其转写本，（4）河内所藏法国远东学院的本子。他在《关于〈至元译语〉》⑧ 一文中，指出载于《事林广记》一种版本中的元世祖至元年间所编的《至元译语》是同类“译

---

① 刘迎胜：《〈回回馆杂字〉与〈回回馆译语〉“天文门”至“时令门”校释与研究》，《中国回族研究》第二辑，宁夏人民出版社1992年版。

② 刘迎胜：《〈回回馆杂字〉与〈回回馆译语〉“花木门”校释》，《中国史论集》祝贺杨志玖教授八十寿辰，天津古籍出版社1994年版。

③ 刘迎胜：《〈回回馆杂字〉与〈回回馆译语〉校释举例（“器用门”至“文史门”）》，《中亚学刊》第五辑，1996年。

④ 刘迎胜：《〈回回馆杂字〉与〈回回馆译语〉“方隅门”至“数目门”校释》，《学术集林》卷十一，上海远东出版社1997年版。

⑤ 渡边熏太郎：《女真馆来文通解》，《亚细亚研究》第十一号，1933年。

⑥ 泉井久之助：《巴黎本·东洋文库本〈华夷译语〉“百夷馆杂字及来文的解读”》，《京都大学文学部研究纪要》第二辑，1952年。

⑦ 石田干之助：《所谓丙种本〈华夷译语〉の〈鞑靼馆译语〉》，《北亚细亚学报》第2辑，1944年，第35—87页。

⑧ 石田干之助：《关于〈至元译语〉》，《东洋学论丛》第一册，1934年，第1—26页。

语”中最早的一种，成为在其后所编撰的明洪武年间的《华夷译语》在内的汉蒙或蒙汉对译语汇辞书的先驱。他在《关于〈卢龙塞略〉所见汉·蒙对译语汇》[①]一文中也提到甲、乙、丙三种《华夷译语》的情况。长田夏树的《元代的中·蒙语汇〈至元译语〉》[②]一文，也提到了甲、乙、丙种《华夷译语》，认为《至元译语》应是最早的版本。

国内学者哈斯额尔敦的《〈华夷译语〉（汉蒙译语）研究》[③]一文，对洪武本《华夷译语》的天文、地理、时令、花木、鸟兽、宫室、器用、衣服、饮食、珍宝、人物、人事、声色、数目、身体、方隅、通用等17个门类，共845个词汇进行了注解。

贾敬颜、朱风合辑的《蒙古译语、女真译语汇编》[④]一书，比较不同版本的蒙古译语和女真译语，对“鞑靼译语”和“女真译语”进行了校释，是极为重要的史料汇编。

据笔者见闻所及国内外学者有关鞑靼馆“来文”的论著较少，尚未有系统研究。山崎忠的《乙种本〈华夷译语〉“鞑靼馆来文”研究——东洋文库本》[⑤]一文，对东洋文库本《华夷译语》中的鞑靼馆“来文”加以注解，并译成日文。他还发表了《〈华夷译语〉鞑靼馆“来文”的研究资料编——柏林本和东洋文库本的异同》[⑥]一文，对柏林本和东洋文库本《华夷译语》中的鞑靼馆“来文”的异同进行了比较研究。

我国学者道布将北京图书馆善本室所收藏的永乐本《华夷译语》，被编在“高昌馆课”中的四十篇鞑靼馆“来文”转写成现代蒙古语，并作注解。[⑦]但他并未指出此即明四夷馆鞑靼馆“来文”。因此学术界一直不清楚北京图书馆所藏《华夷译语》中有鞑靼馆“来文”。该文在刊载影印“来文”原件的畏兀儿体蒙古文和汉文部分的影印件时，漏掉了“来文”第21篇的汉文部分。因此，在参考时应以北京图书馆善本室所藏《华夷译语》为准。

乌云高娃的《明四夷馆“鞑靼馆”来文初探》[⑧]一文，对《华夷译语》不同版本中鞑靼馆“来文”的情况、鞑靼馆“来文”的内容、鞑靼馆“来文”与四夷馆的教学关系、鞑靼馆“来文”翻译中存在的问题等做了初步探讨。她的《永乐本〈华夷译语〉鞑靼馆“来文”注释》[⑨]一文，以日本东洋文库所藏本《华夷译语》中鞑靼馆“来文”为中心，对永乐本《华夷译语》不同版本中的鞑靼馆“来文”进行比较，对其进行了校释。

---

① 石田干之助：《关于〈卢龙塞略〉所见汉·蒙对译语汇》，《蒙古学》第二册，1938年。

② 长田夏树：《元代的中·蒙语汇〈至元译语〉》，《神户外大论丛》第四卷第二、三号，1953年。

③ 哈斯额尔敦：《〈华夷译语〉（汉蒙译语）研究》，《内蒙古师范大学学报》（汉文哲学社会科学版）1987年第1期，第65—77页。

④ 贾敬颜、朱风合辑：《蒙古译语、女真译语汇编》，天津古籍出版社1990年版。

⑤ 山崎忠：《乙种本〈华夷译语〉“鞑靼馆来文”の研究——东洋文库本》，《日本文化》第31辑，1951年，第63—91页。

⑥ 山崎忠：《〈华夷译语〉鞑靼馆“来文”の研究资料编——ベルリン本と东洋文库本との异同》，《欧亚学会研究报告2游牧民族研究》，京都，自然学会1955年版。

⑦ 道布：《回鹘式蒙古文文献汇编》（蒙文），民族出版社1983年版，第576—622页。

⑧ 乌云高娃：《明四夷馆“鞑靼馆”来文初探》，《元史及民族史研究集刊》第17辑，2004年，第132—143页。

⑨ 乌云高娃：《永乐本〈华夷译语〉“鞑靼馆来文”注释》，《欧亚学刊》第5辑，2005年，第257—285页。

第三节　明四夷馆及"韃靼馆"基本史料

1.《明实录》，是明代历朝官修编年体史书，记录了自明太祖朱元璋到明熙宗朱由校共15代皇帝的实录。此书主要依据敕诰、奏章、批件、律令、档案和收集到的史迹剪裁、润色而成。书中保存了大量的原始材料，对明四夷馆这一课题的研究，具有重要的参考价值。

全书共2909卷。今国内外流传下来的有十几种抄本，有两种影印本：一是1941年梁鸿志影印南京国学图书馆藏抄本，500册。二是1962年台湾中央研究院历史语言研究所影印的原北平图书馆藏本。本文主要参考中央研究院影印本，遇到不清楚或有疑问时对照南京图书馆藏抄本。

2.《大明会典》，是论述明代典章制度的法典类书。又称《明会典》，由明代李东阳纂，申时行重修。该书是研究明四夷馆的建置、沿革等问题主要依据的史料之一。共撰修过三次，第一次于弘治十年（1497）始修，成书于弘治十五（1502）年，正德四年（1508）重修刊行，共180卷；第二次于嘉靖年间续撰53卷，并未刊行；第三次于万历四年（1576）重修，万历十五年（1587）修成，重修本共228卷。《纶扉笥草》卷3记载，申时行在万历十五年（1587）二月十八日报告，《大明会典》已成书。常用版本有万有文库本和1976年台湾的影印本。

奉敕重修《大明会典》时，四夷馆的译字官刘尚宾、徐可行、李宪、李怀珍、成九皋等五人，参加过誊录工作。其中刘尚宾、成九皋是韃靼馆的译字官；李宪、李怀珍是暹罗馆的译字官；徐可行是百夷馆的译字官。

3.《国朝典汇》，是晚明时期编辑的会典类书。清朝人为了区分朝代，将此书改题为《明朝典汇》或《明典汇》。万历二十六年（1598）徐学聚为补辑《宪章类编》（凡42卷，万历初江西德化劳堪编），即就《宪章类编》补入明世宗、穆宗朝事而始辑，天启五年（1625）成书。徐学聚初旨为补辑《宪章类编》，继而在补辑与全面充实内容中，对原书体例加以改造，并就有关内容附加考订，成为一部新作，题为《国朝典汇》。

徐学聚编撰《国朝典汇》主要参考了《明实录》世宗、穆宗两朝实录。但此书并非简单地摘抄《实录》而成，对书中不少问题博采群籍进行考订。从此书的内容来讲也不只是补辑嘉靖、隆庆两朝史事，对此前各朝史实亦有补辑。

全书共200卷，其中卷60为"四夷馆"条，是研究明代四夷馆设置、生徒、具体位置等问题的重要史料，可补《四译馆则》之不足。

此书于天启五年（1625）刻板初刊，崇祯五年（1632）徐氏书楼遭火灾，书毁其半。乾隆时又查禁此书。因此，今未见明天启五年（1625）原刊本。本文参考的是1996年由书目文献出版社（北京）出版的影印本。此次影印本以北京图书馆善本室所藏清初补刊本为底本，复据该室另存清初补刊本胶片补阙。

4.《四译馆则》，是研究四夷馆建置、沿革、教学、教规，以及"十馆"事项的重要史料。此书内容多来源于《大明会典》和《国朝典汇》，具体内容可互相参照。原书在国内失传。1927年，日本著名学者羽田亨教授，将故富冈谦藏所藏的《增订馆则》和《新增馆则》两种文献合刊，铅印出版命名为《四译馆则》。此铅印本保持原书的体例，只是将原书的一面9行19字，改为12行25字。

《增订馆则》20卷。嘉靖二十二年（1543），郭鋆修订馆则；万历四十年（1612），洪文衡续辑续增馆则；崇祯三年（1630），吕维琪完成《增订馆则》。

康熙十二年（1673），袁懋德新增馆则，此为第三次增补。故富冈谦藏所收藏本是康熙二十七年（1688）提督四译馆太常寺少卿许三礼和霍维翰的新增馆则，是第四次增补过的本子。

5.《华夷译语》，是保留至今的四夷馆各馆所用教科书之一。

《华夷译语》有三种不同版本，国内学者分别称为洪武本、永乐本、会同馆本。日本学者石田干之助则称洪武本为甲种本、永乐本为乙种本、会同馆本为丙种本。

洪武本是指洪武十五年（1382），明太祖命火源洁等编撰的《华夷译语》。洪武二十二年（1389）十月十五日附翰林学士刘三吾之序锓板刊行。洪武本只有蒙古译语一种。其格式为先书蒙古语原文，再写汉字、汉字音译蒙古语。全书共分17个门类。洪武本附有“来文”部分。

永乐本《华夷译语》是永乐五年（1407）初设四夷馆之后，直至清改为四译馆之前，由各馆馆员编修的诸番语言和汉语的对译语汇，不同版本和抄本的内容不同。有些馆所编杂字包括“初编”部分和“续增”部分。有诸番语言和汉语对译的《译语》和《杂字》部分。有些《译语》还附有诸番语言和汉语合璧“来文”①。各馆所编“杂字”分类不同，所收词汇数量也不同。

《万历起居注》记载：“万历七年（1579）正月十一日丁巳，辅臣传令四夷馆官生写完《华夷译语》共十册，进呈上留览。”② 这条史料对于考订“永乐本”《华夷译语》的成书时间有重要意义，但并非说明“永乐本”直至此时方才编成。

会同馆本是明末茅瑞征所辑的《华夷译语》，只有汉语和汉字音译诸番语言，没有诸番语言的原文，无“来文”部分。其分类与所收词汇亦与“永乐本”有所不同。

本文参考的是《涵芬楼秘籍》所收洪武本《华夷译语》和日本东洋文库、德国柏林国立图书馆③及北京图书馆善本室所藏永乐本《华夷译语》。

---

① 注：有关“来文”部分的介绍详见后。

② 《万历起居注》，万历七年正月十一日丁巳条，北京大学出版社1988年影印本，第1册，第712页。

③ 本文系托刘迎胜师从德国柏林国立图书馆复制，国内图书馆藏本与此不同。

第二章　明四夷馆及“韃靼馆”

明四夷馆是“译学”机构。四夷馆是我国历史上最早为培养翻译人才而官方设立的专门机构。中原与周边民族、国家间贡赐贸易往来，需要大量的翻译人员。为了培养翻译人才，明朝专门设置了四夷馆，负责翻译往来文书，并教习周边民族、国家的语言文字。

第一节　明“四夷馆”的设立

四夷馆这一名称北魏时期就已出现。《洛阳伽蓝记》记载：“永桥以南，圆丘以北，伊、洛之间，夹御道有四夷馆。道东有四馆。一曰金陵，二曰燕然，三曰扶桑，四曰崦嵫。”① 北魏四夷馆与明四夷馆虽然名称相同，但其性质有所不同。北魏四夷馆内有金陵、燕然、扶桑、崦嵫等四馆，是供四夷朝贡使臣居住的客馆。② 明四夷馆是我国历史上最早为培养翻译人才而官方专门设立的“译学”机构。③

《明史》记载：“永乐五年，外国朝贡，特设蒙古、女直、西番、西天、回回、百夷、高昌、缅甸八馆，置译字生、通事，通事初隶通政使司，通译语言文字。”④

明成祖朱棣继位之后，非常重视四夷朝贡。朝贡诸国、部族必持文书、表文入朝。四夷朝贡表文均以入贡国家或部族文字书写。各国朝贡不仅言语无法通达，而且由于周边属国的进贡表文都用本民族文字书写，朝廷又没有专门的人才能够翻译，使得皇帝无法了解表文中所奏请的意向。⑤ 明朝统治者为了充分了解入贡国家和周边部族的意向，必须有专门翻译语言文字，并通四夷之情的译官。随着朝贡国家和部族的增多，明成祖于永乐五年（1407）专门设立四夷馆，由四夷馆的译字生和通事负责翻译外番朝贡表文。

西方学者伯希和、威立德和日本学者本田实信等均认为四夷馆是“翻译处”或“翻译局”。刘迎胜师与这些学者观点不同，他认为“四夷馆是一所学习、研究亚洲诸民族语言文化

---

① 《洛阳伽蓝记》卷3，范祥雍校注，上海古籍出版社1982年版，第160页。

② 刘迎胜：《古代中原与内陆亚洲地区的语言交流》，《学术集林》卷七，上海远东出版社1996年版，第179页。

③ 拙文《明四夷馆和朝鲜司译院研究状况及史料简介——以“蒙古语学”为中心》，《元史及民族史研究集刊》第15辑，南方出版社2002年版，第240页。

④ 《明史》卷74，《职官志》太常寺附提督四夷馆条，中华书局1976年点校本，第1797页。

⑤ 聂鸿音、孙伯君：《〈西番译语〉校录及汇编》，社会科学文献出版社2010年版，第2页。

的学校和研究所，其中的汉字‘馆’的含义为学校，所以‘四夷馆’是明代或清朝翰林院的‘亚洲研究院’”①。笔者认为，“四夷馆”是主管翻译事务、兼培养“习译”人才的“译学”机构。明朝设立四夷馆，并置译字生，通事是为了教习亚洲诸民族语言文字，培养了解诸番历史地理、周边少数民族情况的翻译人材。以便达到充分了解诸番国家、部族的政治动向和意图，通华夷之情的目的。换言之，就是为明朝与外番诸国及周边部族交往储备翻译人才，以备应急之用。

明代丘濬《大学衍义补》记载：“臣按译言之官，自古有之。然惟译其言语而已也。彼时外夷犹未有字书。自佛教传入中国，始有天竺字。其后，回回、女直、蒙古、缅甸，其国人之黠慧者，各因其国俗而自为一种文字。其来朝贡及其陈说辩诉求索，各用其国书，必加翻译，然知其意向之所在。唐宋以来，虽有润文译经，使之衎然，惟以译佛书而已，非以通华夷之情也。其后，我文皇帝始为八馆，曰西天、曰鞑靼、曰回回、曰女直、曰高昌、曰西番、曰缅甸、曰百夷。初以举人为之。”② 随着明朝与四夷朝贡关系的深入，对译官的需求不仅仅局限于翻译言语的口译人员的层面，随着朝贡国家及周边部族入贡必须持有进贡表文或敕书，表文由本国文字书写等因素，明朝对笔译人员的需求也逐渐提升。可见，明成祖设立四夷馆的目的，一是朝贡的需要；二是为了通达四夷之情。

永乐五年（1407）四夷馆设立之初，只有鞑靼、女直、西番、西天、回回、百夷、高昌、缅甸等八馆，后增设八百、暹罗两馆，计为十馆。

《大明会典》记载：“凡四方番夷翻译文字，永乐五年（1407）设四夷馆，内分八馆，曰鞑靼、女直、西番、西天、回回、百夷、高昌、缅甸，选国子监生习译。……正德六年（1511）增设八百馆；万历七年（1579）增设暹罗馆。”③ 这一史料清楚地记载了设置四夷馆及增设各馆的年代。从这一史料记载来看，四夷馆最初设立的八馆和后来增设的八百、暹罗二馆，在设置年代上差了一百多年。那么，四夷馆为何设立之初只有八馆，后来增设此二馆了呢？这主要与明朝与暹罗朝贡贸易时的通用语言有关。

因明朝与占城、暹罗等国交往，明朝没有通占城语、暹罗语的译官。因此，双方使用第三种语言波斯语进行交流。即用“重译”的方式达到语言文字交流的目的。明初，海中诸国，如占城、暹罗等进贡表文，均由回回馆代译。④ 成化二十三年（1487）之前，暹罗进贡明朝的表文以暹罗文字和回回字两种文字书写。明四夷馆没有识别暹罗文字的译官，因此，暹罗进贡表文由回回馆代译。后来，正德、弘治年间暹罗进贡使用暹罗文字，明朝无识别者。在张居正的建议下，万历七年（1579）明朝增设暹罗馆，专门培养通晓暹罗语言文字的译官，负责明朝与暹罗朝贡表文的翻译。明四夷馆培养的暹罗馆译官，在中泰两国关系史上起到了

① 刘迎胜：《〈回回馆杂字〉与〈回回馆译语〉校释举例（“器用门”至“文史门”）》，《中亚学刊》第5辑，1996年，第253页。

② （明）丘濬：《大学衍义补》卷145，“译言宾待之礼”条，文渊阁《四库全书》第713册，第677页。

③ 《大明会典》卷221，“翰林院”条，第5册，江苏广陵古籍刻印社1989年影印本，第2943页。《明史》卷74《职官志》太常寺附提督四夷馆条记载：“提督四夷馆，少卿一人，正四品，掌译书之事。自永乐五年，外国朝贡，特设蒙古、女直、西番、西天、回回、百夷、高昌、缅甸八馆，置译字生、通事，通事初隶通政使司，通译语言文字。正德中，增设八百馆。八百国兰者哥进贡。万历中，又增设暹罗馆。”

④ 王宗载：《四夷馆考》卷下，暹罗馆条，东方学会印本，第20叶。

重要的作用。[①]

四夷馆设置之初，隶属于翰林院，后来改隶太常寺。弘治七年（1494）开始设立太常寺卿、少卿提督四夷馆事务。

《明史》记载“初设四夷馆隶翰林院……弘治七年始增设太常寺卿、少卿各一员为提督，遂改隶太常”。[②] 这段史料证明1494年之后，四夷馆由隶属于翰林院，改隶太常寺。但是，日本学者神田喜一郎依据《大明会典》“弘治七年始增设太常寺卿、少卿各一员为提督”[③] 的记载，认为“弘治七年（1494）开始增设太常寺卿、少卿各一员提督四夷馆是事实。四夷馆改属太常寺是绝不可能的事情，应该是《明史》职官志之误”。[④] 笔者赞同他的观点。

李云泉认为四夷馆设立后，经历了由翰林院管理、内阁委员管理和太常寺官员专管三个阶段。[⑤] 那么，李云泉所指出的弘治七年以前四夷馆由内阁委员管理过，只是个案问题，还是四夷馆真的由内阁委员管理过，由于史料不详，尚不清楚，有待于进一步考证。

第二节　明“四夷馆”的具体位置

四夷馆的具体位置，史料记载互有出入。《明实录》记载：“因四夷朝贡，言语文字不同，命礼部选国子监生蒋礼等三十八人，隶翰林院，习译书。人月给米一石；遇开科仍令就试。仍译所作文字，合格准出身。置馆于长安右门之外处之。”[⑥]

《四译馆则》记载：“置馆于东安石门外”，[⑦] 注为出自《国朝典汇》。查《国朝典汇》记载为：“置馆于长安右门外处之”，[⑧] 显系抄自《明实录》。故《四译馆则》中之“东安石门”为“长安右门”之误，当为传抄中出现的讹误。

《燕都游览志》记载：“四夷馆在玉河桥之西”，又云“置馆于长安左门外处之”。[⑨] 这段史料证明，明四夷馆的位置在北京长安左门外，玉河桥西。

神田喜一郎依据《燕都游览志》“四夷馆在玉河桥之西”的文字和《大明一统志》的“翰林院在长安左门外，玉河西岸，四夷馆隶焉”[⑩] 的记载，指出设立四夷馆的场所应邻接翰林院。并认为“长安左门外”和“玉河桥之西”是指同一地点。笔者赞同四夷馆在长安左门外，邻接翰林院的观点。

---

① 特木勒：《明暹罗馆设置考》，《元史及民族史研究集刊》第14辑，2001年，第180—183页。

② 《明史》卷74，《职官志》太常寺附提督四夷馆条，中华书局1976年点校本，第1797页。

③ 《大明会典》卷2，《官制志》提督四夷馆一员条，第1册，第79页。

④ 神田喜一郎：《关于明四夷馆》，《史林》第12卷第4号，1927年，第6页。

⑤ 李云泉：《朝贡制度史论》，新华出版社2004年版，第118页。

⑥ 《太宗实录》卷65，永乐五年三月癸酉条，台湾“中央研究院”历史语言研究所1962年影印本，江苏国学图书馆传抄本《太宗实录》卷48。

⑦ 《四译馆则》“增订馆则”卷1，建设提督四夷馆条，第1叶背面。

⑧ 《国朝典汇》卷60，四夷馆条，书目文献出版社1996年版，第1024页。

⑨ 孙国权：《燕都游览志》今已不存。见于朱彝尊的《日下旧闻》卷10，城市一，中城上，清康熙二十七年（1688）六峰阁刻本。

⑩ 《大明一统志》卷1，京师条，天顺五年（1461）五月十六日刊本。

《大明一统志》记载：“玉河桥，在府南玉河之上，凡三。一跨长安东街，一跨文德坊街，一近城垣。”[①]《大明一统志》又记：“玉河，源自玉泉山，流经大内出都城，东南注大通河。”[②]《燕都游览志》则记载：“玉河，即西苑所受玉泉注入西湖逶迤从御沟流，而东以注于大通河者。”[③]《大明一统志》还记载：“西苑，在皇城内，中有太液池……苑之东北有万岁山。”西苑就是今北海公园。万岁山即现在的景山。而玉河即指今北京运河流入北海和中南海处。

故《燕都游览志》中提到的“四夷馆在玉河桥之西”的玉河桥，应是指跨长安东街的这一座玉河桥。在长安左门东边。

关于长安左、右门的具体位置问题，《日下旧闻》记载：“皇城外围墙三千二百二十五丈九尺四寸。其门凡六，曰大明门，曰长安左门，曰长安右门，曰东安门，曰西安门，曰北安门……紫禁城内墙，南北各二百三十六丈二尺。东西各三百二丈九尺五寸。其门凡八曰承天门，曰端门，曰午门，东曰左掖门，右曰右掖门，再东曰东华门，再西曰西华门，向北曰元武门。”[④]承天门即今天安门，北安门为地安门。

《长安客话》云：“长安门，进大明门，次为承天之门，天街横亘承天门之前，其左曰东长安门，右曰西长安门。凡国家有大典，则启大明门出，不则常扃不开。每日百官奏进，俱从二长安门入，守者常数十百人，皆禁军也。”[⑤]

陈宗蕃指出：“长安左门是指明皇城的东南门，长安右门是指明皇城的西南门，为东西朝向，民国元年拆除。”[⑥]明清时代的长安左、右门的具体位置，应该在今天安门之前的金水桥东西两侧。为东西朝向。

根据以上史料记载，可以断定四夷馆的具体位置，可能在今北京劳动人民文化宫东南角。

2001年特木勒发表《明暹罗馆设置考》一文，探讨万历七年（1579）四夷馆增设暹罗馆时，根据张居正的提议，暹罗馆是在四夷馆的西面建设的。他根据《国朝典汇》的记载，认为“四夷馆之暹罗馆的具体方位，可能在明代北京长安右门外”。[⑦]

2003年笔者发表《14—18世纪东亚大陆的“译学”机构》一文，根据《燕都游览志》、《大明一统志》等资料，指出四夷馆在北京的位置不是在长安右门外，而是设在长安左门外。[⑧]那么，1579年增设暹罗馆之后的位置应在四夷馆之西的长安左门外。

但是，上述两文均忽略了永乐五年（1407）四夷馆设立之初明朝还未从南京迁都到北京的问题。所以，并未解惑《明实录》和《国朝典汇》中的“置馆于长安右门外处之”的记载。2003年特木勒在南京市博物馆偶然看到明代南京城图，明确标识长安右门的位置。后查阅民国《首都志》，该书收录的《明宫城图》，指出由于此图是根据洪武年间的情况绘制都城

① 《大明一统志》卷1，顺天府，关梁条。
② 《大明一统志》卷1，顺天府，山川条。
③ 《日下旧闻》卷10，城市一，中城上。
④ 《日下旧闻》卷6，宫室四，明一。
⑤ （明）蒋一葵：《长安客话》，北京古籍出版社1982年版，第11页。
⑥ 《燕都丛考》第2章“城池”，北京古籍出版社2001年版，第30页。
⑦ 特木勒：《明暹罗馆设置考》，《元史及民族史研究集刊》第14辑，2001年，第183页。
⑧ 乌云高娃：《14—18世纪东亚大陆的“译学”机构》，《黑龙江民族丛刊》2003年第3期，第80—81页。

情况的，认为图中虽然没有标识出四夷馆的位置，但是，四夷馆设立之初很有可能在南京都城长安右门外。《国朝典汇》所记“置馆于长安右门外处之”句，应该是指四夷馆在明朝迁都前在南京的位置。①

关于鞑靼馆的具体位置，由于史料记载简约，目前尚不清楚。据《万历起居注》记载：“本馆原设八馆分为东西，后于正德年间增设八百一馆，比因地方狭隘，遂建在本馆东北大门之内……就于本馆之西，接连回回馆地方兑易官地起盖暹罗馆一所。”② 从这段史料，只知初设八馆分为东西两侧，而鞑靼馆的具体位置还是不得而知。

第三节 “四夷馆”的演变

清代继承明朝传统，改“四夷馆”为“四译馆”。《清史稿》记载：“顺治元年（1644），会同四译分设二馆，会同馆隶礼部，以主客司主事满、汉各一人提督之。四译馆隶翰林院，以太常寺汉少卿一人提督之。分设回回、缅甸、百夷、西番、高昌、西天、八百、暹罗八馆，以译远方朝贡文字。”③ 即清初四译馆将明末十馆裁减为八馆，八馆中并无女真馆和鞑靼馆。裁撤女真馆是因为满族人早已弃用女真字，但不设立鞑靼馆的原因尚不清楚。这也许与漠南、漠北蒙古各部归附清朝不再是“外夷”，清朝政府中并不缺少通蒙古语者有关。清初沿袭明朝旧制，四译馆的性质当然与明四夷馆相同。

明（清初）四夷馆（四译馆）和会同馆是具有不同职能的两个机构。四夷馆（四译馆）隶属于翰林院，负责教习诸番语言和翻译外番朝贡文书之事。会同馆是四夷使臣居住的客馆，隶属于礼部。

会同馆始设于元至元十三年（1276）。《元史》记载：“会同馆，秩从四品。掌接伴引见诸番蛮夷峒官之来朝贡者。至元十三年始置。”④ 会同馆隶属于礼部，作为专门接待入京朝贡的周边四夷使节的客馆。⑤ 明清两朝沿袭元代旧制，也设置会同馆作为接待入京朝贡的周边四夷使节的中央客馆。⑥

乾隆十三年（1748），将四译馆和会同馆合并，改为会同四译馆。《清史稿》记载：“乾隆十三年（1748），省四译馆入礼部，更名会同四译馆，改八馆为二，曰西域，曰百夷，以礼部郎中兼鸿胪寺少卿衔一人摄之。”⑦

《清会典事例》记载：“乾隆十三年议准，四译馆卿率其属不过传习各国译字，现在入贡诸国朝鲜、琉球、安南表章，本用汉字，无须翻译。苏禄、南掌文字，馆内原未肄习，与暹

---

① 特木勒：《迁都前明朝四夷馆方位小考》，《元史及民族史研究集刊》第14辑，2009年，第174—175页。

② 《万历起居注》万历六年十一月丁巳条，北京大学出版社1988年影印本，第1册，第693页。

③ 《清史稿》卷104，《职官志》礼部会同四译馆条，中华书局1977年点校本，第3283—3284页。

④ 《元史·百官志》卷85，中华书局1976年点校本，第2140页。

⑤ 王静：《元代会同馆论考》，《西北大学学报》2002年第3期，第130页。

⑥ 王静：《明朝会同馆论考》，《中国边疆史地研究》2002年第3期，第53页。

⑦ 《清史稿》卷114，《职官志》礼部会同四译馆条，第3284页。

罗表章率由各省督抚，令通事译录具题。至百夷，即川、广、云、贵各省土官，今既改置州府，或仍设土官，皆隶版图，事由本省。回回、高昌、西番、西天等国，以及洮、岷、河州、乌思藏等处番僧，现在入贡，统隶理藩院接待。据理藩院复称，高昌馆字与蒙古同，西天馆字与唐古特同，是该馆并无承办事务。应将四译馆归并礼部会同馆，原设提督四译馆太常寺少卿一人，典务一人，并应裁汰。原设回回、高昌、西番、西天、暹罗、缅甸、百夷、八百八馆，每馆序班一人，译字肄业生共九十六人。应合回回、高昌、西番、西天为一馆，曰西域。除蒙古、唐古特毋庸置译字生外，将回回、西番译字生，酌留四人。合暹罗、缅甸、百夷、八百并苏禄、南掌为一馆，曰百夷馆。”①

以上史料证明，1748 年将四译馆和会同馆合并为会同四译馆的主要原因是回回、高昌、西番、西天等国，以及洮、岷、河州、乌思藏等处番僧入贡，原本居住在会同馆，文书翻译也归四译馆负责。后来归理藩院接待，致使四译馆有些馆无事可办。因此决定将四译馆归并到礼部会同馆，在原有的八馆基础上又增设苏禄和南掌二馆，将回回、高昌、西番、西天等四馆合为西域馆；将暹罗、缅甸、百夷、八百、苏禄、南掌等六馆合为百夷馆。诸国语言文字的翻译工作，也集中归西域和百夷两馆负责。②

① 《钦定大清会典事例》卷 514，新文丰出版公司 1976 年影印，第十五册，第 11898 页。

② 《清史稿》卷 114，《职官志》“礼部会同四译馆乐部”，中华书局 1977 年点校本，第 3283—3284 页。

第三章 “鞑靼馆”及其蒙古语教学

第一节 “鞑靼馆”的教师与生徒

关于鞑靼馆教授与生徒人数、出身、教学与学制、翻译文书等问题，史料虽无专门记载，但可依四夷馆资料推定。王宗载的《四夷馆考》和江繁的《四译馆考》二书，主要记载朝贡诸国情况，未涉及四夷馆及鞑靼馆教学与学制等情况。《明史》、《明实录》、《大明会典》等史料对四夷馆的沿革等问题有所记载，但仅简略提及四夷馆及鞑靼馆的教学与学制等情况。相对来说，吕维琪的《四译馆则》增定馆则中详载明嘉靖、万历年间有关四夷馆及鞑靼馆的规章制度、教学情况等，对研究鞑靼馆的教学与学制、教授与生徒情况，十分珍贵。

一 教师

关于鞑靼馆教师，由于史料记载简单，无法确定不同时期的具体人数。明初鞑靼馆缺少教师。其教师来源，史料虽无明文，但估计是一些与火源洁等有关系的人。

明中期以后，鞑靼馆选择教师与各馆相同，皆从年深“译官”中挑选。即录用本馆优秀毕业生徒。《四译馆则》记载，四夷馆各馆缺教师时“于本馆年深职官内，选其译学优长，行止端慎者，具呈内阁考试，题请点用或只据呈批准署掌”。[①]《国朝典汇》亦记载：“嘉靖二十八年（1549）题准，各馆中抡选年深通事，晓夷语者一人，立为教师。不分有无夷人，每日黎明时，进馆督率各该通事人等演说夷语。中有未能尽晓者，遇有该边原来伴送通事，许令教师询访。务求通晓音字。如三年之中，教习有效，候类考之时，具名奏请擢用。”[②]

吕维琪《四译馆则》“增定馆则”卷7记载了鞑靼馆历年属官49名［其出身应该是弘治三年（1490）到万历三十二年（1604）间选入鞑靼馆的译字生］，其中，成为鞑靼馆教师的有11人。

---

① 《四译馆则》卷5，选补教师条，第2叶正面。

② 《国朝典汇》卷60，四夷馆条，第1025页。

表一 《四译馆则》所见鞑靼馆教师

姓名	籍贯	职业、出身	资料出处
马廷祯		教师，应为弘治三年（1490）选入的译字生	《四译馆则》“增订馆则”卷二
杨迪		教师，应为弘治三年（1490）选入的译字生	《四译馆则》“增订馆则”卷十三
顾祎		教师，应为正德四年（1509）选入的译字生	《四译馆则》“增订馆则”卷十二
林洲		教师，应为嘉靖十六年（1537）选入的译字生	《四译馆则》“增订馆则”卷十三
马应干	顺天府宛平县人	教师，嘉靖四十五年（1566）选入的译字生	《四译馆则》“增订馆则”卷七
刘尚宾	直隶长洲人	教师，万历六年（1578）选入的译字生	《四译馆则》“增订馆则”卷二、卷七
马承礼	直隶泰州人	教师，万历三十二年（1604）选入的译字生	《四译馆则》“增订馆则”卷七
刘尚贞	直隶长洲人	教师，万历三十二年（1604）选入的译字生	《四译馆则》“增订馆则”卷七
韩良议	直隶永平府乐亭县人	教师，万历六年（1578）选入的译字生	《四译馆则》“增订馆则”卷七
穆世登	顺天府永清县人	教师，万历六年（1578）选入的译字生	《四译馆则》“增订馆则”卷七
马应龙	献陵卫籍直隶景州人	教师，万历六年（1578）选入的译字生	《四译馆则》“增订馆则”卷七

以上鞑靼馆教师中，刘尚宾、刘尚贞都是直隶长洲县人，又为同姓。他们很有可能是同一家族的人。而且，他们应为同辈人。自嘉靖四十五年（1566）开始，四夷馆的译字生专从世业子弟中挑选，这一时期，同一家族的子弟被选为四夷馆生徒的情况增多，刘尚宾、刘尚贞均是嘉靖四十五年（1566）之后被选入鞑靼馆的译字生。

二 生徒

四夷馆设置之初，生徒均选自国子监。《明实录》记载：“因四夷朝贡，言语文字不同，命礼部选国子监生蒋礼等三十八人，隶翰林院，习译书。人月给米一石；遇开科仍令就试。仍译所作文字，合格准出身。”① 但四夷馆从国子监中选拔子弟的做法并未长期坚持下去。所

① 《太宗实录》卷65，永乐五年三月癸酉条。《四译馆则》“增订馆则”卷一，建设提督四夷馆条记载：“永乐五年三月因四夷朝贡，言语文字不通，命礼部选国子生蒋礼等三十八人，隶翰林院，习译书。遇开科仍令就试。分八馆，曰鞑靼、女直、西番、西天、回回、百彝、高昌、缅甸。出《会典》及《典汇》。”

以后来四夷馆各馆生徒来源有所变化。《明史》记载：“初设四夷馆隶翰林院，选国子监生习译。宣德元年（1426）兼选官民子弟，委官教肄，学士稽考程课。”[①] 可见宣德元年新入学生徒变为兼从国子监生和官民弟子中挑选。上述所谓“官民子弟”究竟指的是什么人，在《明史》中并无明确记载。查《国朝典汇》提到天顺间（1457—1464）礼部左侍郎邹干等报告：“永乐间翰林院译写番字，俱于国子监选取监生习用。近年以来，官员、军民、匠作、厨役子弟，投托教师，私自习学。滥求进用，况番字文书，多关边务。教习既滥，不免透漏夷情。乞敕翰林院，今后各馆有缺，仍照永乐间例选取年幼俊秀监生，送馆习学。其教师不许擅留各家子弟私习及徇私举保。”[②] 这段史料透露出自宣德元年四夷馆改从“官民子弟”中招收生徒后，招生的弊端开始产生。明政府恐普通“官民子弟”出身的生徒素质低下，因图私利而泄漏夷情。重新规定此后仍按永乐例从国子监生中挑选年幼俊秀者送馆，分馆习译番夷语言文字与汉语的互译之事。

虽然据《四译馆则》记载，嘉靖四十五年（1566）规定四夷馆及鞑靼馆生徒“每六年一次收考”[③]。但事实上，一般平均都是每隔二、三十年才选一次学生。若分析统计资料自永乐五年（1407）四夷馆设立之初，到崇祯三年（1630）吕维琪编完增订馆则为止，二百多年间，共选生徒十次。自1407年到1630年期间的选生情况，可大致分为三个阶段：

自永乐五年（1407）到天顺三年（1459）为第一阶段。这一阶段共选生三次，分别是在1407年、1426年、1459年，平均20年左右招生一次。这一阶段的生徒来源主要是国子监生或官民子弟。永乐五年（1407），学生从国子监生中挑选，有蒋礼等38人入馆，习译书。后来，宣德元年（1426）开始，又兼从官民子弟中挑选学生，此次选生人数不清。天顺三年（1459）四夷馆译字官生有154名。[④] 自此次招生后，四夷馆约有30年未招收新生徒。

自天顺三年（1459）到嘉靖四十四年（1565）为第二阶段。这一阶段共选生三次，分别是在1490年、1509年、1537年。凡105年间仅招生三次，平均35年招生一次。弘治三年（1490）选生120名。此次选生从世业子弟、官民子弟中挑选译字生100人，选国子监生20人。“正德四年（1509）选收译字生一百七名，嘉靖十六年（1537）选收译字生一百二十名。皆不问世家、不论本业，止泛考汉文数字，待收馆之后方习番文。”[⑤] 这两次选生对考生的要求大为降低，均不要求考生在入学前已有习学番文的经历。这种规定为泛收“官民子弟”大开方便之门。可见这一阶段不仅招生间隔过长，而且生徒质量也大为降低。

自嘉靖四十五年（1566）到崇祯三年（1630）为第三阶段。这一阶段因译学缺人共选生四次，分别是在1566年、1578年、1604年、1625年。约75年间招生4次，平均不到20年招收一次新生，与明初相比招生次数更为频繁。这四次入馆译字生专从世业子弟中挑选。嘉靖四十五年（1566），鞑靼等馆教师、署正等官顾祎等多次报告称“各馆缺人习译，乞要选

① 《明史》卷74，《职官志》“太常寺附提督四夷馆”条，第1797页。

② 《国朝典汇》卷60，四夷馆条，第1024页。

③ 《四译馆则》卷2，“选授收补定期”条，第1叶背面。

④ 《国朝典汇》卷60，“四夷馆”条，第1024页。

⑤ 《四译馆则》“增订馆则”卷12，文史题奏类一，嘉靖四十五年正月题选译字生稿条，第3叶背面。

收世业子弟作养”①。因鞑靼等九馆缺人习译，这一年二月二十六日共选世业子弟田东作等75名分馆习译。万历六年（1578），增暹罗一馆时，续收世业子弟成九皋等21人。万历三十二年（1604）译学缺人，六月二十四日收取世业子弟马尚礼等94名。天启五年（1625）报告译学缺人“每馆现任教师只有二、三人，八百馆今已故绝，传习无人，每遇译写来文、回答敕谕，少则尚可苟完，多则动称堆积”②。天启五年（1625）八月二十三日选收韩永祯等94名生徒。生徒专收世业子弟的政策可以说是对第二阶段招生弊端的纠正。这一措施使译字生的质量得以提高，生徒在入学前因家庭关系已有一定的专业基础，入学后经数年专门学习，可期成为译学人才。

因此，四夷馆生徒的来源变化过程可概括为：1. 永乐年间，四夷馆生徒选自国子监生。2. 宣德年间，兼选官民子弟。3. 天顺年间，复改为从国子监中选拔。4 弘治年间，允许世业子弟入学。5. 嘉靖四十五年（1566）以后，专从世业子弟中收取。

笔者认为，四夷馆各馆生徒来源产生变化的主要原因有：四夷馆供养制度成为社会上一些人为其子弟谋取出身捷径的诱因，故而四夷馆教师私收子弟，官僚、富商贿赂官员，为其子弟成为四夷馆译字生。许多官僚、富商子弟入馆后不努力习译，致使生徒质量大幅度下降。很明显，这些“官民子弟”经过几年学习后，能否培养成为合格的译官是大有问题的。因此，明朝政府从天顺年间开始不断查处四夷馆教师私自招收生徒的问题。例如：天顺三年（1459）查得：“四夷馆教师马铭违例私收子弟136名。”③ 嘉靖十六年（1537）选120名生徒，入馆后经数年习学，至嘉靖二十一年（1542）查知，嘉靖十六年所选120名生徒中郭元梓、郭元材等24名富户、商人子弟，因纳贿夤缘成为四夷馆译字生。因此明政府剥夺了这24人参加会考资格，革退为民。④ 明朝政府设置四夷馆，兴办译学本来是为了方便与四夷交往，培养译学人才。但生徒招收规则的破坏，生徒素质的下降，却对四夷馆各馆带来许多不利影响，生徒图私利、商人子弟与外夷勾结或泄漏夷情。这些现象若不加以制止，势必对四夷馆的存在产生严重影响。为了防止这些弊端，自嘉靖四十五年（1566）开始，生徒专从世业子弟中挑选。

表二　**《四译馆则》“增订馆则”所载四夷馆“鞑靼馆”译字生**

（表一所列人物，未收此表）

人物	籍贯	入馆时间	毕业后任职	资料出处
徐富	湖广武冈州人	由译字生中正德甲子科举人	太仆寺卿兼翰林院侍书制敕房办事	《四译馆则》“增订馆则”卷七
卫海能				

① 《四译馆则》“增订馆则”卷12，文史题奏类一，嘉靖四十五年正月题选译字生稿条，第1叶正面。

② 《四译馆则》“增订馆则”卷12，文史题奏类一，天启五年八月题选译字生稿条，第10叶王面。

③ 《四译馆则》卷1，“提督四夷馆”条，第2叶背面。

④ 《四译馆则》卷12，“嘉靖二十一年革夤缘译字生稿”条，第20叶正面。

续表

人物	籍贯	入馆时间	毕业后任职	资料出处
徐大纶				
丛恕				
张祚				
吕升				
袁琅				
孙纶		正德四年（1509）选入		《四译馆则》“增订馆则”卷二
王寿				
韩荣				
薛基		正德四年（1509）选入		《四译馆则》“增订馆则”卷二
邵鳌				
张铎				
吕道爔				
丛德		嘉靖十六年（1537）选入		《四译馆则》“增订馆则”卷十四
刘大武				
萧德辉				
成楫				
马继文				
金宗鲁				
王子春	直隶昌黎县人	嘉靖四十五年（1566）选入	光禄寺署丞	《四译馆则》“增订馆则”卷七
韩学礼	直隶永平府乐亭县人	嘉靖四十五年（1566）选入	光禄寺署丞	《四译馆则》“增订馆则”卷七
丛文光	山东文登县人	嘉靖四十五年（1566）选入	上林苑监监丞	《四译馆则》“增订馆则”卷七
马继志	直隶扬州府泰州人	嘉靖四十五年（1566）选入	通政司知事制敕房办事	《四译馆则》“增订馆则”卷七
徐应诰	浙江山阴县人	嘉靖四十五年（1566）选入	鸿胪寺主簿	《四译馆则》“增订馆则”卷七

续表

人物	籍贯	入馆时间	毕业后任职	资料出处
成桂	顺天府香河县人	嘉靖四十五年（1566）选入	鸿胪寺主簿	《四译馆则》“增订馆则”卷七
丛文辉	山东文登县人	嘉靖四十五年（1566）选入	鸿胪寺主簿	《四译馆则》“增订馆则”卷七
成九皋	顺天府香河县人	万历六年（1578）选入	礼部制司郎中、制敕房办事	《四译馆则》“增订馆则”卷七
王子龙	直隶昌黎县人	万历三十二年（1604）选入	太仆寺少卿制敕房办事	《四译馆则》“增订馆则”卷七
马键	直隶泰州人	万历三十二年（1604）选入	太仆寺少卿制敕房办事	《四译馆则》“增订馆则”卷七
马尚礼	顺天府宛平县人	万历三十二年（1604）选入	詹事府录事制敕房办事	《四译馆则》“增订馆则”卷七
刘天锡	直隶长洲县人	万历三十二年（1604）选入	中书舍人、制敕房办事	《四译馆则》“增订馆则”卷七
林如椿	直隶真定县人	万历三十二年（1604）选入	鸿胪寺序班	《四译馆则》“增订馆则”卷七
丛文炜	山东文登县人	万历三十二年（1604）选入	鸿胪寺序班	《四译馆则》“增订馆则”卷七
丛文灿	山东文登县人	万历三十二年（1604）选入	鸿胪寺序班	《四译馆则》“增订馆则”卷七
陈光复	山东临清州人	万历三十二年（1604）选入	鸿胪寺序班	《四译馆则》“增订馆则”卷七
陈光显	山东临清州人	万历三十二年（1604）选入	鸿胪寺序班	《四译馆则》“增订馆则”卷七
韩永祯		天启五年（1625）选入		《四译馆则》“增订馆则”卷二十
刘启溶		天启五年（1625）选入		《四译馆则》“增订馆则”卷二十
刘天申		天启五年（1625）选入		《四译馆则》“增订馆则”卷二十

续表

人物	籍贯	入馆时间	毕业后任职	资料出处
马士秀		天启五年（1625）选入		《四译馆则》"增订馆则"卷二十
孙希贤		天启五年（1625）选入		《四译馆则》"增订馆则"卷二十
林大有		天启五年（1625）选入		《四译馆则》"增订馆则"卷二十
韩良谟		天启五年（1625）选入		《四译馆则》"增订馆则"卷二十
昌德		天启五年（1625）选入		《四译馆则》"增订馆则"卷二十
林如梧		天启五年（1625）选入		《四译馆则》"增订馆则"卷二十
周京		天启五年（1625）选入		《四译馆则》"增订馆则"卷二十
王三锡		天启五年（1625）选入		《四译馆则》"增订馆则"卷二十
刘惟懋		天启五年（1625）选入		《四译馆则》"增订馆则"卷二十
吕帮柱		天启五年（1625）选入		《四译馆则》"增订馆则"卷二十
韩永祥		天启五年（1625）选入		《四译馆则》"增订馆则"卷二十
杨时盛		天启五年（1625）选入		《四译馆则》"增订馆则"卷二十
马尔翥	顺天府宛平县人	天启二年（1622）送鞑靼馆继习译字生		《四译馆则》"增订馆则"卷二
刘启泽	直隶长洲县人	天启四年（1624）送鞑靼馆继习译字生		《四译馆则》"增订馆则"卷二

续表

人物	籍贯	入馆时间	毕业后任职	资料出处
马钥		嘉靖二十年（1542）送鞑靼馆继习译字生		《四译馆则》“增订馆则”卷二
杨松		嘉靖十一年（1532）送鞑靼馆继习译字生		《四译馆则》“增订馆则”卷十三

四夷馆十馆生徒额数为120人，但有时不满。鞑靼馆生徒额数没有明文规定。以上十次选生，分给鞑靼馆的学生人数不清。在上述提及姓名的生徒中成九皋、马尚礼、韩永祯等，均为鞑靼馆译字生。

根据《四译馆则》“增订馆则”卷20所记载的十馆师生校阅姓氏表，可以判断当时分给鞑靼馆的生徒的具体人数。

十馆师生校阅姓氏表：

鞑靼馆

教师主簿：穆世登、刘尚贞、韩良议

译字官：马尔翥、刘启泽

译字生：韩永祯、刘启溶、刘天申、马士秀、孙希贤、林大有、韩良谟、昌德、林如梧、周京、王三锡、刘惟懋、吕帮柱、韩永祥、杨时盛

此表是崇祯三年（1630）吕维琪修订完《四译馆则》“增订馆则”时，参加校阅工作的鞑靼馆师生人员名单。

教师穆世登、刘尚贞、韩良议等三人是万历三十二年（1604）选入鞑靼馆的译字生。万历三十二年（1604）选入鞑靼馆的译字生，后来成为鞑靼馆属官的有“王子龙、马键、马尚礼、刘天锡、马承礼、刘尚贞、韩良议、穆世登、马应龙、林如椿、丛文炜、丛文灿、陈光复、陈光显”[①] 等14人。自万历三十二年（1604）招生后，至天启五年（1625）二十多年间，四夷馆未招过生。而译字生韩永祯、刘启溶、刘天申、马士秀、孙希贤、林大有、韩良谟、昌德、林如梧、周京、王三锡、刘惟懋、吕帮柱、韩永祥、杨时盛等15人，应是天启五年（1625）通过会考，选入鞑靼馆的译字生。

《四译馆则》“增订馆则”序记载，“增订馆则”于崇祯三年（1630）完成。按弘治三年（1490）规定四夷馆生徒学制为九年，三年食粮、六年冠带、九年授职。按照规定四夷馆各馆生徒学制满九年，初试不中者，可再试，三试不中者，黜退为民。上述天启五年（1625）入馆的鞑靼馆生徒15人，至崇祯三年（1630）“增订馆则”完成时均未满六年，只参加过食粮

① 《四译馆则》“增订馆则”卷7，属官十馆官职名鞑靼馆条，第2叶背面到第3叶正面。

一考，均未满学制九年。

即至崇祯元年（1628），上述15名鞑靼馆译字生入学满三年时，参加过食粮一考（在十馆译字生中，只有马士秀等68人通过了食粮一考）。在此次食粮考试中有无鞑靼馆生徒未通过考试，有无人员被黜退为民，由于未见史料记载，尚不清楚。虽不能断定鞑靼馆生徒的具体额数，但是，天启五年（1625）入馆的世业子弟中，分到鞑靼馆的生徒至少有15人。而天启五年（1625）选入四夷馆的十馆生徒，到崇祯三年（1630）"增订馆则"成书时，尚无一人满六年参加过冠带考试，就是说尚无人升为译字官。此年所选94名世业子弟中，参加校阅的十馆译字生有87人，7人未参加校阅工作。

万历三十二年（1604），选世业子弟入馆习译时，因鞑靼、暹罗二馆事务繁忙，请求增加生徒额数。所以，鞑靼馆译字生，1604年选入的14人和1625年收取的15人，应是增加额数之后的人数。万历三十二年（1604）之前，分给鞑靼馆的译字生可能不到14或15人。嘉靖四十五年（1566）选入鞑靼馆的译字生，后来成为鞑靼馆属官的有"王子春、丛文光、韩学礼、马继志、丛文辉、成桂、徐应诰"等8人。

译字官马尔翥、刘启泽是鞑靼馆教师马应干、刘尚宾之子。二人分别是在天启二年（1622）和天启四年（1624）继父业送馆习译的。他们与上述十次会考入选的生徒（包括世业子弟）不同，不是参加会考被选入馆，是以继习的方式被送馆习译。"各馆年深教师，在任或病故，其子孙通译无过者，为世业子弟比例陈情送馆继业。"① 这种继习也与会考一样，要由翰林院批准方许入馆习译。继习送馆习译的鞑靼馆译字生除马尔翥、刘启泽之外，还有鞑靼馆教师马廷祯之子马钥，杨迪之子杨松。

三　教师与生徒的待遇

据《四译馆则》记载，四夷馆教师、生徒虽由官方提供住宿、食粮，但待遇并不高。天启六年（1626）改旧例，裁减原来的三分之一。致使四夷馆各馆师生生活较为艰难。为了方便起见，现将新旧例标准列表如下：

表三　　四夷馆师生俸薪

俸薪	教师	生徒	资料出处
柴价	十馆教师每月柴二百斤，折银二钱五分	译字官与教师同 译字生每月柴一百斤，折银一钱二分五	《四译馆则》"增订馆则"卷八
肉价	旧例十馆教师每日肉一斤，折价银二分四厘七毫五丝。每月折银七钱四分二厘五毫。天启六年之后，每月支银四钱九分五厘，连花椒、香油在内每月支银五钱	译字官每日肉半斤，折钱一分二厘。每月折银三钱六分。天启六年之后，每月支银二钱四分 译字生与译字官同	同上

① 《四译馆则》"增订馆则"卷2，选授继习译业条，第1叶背面。

续表

俸薪	教师	生徒	资料出处
饭米	十馆教师每日白米八合，每月二斗四升。天启六年之后，每月米一斗六升	译字官、译字生与教师同	同上
酒米	十馆教师旧规每日酒半瓶（每五瓶折糯米一斗），正月至四月该米一石二斗，九月至十二月该米一石二斗。五、六、七、八四个月停止。今裁三分之一，正月至四月支米八斗，九月至十二月支米九斗	译字官、译字生与教师同	同上
木炭	十馆每年木炭一百五十包，每包折银八分二厘		同上

万历八年（1580）五月，首辅张居正向万历皇帝报告：暹罗馆内握闷辣等 15 人均食 11 分口粮，以至于“衣食不敷，饥寒困苦”①。据此分析四夷馆内教师的物质待遇并不充裕。鞑靼馆的情况想必也不会例外。

第二节 “鞑靼馆”的考试与学制

一 初试入馆

《四译馆则》“增订馆则”概括了上一节所讨论的明代招收译字生的历史：四夷馆设立之初，因“译学缺人，选太学年幼监生充之。近年专选世业子弟，间亦有选监生及凡民俊秀者。如遇译字生缺人太多者，本堂呈阁题请下礼部会题考试选补”②。译字生被选入馆，须参加礼部会题考试。关于考试内容，前述《四译馆则》记载，正德四年（1509）和嘉靖十六年（1537）选收译字生“止泛考汉文数字，待收馆之后方习番文”③。《四译馆则》还记载，嘉靖四十五年（1566）、万历三十二年（1604）、天启五年（1625），此三次选生，为了考试严格“查得先年试法甚踈，致通关节，且止考以七言绝句一首，即系成语，则或有预拟而音合者”④。

以上史料证明，1. 正德、嘉靖初年，四夷馆对入学考生不要求懂番文，而是选入各馆之

① 《万历起居注》，万历八年五月三日辛未条，第 2 册，第 56—57 页。

② 《四译馆则》“增订馆则”卷 2，选授会考进馆条，第 1 叶正面。

③ 《四译馆则》“增订馆则”卷 12，文史 题奏类一，嘉靖四十五年正月题选译字生稿条，第 3 叶背面。

④ 《四译馆则》“增订馆则”卷 12，文史 题奏类一，嘉靖四十五年正月题选译字生稿、万历三十一年五月题选译字生稿、天启五年八月题选译字生稿条，第 4 叶背面至第 5 叶正面，第 8 叶正面，第 13 叶正反面。

后，才开始习番文。2. 嘉靖四十五年（1566）以前，四夷馆选生的试题是现成的或事先拟好的七言绝句，这可能就是指“止泛考几个汉字”之事。从“或有预拟而音合者”一语，可推测考试七言绝句的方法是将绝句译为汉字音译番语，即并非要求写出番文原字，而是写出汉字转写的番语。由于学习番语专业的特殊性，这种对入学生徒降低要求的做法定会影响对译字生的培养。故两届之后，招考方法有所改变。《四译馆则》“增订馆则”记载嘉靖四十五年（1566）以后，“合于考试之日严加搜检封锁防范，前后不得相通，其试字不用旧句，临时杂出汉文三十字，令译番文。仍设密封官一员，卷完时先行密封，然后送看。预行各馆教师先将番文底本送部，以凭验封。其考设之日，各教师俱于部中别所封锁，待取定进呈之时放出，令其参验，庶免差讹”①。以上史料证明，明朝政府对四夷馆入学考试制度采取了严格措施。对试卷当场密封，考试时，对各馆教师严加封锁，到选生事项结束后才把他们放出来。试题不用原来旧的七言绝句。临时出三十个杂字，让考生翻译成番文。重新出的三十个杂字，很有可能是用来将旧句中的字词换掉，重新编成新的七言绝句，以防考试作弊。而嘉靖四十五年（1566）以后，参加入学考试的生徒应已有一定的番文基础。

（清）江繁的《四译馆考》卷9、卷10为回回、西番、暹罗、高昌、百译、缅甸、西天、八百等八馆的“集字诗”。所谓“集字诗”是将杂字编成五言律诗或七言绝句，在汉文之下有番文翻译，并对番文进行了汉字音译。

刘迎胜师认为《四译馆考》卷9、卷10的“集字诗的作者是江繁，他作集字诗的目的是考察各馆学生的学习水平”②。其依据是书中江繁所作之序“馆列东西，十日一行考课，以观肆习之勤惰焉。余于各馆杂字中，比合连属，缀成韵语。虽未免有补缉之痕，而顺口成章间有思致。唯‘西天’一馆乃真实名经，梵贝声牙，终难牵合。因每馆附存一、二诗，并录其字及语音于本字之下，亦奇观也。字分单、复体，有纵横，悉如其旧”③。

以上史料中，仔细阅读“因每馆附存一、二诗，并录其字及语音于本字之下，亦奇观也。字分单、复体，有纵横，悉如其旧”这一句，应该说，江繁所参考的史料中，保存了每馆原有的一、二首诗。这很有可能是明四夷馆保存下来的集字诗。江繁根据这些诗，不用旧句，从各馆“译语”中挑选杂字，重新作集字诗。其中，“西天馆”杂字音韵难以牵合，所以照录原句。

清四译馆考察各馆学生的学习情况，以五言律诗或七言绝句作为试题，很有可能与明四夷馆十馆译字生初试入选时，以七言绝句为试题，让考生翻译成番文这一先例有关。也许当时明四夷馆史料中，也有七言绝句的“集字诗”。只是没有保留下来。

向达先生认为，“江繁《四译馆考》，盖捋扯宗载书而成”④。江繁的《四译馆考》，是根

---

① 《四译馆则》“增订馆则”卷12，文史 题奏类一，嘉靖四十五年正月题选译字生稿、万历三十一年五月题选译字生稿、天启五年八月题选译字生稿条，第4叶背面至第5叶正面，第8叶正面，第13叶正反面。

② 刘迎胜：《〈回回馆课集字诗〉回回文研究》，《文史》1999年第2期，中华书局，第290页。

③ 江繁：《四译馆考》，清康熙三十四年（1695）刻本。

④ 向达：《记巴黎本王宗载〈四夷馆考〉——瀛涯琐志之二》，见《唐代长安与西域文明》，第654页。江繁在《四译馆考》一书中，将女真、鞑靼二馆内容删除。张文德认为“江繁的《四夷馆考》一书将女真馆、鞑靼馆有关内容删除，是与清朝的文字狱有关”（张文德：《王宗载及其〈四夷馆考〉》，第93页）。笔者认为江繁的《四夷馆考》一书未记载女真、鞑靼两馆之事，与当时清四译馆设立八馆时，未设女真、鞑靼二馆有关。

据王宗载的《四夷馆考》写成的。但王宗载书未见有“集字诗”。江繁可能不只参考这一种材料，在他的参考资料中，可能有明四夷馆考试所出的七言绝句“集字诗”。

如果江繁作集字诗时，参考明四夷馆留存下来的各馆一、二首诗的话，那么，被江繁删除的女真、韃靼二馆内容中，很有可能也存在一、二首集字诗。

二 日省、月试、季考之法

据“增订馆则”记载，四夷馆九馆初授译字官“每月提督官出题三道，季总九道发各官译出番、汉字，登簿季终呈堂，类呈内阁收执。授职之后不用”[①]。这应该是增设暹罗馆之前（1578 年以前）的规定。

四夷馆译字官、译字生每天抽查背书情况，每月由各馆教师出题考试，每季由提督出题考试。

《四译馆则》记载：“嘉靖十七年（1538）五月内少卿王呈内阁批准一欵：每日辰初受业，掣签考课背书，每月本馆教师考一次，提督季考四次。”[②] 这里提到的提督少卿王，应该是王守，根据《四译馆则》增订馆则卷 6 所列弘治七年（1494）到崇祯三年（1630）的提督少卿 136 人中，他是在嘉靖十三年（1534）升任为四夷馆提督少卿的。

四夷馆教规中规定，旧例每日到馆，遇到馆少人多时，改为三、六、九日进馆。每到馆日，四夷馆教师先检查译字官、译字生课后复习情况。让学生背讲诏敕、来文、馆考等书内容，书写单词。《馆则》记载：“每进馆日，照先年批准教规，馆师将所教译字官、生考验所授仿课并背讲诏敕、来文、馆考等书。荒疏者，量责；怠惰不习者，重责。”[③] 以上提到的“诏敕、来文、馆考”等书，应均是四夷馆所用教科书。“诏敕、来文”自嘉靖二十一年（1542）以后用于四夷馆教学内容。这里提到的“馆考”一书也许是指王宗载的《四夷馆考》一书。

同书又记载：“每候本堂进馆日，升堂后，间行掣签考验。各生杂字、书课不能书写、背讲者，责惩。”[④] 由此可知，每到馆日考察的内容并不简单。应考生徒依抽签择定，考察时除考所学书课，背讲诏敕、来文之外，还要检查译字官、译字生掌握词汇的情况，并对不努力学习者进行责罚。

每月的考试由各馆教师出题，但试题内容尚不清楚。“各馆教师遵照旧例，每月将所教译字生考试，分别等第、托病不到者，记旷革食，并将所考试等第及不到姓名呈堂存案，以备岁参。”[⑤]

每季度的考试由提督出题，并根据等第选拔优者录用、劣者责罚。“旧例每季官生一考，分别等第。”后“因赏资无辨，遂致废阁”，将生徒分等级之举未能坚持下去。后来馆员提议“仍复旧制，每年春秋各季考一次，分别等第”择优录用。“一等者备优送内阁用；二等、三

---

① 《四译馆则》“增订馆则”卷 2，选授，季课进呈条，第 5 叶正面。

② 《四译馆则》“增订馆则”卷 4，训规条，第 1 叶背面。

③ 《四译馆则》“增订馆则”卷 4，训规条，第 2 叶背面。

④ 《四译馆则》“增订馆则”卷 4，训规条，第 2 叶背面。

⑤ 《四译馆则》“增订馆则”卷 4，训规条，第 3 叶正面。

等者为平常；四等者量行责治。屡次四等者，会考之日，酌量裁抑。诸生中有通举业者，如精通本业，不妨并肆考试之日一体另题考验，或出论策、诏敕等题。有能通晓畅达者，另拔超等，设法优异。"①

《四译馆则》增订馆则卷14记载了通过季考被选拔录用的鞑靼馆译字官生：

1. 万历二十四年（1596），提督少卿郑②推荐被选堪充誊录职事的15人中，有鞑靼馆的译字官丛文光。

2. 万历三十九年（1611），被提督少卿洪③推荐的鞑靼馆詹事府主簿成九皋，为诏敕房办事。

3. 万历四十一年（1613），被提督少卿王④推荐的鞑靼馆译字官马尚礼，为诏敕房办事。

4. 万历四十二年（1614），鞑靼馆译字官马键，被录用为诏敕房办事。

5. 万历四十三年（1615）季考，提督少卿史⑤荐举人才，考得一等官生21人，其中有鞑靼馆的译字官王子龙，为补缺序班。

6. 崇祯三年（1630）提督卿吕⑥、少卿解⑦等选送的一等教师四名中，有鞑靼馆教师穆世登；一等译字官两名中，有鞑靼馆译字官刘启泽；一等译字生七名中，有鞑靼馆译字生马士秀、刘天申二人。

三 食粮、冠带、授职会考

四夷馆设立之初，译字生的学制为一年或两年。自永乐五年（1407）到正统元年（1436）为止，四夷馆习译监生子弟，学制为一年。自正统元年（1436）到弘治三年（1490）为止，学制为两年。弘治三年（1490）开始，四夷馆的学制改为九年。满三年可参加食粮考试，再满三年许参加冠带考试，又满三年参加授职考试。

《大明会典》记载："凡四夷馆习译监生子弟，旧例月支米一石，会官考试，一年。通习者与冠带，全不通者，黜退。正统元年（1436）奏定，考中一等者冠带，为译字官。又一年再考中，授职。弘治三年（1490）奏准，子弟不许别图出身，三年后考，中食粮，月给米一石。又三年考，中冠带，为译字官。又三年考，中，授序班职事。初试不中者，许再试，三试不中者，黜退为民。监生初入馆，照坐监例食粮，三年考中，食粮一石，家小粮仍旧。又三年考，中，冠带。又三年考，中，授从八品职事。三试不中者，送回本监别用。其会习举业者，非精通译字，不准应试。八年（1495）奏准，子弟有愿科举者，送顺天府，应试。嘉

---

① 《四译馆则》"增订馆则"卷4，训规条，第3叶背面。

② 根据《四译馆则》"增订馆则"卷6所列弘治七年（1494）到崇祯三年（1630）历任四夷馆提督少卿的人员，"提督少卿郑"，应该是郑继之，他于万历二十四年（1596）任四夷馆提督少卿。

③ 提督少卿洪，应该是洪文衡，他于万历三十八年（1610）任四夷馆提督少卿。

④ 提督少卿王，应该是王纪，他于万历四十年（1612）任四夷馆提督少卿。

⑤ 提督少卿史，应该是史孟麟，他于万历四十二年（1614）任四夷馆提督少卿。

⑥ 提督卿吕，应该是吕维琪，即《四译馆则》的作者。他于崇祯二年（1629）任四夷馆提督卿。

⑦ 提督少卿解，应该是解学龙，他于崇祯三年（1630）任四夷馆提督少卿。此外，还有天启元年（1628）由前任少卿董（应该是董王举，他于崇祯元年（1628）任四夷馆提督少卿）推荐的朱国诏等12名，《四译馆则》未记载姓名，不知有无鞑靼馆译字官生。

靖元年（1522）令，译字生习学三年，会考不中，径黜退为民。六年不中，给予冠带。九年不中，授应得职衔。俱回籍闲住，免其杂泛差徭。其有资禀年岁相应，尚堪作养者，听翰林院酌量，许其再试。二十一年（1542）题准，译字生初试译业精通者，照例食粮，习学办事。译业粗通，资禀年岁尚堪策励者，故送馆习学，不许食粮，候三年满日再试。其译字差谬，习学无成，畏避考试，临考不到，与未经起送，及原系纳贿夤缘者，俱革黜为民。”①

《大明会典》上述弘治三年（1490）奏准的具体时间“增订馆则”记载为弘治三年五月二十五日。其所降敕谕的内容“增订馆则”记载：“礼部尚书耿②等题奏：钦依四夷馆子弟，务要专功习学本等译业，精通夷语，谙晓番文，以备应用。不许假以写字、习举为由，别图出身，不务本等翻译俟。三年后，本院行移礼部会官考试，中者作食粮子弟，月给米一石。习学又过三年后，仍照前例会考，中优等者与冠带，作译字官，仍给米一石。又过三年后会考，中优等者，授以序班职事。其初试不中者，许过三年，再试不中者，许过六年，三试不中者，黜退为民。中者，照例食粮、冠带。除授监生初入馆者，照坐监例食粮习学俟。三年后考中者，与粮一石，家小粮俱仍旧。又三年考再考中者，与冠带俟。至九年考中优等者，授以从八品职事，习译备用。其初试不中及再试中否，俱照子弟例施行。三试不中者，送回本监别用。其有会习举业者，非精通本等翻译，纵堪入试，亦不准理。钦此。”③

这一敕谕证明，自弘治三年（1490）开始，四夷馆译字生学制定为九年。通过初试被选入馆的译字生，满三年之后，可参加食粮会考，中者，月给一石米；满六年仍参加会考，中者，给冠带，作为译字官；满九年参加会考，中者，授予序班职务。初试考不中者，允许再试，三试不中，革退为民。入馆习译的国子监生，食粮、冠带会考与译字生同。九年会考，中者，授以从八品职事。三试不中者，送回本监别用。这一点与从官民、世业子弟中所选生徒情况不同。

对于初试不中者，自嘉靖元年（1522）开始，有了新的更为严格的规定。因有些馆生不努力习译，遂决定一考定终身，即初试不中者，不许再试。如许再试者，须由翰林院斟酌、商议之后，方许再试。嘉靖二十一年（1542）查出，嘉靖十六年（1537）选入四夷馆的译字生中，有纳贿夤缘入馆的富户、商人子弟，不思习译。因此对会考严加规定：译业粗通者，根据年岁送馆习学，不给食粮，等候三年可以再试。译业差谬习学无成者、畏避考试、临考不到，及原系纳贿夤缘者，革黜为民。弘治八年（1495）规定，允许四夷馆译字生参加科举考试，中者为举人。

以上两条史料，均提到习译子弟不许别图出身的问题。别图出身意为九年学习期满后，不做译官，入其他衙门做官。这反映了当时四夷馆生徒中，可能有人入学的目的并非是将来成为译官，而是希望以此为跳板，别图他职，亦有可能打着习译的幌子或以译者身份别图私利。

明朝选取译官的制度及其考试，从明初到后期有个变化的过程。明代丘濬《大学衍义补》

---

① 《大明会典》卷221，翰林院条，第5册，第2943—2944页。

② 注：“礼部尚书耿”应是耿裕，弘治元年（1388）为礼部尚书。《明史》卷183有传，第4862页。

③ 《四译馆则》“增订馆则”敕谕二道，弘治三年五月二十五日敕谕，第1叶背面至第2叶正面。

记载：“我文皇帝始为八馆，曰西天、曰鞑靼、曰回回、曰女直、曰高昌、曰西番、曰缅甸、曰百夷。初以举人为之，其就礼部试，则以番书译其所做经义，稍通者，地联名于进士榜，授以文学之职而译书如故。其后又择俊民，俾专其业。艺成，会六部大臣试之。通者冠带。又三年授以官，盖重其选也。”① 可见，从明初稍通番书翻译及其经义，就可入选为文学之官从事译官，到后来，专门选俊秀子弟，严格考试，注重选拔，学成者，授以冠带，再三年通过考试，授以官职。

第三节 “鞑靼馆”的教学内容

《四译馆则》记载：“往昔专攻一切番汉杂字，而不及诰敕、来文，恐殊非急务。今后务将三者并行肆习，如：正月习诰敕，则次月习来文，又次月习杂字。”② 这里，“杂字”是指四夷馆所编各馆“译语”，即汉语和诸番语对译语汇，即指词汇。“来文”是指四夷朝贡“表文”，相当于“番译汉”。诰敕应是明朝给诸番的敕谕，相当于“汉译番”。四夷馆十馆译字生最初所习主要为杂字。由此可见，嘉靖二十一年（1542）以前，四夷馆教习番语的侧重点在于词汇。这种教学法恐怕是将番语的教学理解为与汉语教学相同。这也许是因为，只学词汇，对翻译文书没有多大帮助。因此，要求增加学习诰敕、来文的时间，以便加强翻译文书能力的训练。自嘉靖二十一年（1542）以后，教规中规定以诰敕、来文、杂字一同教习。

保留至今的《华夷译语》中的各馆“译语”、“杂字”、“来文”等，与四夷馆各馆所学课程有关。鞑靼馆“译语”和“来文”是鞑靼馆教习蒙古语的主要教科书。

一 “鞑靼馆杂字”与教学

自明朝初设四夷馆到清四译馆，各馆为教习“杂字”和“来文”编撰了《华夷译语》。《华夷译语》是保留至今的四夷馆各馆所用教科书之一。

《华夷译语》可分为三种不同版本，国内学者分别称为洪武本、永乐本、会同馆本。会同馆本《华夷译语》与四夷馆教学无关。

洪武本《华夷译语》鞑靼馆杂字，没有蒙古文原文，只有汉文和汉字音译蒙古语，分为天文、地理、时令、花木、鸟兽、宫室、器用、衣服、饮食、珍宝、人物、人事、声色、数目、身体、方隅、通用等17个门类，共收844个词汇。其中，天文门所收词汇有19个，地理门所收词汇有38个，时令门所收词汇有24个，花木门所收词汇有38个，鸟兽门所收词汇有116个，宫室门所收词汇有17个，器用门所收词汇有71个，衣服门所收词汇有26个，饮食门所收词汇有28个，珍宝门所收词汇有13个，人物门所收词汇有86个，人事门所收词汇有140个，声色门所收词汇有17个，数目门所收词汇有35个，身体门所收词汇有76个，方隅门所收词汇有17个，通用门所收词汇有83个。

---

① （明）丘濬：《大学衍义补》卷145，“译言宾待之礼”条，文渊阁《四库全书》第713册，第677页。

② 《四译馆则》“增订馆则”卷15，文史，条约类，第10叶。

北京图书馆藏永乐本《华夷译语》韃靼馆杂字包括初编、续增和增定部分。有汉字、蒙古文原文和汉字音译蒙古语。

《华夷译语》初编部分韃靼馆杂字的分类与洪武本《华夷译语》韃靼馆杂字的分类相同，共收845个词汇。其中，天文、地理、时令、花木、鸟兽、宫室、器用、衣服、饮食、珍宝、人物、人事、声色、数目、身体、方隅16个门类所收词汇均与洪武本相同。只有“通用门”所收词汇为84个，比洪武本多一个词。与洪武本的区别在于永乐本韃靼馆杂字增加了蒙古文原文。

“续增华夷译语”，对韃靼馆杂字花木、鸟兽、宫室、器用、衣服、饮食、珍宝、人物、人事、声色、数目、身体、通用等13个门类进行了增补，共收402个词汇。其中，花木门续增词汇27个，鸟兽门续增词汇21个，宫室门续增词汇16个，器用门续增词汇16个，衣服门续增词汇12个，饮食门续增词汇24个，珍宝门续增词汇10个，人物门续增词汇28个，人事门续增词汇123个，声色门续增词汇5个，数目门续增词汇14个，身体门续增词汇10个，通用门续增词汇96个。

增定《华夷译语》韃靼馆杂字，是对天文、地理等17个门类韃靼馆杂字基础上续增的部分。共续增314个词汇。其中，天文门续增词汇13个，地理门续增词汇16个，时令门续增词汇17个，花木门续增词汇39个，鸟兽门续增词汇32个，宫室门续增词汇15个，器用门续增词汇31个，衣服门续增词汇16个，饮食门续增词汇24个，珍宝门续增词汇8个，人物门续增词汇16个，人事门续增词汇25个，声色门续增词汇8个，数目门续增词汇9个，身体门续增词汇8个，方隅门续增词汇8个，通用门续增词汇29个。

永乐本《华夷译语》初编部分的“韃靼馆杂字”中单字多，相对来说增定《华夷译语》韃靼馆杂字中双字词汇多。杂字翻译出现了一些明显的错误。例如“山羊”一词误译为“aγulan（山之意）qoni（绵羊）”，其正确译法为“imaγa”。“黄牛”一词误译为“sira（黄色）üker（牛）”①，其正确译法为“üker”。《卢龙塞略》记载：“亦麻案山羊也”，“牛曰虎格儿”② 是正确的。

可见，作为韃靼馆教材的“韃靼馆杂字”有许多翻译中的错误。这些增补误拼的词汇肯定出自母语为非汉语的韃靼馆教师之手，时间应在明代中期以后。在韃靼馆学习蒙古语的译字官生，每日所习单词，有许多机械翻译的词汇。其教学效果定会受到影响。此外，在翻译韃靼馆来文、诰敕时亦出现了许多机械硬译的情况，详见后。

二 韃靼馆“来文”与教学

四夷馆各馆教习诸番语言文字，韃靼馆负责教习蒙古语言文字。四夷馆各馆的教学内容以教习词汇为主，同时也翻译诰敕、来文，进行翻译能力的训练。

柏林本、东洋文库本、北图珍本《华夷译语》所收“韃靼馆”“来文”内容，包括蒙古、兀良哈三卫、女真部向明朝进贡马匹、海青等物，并请求赏赐或求讨千官敕书、袭父前职等

① 《增定华夷译语》韃靼馆，鸟兽门，见《北京图书馆古籍珍本丛刊》6，经部，第218页。

② 《卢龙塞略》卷20，“译语”下，明万历刊本，（台湾）学生书局1987年版，第740页。

事项的往来文书。

这些“来文”反映了蒙古、兀良哈三卫、女真等向明朝进贡方物的种类；明朝回赐的物品；女真诸部之间争夺敕书情况；建州女真与朝鲜的关系；瓦剌与东蒙古的争夺等问题。

鞑靼馆“来文”中，蒙古、兀良哈三卫、女真向明朝进贡的方物有：马、驼、海青、貂鼠皮、珍珠等，其中以贡马为主。《华夷译语》上述三种版本 86 篇“来文”中，涉及进贡马匹的来文有 20 篇。进贡海青、貂鼠皮、珍珠等物的“来文”各一篇。

向明朝请求回赐的物品有：敕书、彩缎表里、青缎子、青红布、衣服、鞋袜、帐房、马鞍、嚼头、渔网、胡椒、手帕、胭脂、粉、剪子、针等。

永乐本 86 篇“来文”中，有 9 篇是女真向明朝求赏“敕书”的来文。其中，有两篇是敕书损坏，要求更换新敕书；7 篇是敕书丢失或被抢，求再赐敕书的来文。

如上节所述，“来文、诏敕”用于四夷馆教学，并每日让学生在课堂上背讲其内容，以考察学生的复习情况。笔者收集到洪武本和永乐本《华夷译语》，共收鞑靼或鞑靼馆“来文”98 篇。

明朝设立四夷馆之前，已有教习“鞑靼书”的现象。《明实录》记载：洪武二十三年（1390）“置大宁等卫儒学，教武官子弟，设教授一员，训导二员，仍选识鞑靼字者，教习鞑靼书”。[①] 可知，明朝最早教习“鞑靼书”的对象是儒学生徒。这里所指的“鞑靼书”有可能是洪武二十二年（1389）编撰的《华夷译语》“来文”部分。如此说成立，则可以推定洪武本《华夷译语》的“来文”，与“杂字”一样，也是当时教习蒙古语的教材之一。

四夷馆各馆“来文”有时也被称为四夷馆课。刘迎胜师认为四夷馆“来文”多数是伪造的。参与作伪的可能是一些在边关担任翻译的人或四夷馆的职员。[②] 这些表文并非原本，明显是带有汉语背景的人伪造的，其作者可能是四夷馆的教师。[③]

笔者认为现存四夷馆来文的来源有两种可能性：一种可能性是在边关担任翻译的四夷馆译字官生与来进贡的诸番朝贡者相勾结，为了朝贡利益，得到赏赐而伪造的。后由四夷馆教师、译字官生编撰在《华夷译语》中，作为译字生习译教材之一。第二种可能性是四夷馆教师、译字官生，根据在边关译审（详见后）的进贡“表文”汉文部分，重新翻译成蒙古文，将蒙汉文“来文”合编在一起，作为教习蒙古语的教材。同时，也作为考试的底本。

---

① 《明实录》卷 204，洪武二十三年九月丁酉条。

② 刘迎胜：《古代中原与内陆亚洲地区的语言交流》，《学术集林》卷 7，第 193 页。

③ 刘迎胜：《宋元至清初我国外国语教学史研究》，第 116 页。

第四章　明四夷馆“鞑靼馆”的朝贡、贸易文书翻译

鞑靼馆除了承担蒙古语教学，培养蒙古语的翻译人才外，还负责翻译明朝与蒙古交涉事务中的朝贡、贸易往来文书。文书翻译工作由鞑靼馆教师、译字官、译字生承担。

由于明朝政府施行海禁政策，明朝与海外诸国的贸易远不如唐、宋、元朝时期发达。相比之下，明朝的朝贡贸易极为繁荣。明朝政府将海外国家的对华贸易纳入朝贡制度。[①] 外方诸国及“四夷”向明朝遣使，必须持有进贡表文。明朝方面为了辨别“四夷”朝贡使臣的真伪性，从礼部颁发勘合文书或给“四夷”土官、部族首领发给敕书、牌符。四夷馆的译官负责辨验、译审进贡表文或勘合文书。有时为了验放夷人，译审进贡“表文”，鞑靼馆的译字官生还被派到边关。此外，鞑靼馆还代译女真各部进贡“表文”，这使鞑靼馆译官的责任及工作量倍增。

第一节　明朝与蒙古的朝贡贸易背景

明朝将外藩朝贡的国家、地区、部族，分为外国及“四夷”。明朝建立之初，朱元璋派使臣诏谕日本、占城、朝鲜及西洋诸国，与日本、朝鲜、占城、安南、撒马尔罕、别十八里等诸国建立了朝贡贸易关系。并要求周边部族、南方土官按期进贡明朝。

明朝建立之后，蒙古人从元代的统治民族，重新被划分为“四夷”中的夷狄。明初，朱元璋和明成祖朱棣多次派兵出征蒙古，尤其明成祖还亲征漠北，想收复蒙古本部，即东部蒙古。明朝与蒙古既有征战的敌对关系，也有通贡互市的朝贡贸易关系。被明朝称之为“鞑靼”的蒙古本部游牧于大漠南北，东北部与女真为邻，西部是卫拉特诸部及居住于甘肃、沙洲等地的蒙古部落。为了安置或控制蒙古诸部，明朝在西北和东北均设立了羁縻卫所，以此安抚和控制蒙古诸部。明朝在东北和西北设立蒙古、女真卫所主要集中在洪武、永乐时期。

明初，朱元璋采取“休养生息”的对内政策，对外采取和平外交和禁海政策。在这些政策的影响下，明朝的对外朝贡关系和朝贡制度达到极盛。对蒙古朱元璋多次派大将攻打漠北，尤其1387年和1388年派冯胜、傅友德、蓝玉等出兵漠北，收复大部分蒙古，并大败蒙古可

---

① 李云泉：《朝贡制度史论》，新华出版社2004年版，第87页。

汗脱古思帖木儿。脱古思帖木儿及其太子被阿里不哥后裔也速迭儿杀害，故元将领纷纷降附明朝。朱元璋让这些故元蒙古大臣南迁，设立羁縻卫所安置他们，对他们采取了封贡的政策。1388年明朝设立朵颜、福馀、泰宁三卫，安置归降明朝的故元大臣，对鞑靼采取“以夷制夷”的羁縻政策，建此三卫，并给予一年两贡或三贡的特殊待遇。① 明初，在漠南活动的只有兀良哈三卫，即朵颜、福馀、泰宁三卫蒙古人。朵颜三卫与明朝的关系非常密切。脱古思帖木儿手下的大臣离开也速迭儿降附明朝之后，也被朱元璋安置在大宁、应昌附近。这些人向明朝进贡马匹，明朝方面赐给他们种子、犁杖等物。可见，南迁的蒙古人通过与明朝朝贡往来，有可能逐渐接受农耕文化因素，从单一的游牧、狩猎文化，向游牧、农耕兼营的方向发展。洪武本《华夷译语》鞑靼来文中反映了故元大将降附明朝后为表明来意派使臣向明朝进贡马匹，而明朝为了安置来降的蒙古军民，统计他们的户数，发给粮食，并赐给他们第二年的种子和犁杖等物的例子。但是，南迁归附明朝的蒙古人并未死心塌地地归降朱元璋，随着在蒙古汗位更替，大汗之位从阿里不哥后裔手中重新回到忽必烈后裔之手，归降明朝的故元大臣反叛明朝，再被明朝镇压，如此反反复复。明朝与蒙古的关系在征战与朝贡关系中徘徊。

明初与蒙古本部有过多次的交战，但是，明朝与西部蒙古卫拉特之间的关系缺乏史料记载。洪武本《华夷译语》第十份文书“捏怯来书”中，提到阿里不哥的后裔也速迭儿王与卫拉特一同谋反，杀害脱古思帖木儿，抢走玉玺之事。可见，明朝与蒙古本部进行征战时，卫拉特与固守漠北的阿里不哥的后裔也速迭儿联手，杀害故元后裔脱古思帖木儿，参与了争夺汗位斗争之中。

除居于漠南、漠北的蒙古本部，西部的卫拉特人之外，在哈密、甘肃、明朝内地也有不少的蒙古人。明朝政府对蒙古本部进行征战兼招降政策的同时，在西北建立羁縻卫所，对这里的蒙古部落首领进行封王，以此来控制哈密、甘肃等西北地区的蒙古部落。哈密自古成为东西交通要道。明代，在哈密卫和关西七卫以及别十八里、吐鲁番等地也有不少的蒙古人。② 洪武时期，镇守哈密的肃王忽纳失里向明朝遣使入贡马匹。其弟安克帖木儿为忠顺王，其后，忠顺王被世袭。西北的哈密、沙洲、罕东等卫的蒙古头目，定期向明朝入贡马匹，并得到赏赐。

明成祖朱棣继位之后，虽有亲征蒙古之举，但是在外交方面采取了“锐意通四夷”的政策。日本、朝鲜、安南、暹罗、哈密、吐鲁番、撒马尔罕、别十八里、哈烈等诸国前来朝贡。明成祖对蒙古的政策与朱元璋对蒙古经济封锁的政策不同，他对蒙古诸部采取开放边境贸易的政策。此时，蒙古大汗的权力衰微，诸部各居牧地，无所统属，纷纷向明朝派出贡使，接受明朝的册封，以取得朝贡贸易和边境贸易的权力。③

明成祖与朵颜三卫蒙古人的关系较为密切，1402年燕王朱棣“靖难之战”中，朵颜三卫蒙古骑兵助燕王朱棣一臂之力，为朱棣夺取皇位立下功劳。因此，朵颜三卫在明成祖时期得到特殊待遇，每年可以入贡明朝，得到赏赐。

---

① 赵云田主编：《北疆通史》，中州古籍出版社2002年版，第377页。

② 杨绍猷、莫俊卿：中国历代民族史《明代民族史》，第7—8页。

③ 曹永年：《蒙古民族通史》第三卷，内蒙古大学出版社1991年版，第23页。

1407 年明成祖专门设立"四夷馆"，在这里培养翻译人才，专门负责"四夷"前来进贡的事务。在四夷馆也设立鞑靼馆，培养通蒙古语的翻译，专门负责明朝与鞑靼、瓦剌往来事项。四夷馆鞑靼馆译官在明朝与蒙古、女真的朝贡贸易中起到了重要的语言媒介作用。

明成祖在蒙古东北、西部增设羁縻卫所，进一步放宽蒙古与明朝的朝贡贸易关系。成祖之后的诸帝，主要遵循朱元璋和朱棣的政策。达延汗统一蒙古之后，其子俺答汗与明朝建立了通贡互市的关系，明世宗开放大同、宣府、延绥、宁夏马市，并接受了俺答汗的入贡。[①] 俺答汗时期，蒙古与明朝通贡互市，结束了明朝与蒙古多年对峙的状况，使明朝与蒙古的朝贡、贸易关系达到了顶峰时期。

第二节 鞑靼馆"译官"译审边贡文书

《明史》记载："各国使人往来，有诰敕则验诰敕，有勘籍则验勘籍，毋令阑入。土官朝贡，亦验勘籍。其返，则以镂金敕谕行之，必与铜符相比。凡审言语、译文字，送迎馆伴，考稽四夷馆译字生、通事之能否，而禁饬其交通漏泄。凡朝廷赐赉之典，各省土物之贡，咸掌之。"[②] 可见诸番朝贡、往来使臣，必须持有诰敕、勘合文书等官方文书凭证，并与牌符进行比对，须经四夷馆译字官严格审查方可入境。无来文及勘合文书者，不许随便进入明朝境内。遇到语言文字的审查和翻译事务时，通常由四夷馆译字官来完成，并以此来考核其水平。

鞑靼馆译字官经常被派到边关轮值。《四译馆则》"增订馆则"记载："大喜峰口[③]，差官一员，验放进贡彝人，三年一更。每遇期满，彼中巡抚官据呈申请，兵部移咨，由礼部本院转行本馆。拣选行止端慎，年深老成，谙番字官一员，请知内阁转开本院起送接管。"[④] 据上述史料，译字官赴边轮值的期限通常为三年。期满后例由镇边大员向兵部提请更换，再由兵部行文转礼部，然后通知四夷馆选拔赴边人员。赴边轮职人员通常从资深译字官中选调，还要求行为举止"端慎"，以不辱使命。又如"先年据宣大总督尚书王[⑤]题差译字官从文辉差往阳和[⑥]备验番文"。[⑦] 但有时被选拔的译字官因某种原因不愿赴边轮值。史料未说明他们会受到何种处置，但却提及从译字生中选人充抵赴任之事。如"万历三十六年二月以林洲不愿往，选译字生王子龙前去。题准作实授冠带，给予应得柴薪"。[⑧]

在边轮值的译字官验放夷人的工作情况，《万历武功录》记载："上有诏，言迤北入贡，起成祖朝原有封号印诰，今奏来番文既无酋长姓名、年月、求贡字样，显是诈伪。总督等官

---

① 杨绍猷、莫俊卿：中国历代民族史《明代民族史》，第 43 页。

② 《明史》卷 72，《职官志》礼部条，第 1749 页。

③ 兀良哈三卫进贡自喜峰口入。

④ 《四译馆则》"增订馆则"卷 3，"差官喜峰"条，第 2 叶背面。

⑤ 此人即王崇古。隆庆四年（1570）任宣大总督尚书。《明史》卷 222 有传，第 5838 页。

⑥ 阳和在大同北边，鞑靼进贡自阳和入。

⑦ 《四译馆则》"增订馆则"卷 3，"阳和差遣"条，第 3 叶正面。

⑧ 《四译馆则》"增订馆则"卷 3，"差官喜峰"条，第 2 叶背面。

令通事译审番文。”① 这段史料中提及的“迤北”是元明时代的常用术语，通常指漠北蒙古或瓦剌。万历皇帝要求边境当局命令担任通事的鞑靼馆译字官，除将蒙古文贡表译为汉语外，还应“审”视番文，辨别真伪。当时可能有不少伪造“来文”冒充进贡者。

《万历武功录》记载：“虏酋虽习番经字，不识文艺，与督臣书札，皆出汉人手。多为群奸所波荡，往往书辞与口传背驰，以故不足凭。是时顺义王甚加被惠泽。蒙体德，愿格心易行，岁奉表称臣。顾不识汉字，诏书屡下，如类亡知者。延请译者与习胡字者参伍，得传习书写，以便为表。于是戎部咨四夷邸。遣鞑靼馆译者丛文光，诣制置使所。译毕。即传次还京。着为令：每贡期迫，岁遣译者着往会。文光所携字谱忠孝经，皆番字。崇古②以为朝廷幸遣官生以训虏众，恢弘文教，甚大惠也。延谕虏王敬文光。至，备国使副帅麻锦，治米面蔬菜，使通事人杨亮金奉送文光，与具。既至，虏王大愉快。如获百朋。而文光延日与诸虏传授番文，教对字意，讲忠孝大义。令那吉摆腰习字。居月余，虏王报，与上马，遣归。适东西虏公宴，大都等闻风慕义，尊文光以师礼。[illegible]拜。因赍番文以求印正。文光皆为译辨。人人各自为亲已。低徊者八月得还。始封贡时，遣译者马继志往。后授序班鸿胪寺。崇古请官，文光亦如之。自是之后，文光、继志间遣一人。往验番文，效喜峰口例也。”③

根据以上史料，俺答汗（顺义王）与明朝交往时因不识汉字，往来书信皆由汉人书写，但与使者口传相违背，故明朝人认为不足为信。因此俺答汗请求明朝派遣懂蒙古语与通蒙古文的官员合作，使他们能学习书写贡表。明朝派四夷馆鞑靼馆译者前去译写“表文”。在边“译字官”译写进贡“表文”有两种可能性：一种可能是根据鞑靼致明朝的番字文书译成汉文后，只将汉文文书呈报给礼部。另一种可能是译者根据使臣的口传译成汉语，将汉文文书呈给礼部。

俺答汗及其部下对“译者”非常尊重，因为他们所带番字文书，需经“译者”验正和翻译。以上王子龙、丛文辉、丛文光、马继志等人，被派到边关的主要任务，除了将进贡番文翻译成汉文之外，同时也检查进贡文书的真伪性。丛文光、马继志所赴之地应与上述《四译馆则》所载派丛文辉赴任处是同一个地方，即阳和。

上述王子龙、丛文辉、丛文光、马继志等译官，在《四译馆则》“增订馆则”卷7所载弘治三年（1490）到崇祯三年（1630）历任四夷馆“鞑靼馆”属官49人中有记录。王子龙，直隶昌黎县人，万历三十二年（1604）选入，后任太仆寺少卿，制敕房办事。丛文辉，山东文登县人，嘉靖四十五年（1566）选入，后任鸿胪寺主簿。丛文光，山东文登县人，嘉靖四十五年（1566）选入，后任上林苑监丞。马继志，直隶扬州府泰州人，嘉靖四十五年（1566）选入，后任通政司知事，制敕房办事。丛文辉和丛文光都是山东文登县人，嘉靖四十五年（1566）选入鞑靼馆译字生，应是同一家族的同辈人。

---

① 《万历武功录》卷7，“俺答汗列传上”，收于《四库禁毁书丛刊》子部36，第19页。

② 此人就是上页注3中提到的王崇古。

③ 《万历武功录》卷8，“俺答汗列传下”，收于《四库禁毁书丛刊》子部36，第67页。

第三节　鞑靼馆代译女真馆“来文”

《四译馆则》记载：“鞑靼馆除本馆职业外，又兼译女直来人进贡袭替来文，并回敕书及译写顺义王（按指俺答汗）表文，喜峰口验放来人。比之别馆繁剧数倍。”① 今存鞑靼馆来文中的女真部“来文”反映了当时自正统年间开始，鞑靼馆确实代译过女真馆“文书”。洪武本《华夷译语》鞑靼“来文”的内容与女真部无关，这是因为当时明朝与女真部的往来文书用女真文字书写，还未改用蒙古文字。

四夷馆各馆一般负责本馆的往来文书的翻译。但有时也有代译其他地区文书的情况。万历七年（1579）增设暹罗馆之前，回回馆代译过暹罗馆文书。《四夷馆考》记载：“正德十年（1515），遣使贡方物，进金叶表，下回回馆译写。”②《万历起居注》记载：“回回馆贡使颇繁，文字难译，先年常令代译暹罗诸国表文。”③

成化二十三年（1487）之前，暹罗进贡明朝的文书，时而用暹罗文（泰文），时而用回回文（波斯文），表文常用暹罗文字和回回字两种文字书写。明朝命令暹罗使臣，今后用回回字（波斯文）与明朝往来，“不得写难识番字，以绝弊端”④。刘迎胜师认为“由于明朝译馆为数有限，而天下之大，语言各异。难免会出现使臣贡表文字无人可识，回赐表文无法撰写的情况。于是明政府规定，在这种场合下，必须使用双方都通晓的第三种文字，‘以通华夷之情’”⑤。回回馆代译暹罗馆文书，主要原因是当时明朝没有懂暹罗文的翻译人才。除回回馆代译暹罗表文之外，也有高昌馆与回回馆相互代译的现象。⑥

鞑靼馆代译女真文书，与上述回回馆代译暹罗文书的情况有所不同。当时，明四夷馆专门设有女真馆，培养通女真语言文字的翻译人员，并不缺少懂女真文字的译字官。

女真建立金朝之后，完颜希尹于天辅九年（1119）创制女真大字，⑦ 天眷元年（1138）金熙宗颁行女真小字。⑧ 四夷馆初设八馆中有女真馆，明朝对东北女真各部的敕谕都用女真文字书写，而东北女真人进贡“表文”也用女真文字。元明时期，有不少女真人懂蒙古语。明代女真族受蒙古人影响，部分地区的女真人改用蒙古语为书面语，以致后来出现女真人不识女真文字的现象。自正统年间开始，部分地区的女真人与明朝交往时，往来文书改用蒙古语。

正统九年（1444）女真部向明朝请求敕书用蒙古文字书写。《明实录》记载，“玄城卫⑨指挥撒升哈、脱脱木答鲁等奏：‘臣等四十卫无识女真字者，乞自后敕文之类第用鞑靼字’，

---

① 《四译馆则》“增订馆则”卷12，万历三十一年（1603）五月题选译字生稿条，第7叶正面。
② 王宗载：《四夷馆考》卷下，暹罗馆条，东方学会印本，第20叶。
③ 《万历起居注》万历六年（1578）十一月丁巳条，第1册，第696页。
④ 《孝宗实录》卷2，成化二十三年九月己酉条。
⑤ 刘迎胜：《古代中原与内陆亚洲地区的语言交流》，第192页。
⑥ 张文德：《明与帖木儿王朝关系史研究》，中华书局2006年版，第187页。
⑦ 《金史》卷73，完颜希尹传，中华书局点校本1975年版，第1684页。
⑧ 《金史·熙宗本纪》卷4，第72页。
⑨ 玄城卫，女真卫所之一，今黑龙江省哈尔滨市附近，永乐十二年（1414）设立。

从之”[①]。鞑靼馆负责代译女真馆文书之事主要应在此之后。现存鞑靼馆“来文”有年代记载的主要是天顺、成化、弘治、正德年间的进贡“表文”，亦佐证这一记载。金光平、金启宗根据《明实录》上述史料，认为金代所制的女真文字直到明朝永乐、正统之间才逐渐废弃不用。[②] 和希格认为女真字流传的下限为正统年间。[③]

柏林本《华夷译语》有女真馆“来文”20 篇。东洋文库本《华夷译语》有女真馆“来文”29 篇，其中 10 篇与柏林本女真馆“来文”相同。内藤湖南本《华夷译语》有女真馆“来文”50 篇，其中 10 篇与柏林本女真馆“来文”相同。三种版本《华夷译语》中除重叠部分以外，笔者目前收集到的女真馆“来文”共有 79 篇。

女真馆这 79 篇“来文”，若依时间划分永乐年间的 1 篇；正统年间的 3 篇；景泰年间的 1 篇；天顺年间的 11 篇；成化年间的 24 篇；弘治年间的 3 篇；正德年间的 4 篇；嘉靖年间的 5 篇；未记载年代的 26 篇。和希格认为这些“来文”的问题很多，一般是汉语语法堆砌而成，几乎找不到一句没有毛病的语句。很明显，“来文”是先用汉文写成的，然后依汉文语序堆摆女真语汇。可以断言“来文”并非出于女真人之手。各馆“来文”千篇一律，一概如此。明朝定制藩属进贡无表文的不收贡品，现存“来文”大概是由进贡者贿赂四夷馆人所代拟的。[④] 金光平、金启宗认为这些来文，可能是贿赂四夷馆代拟的进贡表文。现存女真馆“来文”多以汉语语法连缀女真语单词堆砌而成，绝非出于女真人之手，便是一证。[⑤] 故现存女真馆表文中景泰年间以后的“来文”的存在，并不能作为女真人中仍通行女真文字的确实证据。[⑥]

明隆庆三年（1569），清太祖努尔哈赤命额尔德尼、噶盖二位学者，根据蒙古文字母，创造了无圈点的满文。明崇祯五年（1632），清太宗命达海在原来字母上加圈点，对满文进行了改造。满族根据蒙古文字创造满文的原因之一，可能与明朝女真人使用蒙古文字有关。

---

① 《明英宗实录》卷 113，正统九年二月甲午条。

② 金光平、金启宗：《女真语言文字研究》，文物出版社 1980 年版，第 31—32 页。

③ 道尔吉、和希格的《女真译语研究》，《内蒙古大学学报》（哲学社会科学版），1983 年增刊，第 355 页。

④ 同上书，第 354—355 页。

⑤ 金光平、金启宗：《女真语言文字研究》，第 32 页。

⑥ 同上。

第五章　不同版本《华夷译语》鞑靼“来文”情况

第一节　各版本《华夷译语》所收鞑靼“来文”

《华夷译语》是明洪武、永乐时期编撰的分类辞书，后经明清两代续增，出现了不同版本和不同抄本。在国家图书馆、柏林国立图书馆、日本东洋文库、日本内阁文库、巴黎国民图书馆都藏有不同版本或不同抄本的《华夷译语》。

《华夷译语》有广、狭两义，广义的《华夷译语》是四夷馆编撰的诸番语言和汉语的对译辞书。按天文、地理、人事、器物分门别类，对诸番语词汇进行汉译并列出汉字音译。狭义的《华夷译语》单指洪武本《华夷译语》。

《华夷译语》可分为三种不同版本，国内学者分别称为洪武本、永乐本、会同馆本。洪武本《华夷译语》是洪武十五年（1382）明太祖命火源洁、马沙亦黑等编撰的译语，洪武二十二年十月十五日附翰林学士刘三吾之序锓板刊行。只有蒙古译语一种。由译语和来文两部分组成。译语有汉字音译蒙古语，没有蒙古文原文。来文部分有汉字音译蒙古语，汉文直译，汉文义译等。永乐本《华夷译语》是四夷馆十馆为教习诸番语言文字而编撰的番汉合璧教科书。日本学者对《华夷译语》多有研究。永乐五年（1407）初设四夷馆之后，乃至到清朝四译馆，由各馆馆员编修的诸番语言和汉语的对译语汇，不同抄本的内容有所不同。有诸番语言和汉语对译的《译语》和《杂字》部分。有些《译语》还有诸番语言和汉语互译的“来文”，即诸番来使向中国进贡表文。会同馆本《华夷译语》是明末茅瑞征所辑，只有汉语和汉字音译诸番语言，没有诸番语言的原文，而且，缺少“来文”部分。日本学者石田干之助则称洪武本《华夷译语》为甲种本、永乐本《华夷译语》为乙种本、会同馆本《华夷译语》为丙种本。长期以来，日本学术界认同这种分类法。《华夷译语》不同刊本和不同抄本中，收录鞑靼馆“来文”的情况不同。

洪武本（甲种本）《华夷译语》收有鞑靼“来文”12 篇。[①] 这些来文没有蒙古文原文，只有汉字音译蒙古语、汉文旁译和总译，体例与《蒙古秘史》相同，与永乐本《华夷译语》中鞑靼馆“来文”有区别。

---

① （明）火源洁：《华夷译语》不分卷，下册，收于《涵芬楼秘笈》第四集。

永乐本《华夷译语》所收“鞑靼馆来文”的情况各本不一。东洋文库所藏明抄本《华夷译语》（以下称“东洋文库本”）中，收有鞑靼馆“来文”30篇。柏林图书馆所藏明抄本《华夷译语》（以下称“柏林本”）中，有鞑靼馆“来文”30篇。其中，有14篇与东洋文库本“鞑靼馆”“来文”内容相同。北京图书馆善本室收藏的明抄本《华夷译语》（以下简称“北图珍本”）收鞑靼馆“来文”40篇，其中5篇为“敕谕”。但鞑靼馆“来文”被编在“高昌馆课”[①]中。达力扎布指出：“在现存明四夷馆‘高昌馆课’中，保留了许多当时女真人用蒙古文所上的奏文。”[②]但他并未提到这些“来文”是属于“鞑靼馆”的“来文”。

此三种抄本中的“鞑靼馆”“来文”均由蒙、汉文两个部分构成，共有86篇。此外，日本内阁文库所藏《西域同文表》中有百夷、八百、缅甸、暹罗、西天、回回、高昌、女直等八馆的表文（来文），但未见到有鞑靼馆来文。金启宗认为：《西域同文表》中的女真馆“表文”的内容与东洋文库本的女真馆“来文”的内容完全一致。[③]可见，东洋文库本和《西域同文表》的各馆“来文”的关系有待于进一步探讨。

据刘迎胜师介绍，巴黎国民图书馆所藏《华夷译语》中的回回馆来文与日本内阁文库所藏《西域同文表》中回回馆来文相同。巴黎国民图书馆所藏《华夷译语》中无鞑靼馆来文。

会同馆本《华夷译语》无“来文”部分。

德国学者福克司（Walter Fuchs）发现收藏在北京故宫博物院图书馆（寿安宫）的一部《华夷译语》与石田干之助所划分的甲、乙、丙三种版本的《华夷译语》有所不同，这批《华夷译语》原藏于故宫方略馆，但这批《华夷译语》是属于清四译馆为教习诸番语言文字而编纂的教科书。福克司将这批《华夷译语》命名为新《华夷译语》。他在《关于新〈华夷译语〉》一文中，介绍了这一版本《华夷译语》的情况。[④] 1968年日本学者将此版本《华夷译语》定名为丁种本。[⑤]笔者根据北京故宫博物院图书馆所作图书卡片，认为应将这批《华夷译语》命名为清写本《华夷译语》。

清写本《华夷译语》无鞑靼馆来文。这也许与乾隆时期将鞑靼、女真二馆裁撤有关。

---

① 《北京图书馆古籍珍本丛书》6，书目文献出版社，第325—368页。

② 达力扎布：《明代漠南蒙古历史研究》，内蒙古文化出版社1997年版，第262页。

③ 金光平、金启宗：《女真语言文字研究》，文物出版社1980年版，第35页。

④ 福克司：《关于新〈华夷译语〉》，《辅仁英文学志》第8期，民国二十年（1931）十二月出版，第91—97页。Walter Fuchs: Remarks on a new "Hua - I - I - Yü", Bulletin of the Catholic University, peking, No. 8, 1931.

⑤ 大友信一、木村晟：《日本馆译语》，东京洛文社1968年版，第37页。

第二节　《华夷译语》鞑靼“来文”编号①

过去虽有学者提及鞑靼“来文”，但至今尚未有人作过系统研究。笔者将所收集的鞑靼“来文”列表如下。鞑靼“来文”散见于国内外各地图书馆所藏《华夷译语》。将它们收集齐备是一件长期的工作。故这里只列出笔者所收集到的四种刊本中的98篇“来文”（包括“诰敕”）。其余的待收集到后另行列表交代。

表一　**洪武本、东洋文库本、柏林本、北图珍本《华夷译语》中的鞑靼来文编号**

编号	来文名称	东洋文库本	柏林本	北图珍本	洪武本
来文1	诏阿札失里				洪1
来文2	敕僧亦邻真臧卜				洪2
来文3	诰文				洪3
来文4	敕礼部行移应昌卫				洪4
来文5	敕礼部行移安答纳哈出				洪5
来文6	撒蛮、答失里等书				洪6
来文7	纳门驸马书				洪7
来文8	脱儿豁察儿书				洪8
来文9	失列门书				洪9
来文10	捏怯来书				洪10
来文11	捏怯来书				洪11
来文12	囊加思千户状				洪12
来文13	斡阑卫②指挥同知委列奏文	东1	柏1		
来文14	忽儿海卫③都指挥失勒得奏文	东2	柏2		
来文15	毛怜卫④都指挥使猛可帖木儿奏文	东3	柏3		

① 此处以东洋文库本为底本，对不同版本中的鞑靼馆来文进行编号。其中有一些不是‘来文”，而是敕谕。本研究以东洋文库本为底本，并不是说此版本优于其他版本。相对来说，柏林本的错误和脱漏现象要少于东洋文库本。本表中东1、东2……表示东洋文库本所收来文第一、第二件（以下类推）；柏1、柏2……表示柏林国立图书馆本所收来文第一、第二件（以下类推）；北1、北2……表示北京图书馆本所收来文第一、第二件（以下类推）；洪1、洪2……表示《涵芬楼秘笈》所收洪武本来文第一、第二件（以下类推）。

② 斡阑卫，属于鞑靼卫所还是属于女真卫所待考。建于明永乐五年（1407）。

③ 忽儿海卫，女真卫所之一，建于明永乐七年（1409）三月。

④ 毛怜卫，属建州女真，明永乐三年（1405）十二月设立。

续表

编号	来文名称	东洋文库本	柏林本	北图珍本	洪武本
来文 16	建州左卫①都指挥佥事脱罗男猛可奏文	东 4	柏 28		
来文 17	福馀卫②都指挥佥事脱忽赤男帖木儿奏文	东 5	柏 10		
来文 18	朵颜卫③都督花当奏文	东 6	柏 26		
来文 19	童宽山卫④都指挥佥事卜养古奏文	东 7	柏 13		
来文 20	屯河卫⑤正千户冲山男亦列格奏文	东 8	柏 14		
来文 21	建州左卫都指挥佥事撒哈奏文	东 9	柏 27		
来文 22	渚冬河卫⑥正千户老察奏文	东 10	柏 17		
来文 23	友帖卫⑦都指挥佥事卯里孩奏文	东 11	柏 18		
来文 24	毛怜卫都督等官奏文	东 12	柏 20		
来文 25	渚冬卫⑧已故指挥佥事阿的纳孙男哈龙哈、亦里卫已故指挥佥事完者秃孙男伯孙等奏文	东 13	柏 21		
来文 26	哈密卫⑨已故所镇抚男伯颜奏文	东 14	柏 23		
来文 27	建州卫⑩都督完者秃奏文（1）	东 15			
来文 28	建州左卫童失哈等四人呈奏文	东 16			
来文 29	福馀卫右都督佥事哈里哈奏文	东 17			
来文 30	建州左卫指挥使歹察奏文	东 18			
来文 31	泰宁卫⑪右都督可台奏文	东 19			

① 建州左卫，女真卫所之一，明永乐六年（1408）分设此卫。
② 福馀卫，蒙古兀良哈三卫之一。
③ 朵颜卫是蒙古兀良哈三卫之一，洪武二十二年（1389）置兀良哈三卫，即朵颜、福馀、泰宁三卫。
④ 童宽山卫，女真卫所之一，建于明永乐六年（1408）二月。
⑤ 屯河卫，女真卫所之一，建于明永乐三年（1405）八月。
⑥ 渚冬河卫，女真卫所之一，建于明永乐十三年（1415）十月。
⑦ 友帖卫，女真卫所之一，建于明永乐六年（1408）三月。
⑧ 渚冬卫，应是渚冬河卫，女真卫所之一，建于明永乐十三年（1415）十月。
⑨ 哈密卫，西域卫所之一，建于明永乐四年（1406）。
⑩ 建州卫，女真卫所之一，建于明永乐元年（1403）十一月。
⑪ 泰宁卫，蒙古兀良哈三卫之一。

续表

编号	来文名称	东洋文库本	柏林本	北图珍本	洪武本
来文 32	福馀卫正千户老察奏文	东 20			
来文 33	兀者前卫①都指挥同知影克男脱罗奏文	东 21			
来文 34	渚冬河卫掌印都督撒哈奏文	东 22			
来文 35	罕东左卫②都指挥佥事只儿挨奏文	东 23			
来文 36	朵颜卫都指挥使哈哈赤奏文	东 24			
来文 37	塔山卫③都督亦剌哈奏文	东 25			
来文 38	泰宁卫正千户歹察奏文	东 26			
来文 39	朵颜卫都指挥佥事老佟奏文	东 27			
来文 40	速平江卫④都指挥使帖木儿奏文	东 28			
来文 41	建州卫掌印都督卜里哈奏文	东 29			
来文 42	兀者前卫指挥同知撒哈塔奏文	东 30			
来文 43	兀者前卫都督完者秃奏文		柏 4		
来文 44	考郎兀卫⑤指挥同知撒秃奏文		柏 5		
来文 45	建州右卫⑥都指挥使哈剌哈等六人来奏文		柏 6		
来文 46	泰宁卫指挥同知速纳哈男卜颜台奏文		柏 7		
来文 47	屯河卫指挥同知亦列格奏文		柏 8		
来文 48	福馀卫右都督可台奏文		柏 9		
来文 49	毛邻卫都督佥事只塔奏文		柏 11		
来文 50	哈密卫右都督罕慎奏文		柏 12		
来文 51	泰宁卫指挥使哈塔奏文		柏 15		
来文 52	弗提卫⑦右都督答吉禄、考郎兀卫都督同知斡罗台等奏文		柏 16		

① 兀者前卫，女真卫所之一，设于明永乐五年（1407）。
② 罕东左卫，西域卫所之一，建于明成化十五年（1479）始设。
③ 塔山卫，女真卫所之一，建于明永乐四年（1406）二月。
④ 速平江卫，女真卫所之一，建于明永乐四年（1406）二月。
⑤ 考郎兀卫，女真卫所之一，建于明永乐五年（1407）三月。
⑥ 建州右卫，女真卫所之一，正统年间置。
⑦ 弗提卫，女真卫之一，明永乐十年（1412）置。

续表

编号	来文名称	东洋文库本	柏林本	北图珍本	洪武本
来文 53	建州卫都督完者秃奏文（2）		柏 19		
来文 54	毛邻卫都指挥老佟奏文		柏 22		
来文 55	建州右卫指挥佥事撒因孛罗孙男昂克孛罗奏文		柏 24		
来文 56	建州右卫里三格等奏文		柏 25		
来文 57	毛邻卫指挥佥事阿哈奏文		柏 29		
来文 58	朵颜卫都指挥佥事马纳哈奏文		柏 30		
来文 59	敕谕四方海外诸国番王及人等的文书			北 1	
来文 60	敕麓川、平缅军民宣慰使思任发等的文书			北 2	
来文 61	敕大同总兵官杨信的文书			北 3	
来文 62	敕总兵官文书说与各边卫分头目每的文书			北 4	
来文 63	敕亦里把里地面火者、王、头目马哈木等的文书			北 5	
来文 64	海西①都督等官奏文			北 6	
来文 65	朵颜卫指挥同知脱忽赤男撒哈塔奏文			北 7	
来文 66	建州右卫都督察哈塔并毛怜卫大小人等奏文			北 8	
来文 67	毛怜卫指挥使塔出奏文			北 9	
来文 68	考郎兀卫都督同知撒哈塔孙男失勒得奏文			北 10	
来文 69	阿真河卫②指挥佥事阿桑哈的男歹孙奏文			北 11	
来文 70	纳剌河卫③指挥同知撒哈男额赤格奏文			北 12	
来文 71	兀者左卫④指挥佥事哈里哈男撒鲁格奏文			北 13	

① 注：海西是女真部卫所之一。
② 阿真河卫，是女真卫所之一，建卫于明永乐六年（1408）二月。
③ 纳剌河卫，就是答剌河卫，是女真卫所之一，建卫于明永乐五年（1407）。
④ 兀者左卫，是女真卫所之一，建卫于明永乐二年（1404）二月。

续表

编号	来文名称	东洋文库本	柏林本	北图珍本	洪武本
来文 72	朵伦卫①指挥同知脱忽赤男亦纳哈奏文			北 14	
来文 73	兀者卫②都督也克奏文			北 15	
来文 74	建州卫都督完者帖木儿奏文			北 16	
来文 75	建州左卫都督佥事脱罗干保奏文			北 17	
来文 76	建州卫都督完者秃奏文（3）			北 18	
来文 77	童宽山卫指挥同知帖鲁格奏文			北 19	
来文 78	建州右卫都督赏哈奏文			北 20	
来文 79	建州左卫都督脱罗奏文			北 21	
来文 80	阿者迷河卫③都督只克奏文			北 22	
来文 81	建州右卫都督人等保奏文			北 23	
来文 82	兀者前卫都督卜哈奏文			北 24	
来文 83	兀列河卫④指挥使塔必纳奏文			北 25	
来文 84	建州右卫都督赏哈奏文			北 26	
来文 85	兀者卫都督指挥佥事马塔哈男撒秃哈奏文			北 27	
来文 86	建州卫指挥使童撒哈奏文			北 28	
来文 87	建州左卫都督脱罗奏文			北 29	
来文 88	撒鲁河卫⑤指挥同知脱塔奏文			北 30	
来文 89	卜忽里卫⑥指挥佥事兀列格奏文			北 31	
来文 90	泰宁等三卫达子忽里赤等三百人进贡奏文			北 32	
来文 91	建州右卫都督赏哈奏文			北 33	
来文 92	建州左卫都督脱罗奏文			北 34	
来文 93	朵颜卫都指挥猛可帖木儿奏文			北 35	
来文 94	罕东左卫都督只克奏文			北 36	

① 朵伦卫，属于鞑靼卫所还是属于女真卫所及始设年代等待考。
② 兀者卫，女真卫所之一，建于明永乐元年（1403）十二月。
③ 阿者迷河卫，女真卫所之一，建于明永乐六年（1408）二月。
④ 兀列河卫，女真卫所之一，设于明永乐五年（1407）。
⑤ 撒鲁河卫，属于鞑靼卫所还是属于女真卫所及始设年代等待考。
⑥ 卜忽里卫，属于鞑靼卫所还是属于女真卫所及始设年代等待考。

续表

编号	来文名称	东洋文库本	柏林本	北图珍本	洪武本
来文 95	朵颜卫都督阿儿乞蛮奏文			北 37	
来文 96	建州左卫都指挥使花当奏文			北 38	
来文 97	福馀卫都督脱罗干奏文			北 39	
来文 98	福馀卫大小头目人等奏文			北 40	

第三节 《华夷译语》韃靼“来文”翻译中存在的问题

洪武本《华夷译语》“来文”，虽无蒙古文原文，但汉字音译蒙古语系按蒙古语的语序写成的，没有语法错误，句子也是通顺的。可见，明朝初期编撰“来文”或教习蒙古语者，蒙古语的程度很高，试以以下例句说明之。文中的拉丁转写系笔者依据汉字音译拟定。

例：（洪 1）

腾吉舌里　迭　粘别克迭克先（天之所覆）
天　　　　　　覆的
tengri　de　nebekdeksen

斡脱格　捏　额儿古克迭克先（地之所载）。
地　　　　　载的
etügen　ne　ergükdeksen

斡栾　阿迷坛　客敦　不古宜
多　　生灵　　几　　有的
olan　amitan　kedün　büküi

兀禄　篾迭克迭模（生民之多，莫知几何）
不　　知可
ülü　medekdemü

中合黑察　腾吉舌里　篾迭由（然天能知）。
独　　　　天　　　　知有
γaqča　tengri　medeyü.

此段"诰敕"的大致意思是"被天所覆盖的、被地所载的生灵万物，不知有多少，只有上天知之"。

以上"诰敕"中"tengri de nebekdeksen，etügen ne ergükdeksen"两句是被动语态句子，在整个句子中充当定语从句。句中的"de"和"ne"均是"时位"格助词。句中名词"tengri"（天）和"etügen"（地）充当主语，过去时态动词"nebekdeksen"和"ergükdeksen"充当谓语。蒙古语中，表示动词的被动语态的形式是"动词词根 + 词缀'qda'（阳性）'kde'（阴性）"。表示动词过去时态的形式为"动词词干 + 词缀'qsan'（阳性）'ksen'（阴性）"。过去时态动词"nebekdeksen"一词是由词根"nebe"（阴性词）+"kde"（被动语态词缀）+"ksen"（动词过去时态词缀）构成。动词过去时态"ergükdeksen"是由词根"ergü"（"举"字的第二人称命令式）+"kde"+"ksen"构成。

洪武本《华夷译语》中的"诰敕"、"来文"等，语序、语法、动词时态等，均是正确的。

相形之下，永乐本《华夷译语》鞑靼馆"来文"明显是从汉文"圣旨"翻译成蒙古文的。在将汉语语句硬译成蒙古语时，未遵循蒙古语的语法规律，因此语句多不通顺。从书写规则上来讲，鞑靼馆"来文"的蒙古文部分，也未遵循蒙古文的自左向右书写的规则，而是遵循汉语的自右向左书写的规则。[①] 另外，也有将一些汉语名词、词汇音译成蒙古语的现象。因此永乐本"来文"单看蒙古文部分，很难懂句子的真正意思，须与汉文部分对照。由此看来，编写鞑靼馆"来文"的应是具有强烈汉语背景的人。

由此可以断定，到了明代中、后期鞑靼馆的教师、译字官、译字生很有可能均是汉人。他们翻译鞑靼馆"来文"参考的主要是《华夷译语》中的"鞑靼译语'，编写"来文"时只是机械地硬译汉文语句，因此出现了许多问题和错误。

永乐本《华夷译语》所附鞑靼"来文"还有许多拼写、语序、语法错误，有些动词不讲究动词时态。下面以东洋文库本、柏林本、北图珍本中的鞑靼馆"来文"、"诰敕"为例，分析永乐本《华夷译语》鞑靼馆来文翻译中的错误，其蒙古文原文由笔者转写为拉丁字。

（东 19）

今 奴婢 差 人 进 贡 马匹， 奏 讨 青 段（缎）

edüge boγul jaruju kümün aγuljarin yan üjegülün morina，öčimü γuyun köke türge

子 二 匹。

köbegün qoyar be.

① 道布：《回鹘式蒙古文文献汇编》，第 502 页。

此“来文”中，“差人”一词译为“jaruju kümün”，颠倒了名词、动词的位置。汉语中，动宾结构的词组动词在名词之前，蒙语正好相反。这里，按汉语习惯将动词“jaruju”放到名词“kümün”之前，正确的译文应是“kümün jaruju”。另外，“来文”还有将汉语词汇硬译的现象。例如：“青缎子”一词，被译为“köke türge köbegün”。这里，汉语词缀“子”字被机械地误译成“köbegün”（儿子之意），译成“köke türge”即可。“来文”中也有将汉字音译为蒙古语的现象。如：“匹”字直接音译为“be”。

（柏11）“来文”

奴婢 比 先 蒙 朝廷 赐 与 印 信， 除授 前 职， 管
boγul bi san mung degedüs un soyurqu ög tamaγa bisiregül, tüsijü urida čola. qadaγala

束（下）人 民。 这 几 年 被 瓦剌 达 子 将 人 民 抢 去。
un duura irgen urgan. ene kedün on mün oirad mungγul köbegün abaju irgen urgan talan erči.

又 将 升 官 的 敕书 抢 去了。 今 进 贡 马 匹
basa abaju nere nemen noyan yinčisü talan erčibe. edüge aγuljarin yan üjegülün morin ba

叩头 去了。 奏 讨 都督 佥事 敕书。
mörgü eröibe. öčimü γuyun dudu samsi čisü.

这篇“来文”中，“赐与印信”译为“soyurqu ög tamaγa bisiregül”。与动词“赐与”对应的译文“soyurqu ög”没有动词时态，应用动词过去时态“soyurqaju öggüksen”才对。此段“来文”中的“人民抢去”的“去”、“敕书抢去了”的“去了”、“叩头去了”的“去了”，均是动词的第三人称过去完成时态。第一个“去”字被误译为“erči”（动词的第二人称命令时），应译为“erčibe”。表示动词第三人称过去完成时态的形式是“动词词干 + ba（阳性）或 be（阴性）”，后两个“去了”译为“erčibe”是正确的。

“来文”中将“比先”、“蒙”、“敕书”、“匹”、“都督”、“佥事”等词，直接音译，实际上蒙古文中并无这些音译词汇。“达子”一词，与上一来文一样，也被误译为“mungγul köbegün”意为“蒙古儿子”。此外，“将”字译为“abaju”，有拼写错误，应译为“abču”。

（北2）“敕谕”

敕 麓 川、平 缅 军 民 宣 慰 使 思 任 发 等，尔 以 象 马
jrlq luučüle, tübsin mangqa čerig orγan sön yui si ssiwa kiged . či yi jaγan morin

方　　物来　贡，　赐　　与尔及妻　彩　缎　表　里，尔宜
dörböljin ed yire üjegülün，soyurqu ög či qi gergei ardu törge γadar dotur，či yi

恪　　遵　　朝廷　法度，以　副朕　意，　故　　谕。
qataγuju erqilen degedüs un jasaq，yi wuu jin jorig tegüber tuγulaγabai.

这篇“来文”实际上是一篇“敕谕”的样本。文中将“麓川”、“平缅”两个地名硬译为“luu čüle”、“tübsin mangqa”。“方物”一词，也被硬译为“dörböljin ed”（四方形物）。《华夷译语》“鞑靼馆译语”未载“方物”一词，通用门有“方”字，译为“dörböljin”（朵儿边勒真），此“来文”中的蒙文翻译可能根据这一“方”字直译的。“来文”中，汉文“宣慰使”、“以”、“宜”、“以副朕”等字、词被直接音译。此“来文”中，也有拼写错误，例如：“敕”译为“jrlq”，“谕”译为“tuγulaγabai”，“恪”译为“qataγuju”，出现了拼写错误。应写为“jarlig”、“tuγulγabai”、“qataγujiju”。

这说明永乐本《华夷译语》所附鞑靼“来文”作者的蒙古文水平很低，只会一些基本词汇和拼写，基本不懂蒙古语语法。以这种“来文”作为教习蒙古语的教科书，培养出来的学生，蒙古文水平当然也不可能很高。

第六章　洪武本《华夷译语》鞑靼“来文”

洪武本《华夷译语》是洪武十五年（1382）明太祖朱元璋命翰林院侍讲火源洁、马沙亦黑等编撰的，洪武二十二年（1389）十月十五日附翰林学士刘三吾之序锓板刊行。

《明实录》记载：“命翰林院侍讲火源洁等编类《华夷译语》。上以前元素无文字，发号施令，但借高昌之书，制为蒙古字以通天下之言。至是乃命火源洁与编修马沙亦黑等，以华言译其语。凡天文、地理、人事、物类、服食、器物，靡不具载。复取《元秘史》参考、纽切其字，以谐其声音。既成。诏刊行之。自是使臣往复朔漠，皆能通达其情。”① 可见，《华夷译语》的编撰是为了让往返于朔漠的使臣，了解蒙古的情况，为了学习蒙古语而编撰的教材。《华夷译语》以汉字音译蒙古语的目的，也是为了让汉人学习蒙古语更方便、易于掌握。从“复取《元秘史》参考、纽切其字，以谐其声音。既成。诏刊行之”的记载来看，当时火源洁等人编撰《华夷译语》，很明显汉字音译蒙古语部分参考了《元朝秘史》（即《蒙古秘史》）。

洪武本《华夷译语》序记载：“臣惟华夷之分，其来尚矣。列圣相传，终莫能一。何者，圣人之心。非不欲一之也。奈何人言异，风俗殊。势有所不可。人言既异，则教化不能通。教化不能通，则其风俗何从而变。是以其俗礼义不知。彝伦不叙，稽诸方册，自古为然。观者目羞，听着耳辱。况亲历其地者乎，中国圣王外之者以此。昔宋运告终，天命元君，入主中国。其俗专骑射，尚杀伐。素无文字。以发号施令，非文不传。故借高昌之书，为本俗之典。厥后复令番僧造蒙古字。声教内外。意皆不足。然其恩威法令，终夫九十三年。惟华言是从。而书独异者，其猜防之心有在也。钦惟皇上，受天明命。君主华夷。迩来四海一家。胡人悉附。思夫天生兆民，立之君师。有教无类。教之者必始于通言语。通其言语，非变更其书不可。以其书一字数母，反复纽切。然后成文。繁复为甚。顾以中国无穷之字，全备之音。岂不足以译之。第未得兼通者耳。翰林侍讲臣火源洁乃朔漠之族，生于华夏。本俗之文，与肩者罕。志通中国四书。咸明其意，遂命以华文，译华语。三五堆垛，而其字，始全。该对训释而其义始明。声音和谐。随用各足。俾辑录刊布焉。臣惟五方之人，言语不通。嗜欲亦异。故成周有象胥之官，以达彼此之情。方今天下同文同轨。皇上推一视同仁之心。经营是书，以通言语。以达志意。将见礼乐、教化四达而不悖，则用夏蛮夷之道，端在是矣。岂曰小补之哉。洪武二十二年冬十月十五日。翰林学士奉议大夫兼左春坊左赞善臣刘三吾谨

---

① 《明实录》卷141，洪武十五年正月丙戌条。

序。”[①] 可见，朱元璋命生在中原的蒙古人火源洁等以华文译蒙古语，其目的是为了让译官学习蒙古语提供方便，达到通蒙古语言，了解蒙古之情。

第一节　洪武本《华夷译语》鞑靼“来文”内容

1368 年元顺帝妥欢帖木儿带传国玉玺，携妻室逃出元大都，撤到元上都。此时，除了部分蒙古军投降明朝外，多数随妥欢帖木儿逃到上都草原。[②] 可见，在当时蒙古仍然拥有很大的军事实力。

朱元璋攻占大都之后，建立了明朝，改大都为北平。妥欢帖木儿撤到漠北草原之后，仍然企图夺回大都。蒙古在山西、甘肃、云南、辽东有着大量拥护蒙古大汗的军事力量。此外，宁夏、青海、甘肃、哈密、哈喇火州的诸王也听命于蒙古大汗。[③] 同年冬妥欢帖木儿命在山西的扩廓帖木儿领兵攻打北平，明朝派徐达趁太原之虚，出兵直捣太原。扩廓帖木儿虽还，则兵败，遂逃到甘肃。1369 年 6 月，北元兵分东西线，进攻北平，败归，妥欢帖木儿弃上都，逃到应昌。1370 年 4 月 28 日妥欢帖木儿病逝于应昌。太子爱猷识理达腊继位，在明军大兵压境的情况下，昭宗爱猷识理达腊撤到和林。爱猷识理达腊撤到漠北草原之后，继其父妥欢帖木儿之志，也想恢复大元。1372 年正月朱元璋以徐达、李文忠、冯胜为将军，派三路人马出征漠北。明军遭到北元伏击，受到重创，大败而归。此后，朱元璋不敢轻易出兵漠北，十余年间北元与明朝双方维持了相对和平与稳定的局面。[④]

明初，朱元璋虽然统治了中原，但是始终未能完全统一蒙古地区。1378 年爱猷识理达腊去世，其子脱古思帖木儿继位。朱元璋采取了对故元蒙古大臣及女真部进行招降的政策，以此来削弱蒙古的势力。

《明史》记载：“洪武二十年春正月癸丑，冯胜为征虏大将军，傅友德、蓝玉副之，率师征纳哈出。”[⑤] 1387 年朱元璋派冯胜为大将军，傅友得、蓝玉为左右副将军，派大军出征纳哈出，在辽东势力最强的纳哈出首先归降明朝。朱元璋开始对故元辽东将领纷纷进行招降。

1388 年 3 月蓝玉率大军攻击在捕鱼儿海（今贝尔湖）的脱古思帖木儿。《明史》记载：“时顺帝孙脱古思帖木儿嗣立，扰塞上。二十一年三月命玉帅师十五万征之。出大宁，至庆州，谍知元主在捕鱼儿海，间道兼程进至百眼井。去海四十里，不见敌，欲引还。定远侯王弼曰：‘吾辈提十余万众，深入漠北，无所得，遽班师，何以复命?’玉曰：‘然。’令军士穴地而爨，毋见烟火，乘夜至海南。敌营尚在海东北八十余里，玉令弼为前锋，疾驰薄其营。敌谓我军乏水草，不能深入，不设备。又大风扬沙，昼晦。军行，敌无所觉。猝至前，大惊，迎战，败之。杀太尉蛮子等，降其众。元主与太子天保奴数十骑遁去。玉以精骑追之，不及。获其次子地保奴、

---

① 《华夷译语》，第 28—31 页。

② 洪武本《华夷译语》第五份文书“敕礼部行移安答纳哈出”记载“达达军马每归附的归附了，草地里去了的多”。

③ 赵云田主编：《北疆通史》，中州古籍出版社 2002 年版，第 414 页。

④ 曹永年：《蒙古民族通史》第三卷，内蒙古大学出版社 1991 年版，第 17 页。

⑤ 《明史》卷 3，中华书局 1974 年版，第 44 页。

妃公主以下百余人。又追获吴王朵儿只、代王达里麻及平章以下官属三千人、男女七万七千余人，并宝玺符敕金牌金银印诸物、马驼牛羊十五万余，焚其甲仗蓄积无算。”[①]蓝玉此次出兵蒙古大获全胜，俘虏脱古思帖木儿次子地保奴等七万多人。可见，明朝收复大多数蒙古人是在此次蓝玉击败脱古思帖木儿之后的事情。脱古思帖木儿及其太子天保奴领万余人逃到也速迭儿处，被也速迭儿杀死。也速迭儿是元代与忽必烈争夺汗位的阿里不哥的后裔。

脱古思帖木儿及其子被害之后，也速迭儿袭蒙古汗位。蒙古汗位从忽必烈子孙元室正统更替到阿里不哥后裔手中。一些北元的部将及脱古思帖木儿的大臣，不接受也速迭儿的统治，纷纷降附明朝。同年10月脱古思帖木儿的丞相失列门、知院捏怯来离开也速迭儿归降明朝。11月在辽东的故元辽王阿札失里及会宁王塔宾帖木儿降服明朝。

明朝为了安置归附的故元蒙古大臣，在辽东设立卫所。1389年4月，明朝设置全宁卫，以捏怯来为指挥使，同年5月明朝置泰宁卫，以阿札失里为泰宁卫指挥使，塔宾帖木儿为指挥同知。[②] 7月，明朝设立应昌卫，以失列门为指挥，但是，失列门称病拒绝接受任命。

朱元璋对故元部将及大臣实施招降政策，保持他们的原职，允许他们在原先的封地生活。明朝颁发诏令“直北宗王、驸马、部落、臣民能率职来朝，朕当换给印信，还其旧职，仍居所部之地，民复旧业，羊马孳畜，从便牧养”[③]。朱元璋对归降的故元将领，采取了还其原职，赐给敕书、印信，允许他们在所属之地，随牧草迁徙游牧的政策。

洪武本《华夷译语》12篇来文的内容，充分反映了元明朝代交替，北元与明朝的征战及1387年之后朱元璋招降故元辽东将领的情况。将这些文书内容与当时的时代背景相结合进行深入研究，可看出，明初朱元璋对蒙古的政策及其态度，以及蒙古君臣想恢复大元，收回大都的心情。以下结合明初与蒙古的关系，考察洪武本《华夷译语》12篇来文内容所反映的朱元璋对蒙古的招抚政策及蒙古内部的汗位更替，故元蒙古将领归附明朝之后的情况等。

洪武本《华夷译语》来文中，第一份文书“诏阿札失里”是明朝招降故元将领阿札失里的一份诏书。文书中反映了明朝君臣从“天命论”的角度，试图说服阿札失里诚心归附明朝的意图。这份文书中的阿札失里是故元辽王，1388年11月降服明朝。1389年5月明朝置泰宁等朵颜三卫，以阿札失里为泰宁卫指挥使。阿札失里是成吉思汗幼弟斡赤斤的后裔。文书中提到：“尔阿札失里等，本是蒙古黄金家族后裔。”这即是指阿札失里为成吉思汗幼弟斡赤斤后裔，属于蒙古黄金家族的事情。蒙元时期，斡赤斤的封地在大兴安岭以东的淯剌沐涟和纳浯沐涟流域，并节度辽东等地军国重事，其后人被元朝封为辽王，子孙嗣封。至辽王阿札失里，明朝设泰宁卫以居之。因其驻牧地包括元代的泰宁路，故以泰宁卫名之。[④] 不久，泰宁卫指挥阿札失里等举兵反叛明朝，但是，1391年春被明朝将领傅友德和郭英等镇压，重新降附明朝。乌·满达夫认为这份诏书是阿札失里等反叛明朝，重新被招降的文书，应该是写于1389年的文书。[⑤] 笔者赞同这一观点。从文书中对阿札失里等威慑的口气来看，此文书应该

---

① 《明史》卷3，中华书局1974年版，第44页。

② 《明实录》卷196，《太祖实录》洪武二十二年五月癸巳条。

③ 《明实录》卷53，《太祖实录》洪武三年六月丁丑条。

④ 杨绍猷、莫俊卿：中国历代民族史《明代民族史》，社会科学文献出版社2007年版，第6页。

⑤ 乌·满达夫：《华夷译语》（蒙文），内蒙古文化出版社1998年版，第96页。

是阿札失里等反叛明朝，明朝为了重新招抚阿札失里等所写的文书。文书中明朝方面强调元明朝代交替是天道轮回，昔者元统治天下也是顺天道而得天下，到了脱欢帖木儿（指元顺帝妥欢帖木儿）时期，怠于朝政，到处兴起起义军，因此，天更元运，大明统治天下。并劝告阿札失里等即来诚服，不要有异志，若不能诚心归附，必遭天谴，遭福祸易如反掌。

洪武本《华夷译语》来文中，第二份文书“敕僧亦邻真臧卜”是明朝敕谕高僧亦邻真臧卜仍为泰宁地方万寿寺主持的敕书。文书所反映的内容是明朝想通过佛教高僧，释迦牟尼之道，教化蒙古人的心性，以佛道感化蒙古人的策略。

从文书蒙古文内容“如今大元蒙古之运终结，君臣百姓，颠沛流离奔走北方，每人穿戴铁甲，持强弓，执锐箭，昼夜不怠，相替防备，方可保全身家。岁月流逝，若是没有兵器，空手素衣行走，希望长治久安，是不能实现的。如今僧人亦邻真臧卜，敬奉释迦牟尼之道，遵奉不杀生之仁慈之道，空手素衣，身处食腥膻之味者中，随其心性，使其感化，不失释迦牟尼之道，颂悲愿、苦难、空寂之说，能牵动人心，二十余年过着艰难的时光，岂不是有智慧的高僧”的叙述可以看出，泰宁万寿寺应该是元代在泰宁路的泰宁所设立的寺院。虽然元朝灭亡，但是泰宁万寿寺住持亦邻真臧卜，20 多年来虽过着艰难的日子，但是仍然在蒙古地区传布着释迦牟尼之道。可见，亦邻真臧卜应该是在元代就在泰宁万寿寺当住持，以佛教理论教化蒙古百姓的高僧。文书中提到的“二十余年过着艰难的时光”应该是元朝灭亡到颁布此文书的时间。从元朝灭亡的 1368 年到明朝设立泰宁卫的 1389 年为止的二十余年间，亦邻真臧卜过着艰辛的生活，仍然布教。可见，这一文书应该是在明朝于 1389 年设立泰宁卫之后颁发给泰宁万寿寺住持亦邻真臧卜保留其原职，仍为泰宁万寿寺住持，并免除一切杂役差发的敕书。

洪武本《华夷译语》来文中，第三份文书“诰文”是明朝于 1389 年 5 月设立泰宁卫之后，任命归附明朝的元室后裔塔宾帖木儿为怀远将军，泰宁卫指挥同知的诰命文书。这一文书与第一份文书相似，也是以“天命论”的观点肯定了明朝替代元朝统治天下的正统性，褒奖塔宾帖木儿顺应时局诚心来归降之举，并劝告塔宾帖木儿不要有异心，恪守本职，坚守诚心来附之志，自始至终不改其志的话，天必庇佑，福及子子孙孙，永无后患。

此文书中与第一份文书相同，称蒙古为“大元蒙古”。明朝于 1402 年（建文四年）之后称蒙古为鞑靼。可见，两份文书中称蒙古均为“大元蒙古”应该是明初对蒙古的叫法。而且，两份文书中称阿札失里、塔宾帖木儿等为“大元蒙古”之后裔。

塔宾帖木儿被称为会宁王，但是杨绍猷在《明代民族史》中指出：“会宁王塔宾帖木儿之会宁王疑为广宁王之误。”[1]笔者赞同这一观点。塔宾帖木儿是成吉思汗异母弟别勒古台的后裔。别勒古台的封地在大兴安岭以西，斡难河（今鄂嫩河）流域和怯绿连河（今克鲁伦河）流域之间。其子孙被封为广宁王，与辽王并辖兵马。[2] 可见，明朝设立泰宁卫时以辽王阿札失里为指挥使，而以塔宾帖木儿为指挥同知，也与辽王和广宁王在泰宁地区并辖兵马这一史实有关。随着阿札失里反叛明朝，塔宾帖木儿也一同举兵反叛明朝，后被明军镇压。

---

① 杨绍猷、莫俊卿：中国历代民族史《明代民族史》，第 7 页。

② 同上书，第 6 页。

洪武本《华夷译语》来文中，第四份文书“敕礼部行移应昌卫”是明朝敕谕脱古思帖木儿的丞相失列门的文书。1388 年 3 月蓝玉率军在捕鱼儿海（今贝尔湖）大败脱古思帖木儿，脱古思帖木儿被阿里不哥后裔也速迭儿杀死。这一时期，蒙古人的正统观念很强，他们认为元朝皇室后裔是蒙古本部的正统，即东北蒙古大汗的合法继承人。非元朝皇室后裔的阿里不哥后裔也速迭儿杀害大汗脱古思帖木儿及其太子天保奴，并夺取汗位，是不会被故元大臣认可的。在这种正统观念的影响下，脱古思帖木儿的丞相失列门等人不接受阿里不哥后裔也速迭儿的统治，于 1389 年 10 月离开也速迭儿，归降了明朝。1389 年 10 月脱古思帖木儿的丞相失列门离开也速迭儿归降明朝。7 月，明朝设立应昌卫，以失列门为指挥，但是失列门多次称病不见招抚使臣，并拒绝接受明朝的任命。文书中指出：“自至正十一年，民不畏威，群雄倡乱，虽昔元之威，亦不能谁何，以致中土瓜分英雄鼎峙，民忧兵苦十有余年，朕遣大将军中山武宁王、开平忠武王，率马步，平群雄，清华夏。”这是指自 1351 年（至正十一年）开始，元朝全国境内农民起义爆发之事。以红巾军为首的农民起义转战全国各地，到 1363 年 2 月红巾军起义军首领刘福通战死为止，元朝末年人民饱受 13 年战乱之苦的情况。此文书虽然是以礼部的名义下发给应昌卫的，但是，此处朱元璋以第一人称“朕”的口气陈述派大将军中山武宁王徐达、开平忠武王常遇春平定各地，攻下元大都，建立明朝的经过。并强调因元末顺帝不问朝政，沉迷于享乐，以至于失去了元朝昔日的威风，使国民遭受十几年兵乱之苦。明朝替代元朝是民心所向，大势所趋。

文书中又以捏怯来归附明朝的例子，劝谕失列门接受任职。文书中指出，随后于 1387 年（洪武二十年）和 1388 年（洪武二十一年），两次派将军宋国公冯胜、永昌侯蓝玉率兵出征蒙古腹地，收复蒙古军民。这是指 1387 年正月，朱元璋命宋国公冯胜为大将军，以颍国公傅友德、永昌侯蓝玉为左右副将军，率兵出征驻守辽东的纳哈出。纳哈出是元朝大将木华黎后代，在辽东势力很大。但是在明朝大军压境的情况下，同年 6 月纳哈出归降明朝。纳哈出的归降使北元失去辽东有利的屏障。同年 9 月朱元璋以永昌侯蓝玉代替宋国公冯胜为大将军，率兵出征脱古思帖木儿。1388 年 3 月蓝玉率 15 万大军攻克脱古思帖木儿，蒙古可汗脱古思帖木儿与众大臣逃跑，还未到岭北，被也速迭儿杀害。文书中强调唯独捏怯来顺应天道，离开弑君之贼也速迭儿，于 1389 年 4 月 1 日归附明朝。接受明朝印信、官职，已过数月了。又让礼部给捏怯来文书称失列门几次称病不见使臣，让捏怯来接到文书后奉劝失列门趁此秋季凉爽之际前来受职。倘若失列门有异心，执意要赴岭北，也不要勉强他。从文书中劝失列门趁秋天凉爽之际前来的记载来看，这一文书是写于 1389 年秋天以前的文书。不久，同年秋天失列门杀死捏怯来反叛明朝。

洪武本《华夷译语》来文中，第五份文书“敕礼部行移安答纳哈出”是明朝给也速迭儿的佥院安答纳哈出的文书。此文书与前几份文书如出一辙，先论述如同宋元交替，元明交替也是天道轮回的表现。因宋朝皇帝不爱民众，上天让成吉思汗降生，统一了蒙古各部落，又西征收复了回回百姓。随后，天降生成吉思汗之孙忽必烈，统一全国，做中原的皇帝，以仁德著称薛禅皇帝。到了元顺帝妥欢帖木儿时期，因其不问朝政，不爱惜民众，举国兴起农民起义，朱元璋兴兵经过四、五年时间平定各地起义，建立了明朝。朱元璋觉得明朝替代元朝与元朝替代宋朝一样，均为天道轮回，上天结束无为之君之国运，择贤明君主统治天下。表明朱元璋在表现“天命论”观点的同时，肯定了自己是贤明君主，是顺应天道得天下，统治黎民百姓的。试图以此说服安答纳哈出归附明朝。

从文书中“洪武二十年、二十一年，两次遣兵，直到达达田地里，将有的达达每带回来抚绥了，那做皇帝的脱忽思帖木儿（指脱古思帖木儿），领着万以上人，走往也速迭儿那里去了，被也速迭儿连孩儿都擒住，使臣来说呵，都废了么道。其余人马，第四知院捏怯来、国公老撒、丞相失列门，尽数领来归附了我每”的记载来看，1387 年（洪武二十年）和 1388 年（洪武二十一年），明朝两次派兵出征北元，收复蒙古军民之后，脱古思帖木儿领着一万多人，逃到也速迭儿那里，父子二人被也速迭儿抓住并杀死。可见，也速迭儿杀害脱古思帖木儿父子之后，派使臣向明朝汇报已擒拿脱古思帖木儿父子并将其杀死之事。这一文书应该是 1388 年 3 月脱古思帖木儿被杀之后，1389 年 4 月捏怯来等归降明朝时所写的文书。1389 年秋，失列门杀死捏怯来反叛明朝，与辽东的安答纳哈出会合。从这一文书的语气来看，很明显这一文书应该是在 1389 年秋失列门反叛明朝以前的文书。

关于捏怯来等归降明朝所率领的人马，此文书的总译部分记载为“其余人马”，但是，根据蒙文部分记载的话，应该是“所有、全部人马”。可见，也速迭儿杀害脱古思帖木儿父子之后，脱古思帖木儿手下的第四知院捏怯来、国公老撒、丞相失列门等，率领所有人马归附了明朝。

根据此文书中“达达军马每归附的归附了，草地里去了的多”的记载，可见，当妥欢帖木儿撤出大都时，多数蒙古军跟随妥欢帖木儿撤到蒙古草原。可见，直到脱古思帖木儿汗时期，明朝于 1387、1388 年两次派兵北征，才将大部蒙古招降过来。

洪武本《华夷译语》来文中，第六份文书“撒蛮答失里等书”是居住在甘肃、沙洲的蒙古部落王或头目给明朝的文书。文书的内容是明朝统治天下之后，居住在甘肃、沙洲的蒙古部落头目，派苏儿丁等出使明朝。朱元璋命他们在原来的属地居住，并要求部落头目前来。于是，蒙古头目派来木荅、乃亦剌不花、孛鲁德等到明朝进贡马匹。明朝也派使臣传旨命这些部落在甘肃、沙洲等地逐水草而居。

从“我也在沙洲与指挥古出克一同，我看着洪福大明殿下的圣旨”的记载来看，撒蛮答失里应该居住在沙洲，沙洲的指挥应该叫古出克。乌·满达夫根据以上一段文字记载认为此文书应该是写于明朝设立沙洲卫之后。明朝是在永乐三年（1405）设立沙洲卫的，但是，《华夷译语》是在 1389 年已刊印了。因此，可以断定“撒蛮答失里等书”不应该是设立沙洲卫之后所写的。文书中没有明确记载古出克是沙洲卫指挥，只是发文书的人在沙洲与指挥古出克一同看大明皇帝圣旨而已。

洪武本《华夷译语》来文中，第七份文书“纳门驸马书”是哈密古纳失里王的部下纳门女婿客秃剌巴秃儿写给明朝的文书。文书中出现的哈密王古纳失里，应该就是成吉思汗次子察合台的后裔忽纳失里。忽纳失里的第四代祖 ilqji 是术伯的第十五子。术伯是阿鲁忽之子，阿鲁忽是察合台之子拜答里之子。可见，忽纳失里属于察合台的第七代孙。在元朝阿里不哥和忽必烈在蒙古本土争夺汗位之时，阿里不哥派阿鲁忽继承察合台汗国汗位。1265 年阿鲁忽死后，忽必烈从汉地派八剌到察合台汗国继承汗位。阿鲁忽诸子在阿姆河以北地区掀起反对海都的活动失败后，阿鲁忽的两个儿子术伯和合班率溃卒逃入元朝控制地区，元世祖忽必烈将他们安置在河西一带守边。后来，术伯被封为威武西宁王。元末术伯的第五代孙忽纳失里被封为威武王，后来被封为肃王。[①] 明初，忽纳失里王居住在哈密。

文书开头纳门女婿客秃剌巴秃儿称：自己的祖先是奉圣主成吉思汗的圣旨，跟随圣主察合台汗，管理、整治着分封的蒙古国家。可见，纳门女婿客秃剌巴秃儿的祖先是成吉思汗分封给察合台汗的四大千户之一。应该是与成吉思汗家族联姻的千户。纳门女婿客秃剌巴秃儿具体是哪一千户的后代尚待考证。

1380 年明都督濮英欲开哈密之路以通商旅，肃王忽纳失里遣使入贡。可见，这一文书应该是写于 1380 年至忽纳失里（也称纳忽里）去世的 1397 年之间。文书落款处记载“所奏于龙年冬正月初八日”。那么，1380 年至 1397 年间的龙年只有 1388 年，可见，这一文书应该是写于 1388 年冬正月初八日。

洪武本《华夷译语》来文中，第八份文书“脱儿豁察儿书”是朵颜卫的指挥同知脱儿豁察儿（指脱鲁忽察儿）给燕王朱棣的文书。文书开头虽没有明确指出燕王殿下，但是从“主人殿下”、“大都”、“北平”等词及相关内容来看，此处的“主人殿下”和文书结尾的“殿下主人”应该就是指燕王朱棣。朱元璋建立明朝后将元大都改为北平，燕王朱棣继位后又将北平改为北京。可见，这一文书应该是朱棣称帝前，朵颜卫刚成立不久，朵颜卫按体例向明朝纳贡不久时的事情。

文书的主要内容是兀良哈（兀良海）三卫中的朵颜卫的指挥同知脱儿豁察儿，认为入贡明朝经过辽阳再到南京路途遥远，希望能不能像以前元朝的体例一样，向明朝纳贡也能到北平进贡的话，官民受益。请求燕王朱棣向朱元璋奏明此意。

从文书中脱儿豁察儿提到的“我兀良哈林木中的百姓，自圣主洪福成吉思汗时开始至今，未离开过额客朵颜山、丁搠木舌连（čöl müren，绰尔河）等水土”来看，明朝设立朵颜卫之后，以脱儿豁察儿为首的这部分兀良哈百姓，仍然居住在祖祖辈辈未离开过的朵颜山、搠河（绰尔河）附近。

洪武本《华夷译语》来文中，第九份文书“失列门书”是失列门给大宁卫指挥捏怯来的文书。从文书中失列门的叙述看，明朝给失列门发来两份文书。一是朱元璋的圣旨；二是礼部行来的札付文书。这里所说的礼部行来札付文书应该就是文书四“敕礼部行移应昌卫”。而这一文书应该是失列门收到朱元璋的圣旨和礼部行来札付文书之后，派监丞者颜不花带给捏怯来的文书。

从文书的内容看此文书应该是于 1389 年 5 月 15 日之后至 1389 年秋这一时间段所写的文书。失列门在给捏怯来写这一文书前应该派马札儿台等使臣到朱元璋处，马札儿台等使臣于 1389 年 5 月 15 日回来时带来了朱元璋的圣旨。朱元璋在圣旨里命失列门速到大宁与指挥捏怯来相见，做好赴任应昌卫指挥的准备，于秋天凉爽之时觐见皇帝。但是，失列门称自 1388 年有旧疾，加上“四月就有的一个脑疽，险些要了命了”，到现在还没有好呢，因此，再派使臣者颜不花告知捏怯来，等养好病再来。

洪武本《华夷译语》来文中，第十份文书“捏怯来书”应该是 1388 年 4 月因阿里不哥后

① 刘迎胜：《察合台汗国史研究》，上海古籍出版社 2006 年版，第 478 页。

裔也速迭儿王与卫拉特人合谋，杀害脱古思帖木儿父子之后，捏怯来、失列门等于同年10月离开也速迭儿，南下归附明朝时所写的归降文书。从文书中所述“顺天道，想效力，向南迁移，遇到年寒，到达戈壁扎营，派火儿灰、亦剌哈等使臣，进贡九匹骟马，奏明来意”来看，捏怯来、失列门等人自1388年10月向南迁移到冬天（年寒）之时，到达戈壁安营扎寨，派火儿灰、亦剌哈等使臣，向明朝进贡九匹骟马，奏明前来归附之意。文书中捏怯来强调，自己祖祖辈辈受蒙古皇帝恩宠，从未有过异志。只因阿里不哥后裔也速迭儿王与卫拉特人合谋，杀害脱古思帖木儿皇帝，于是大臣和军民商议，决定离开祸害百姓的也速迭儿，南迁投靠明朝。

洪武本《华夷译语》来文中，第十一份文书“捏怯来书”是捏怯来等归降明朝之后，1389年四月初一日明朝给捏怯来等降印信、受官职，并于四月初三日派序班古里格等使臣持礼部文书来，命捏怯来等上报军民、家属实数之后，捏怯来给明朝的文书。捏怯来在此文书中除了向明朝上报军民、家属实数之外，也向朱元璋汇报了向南迁徙之事及其原因。

文书开头“昨前指挥答儿麻失里等使臣来过”，表明指挥答儿麻失旦等使臣是明朝派到捏怯来处的使臣。于是捏怯来奉朱元璋之命居住于应昌之南名为“答”的地方。捏怯来在文书中汇报南迁的原因：1389年（蛇年）3月17日收到燕王（朱棣）的令旨，称“预先赐给些种子、粮饷、犁杖等物，让我们报军民粗略数字而来”。于是，众人商量“为了耕种方便移入岭南，安扎营盘于阿兰河一带”。此事，让燕王派来的万百户等奏报燕王了。后来，又派巴秃等汇报了往南迁移之事及忙加、者延不花等与也速迭儿征战的情况。

当南迁到达阿兰河时，于1389年四月初三日，又收到朱元璋派序班古里格等使臣持来礼部文书，文书中传旨：“赐给你们今年夏天和冬天的粮食以及明年夏天的粮食，你们出马匹、车辆，设立驿站，运走粮食。并在来文中报来军民、家属实数。”所以，捏怯来等众人又商量，迁到阿兰河，就离得近了，可以凭自己的力气从大宁城搬运粮食。并奏报军民实数为：大小官员501人，军人2709人，其中，女兵531人，男子2178，军人家属3111人，小男孩儿1945人，小女孩儿1805人。男女兵及妇人、男孩儿、女孩儿总共9561人。另外，派答兰不花等奏报南迁事由。

从捏怯来上报的人数来看，总共为10071人，此处统计的总数9561人应该是错误的。可见，捏怯来率领万余人归降明朝。从这份文书与第五份文书“敕礼部行移安答纳哈出”中脱古思帖木儿被明朝军队打败之后，领着万以上人，逃到也速迭儿那里云的记载来看，捏怯来离开也速迭儿时，将脱古思帖木儿汗所剩万余人全部率领，南迁归降明朝的。

洪武本《华夷译语》第十二份文书“囊加思千户状”应该是1382年囊加思千户所写的书状。这一文书内容与1381年明朝出兵云南，征故元梁王把匝剌瓦尔这一事件有关。文书中所记载的“济宁侯奉圣旨带兵向云南”中的济宁侯应该是颍川侯之误。在明代被封为济宁侯的是顾时[①]。洪武十四年（1381年）明朝出兵云南之前，于洪武十二年（1379年）顾时早已去世[②]，顾时并未出征过云南。1381年被派去征云南的是颍川侯傅友德。1381年9月18日，颍

① 《明史》卷131，《顾时传》，中华书局1974年点校本，第3840页。

② 同上书，第3857页。

川侯傅友德为征南将军，永昌侯蓝玉、西平侯沐英为左右副将军，率步骑30万征云南，朱元璋亲自践行于龙江（关名，在今江宁县西），并授予作战方略。10月13日，傅友德"师至湖广，分遣都督郭英、胡海、陈恒等率兵五万由四川永宁趋乌撒，而自率大兵由辰、沅趋贵州"①。12月26日，傅友德率蓝玉、沐英至贵州，攻下普定（安顺）、普安，其酋长安瓒、罗鬼等归降，遂留兵戍守；继而进兵云南曲靖，故元梁王派司徒平章达里麻将兵十余万，屯兵于曲靖以抵抗明军。1382年1月2日，傅友德大败元兵于白石江，遂下曲靖。1月6日元梁王把匝剌瓦尔密走普宁自杀，② 明军占领云南。

从文书内容来看，曩加思千户应该是1381年跟随颍川侯傅友德等出征云南的蒙古千户。曩加思千户掌管步兵、哈歹千户掌管骑兵。当10月13日明朝军队到达湖广之后，10月15日到桃源时，随军出征的蒙古军和女真兵叛乱，在桃源的骑兵也跟随叛乱的阿鲁克秃、忽鲁浑、掌加阿等一起杀了几个人。曩加思、哈歹两个千户和哈喇指挥商量，告知许指挥、顾千户。这两个人也许是管桃源骑兵的官员。他们派百户官察罕不花、旗手温勒都赤等前去审查。但是，审查期间，叛军抢了曩加思等人的银带子、马匹、货物。曩加思等带30名骑兵，追十里地，但是寡不敌众被打败，死了5人，伤了11人，退回桃源。第二天想再去追赶，桃源的官员不信任曩加思等，卸了他们的盔甲、器械。后来，傅友德等出征云南，到达贵州时，汉人反叛，指挥哈剌、千户曩加思、哈歹，百户官忽秃克坛等，率领700名军人，到贵州、平越、大拐西、小拐西、青水江，与汉人厮杀回来，立功受赏。

元朝灭亡，明朝兴起之后，在湖南桃源也留有蒙古人。可见，正如杨绍猷所论述的那样，"元朝驻守各地的蒙古人在元亡明兴的战争中，大部分都滞留在内地和南方各省，只有少数人逃回北疆"③。

洪武本《华夷译语》12份来文，充分反映了明初朱元璋对蒙古的征战及招降政策。文书涉及内容广泛，从故元将领归附明朝至明朝平定云南时随行的蒙古、女真兵的情况。也有涉及卫拉特与阿里不哥后裔联盟夺取蒙古汗位的情况。文书中也涉及蒙古东道诸王后裔及西道诸王后裔与明朝的关系问题。可以说，洪武本《华夷译语》12份来文为研究明初与蒙古关系史、明初蒙古文书及明洪武时期的诏文、诰敕类文书体例提供了珍贵史料。

第二节 洪武本《华夷译语》鞑靼"来文"汉字音译规则

洪武本《华夷译语》（以下简称《华夷译语》）只有蒙古译语一种。由译语和来文两部分组成。译语有汉字音译蒙古语，没有蒙古文原文。洪武本《华夷译语》收有鞑靼"来文"12篇，这些来文没有蒙古文原文，只有汉字音译蒙古语、汉文旁译和总译部分，体例与《蒙古秘史》类似。其中，第1—5篇为诏文、诰敕类，除汉字音译蒙古语之外，有旁译和总译。第

① 《明史》卷129，《傅友德传》，第3802页。

② 《明史》卷2，第36页。

③ 赵云田主编：《北疆通史》，中州古籍出版社2002年版，第372页。

7—12 篇为书状类，有汉字音译蒙古语、旁译部分，但是，没有总译部分。第 1—5 篇的诏文、诰敕，应该是将汉文原文翻译成蒙古语的部分。①

《华夷译语》鞑靼来文，蒙古语的汉字音译方式以及体裁与《蒙古秘史》极为类似。②《华夷译语》鞑靼来文汉字标记蒙古语最明显的特点：

一是《华夷译语》鞑靼来文明显按照口语的形式标记蒙古语，因此，汉字用字明显受蒙古语口语的影响。

例如：对蒙古语中辅音弱化或辅音脱落的情况，按照口语发音的状态标记，因此，常出现以汉字“兀、温、安、阿”等标记蒙古语中的“γu”、“gü”、“γun”、“gün”、“γan”、“γa”等音节的现象。

例如：蒙古语的“yegütgel”（替换的意思）一词，以汉字“也兀惕虔”标记。其中，以汉字“兀”标记蒙古语中的阴性词音节“gü”音。蒙古语的“amurlaγuluγad”（安妥了的意思）一词，以汉字“阿木儿里兀鲁阿惕”标记。其中，以汉字“兀”标记蒙古语中的阳性词音节“γu”音。第二个“阿”字标记的是蒙古语“γa”音。

蒙古语的“siltaγan”（缘故的意思）一词，以汉字“丁申塔安”标记。其中，“安”字标记的是蒙古语“gan”（γan）音，受蒙古语口语中辅音“g”（γ）弱化的影响。

蒙古语的“qalaγar”（必的意思）一词，以汉字“中合剌阿儿”标记。其中，“阿”字标记的是蒙古语“γa”音，是受蒙古语口语影响，蒙古语口语中“qalaγar”出现“γ”音脱落的现象，其中的“la”和“γa”音节的元音被连读，形成长元音“aa”。

《华夷译语》鞑靼来文中，标记蒙古语元音与《蒙古秘史》的标记元音法相同。以汉字“阿”、“额”、“亦”、“斡”、“兀”标记蒙古语词首的元音 a、e、i、o、u、ö、ü。其中，以汉字“斡”标记蒙古语圆唇元音“o”和“ö”，以汉字“兀”标记蒙古语圆唇元音“u”、“ü”。例如：“阿迷坛”（amitan）、“额捏”（ene）、“亦儿格”（irgen）、“斡栾”（olan）、“兀鲁思”（ulus）、“斡脱格”（ötügen）、“兀禄”（ülü）。

《华夷译语》鞑靼来文中，词首的元音前有不发音的“h”音，以“h”开头的汉字标记，这表明，在 13、14 世纪蒙古语中仍存在着词首不发音的“h”音。例如：蒙古语的“ujaγur”一词，以汉字“忽札兀儿”标记；蒙古语“ečüs”一词，以汉字“赫出思”标记；蒙古语的“alaγan”一词，以汉字“哈剌中罕”标记；蒙古语的“urbaqu”一词，以汉字“忽儿巴中忽”标记。这里词首的“u、e、a”等元音，均存在词首不发音的“h”音，故《华夷译语》中以汉字“忽、赫、哈”标记词首有不发音的“h”音的“u、e、a”等元音。

二是《华夷译语》鞑靼来文中，对蒙古语语法中的助词的接续法的标记，与《蒙古秘史》的汉字用法和标记法基本相同。有些助词的标记稍有些出入。

《华夷译语》鞑靼来文中所用的助词大概与现代蒙古语中的助词相同。当蒙古语单词之后接续蒙古语属格助词、宾格助词、与格助词、方位助词等时，词首有不发音的“h”音的

① 栗林均：《〈华夷译语〉（甲种本）蒙古语全单词、语尾索引》，东北亚研究中心丛书，第 10 号，2003 年 3 月 28 日发行。前言，第 2 页。

② 同上书，第 1 页。

“u、e、a”等元音，蒙古语单词结尾的辅音与后续助词的元音连写，用一个汉字的切音，标记辅音结尾词的收声部分与助词连写的形式。最明显的是蒙古语的属格助词“un”和宾格助词“i”，接续以“b、g、r、s、d、n、m、l、ng”收声的辅音之后，以不同汉字标记其连读形式。

蒙古语的属格助词有“yin”、“un”、“nu”三种表现形式。蒙古语的属格助词“yin”接续在元音结尾词之后，《华夷译语》中以汉字“因”标记蒙古语的属格助词“yin”。这与《蒙古秘史》的标记法相同。蒙古语的属格助词“nu”接续在以“n”结尾的闭音节词之后，《华夷译语》中以汉字“讷”标记属格助词“nu”。这与《蒙古秘史》的标记法相同。

蒙古语的属格助词“un”，接续以“n”以外的辅音结尾词之后，并按照元音和谐规律，接续阳性词之后时读为“un”、接续阴性词之后时读为“ün”。在《华夷译语》中，蒙古语的属格助词“un”接续在以“b、g、r、s、d、m、l、ng”等结尾的不同辅音结尾词之后时，以不同的汉字的切音形式标记单词结尾的辅音和属格助词“un”、“ün”的连写形式。这与《蒙古秘史》的标记法相同。《华夷译语》中未发现以“辅音b、ng”结尾词接续“un”的例子。《华夷译语》中以“g、r、s、d、m、l”结尾词之后接续属格助词“un”分别以汉字“昆、舌仑、孙、敦、门、仑”来标记其连读形式。

《华夷译语》中以“g”（q）结尾词之后，接续属格助词“un”、“ün”时，以汉字“昆”标记。如：《华夷译语》中，“主昆”（jüg un）标记的是蒙古语单词“竹克”（jüg）这一阴性词之后，接续属格助词“ün”的连写形式。以汉字“昆”字的辅音“g”与“主”（“zhu”）表示蒙古语的“jüg”这一单词。又以汉字“昆”字的元音部分“ün”标记蒙古语的属格助词“ün”。勺舌里中昆（joriq un）是标记蒙古语的单词“勺舌里黑”（“joriq”）接续属格助词“un”时的连写形式。单词“勺舌里黑”（joriq）中的标记“g（q）”音的小字“黑”被省略，成为“勺舌里”，以汉字“昆”标记结尾的“q”音与属格助词“un”的连读形式。

《华夷译语》中以“l”结尾的词之后，接续属格助词“un”时，以汉字“仑”标记。如：《华夷译语》中，“忙中豁仑”（mongγul un，与“忙中丁豁仑”相同）是标记蒙古语的单词“忙中丁豁”（mongγul）接续属格助词“un”时，结尾的“l”音与属格助词“un”的连写形式。其中，“忙中丁豁”（mongγul）中标记“l”音的小字“丁”被省略，以汉字“仑”替代结尾的“l”音接续属格助词“un”时的连写形式。

《华夷译语》中以汉字“舌仑”标记“r”结尾词之后接续属格助词“un”的连写形式。如：《华夷译语》中，“斡额舌仑”（öber ün）标记的是蒙古语单词“斡额儿”接续属格助词“un”的连写形式。

《华夷译语》中以“s”结尾词接续属格助词“un”时，以汉字“孙”标记结尾的“s”音与属格助词“un”的连写形式。如：《华夷译语》中，“兀鲁孙”（ulus un）标记的是蒙古语单词“兀鲁思”（ulus）之后接续属格助词“un”时的连写形式，以汉字“孙”标记蒙古语单词“兀鲁思”（ulus）结尾的“s”与属格助词“un”的连读形式。

《华夷译语》中以“d”结尾词接续属格助词“un”时，以汉字“敦”标记。如：《华夷译语》中，“乞塔敦”（kitad un）标记的是蒙古语单词“乞塔惕”（kitad）之后接续属格助词“un”时的连写形式。这里，以“d”结尾词接续属格助词“un”时，标记结尾“d”音的小字"惕"被省略，以汉字"敦"标记结尾音"d"和"un"音的连读形式。

《华夷译语》中以"m"结尾词接续属格助词"un"时，以汉字"门"标记。如：《华夷译语》中，"那门"是标记蒙古语"num"加属格助词"un"的连写形式。以"门"字标记"num"中的结尾的"m"音接续属格助词"un"的连写形式。

表一　　**《华夷译语》鞑靼"来文"中属格助词出现的次数**

属格助词	yin 因	un	昆	仑	舌仑（仑）	孙	敦	门	nu 讷
1. 诏阿札失里	14		0	3	2	4	1	0	6
2. 敕僧亦邻真臧卜	6		2	2	1	0	0	4	4
3. 诰文	8		0	2	1（1）	1	0	0	1
4. 敕礼部行移应昌卫	7		1	1	0	0	1	0	7
5. 敕礼部行移安答纳哈出	5		0	1	0	3	0	0	5
6. 撒蛮答失里等书	2		1	0	1	0	0	0	6
7. 纳门驸马书	1		0	1	0	2	0	0	3
8. 脱儿豁察儿书	1		0	0	2	2	3	0	6
9. 失列门书	2		1	0	0	0	0	0	1
10. 捏怯来书	9		2	0	0	0	1	0	3
11. 捏怯来书	5		1	1	1	1	1	0	9
12. 曩加思千户状	2		0	0	1	0	0	2	8
合计	62	53	8	9	10	13	7	6	59

蒙古语中宾格助词有"yi"和"i"。其中，"yi"接续在辅音结尾词之后。在《华夷译语》中，以汉字"宜"标记蒙古语的宾格助词"yi"。宾格助词"i"接续在"b、g、r、s、d、n、m、l、ng"等结尾的闭音节词之后。在《华夷译语》中，宾格助词"i"接续在不同辅音结尾词之后时，以不同的汉字标记。《华夷译语》中未发现以"b、m"结尾词接续宾格助词"i"的例子，以"g、r、s、d、n、l、ng"结尾词接续宾格助词"i"时，分别以"吉、舌里、昔、的、泥、里、宜"标记。

在《华夷译语》中，以汉字"里"标记"l"结尾词之后接续宾格助词"i"的连写形式。如：《华夷译语》中，"薛惕乞里"（sedkil i）是标记"薛惕丁乞"（sedkil）接续宾格助词"i"的连写形式。标记"薛惕丁乞"（sedkil）的结尾的"l"音的小字"丁"字被省略，以汉字"里"标记"l"接续宾格助词"i"的连写形式。

在《华夷译语》中，以汉字"舌里"标记"r"结尾词之后接续宾格助词"i"的连写形式。例如：在《华夷译语》中，"格舌里"（ger i）是标记蒙古语"格儿"（ger）接续宾格助词"i"时的连写形式。蒙古语单词接续宾格助词"i"时，标记"ger"结尾音的"儿"字被去掉，以汉字“舌里”标记“r”接续宾格助词“i”的连写形式。

在《华夷译语》中，以汉字“吉”标记“g”结尾词之后接续宾格助词“i”的连写形式。如：《华夷译语》中，“勺里吉”与“勺舌里吉”相同。标记蒙古语“joriq”接续宾格助词“i”的连写形式。

在《华夷译语》中，以汉字“泥”标记“n”结尾词之后接续宾格助词“i”的连写形式。如：《华夷译语》中，“阿迷坛泥”是蒙古语“amitan”接续宾格助词“i”时的连写形式，单词“阿迷坛”（amitan）中的标记“n”音与宾格助词“i”连读，以汉字“泥”标记“n”接续宾格助词“i”的连读形式。“中合罕泥”（qaγan i）标记“中合罕”（qaγan）接续宾格助词“i”的连写形式。以汉字“泥”标记“中合罕”（qaγan）中结尾的“n”音与宾格助词“i”音的连读形式。

在《华夷译语》中，以汉字“昔”标记“s”结尾词之后接续宾格助词“i”的连写形式。如：《华夷译语》中，“兀鲁昔”（ulus i）标记“兀鲁思”（ulus）接续宾格助词“i”的连写形式。“昔”字标记“ulus”结尾的“s”音和宾格助词“i”的连读形式。“撒巴昔”标记“撒巴思”“sabas ”接续宾格助词“i”的连写形式。《华夷译语》“器用门”中器皿被标记为“撒巴”（saba），“撒巴思”“sabas ”为器皿的复数形式。以汉字“昔”标记结尾“s”音和“i”音的连读形式。

在《华夷译语》中，以汉字“的”标记“d”结尾词之后接续宾格助词“i”的连写形式。如：《华夷译语》中，“中合札的”（ γajad i ）标记“中合札惕”（γajad）接续宾格助词“i”的连写形式。以“d”结尾词之后接续宾格助词“i”时，标记词尾“d”音的小字“惕”被省略，以汉字“的”标记结尾的“d”与“i”音的连读形式。

在《华夷译语》中，一般情况下以汉字“宜”标记蒙古语中接续在元音结尾词之后的宾格助词“yi”。但是，也有例外的情况。当以“ng”结尾的闭音节词之后接续宾格助词“i”时，以汉字“宜”标记宾格助词“i”。如：《华夷译语》中，蒙古语的“daiming i”标记为“大明宜”；“jobulang i”标记为“勺孛郎宜”。

如上所述，一般情况下以“ng”结尾词之后接续宾格助词“i”以“宜”标记。而以“n”结尾词之后接续宾格助词“i”时以汉字“泥”来标记。但是，以“n”或“ng”结尾词之后接续宾格助词“i”，“i”之后再接续“yar”或“yan”等助词时，以汉字“亦”替代“宜”，来标记以“ng”结尾词接续宾格助词“i”，再接续“yar”或“yan”的形式。以汉字“你”替代“泥”，来标记以“n”结尾词接续宾格助词“i”，再接续“yar”或“yan”的形式。例如：《华夷译语》中，“阿木中忽郎 亦 牙儿”（amuγulang i yar）标记的是蒙古语单词“amuγulang”接续宾格助词“ i”，然后再接续助词“yar”时的标记法。“兀年你额儿”（ünen i yer）标记的是蒙古语单词“ünen”接续宾格助词“ i”，然后再接续助词“yer”时的标记法。“亦儿格你颜”（irgen i yan）标记的是蒙古语单词“irgen”接续宾格助词“ i”，然后，再接续助词“yen”时的标记法。“亦儿格你”与“亦儿格泥”相同。

表二　　《华夷译语》鞑靼“来文”中宾格助词出现的次数

宾格助词	宜 yi	i	里	舌里	吉	泥（你）	昔	的	宜
1. 诏阿札失里	5		1	1	9	7（3）	2	2	2
2. 敕僧亦邻真臧卜	5		1	1	3	2	1	5	0
3. 诰文	2		3	1	4	8	0	0	0
4. 敕礼部行移应昌卫	6		1	5	5	7（1）	0	4	1
5. 敕礼部行移安答纳哈出	9		0	2	2	10	2	3	0
6. 撒蛮答失里等书	1		0	1	3	2	1	1	0
7. 纳门驸马书	2		0	0	1	1	1	1	1
8. 脱儿豁察儿书	2		0	0	1	1	0	1	0
9. 失列门书	4		0	0	1	5	0	0	0
10. 捏怯来书	3		1	1	1	4（1）	3	1	0
11. 捏怯来书	3		0	0	0	5（3）	0	3	0
12. 曩加思千户状	5		0	0	1	7	0	7	0
合计	47	161	7	14	31	67	10	28	4

蒙古语使役助词有“yar”和“bar”两种，接续在阳性词之后。接续阴性词之后的使役助词被读为“yer”、“ber”。蒙古语的使役助词“bar”接续在以元音结尾词之后，使役助词“yar”接续在以辅音结尾词之后。但是，在宾格助词“i”之后要接续便役助词“yar”或“yer”，而不是“bar”或“ber”。《华夷译语》中，以汉字“牙儿”标记蒙古语的接续阳性词之后的使役助词“yar”，以汉字“额儿”标记蒙古语的接续阴性词之后的使役助词“yer”。偶尔也有标记“ber”。例如：文书3中的“你额儿”标记的是蒙古语单词“nige”接续使役助词“ber”的口语化表现形式。文书8中的“扯捏额儿”标记蒙古语单词“činege”接续使役助词“ ber”的口语化形式。

以汉字“巴儿”标记接续蒙古语的阳性元音之后的使役助词“bar”，以汉字“别儿”标记接续蒙古语的阴性元音之后的使役助词“ber”。例如：“札撒吉牙儿”标记蒙古语辅音结尾的阳性词“jasaq”接续宾格助词“i”，再接续使役助词“yar”的情况。“薛惕乞里额儿”标记蒙古语辅音结尾的阴性词“sedkil”接续宾格助词“i”，再接续使役助词“yer”的情况。“阿哈里巴儿”标记蒙古语的元音结尾的阳性词“aγali”接续使役助词“bar”的情况。“捏舌列别儿”标记蒙古语的元音结尾的阴性词“nere”接续使役助词“ber’的情况。

虽然，在《华夷译语》中一般以汉字“别儿”标记接续蒙古语的阴性元音之后的使役助词“ber”。但是，在《华夷译语》中也有以“别儿”标记接续在阴性、阳性元音结尾词之后的“bar”和“ber”。这种用法具有强调语气的助词。这与《蒙古秘史》的用法相同。巴雅儿先生认为，《蒙古秘史》中有以汉字“别儿”标记接续在阴性、阳性元音结尾词之后的

“bar”和“ber”，是有别于使役助词“巴儿”（“bar”）、“别儿”（“ber”）的，是具有强调语气的助词，用法与现代蒙古语中的强调语气的助词“ču”或“čü”相同。[①] 例如：在《华夷译语》中，“中合罕 别儿”是标记蒙古语阳性词“qaγan”接续强调语气助词“bar”的用法，旁译为“皇帝也”。“兀赤舌剌巴速别儿”是标记蒙古语阳性词“učirabasu”接续强调语气助词“bar”的用法，旁译为“遇着呵也”。“客额速别儿”是标记蒙古语阴性词“kebesü”接续强调语气助词“ber”的用法，旁译为“说呵也”。“巴 别儿”是标记蒙古语阴性词“bi”接续强调语气助词“ber”的用法，旁译为“俺也”。在《华夷译语》中，作为使役助词来使用的“bar”、“ber”，或是作为强调语气词来使用的“bar”、“ber”，旁译是有区别的。作为使役助词来使用的“bar”、“ber”旁译为“上头，教、依着”等。而作为强调语气词来使用的“bar”、“ber”，相对应的旁译为“也”。因此，在《华夷译语》中以汉字“别儿”标记的“bar”、“ber”，可根据其旁译来区分是作为使役助词使用的还是作为强调语气词使用的。

《华夷译语》中，以“阿儿”标记蒙古语的使役助词“bar”、“yar”，以“额儿”标记蒙古语的使役助词“yer”是受蒙古语的口语影响。“阿儿”与“牙儿”或“巴儿”相同，标记蒙古语使役助词“yar”或“bar”。例如：《华夷译语》中，“孛鲁黑撒 阿儿”（boluqsan yar）、“约速阿儿”（yosu bar）、“约孙 阿儿”“yosun yar”等。在《华夷译语》中标记蒙古语的“joriq i yar”有时标记为“勺舌里吉牙儿”，有时标记为“勺舌里吉阿儿”。

蒙古语语法规律是，以辅音结尾词之后接续“yar”（“yer”）。而“bar”（“ber”）接续在元音结尾词之后。但是，在《华夷译语》中也有以辅音结尾词之后接续使役助词“bar”（“ber”）的例子。例如：“札牙安巴儿”（jayaγan bar）、“孛鲁黑三 巴儿”（boluqsan bar）等。正确的用法应该是“札牙安牙儿”（jayaγan yar）、“孛鲁黑三 牙儿”（boluqsan yar）。在文书11中，有两处以“牙儿”标记“yer”的例子。例如：以“额里臣你牙儿”标记“elčin i yer”；以“古出泥牙儿”标记“güčün i yer”。其中，“你”和“泥”相同，均标记“n”结尾词接续宾格助词“i”的连读形式。

表三　**《华夷译语》韃靼“来文”中使役助词、强调语气词出现的次数**

使役助词	巴儿 bar	别儿 ber	牙儿 yar	牙儿 yer	额儿 yer	额儿 ber	阿儿 yar	阿儿 yer	阿儿 bar	强调语气	别儿 bar	别儿 ber
1. 诏阿札失里	0	0	3	0	3	0	2	0	0		0	2
2. 敕僧亦邻真臧卜	2	4	3	0	0	0	0	0	0		2	4
3. 诰文	2	1	0	0	1	1	0	0	1		0	0

① 巴雅儿：《蒙古秘史》第一册，内蒙古人民出版社1981年版，第156页。

续表

使役助词	巴儿 bar	别儿 ber	牙儿 yar	牙儿 yer	额儿 yer	额儿 ber	阿儿 yar	阿儿 yer	阿儿 bar	强调语气	别儿 bar	别儿 ber
4. 敕礼部行移应昌卫	0	1	1	0	2	0	1	0	0		1	4
5. 敕礼部行移安答纳哈出	1	4	0	0	0	0	0	0	1		0	0
6. 撒蛮答失里等书	4	0	4	0	0	0	1	0	0		0	1
7. 纳门驸马书	0	0	0	0	0	0	4	0	0		0	0
8. 脱儿豁察儿书	2	0	1	0	0	1	0	0	0		0	0
9. 失列门书	1	1	1	0	0	0	2	0	0		0	1
10. 捏怯来书	4	0	3	0	0	0	0	0	0		0	1
11. 捏怯来书	2	0	2	2	0	0	2	0	0		0	0
12. 囊加思千户状	0	0	1	0	1	0	0	1	0		0	0
合计	17	11	19	2	7	2	12	1	2		3	13

蒙古语的与格助词有“a”（e）、“da”（de）、“ta”（te）、“dur”（dür）、“tur”（tür）等。

蒙古语与格助词“a”（e）接续在以辅音结尾词之后，通常与辅音连写。在《华夷译语》中，以不同辅音结尾词之后，接续与格助词“a”（e）时，以不同汉字标记。如：“斡脱格捏”（ötügene）是标记蒙古语“ötügen”接续与格助词“e”的例子，以汉字“捏”标记单词“ötügen”结尾的辅音“n”和与格助词“e”的连写形式。“卯兀纳”是标记蒙古语单词“maγu”接续与格助词“a”的例子。蒙古语单词“maγu”接续与格助词“a”时，“maγu”结尾的不固定词尾“n”与“a”连写，以汉字“纳”标记结尾的“n”音与“a”的连写形式。

在《华夷译语》中，以汉字“迭”标记与格助词“de”、以汉字“塔”标记与格助词“ta”。例如：“腾吉舌里迭”标记蒙古语单词“tengri”接续与格助词“de”。“撒亦惕塔”标记蒙古语单词“said”接续与格助词“ta”。“塔”（ta）与“迭”（de）为相同的助词。“塔”（ta）接续阳性词之后，“迭”（de）接续阴性词之后。

蒙古语的与格助词“dur”（dür）接续在元音及以辅音“n、m、l、ng”结尾词之后。其中，“dur”接续在阳性词之后，接续在阴性词之后，被读为“dür”。蒙古语的与格助词“tur”（tür）接续在辅音“b、g、r、s、d”结尾词之后。其中，“tur”接续在阳性词之后，接续在阴性词之后，被读为“tür”。

《华夷译语》中，以汉字“图儿”、“突儿”、“途儿”标记蒙古语的与格助词“dur”（dür）。其中，“图儿”、“突儿”有时标记“tur”（tür），但是，“突儿”标记“tur”（tür）的例子很少。《蒙古秘史》中以“突儿”、“都儿”标记蒙古语与格助词“dur”（dür）。以汉字“秃儿”、“图儿”、“途儿”标记蒙古语的与格助词“tur”（tür）。

例如：《华夷译语》中，“不恢 突儿”（büküi dür）是标记元音结尾的阴性词之后，接续与格助词“dür”的例子。“孛鲁黑三 突儿”（boluqsan dur）、“也兀惕客克先 突儿”（yegütgegsen tür）是标记以辅音“n”结尾的阳性词、阴性词之后，接续与格助词“dur”、“dür”的例子。有少许的例子是以“n”结尾词之后接续与格助词“dur”（dür）时，以汉字“途儿”标记。例如：“斡栾 途儿”（olan dur）、“阿迷坛 途儿”（amitan dur）等。《华夷译语》中以辅音“l、ng”结尾词之后，接续与格助词“dur”、“dür”时，不是以“突儿”来标记，而是以“图儿”标记。例如：“篾丁迭 图儿”（medel dür）、“大明 图儿”（dai ming dur）等例子。但是，未出现以“m”结尾词之后接续与格助词“dur”、“dür”的例子。

《华夷译语》中，以汉字“图儿”标记蒙古语的与格助词“tur”（tür）。例如：“兀舌鲁黑图儿”（uruq tur）、“中合儿 图儿”（γar tur）、“兀鲁思 图儿”（ulus tur）、“额朵额惕 图儿”（edüged tür）等。有少数的例子是以“突儿”标记蒙古语的与格助词“tur”（tür）的。

《蒙古秘史》中有以“都儿”标记与格助词“dur”，以“秃儿”标记与格助词“tur”的情况。《华夷译语》中未出现以“都儿”标记蒙古语与格助词“dur”（dür）或以“秃儿”标记蒙古语的与格助词“tur”（tür）的情况。但是，有以“都舌里颜”标记蒙古语与格助词“dür”接续宾格助词“i”，再接续使役助词“yen”的情况。这应该是参考了《蒙古秘史》的助词接续法。《蒙古秘史》中，以“都舌里颜”标记蒙古语与格助词“dür”接续宾格助词“i”，再接续使役助词“yen”的情况。以“秃舌里颜”标记蒙古语与格助词“tür”接续宾格助词“i”，再接续使役助词“yen”的情况。《华夷译语》中，以“突舌里颜”标记蒙古语与格助词“tür”接续宾格助词“i”，再接续使役助词“yen”的情况。“突舌里颜”也有标记蒙古语与格助词“dür”接续宾格助词“i”，再接续使役助词“yen”的情况。例如：“者儿格都舌里颜”（jerge dür i yen）、“者儿格 突舌里颜”（jerge dür i yen）、“中合罕突舌里颜”（qaγan dür i yen）、“搠罗思 突舌里颜”（čolos tur yan）等例子。《蒙古秘史》中写成“都舌里颜”的例子比较普遍，而写成“突舌里颜”的例子较少。①

① 山崎忠：《いわゆる甲種本華夷訳語の音訳漢字の研究—文例の部》，ユーラシア学会研究報告《遊牧民の社会と文化》，1952年，第95页。

表四　　《华夷译语》鞑靼"来文"中与格助词出现的次数

与格助词	图儿 dur dür	图儿 tur tür	突儿 dur dür	突儿 tur tür	途儿 dur dür	都舌里颜 dür i yen	突舌里颜 dür i yen	突舌里颜 tür i yen
1. 诏阿札失里	2	4	6	0	0	0	1	0
2. 敕僧亦邻真臧卜	1	2	3	1	0	0	0	0
3. 诰文	1	3	4	1	1	1	0	0
4. 敕礼部行移应昌卫	4	3	5	0	1	0	1	1
5. 敕礼部行移安答纳哈出	0	3	2	0	0	0	0	0
6. 撒蛮答失里等书	2	0	0	0	0	2	0	0
7. 纳门驸马书	0	1	2	0	0	0	0	0
8. 脱儿豁察儿书	1	1	0	1	0	0	0	0
9. 失列门书	4	0	0	0	0	0	0	0
10. 捏怯来书	1	2	0	0	0	0	0	0
11. 捏怯来书	2	1	0	0	0	0	0	0
12. 囊加思千户状	6	2	1	0	4	0	0	0
合计	24	22	23	3	6	3	2	1

蒙古语中表示复数的形式有"nar"、"ud"、"d"、"s"等形式。其中，"nar"接续元音结尾的表示人称代词之后，分开写。"ud"接续辅音结尾的表示人称代词之后，分开写。"d"接续在不稳定"n"结尾词或元音之后，连写。"s"接续辅音结尾词之后，连写。《华夷译语》鞑靼来文中，以汉字"纳儿"标记蒙古语的复数"nar"，以汉字"兀惕"标记蒙古语的复数"ud"。以小字"惕"标记蒙古语连写的复数形式"d"。"以"汉字"思"标记连写的复数形式"s"。例如："可温哈赤纳儿"（köbekün ači nar）、"扯里兀惕"（čerigüd）、"撒巴昔"（sabas i，此处"撒巴思"接续宾格助词"i"，标记"s"的"思"被标记"s"加"i"音的"昔"替换）、"乞塔惕"（kitad）等。

蒙古语的并列接续词有"ba"，《华夷译语》鞑靼来文中，以汉字"把"或"别"标记蒙古语的并列接续词"ba"。

蒙古语的所属助词有"yan"（yen）和"ban"（ben）两种。"ban"（ben）接续元音结尾词之后，其中，"ban"接续阳性词之后，"ben"接续阴性词之后。"yan"（yen）接续以辅音结尾词之后，其中，"yan"接续阳性词之后，"yen"接续阴性词之后。《华夷译语》鞑靼来文中，以汉字"颜"标记蒙古语所属助词"yan"，以汉字"延"标记所属助词"yen"。以汉字"边"标记所属助词"ben"，但是，未见到"ban"的例子。例如："速木的颜"（sumud i yan）、"格舌里延"（ger i yen）、"古出边"（kü čüben）、"别耶边"（beye ben）等。《蒙古秘史》中以"班、边"标记蒙古语的所属助词“ban”和“ben”。以汉字“颜”标记蒙古语的所属助词“yan”（yen）。

蒙古语的从格助词有“ača”（eče），分别接续阳性词、阴性词之后。《华夷译语》鞑靼来文中，以汉字“扯”、“额扯”、“捏扯”、“纳察”、“阿察”、“荅察”等标记蒙古语的从格助词“ača”（eče）。例如：“竹克竹扯”（jüg jüg eče）、“田迭扯”（tende eče）、“额乞列恢 额扯”（ekileküi eče）、“礼部 额扯”（libü eče）、“额儿迭捏扯”（erten eče）、“古温 捏扯”（kömün eče）、“斡亦舌里纳察”（ oiran ača）、“札牙安纳察”（jayaɣan ača）、“礼部 阿察”（libu ača）、“察黑 阿察”（čaq ača）、“那颜荅察”（noyad ača）、“不速荅察”（bosud ača）等。

《华夷译语》鞑靼来文中，表现蒙古语的人称时，以汉字“巴”或“别”标记蒙古语的第一人称代词“bi”，以汉字“赤”标记蒙古语的第二人称代词“či”。以汉字“米讷”、“马讷”、“马泥”标记蒙古语的第一人称助词“minu”、“manu”、“mani”。以汉字“赤讷”、“赤马”标记蒙古语表示第二人称的“činu”、“čima”。以汉字“阿讷”、“亦讷”、“亦马”标记蒙古语表示第三人称的“ainu”、“inu”、“ima”等。例如：“亦舌列恢 赤讷”（ireküi činü）、“丁申塔安亦讷”（siltaɣan inü）、“哈赤 纳儿 阿讷”（ači nar anu）等。

三是《华夷译语》鞑靼来文的汉字译音用字，与《蒙古秘史》的汉字译音用字有所差别，《华夷译语》来文汉字用字只考虑音译，不涉及意译。陈垣在《元秘史译音用字考》一文中认为，《秘史》之译音用字与《华夷译语》不同。《华夷译语》单纯音译而已，《秘史》则音译之外，不论名词、动词，有可附以意义者，辄选用音义相同之字。表示过去动词语尾“了”字之译“罢”，其最著也。①

陈垣指出：《元秘史》写书人于水名则着水旁，于山名则着山旁，口之字从口、从言、从食、从齿旁。目之字从目旁，足之字从足、从走旁。门之字从门，衣之字从衣、从巾，器之字从金、从皿。鸟之字从鸟、从翼。鼠之字从鼠，虫之字从虫。马之字从马，羊之字从羊。②《华夷译语》则不同。例如：《蒙古秘史》音译“山”用汉字“阿屼剌”，而《华夷译语》译“山”为“阿兀剌”。译“河”为“木舌连”。“湖”译为“纳兀舌剌”。《蒙古秘史》音译“河”为“沐舌涟”。“湖”译为“纳浯儿”。凡水名，皆特用水旁。同一“兀”字，在山为屼，在水则为浯，同一“儿”字，在山为峏，在水则为洏，皆谐声之外，兼以会意者也。③可见，《蒙古秘史》音译汉字注重字义，根据翻译对象的不同，来选择不同偏旁的汉字。而《华夷译语》注重用字的音韵的准确性，并用偏旁简单化的汉字。

《华夷译语》中小字的用法与《蒙古秘史》中的小字的用法有相同点，也有不同之处。

《华夷译语》凡例中，记载了小字的用法。其记载如下：

> 用汉字译写胡语，其中，间有有声无字者，今特借声音相近字样，立例于后。读者依例求之，则无不谐矣。
>
> 一、字旁小注“中”字者，乃喉内音也。如：“中合”、“中忽”之类。
>
> 一、字旁小注“舌”字者，乃舌头音也。必弹舌读之。如：“舌儿”、“舌里”、“舌剌”、

① 陈垣：《元秘史译音用字考》，《陈垣学术论文集》第二集，中华书局1982年版，第106页。

② 同上书，第121—131页。

③ 同上书，第122—124页。

“舌鲁”、“舌仑”之类。

一、字旁小注“丁”字者，顶舌音也。以舌尖顶上颚读之。如：“丁温”、“丁兀”、“丁豁”、“丁斡”之类。

一、字下小注“勒”字者，亦与顶舌同。如：冰呼莫勒孙之类。

一、字下小注“黑”字、“惕”字、“克”字者，皆急读带过音也。不用读出。

一、字下小注“卜”字、“必”字者，皆急读合口音也。亦不用读出。①

一　小字“中”的用法

《华夷译语》中，“中合”、“中忽”、“中罕”、“中孩”、“中豁”、“中浑”、“中含”、“中灰”、“中阔”等，以“h”或“g”开头的汉字前有小字“中”的标记法。分别标记蒙古语中的“qa”、“qu”、“qan”、“qai”、“qo”、“qun”、“qam”、“qui”、“qo”等阳性音节。“合”等汉字前添加小字“中”是表示这些字标记的是蒙古语的阳性词的音节。例如：“中合黑察”（γaqča）中的“中合”标记蒙古语中的阳性“γa”音节。“中忽秃黑”（qutuq）中的“中忽”标记蒙古语的“qu”音节。“中豁儿”（qor）中的“中豁”标记蒙古语的“qo”音节。

《华夷译语》中，也有“合”、“忽”、“罕”、“孩”、“豁”、“浑”、“含”、“灰”、“阔”等汉字前不添加小字“中”的用法。栗林均认为蒙古语的以“q”音开头的音节，用不添加小字“中”的“合”、“忽”等标记，均是小字“中”脱落的现象。② 应该是“中合”、“中忽”的误写。

《华夷译语》中，小字“中”的特殊用法有“中里”。“中里”中的小字“中”标记蒙古语中“liq”音节中结尾的“q”音。结尾的“q”音节通常以小字“黑”标记。例如：《华夷译语》鞑靼来文中，标记“圣旨”的“札儿中里”（jarliq）中的“中里”是这种特殊用法。③《蒙古秘史》中“圣旨”标记为“札儿里黑”。《华夷译语》中，“圣旨”有时标记为“札儿里”（jarliq），这应该是“札儿中里”中的“中里”的小字“中”脱落的现象。但是，未见与《蒙古秘史》相同的“札儿里黑”的标记法。《华夷译语》中这种特殊用法的原因尚不清楚。

《华夷译语》鞑靼来文中，有时出现小字“中”被误写为小字“舌”的现象。例如：来文9“失列门书”中出现的“札儿舌里”（jarliq）的小字“舌”，山崎忠和栗林均认为是标记“圣旨”的“札儿中里”（jarliq）一词中小字“中”的误写。④

二　小字“黑”和“克”的用法

蒙古语中，词中和词尾的收声“q”或“g”有阴阳性之区别。《华夷译语》鞑靼来文中，以汉字之后的小字“黑”标记阳性收声“q”音，以汉字之后的小字“克”标记阴性收声“g”音。与词首、词中、词尾的阴阳性的辅音“q”、“g”进行区分。

《华夷译语》鞑靼来文中，以汉字“中合”标记阳性的“qa”、“γa”；以汉字“客”、“额”

---

① （明）火源洁：《华夷译语》不分卷，下册，收于《涵芬楼秘笈》第四集。

② 栗林均：《〈华夷译语〉（甲种本）蒙古语全单词、语尾索引》，东北亚研究中心丛书，第10号，2003年3月28日发行，前言，第6页。

③ 山崎忠：《いわゆる甲種本華夷訳語の音訳漢字の研究—文例の部》，第96页。

④ 山崎忠：《いわゆる甲種本華夷訳語の音訳漢字の研究—文例の部》，第96页；栗林均《〈华夷译语〉（甲种本）蒙古语全单词、语尾索引》，东北亚研究中心丛书，第10号，2003年3月28日发行，前言，第12页。

等标记阴性的“he”、“ge”音。拉丁转写时，词首、词中、词尾的阳性的辅音“h”以“q”转写，词首、词中、词尾的阳性的辅音“g”，以“γ”转写。词首、词中、词尾的阴性的辅音“h”以“k”转写，词首、词中、词尾的阴性的辅音“g”以“g”转写。

三 小字“丁”和“勒”的用法

《华夷译语》韃靼来文中，以汉字之后的小字“勒”和汉字之前的小字“丁”标记词中、词尾的收声“l”音。有时以汉字“里”标记收声“l”，但是，“里”字不用小写字。但是，《华夷译语》韃靼来文使用小字“勒”只有在来文第1、2篇中出现。而小字“丁”的用法在来文1—12篇中均出现这种用法。

例如：“丁温”、“丁兀”、“丁豁”、“丁斡”、“丁安”、“丁因”、“丁真”、“丁勤”、“丁阿”、“丁延”、“丁奔”、“丁臣”等，标记蒙古语中“ul”（ül）、“ul”、“ol”、“al”、“il”、“jil”、“kil”、“al”、“el”、“bul”（bül）、“čil”等音节。当小字“丁”接续元音结尾词之后时，如“丁阿”，小字“丁”与元音“a”连读，形成“al”音节。当小字“丁”接续以辅音结尾词之后时，结尾的辅音脱落，“l”音与脱落辅音前面的元音连读。如“丁臣”中，汉字“臣”结尾的“n”音脱落，“l”音与“či”音连读，以“丁臣”标记“čil”的音。

《华夷译语》韃靼来文中，以汉字之后的小字“勒”标记收声“l”的例子：“边勒”、“罕勒”、“舌阑勒”、“仑勒”、“舌连勒”、“阿勒”、“亦勒”、“兀勒”、“额勒”、“别勒”、“赤勒”、“多勒”、“都勒”、“秃勒”等，标记蒙古语中的“bel”、“qal”、“ral”、“rul”、“rel”、“al”、“il”、“ul”、“el”、“bel”、“čil”、“döl”、“tul”（tül）等音。当小字“勒”接续在“n”结尾词之后时，结尾的“n”音脱落，“l”音与结尾的“n”前面的元音连读。

栗林均经过统计认为《华夷译语》中，小字“丁”以“n”结尾词之后用得多，而小字“勒”接续元音结尾词之后的多些。①

《蒙古秘史》中，标记收声“l”专用“勒”字，而不用“丁”字，这是《蒙古秘史》和《华夷译语》的不同之处。但是，陈垣认为“丁”字的用法始于《元朝秘史》。② 但是，《蒙古秘史》中的“丁”被误认为是“下”或“干”字。③

《蒙古秘史》中，表示水名时，标记收声“l”音用“泐”或“氻”字。通常以汉字“勒”标记收声“l”音。但是，当被标记的水名有水字旁时，则不用“泐”或“氻”标记“l”音，而用“勒”字来标记。因此，陈垣认为《蒙古秘史》的标记“l”音，可得一定例，曰水未必用“泐”，而用“泐”者必为水。④《华夷译语》中未出现过以汉字“泐”或“氻”标记收声“l”音的用法。

四 小字“舌”的用法

《华夷译语》韃靼来文中，以“l”音打头儿的汉字之后添加小字“舌”，用来标记蒙古

---

① 栗林均：《〈华夷译语〉（甲种本）蒙古语全单词、语尾索引》，东北亚研究中心丛书，第10号，2003年3月28日发行，前言，第18页。

② 陈垣：《元秘史译音用字考》，《陈垣学术论文集》第二集，第134页。

③ 同上书，第135页。

④ 同上书，第124页。

语中的"r"音。以小字"舌"区分"r"音与"l"音。例如：以汉字"剌"、"里"、"鲁"、"列"、"罗"、"劣"、"来"、"蓝"、"阑"、"郎"、"林"、"连"、"仑"等字，标记蒙古语中的"la"、"li"、"lu"（lü）、"le"、"lö"、"lai"、"lam"、"lan"、"lang"、"lin"、"len"、"lun"（lün）等音节。

而以汉字"舌剌"、"舌里"、"舌鲁"、"舌列"、"舌罗"、"舌劣"、"舌来"、"舌蓝"、"舌阑"、"舌郎"、"舌林"、"舌连"、"舌仑"等字，标记蒙古语中的"ra"、"ri"、"ru"（rü）、"re"、"rö"、"rai"、"ram"、"ran"、"rang"、"rin"、"ren"、"run"（rün）等音节。

《华夷译语》中，小字"舌"的特殊用法有"舌儿"和"舌而"两种。《华夷译语》中标记音节末尾"r"音的"儿"字，通常不添加小字"舌"音，只有一处标记人名处标记末尾"r"音的"儿"字添加小字"舌"。例如：来文6"撒蛮答失里等书"中出现的人名"纳速舌儿丁"（nasurding），标记音节末尾"r"音的"儿"字被标记为"舌儿"。《蒙古秘史》第1、2卷中，以汉字"儿"标记蒙古语音节末尾的"r"音，但是，自第3卷到12卷中以汉字"舌儿"标记蒙古语音节末尾的"r"音。栗林均认为《华夷译语》的音译方式采取了与《蒙古秘史》第1、2卷相同的音译方式。在《华夷译语》的实际音译操作中，以不添加小字"舌"的"儿"音标记音节结尾的"r"音。但是，《华夷译语》中出现一处"舌儿"的用法，有可能是《华夷译语》的实际音译方式与别的音译方式相混同的地方。①

《华夷译语》中，出现四次以"舌而"标记音节末尾"r"音的情况。例如：《华夷译语》人事门中，以"中合舌而"标记"γar"；来文4"敕礼部行移应昌卫"中以"中合舌而中合黑撒惕"标记"γarγaqsad"；来文9"失列门书"中以"中合舌而塔周"标记"γartaju"；来文11"捏怯来书"中以汉字"中合舌而中合周"标记"γarγaju"。

五　小字"卜"的用法

《华夷译语》鞑靼来文中，以小字"卜"标记音节末尾"b"音。例如：来文2"敕僧亦邻真臧卜"中，以"阿卜中忽"标记"abqu"，以"中忽卜察速"标记"qobčasu"。来文5"敕礼部行移安答纳哈出"中，"土卜失额舌里都额惕"标记"tübsigeridüged"，"土卜失额舌里都克薛"标记"übsigeridügsen"。来文8"脱儿豁察儿书"中，以"亦鲁卜迭"标记"ilübde"。来文12"曩加思千户状"中以"帖卜赤周"标记"tebčijü"。其中，小字"卜"均标记音节末尾的"b"音。

此外，《华夷译语》鞑靼来文中，也有标记音节末尾"b"音的汉字"卜"不小写的情况，以大写的"卜"字标记音节末尾"b"音的情况。例如：来文3"诰文"中，以"勺卜失额周"标记蒙古语的"jöbsigejü"，以"客卜"标记蒙古语的"keb"。来文9"失列门书"中，以"只卜秃舌剌周"标记"jibturaju"，来文10"捏怯来书"中，以"阿卜周"标记蒙古语的"abču"。其中，大字"卜"字与小字"卜"的用法相同，均标记音节末尾"b"音。

《华夷译语》鞑靼来文中，也有以大字"不"标记音节末尾"b"音的现象。例如来文11"捏怯来书"中，以"中忽不察惕"标记蒙古语的"qobčad"。这是"衣服"的复数形式。与

---

① 栗林均：《〈华夷译语〉（甲种本）蒙古语全单词、语尾索引》，东北亚研究中心丛书，第10号，2003年3月28日发行，前言，第13页。

上述例子“中忽卜察速”是相同的词汇。“中忽卜察速”标记蒙古语“qobčasu”（衣服）的单数形式。这里大字“不”与小字“卜”的用法相同，均标记蒙古语中音节末尾的“b”音。

六 小字“惕”的用法

《华夷译语》鞑靼来文中，汉字之后的小字“惕”标记音节末尾的“d”或“t”音。例如：以“撒亦惕”标记蒙古语的“said”，以“也兀惕虔”标记蒙古语的“yegütgel”，以“乞塔惕”标记蒙古语的“kitad”。

第三节 洪武本《华夷译语》鞑靼“来文”校释

一 诏阿札失里①

腾吉舌里 迭②粘别克迭克先③（天之所覆），斡脱格④捏⑤额儿古克迭克先（地之所载），斡栾
天 覆的 地 载的 多
tengri de nembegdegsen ötügene ergügdegsen olan

阿迷坛 客敦 不古宜⑥兀禄 篾迭克迭模（生民之多，莫知几何），中合⑦黑察 腾吉舌里 篾迭由
生灵 几 有 的 不 知可 独 天 知有
amitan kedün bükü yi ülü medegdemü. γaqča tengri medeyü.

（然天能知），腾吉舌里 古 额者列由（天能宰），丁申塔安⑧亦讷 阿迷塔纳⑨丁完泽
天 主有 缘故 他的 生灵每 行 福

---

① 注：“阿札失里”是故元辽王，1388 年 11 月降服明朝。1389 年 5 月明朝置泰宁等朵颜三卫，以阿札失里为泰宁卫指挥使。不久阿札失里等复叛明朝，明朝派傅友德等镇压，1391 年春阿札失里等再次降服明朝。

② 注：此处的“迭”（de）是“被”的意思。用在句子中表示主语是受事。汉语句子中主语放在“被”字之后。如：被人借走。但是，蒙古语句子中主语在“迭”（de）之前。在蒙古语中“迭”（de）与现在蒙古语中的“dü”、“tü”一样。有时表示对象、方位或处所。

③ 注：此处的“粘别克迭克先”中的“粘”字标的是蒙古语的“nem”音。

④ 注：蒙古语中与“地”相对应的词为“中合札儿”（“γajar”）。蒙古萨满教中巫婆被称为“ituqan”或“ötügen”。洪武本《华夷译语》人物门中“师婆”译为“亦都罕”（“ituqan”）。此处将“地”译为“斡脱格”（“ötügen”）有了一层敬天地的宗教思想，表现了蒙古族原始宗教信仰之“天为父、地为母”的思想。

⑤ 注：此处的“捏”（ne）与注 1 的“迭”（de）相同，均与汉语的“被”字有着相同的意思。区别是“捏”（ne）接在以辅音“n”闭音节结尾的阴性词之后，接续“捏”（ne）时，“n”结尾词的“n”脱落，“ne”与“n”结尾词的词干连写。“迭”（de）接在元音结尾的阴性词之后，分开写。有时表示对象、方位或处所。

⑥ 注：此处的“宜”标蒙古语的宾格助词“yi”。蒙古语中宾格助词有“yi”和“i”，“yi”接续在元音结尾词之后，“i”接续在“b、g、r、s、d、n、m、l、ng”等结尾的闭音节词之后，接续不同辅音结尾词之后，以不同汉字标记。

⑦ 注：此处的汉字“中合”标记蒙古语“ga”（γa）音。

⑧ 注：此处的“安”标记的是蒙古语“gan”（γan）音，受蒙古语口语中辅音“g”（γ）脱落的影响。

⑨ 注：此处的“纳”（na）表示对象，对生灵的意思。句子中主语天被省略。“纳”（na）与注 3 的“捏”（ne）意思相同。“纳”（na）接续阳性词之后。蒙古语口语中以“n”结尾的“amitan”（阿迷坛）这类单词之后接续以“n”开头的助词“纳”（na）时，“amitan”的“n”被弱化了，因此，此处与生灵相对应的“amitan”一词，未以“阿迷坛”标记，而被标记为“n”脱落“阿迷塔”的形式。

tengri kü ejeleyü. siltaγan inü amitana öljei

中忽秃黑把①中豁儿 阿答 古儿坚 赤答中忽 因②秃剌（以其擅祸福于人）。古温③阿迷坛

禄 并 害 祸 到 能 的 上头 人 生灵

qutuq ba qor ata kürgen čidaqu yin tula. kümün amitan

腾吉舌里 中合札儿④札兀舌剌⑤阿周（人与天地之间），腾吉舌里宜⑥兀禄 坤都列克赤

天 地 间 住着 天 行 不 敬重的每

tengri γajar jaγura aju. tengri yi ülü kündülegči

兀该 不古 丁申塔安⑦（无敢有不敬天者），丁完泽 中忽秃黑把⑧中豁儿 阿荅 添迭克帖耶⑨

无 有的 缘故 福 禄 并 害 祸 明白

ügei bükü siltaγan öljei qutuq ba qor ata temtegteye

古儿帖古 因⑩秃剌 备由（以其灾福之有验也）。腾吉舌里 因⑪约孙 客额逗⑫（天之道），

到 的 上头 有 天 的 道理 说呵

kürtekü yin tula boyu tengri yin yosun kebesü

---

① 注：此处的“把”标记蒙古语连词“ba”，连接表示并列关系的词语。相当于汉语中的“并、和”之意。

② 注：此处的“因”字标记蒙古语的属格助词之一的“yin”，蒙古语中“yin”接续在元音结尾词之后。以“b、g、r、s、d、m、l、ng”等结尾的闭音节词之后接续蒙古语的属格助词“un”，以“n”结尾的闭音节词之后接续蒙古语的属格助词“nu”。

③ 注：此处的“温”字标记蒙古语“mün”。蒙古语单词“kümün”（人的意思）在口语中发“küün”的音，因此，常以汉字“温”标记“ün”音前面的辅音脱落的音节。

④ 注：此处的“中合札儿”（“γajar”，地）表示高低的空间距离，指天地之间的“地”。上文中的“斡脱格”（地）一词指广阔的地方，具有“大地”的意思。

⑤ 注：此处的“札兀剌”（jaγura）中的“兀”标的是“gu（γu）”的音，在蒙古语口语中词中的“γ”音有脱落现象，此处以“兀”标“go（γu）”的音，明显受蒙古语口语影响，这在洪武本《华夷译语》来文中多出可见。在词首出现的“兀”字标的是蒙古语的“ü”音，例如：“兀禄”（ülü）、“兀该”（ügei）。

⑥ 注：此处的“宜”标蒙古语的宾格助词“yi”。蒙古语中宾格助词有“yi”和“i”，“yi”接续在元音结尾词之后，“i”接续在“b、g、r、s、d、n、m、l、ng”等结尾的闭音节词之后，接续不同辅音结尾词之后，以不同汉字标记。当以“ng”结尾词之后接续宾格助词有“i”时，以汉字“宜”标记。

⑦ 注：此处的汉字“安”标记蒙古语“gan”（γan）音。受蒙古语口语中辅音“g”（γ）脱落的影响。

⑧ 注：此处的“把”标记蒙古语连词“ba”，连接表示并列关系的词语。相当于汉语中的“并、和”之意。

⑨ 注：此处的“添迭克帖耶”中的“添”字标的是蒙古语的“tem”音。

⑩ 注：此处的“因”字标记蒙古语的属格助词之一的“yin”，蒙古语中“yin”接续在元音结尾词之后。以“b、g、r、s、d、m、l、ng”等结尾的闭音节词之后接续蒙古语的属格助词“un”，以“n”结尾的闭音节词之后接续蒙古语的属格助词“nu”。

⑪ 注：此处的“因”字标记蒙古语的属格助词之一的“yin”，蒙古语中“yin”接续在元音结尾词之后。以“b、g、r、s、d、m、l、ng”等结尾的闭音节词之后接续蒙古语的属格助词“un”，以“n”结尾的闭音节词之后接续蒙古语的属格助词“nu”。

⑫ 注：此处的“客额速”（kebesü）中的“额”字标记蒙古语的“be”音，在蒙古语口语中“客额速”（kebesü）的“b”音脱落，读音成为“keesü”。因此，此处以“额”字标记蒙古语的“be”音，受口语影响。

撒亦惕塔①丁完泽 中忽秃黑卯兀 纳②中豁儿 阿苔 古儿格由（福善祸淫）。额儿迭捏扯③
善的每行 福 禄 恶的行 害 祸 到有 古 自
said ta öljei qutuq maγu na qor ata kürgeyü. erten eče

额只耶④古儿帖列（始古至今），斡栾 兀鲁思 亦儿格讷⑤迭额舌列⑥（人民之多）中罕⑦
今 到 多 国 百姓 的 上 皇帝
ejiye kütele olan ulus irgen nu degere. qaγan

孛鲁中合舌仑（凡为君者）。腾吉舌里 中合剌阿儿⑧古温⑨莎汪⑩中忽周 额者列丁温古⑪客额速⑫
做呵 天 必 人 拣着 主宰 教的 说呵
boluγarun. tengri qalaγar kümün sungγuju ejelegülkü kebesü.

（天必择人以主之），腾吉舌里 斡额舌仑⑬斡舌罗 斡栾 阿迷坛泥⑭札儿沉剌丁温中忽⑮
天 自己的 替头里 多生灵每 行 整治 教的

---

① 注：此处的“塔”（ta）表示对象，“撒亦惕 塔”是“对好的”意思。句子中主语“天”被省略。“塔”（ta）与78页注2的“迭”（de）为相同的助词。“塔”（ta）接续阳性词之后，“迭”（de）接续阴性词之后。“亦”字标记双元音“ai”中的“i”。

② 注：此处的“纳”（na）表示对象，“对恶的”意思。句子中主语天被省略。“纳”（na）与“捏”（ne）意思相同。“纳”（na）接续阳性词之后。

③ 注：此处的“捏扯”是标记蒙古语从格助词“eče”，接续阴性词之后。接续阳性词之后的标记为“纳察”、“阿察”、“合察”（ača）等。现代蒙古语中只保留了“eče”这一种形式。

④ 注：洪武本《华夷译语》时令门中“今”译为“额朵额”（“edüge”）。此处将“今”译为“额只耶”（“ejiye”）应该是受口语或方言的影响。

⑤ 注：此处的“讷”字标蒙古语的属格助词“nu”，接续在“n”结尾词之后。

⑥ 注：此处“迭额列”（degere）中，以汉字“额”标记蒙古语的“ge”音，是按口语形式标记的。

⑦ 注：洪武本《华夷译语》人物门中“皇帝”译为“中合罕”（“qaγan”）。此处将“皇帝”译为“中罕”（qaγan）应该是落掉了“中合罕”中的“合”字。

⑧ 注：此处“中合剌阿儿”（qalaγar）中的“阿”字标的是“γa”音，是受蒙古语口语影响，蒙古语口语中“qalaγar”出现“γ”脱落的现象，“la”和“γa”的元音连读，成为长元音“aa”。

⑨ 注：此处的“温”字标记蒙古语中的“mün”音，受蒙古语口语中“m”脱落的影响。

⑩ 注：此处的“莎汪”二字分别标记蒙古语的“su”和“ng”音，将蒙古语的“sung”一个音节以汉字“莎汪”两个字标记，其中“汪”字只取“ng”音，与莎字切音来标记蒙古语的“sung”音节。

⑪ 注：“丁温古”和“丁温中忽”一样，意思是“教的”。“丁温古”接续阴性词之后，“丁温中忽”接续阳性词之后。“温”字标记蒙古语中的“gu”（γu）音，受蒙古语口语中“γ”脱落的影响。

⑫ 注：此处“客额速”中的“额”标记的是蒙古语“kebesü”中“be”的音，是受蒙古语口语影响，在口语中出现“kebesü”的“b”音脱落的现象。

⑬ 注：此处“斡额舌仑”中的“额”标记的是蒙古语“öberün”中“be”的音，是受蒙古语口语影响，在口语中出现“öberün”的“b”音脱落现象。“舌仑”是蒙古语“öber”（“斡额儿”，自己的意思）加属格助词“ün”的连写形式。以汉字“舌仑”标记蒙古语“öber”词尾的“r”与属格助词“ün”连读的形式，此处的汉字标记明显受蒙古语口语影响。

⑭ 注：此处的“阿迷坛泥”是蒙古语“amitan”接续宾格助词“i”时的连写形式，单词“阿迷坛”（amitan）中的标记“n”音与宾格助词“i”连读，以汉字“泥”标记“n”加宾格助词“i”的连读形式。

⑮ 注：此处的“札儿沉剌丁温中忽”中的“沉”字标的是蒙古语“čim”音。“丁温中忽”与注7的“丁温古”相同。

tengri　öberün　oru　olan　amitan　i　jarčimlaɣulku

孛鲁由（代天理也）。古温 阿迷坛 迭额列①腾吉舌里因②勺舌里吉③坤都连 荅罕④赤荅周。
做有　人　生灵　上　天　的　意思　行　敬重　随　能　着
boluyu.　kümün amitan degere　tengri　yin　joriq　i　gündülen daɣan čidaju.

（人能上奉天道）。兀鲁孙⑤委列图儿 也兀惕虔 兀该。你刊 勺舌里吉⑤牙儿⑦乞扯额别速⑧。
国　事　里　替换的 无　一　意思　行　教　勤呵
ulus un üile dür　yegütgel ügei.　nigen joriq　i　yar　kičiyebesü

（勤政不贰）。也客 斡舌罗 巴舌邻都中忽 谦列石⑨兀该 孛鲁由（则祚无定期）。客儿别
大　位子　相接　限　无　做有　若是
yeke oru　barilduqu　kemlesi ügei　boluyu　kerbe

脱鲁额惕图儿 乞扯额惕赫出思⑩图儿 斡莎勒⑪荅周。（设若有始无终）。兀鲁孙 委列宜⑫
始　里　勤　终　里　怠　着　国　事　行

① 注：此处“迭额列”中的“额”标记的是蒙古语“degere”中“ge”的音，是受蒙古语口语影响，在口语中出现“degere”的“g”音脱落的现象。

② 注：此处的“因”字标记蒙古语的属格助词之一的“yin”，蒙古语中“yin”接续在元音结尾词之后。以“b、g、r、s、d、m、l、ng”等结尾的闭音节词之后接续蒙古语的属格助词“un”，以“n”结尾的闭音节词之后接续蒙古语的属格助词“nu”。

③ 注：洪武本《华夷译语》身体门中“志”译为“勺舌里黑”（joriq）。此处的“勺舌里吉”是蒙古语“joriq”加宾格助词“i”时的连写形式，单词“勺舌里黑”（joriq）中标记“g（q）”音的“黑”被省略，成为“勺舌里”，“joriq”中的“g”音与宾格助词“i”（宜）连读，以“吉”字表示“g”加“i”的连读形式。

④ 注：此处的汉字“罕”标记蒙古语“gan”（ɣan）音。

⑤ 注：此处的“兀鲁孙”（ulus un）标的是蒙古语“兀鲁思”（ulus）加属格助词“un”的连写形式，以汉字“孙”标“兀鲁思”（ulus）结尾的“s”与属格助词“un”。在蒙古语中，属格助词“un”接续在“b、q（g）、r、s、d、m、l、ng”等闭音节结尾的词之后时，用不同汉字标记。

⑥ 注：洪武本《华夷译语》身体门中“志”译为“勺舌里黑”（joriq）。此处的“勺舌里吉”是蒙古语“joriq”加宾格助词“i”时的连写形式，单词“勺舌里黑”（joriq）中的标记“g（q）”音的“黑”被省略，成为“勺舌里”，“joriq”中的“g”音与宾格助词“i”（宜）连读，以“吉”字表示“g”加“i”的连读形式。

⑦ 注：此处“牙儿”（yar）与“阿儿”相同。标记蒙古语使役助词“yar”。

⑧ 注：此处的“乞扯额别速”（kičiyebesü）中的“额”标蒙古语的“ye”，在蒙古语的口语中“扯额”（čiye）中的“y”脱落，成为“čee”音。

⑨ 注：此处的“谦列石”（qemlesi）中的“谦”标蒙古语中的“qem”音。

⑩ 注：此处的“赫出思”（hečüs）标记的是蒙古语“ečüs”（终），可见，在明代蒙古语中仍然保留着词首的“h”音。

⑪ 注：此处的小字“勒”是标记蒙古语中音节结尾的“l”音，常以小字“丁”写于字旁标记音节结尾的“l”音。

⑫ 注：此处的“宜”标记蒙古语的宾格助词“yi”。蒙古语中宾格助词有“yi”和“i”，“yi”接续在元音结尾词之后，“i”接续在“b、g、r、s、d、n、m、l、ng”等结尾的闭音节词之后，接续不同辅音结尾词之后，以不同汉字标记，以“g（q）”结尾词之后加“i”，以“吉”字标记。以“r”结尾词之后加“i”，以“里舌”字标记。以“s”结尾词之后加“i”，以“昔”字标记。以“d”结尾词之后加“i”，以“的”字标记。以“n”结尾词之后加“i”，以“泥”字标记。以“l”结尾词之后加“i”，以“里”字标记。以“ng”结尾词之后加“i”以“宜”字标记。洪武本《华夷译语》鞑靼来文中未见到“b”、“m”结尾词加宾格助词“i”的例子。

törüget tür kičeged（kičiyeged）ečüs tür osuldaju ulus un üile yi

斡莎勒①荅阿惕②亦儿格泥③中豁儿 阿荅 孛鲁哈巴速。（怠政殃民）。腾吉舌里 中合剌阿儿④
怠 了 百姓 行 害 祸 做 呵 天 必
osuldaɣad irgen i qor ata bolɣabasu tengri qalaɣar

不速荅察⑤莎汪中忽周 也兀惕客由。（天必改择焉）。额儿迭 中豁牙儿 札温⑥桓 讷 兀舌里荅。
别 行 拣着 换有 古 二 百 年的 前
bosud ača sungɣuju yegütgeyü erte qoyar jaɣun on nu urida

（昔者二百年前）。忙丁豁 乞塔惕斡儿迷扯 中合舌里坛 不恢 突儿（胡汉异统）。额木捏
达达 汉人 各别 邦土 有 时分 南
mongɣul kitad örmiče（öbermiče）qaritan büküi dür emüne

兀篾列 亦里中合兀舌里坛 阿周 孛额帖列。（势分南北）。客儿 马哈 乞塔敦⑦中合罕
北 分别 住着 既 何 期 汉人 皇帝
ümere ilɣaɣuritan aju bögetele ker maqa kitad un qaɣan

斡莎勒⑧荅周。（何汉君失政）。忙中豁仑⑨中合罕 别儿 卯兀 孛鲁黑撒 阿儿⑩。（胡王不仁）。
怠 着 达达的 皇帝 也 歹 做了 上头
osuldaju mongɣul un qaɣan ber maɣu boluqsan yar

---

① 注：此处的小字“勒”是标记蒙古语中音节结尾的“l”音，常以小字“丁”写于字旁标记音节结尾的“l”音。

② 注：此处的“斡莎勒荅惕”（osuldaɣad）中标记最后音节“ɣa”的汉字被省略，是受蒙古语口语中辅音“g”（ɣ）脱落的影响。以“荅惕”标记“daɣad”两个音节中辅音“g”（ɣ）脱落之后的“daad”。

③ 注：此处的“亦儿格泥”是蒙古语“irgen”加宾格助词“i”时的连写形式，单词“亦儿格”（irgen）中的标记“n”音与宾格助词“i”连读，以“泥”或“你”字表示“n”加“i”的连读形式。

④ 注：此处“中合剌阿儿”（qalaɣar）中的“阿”字标的是“ɣa”音，是受蒙古语口语影响，蒙古语口语中“qalaɣar”出现“ɣ”脱落的现象，“la”和“ɣa”的元音连读，成为长元音“aa”。

⑤ 注：此处的“荅察”（d ača）与“纳察”、“阿察”相同。标记蒙古语接续阳性词之后的方位助词“ača”。区别是“荅察”中的“荅”字标记前面词的词尾“d”和“ača”词首“a”的连写形式。“纳察”标记前面词位“n”与“ač a”词首“a”的连写形式。标准的标记法应该用“阿察”。

⑥ 注：此处的汉字“温”标记蒙古语“gun”（ɣun）音，受蒙古语口语中辅音“g”（ɣ）音脱落的影响。

⑦ 注：此处的“乞塔敦”（kitad un）是蒙古语“乞塔惕”（kitad）接续属格助词“un”的连写形式。以“d”结尾词之后，接续属格助词“un”时，标记结尾的“d”的小字“惕”被省略，以汉字“敦”标记结尾音“d”和属格助词“un”。

⑧ 注：此处的小字“勒”是标记蒙古语中音节结尾的“l”音，常以小字“丁”写于字旁标记音节结尾的“l”音。

⑨ 注：此处的“忙豁仑”与“忙中豁仑”（mongɣul un）相同。是蒙古语单词“忙中丁豁”（mongɣul）加属格助词“un”时的连写形式，单词“忙中丁豁”（mongɣul）中的标记“l”音的小字“丁”被省略，成为“忙中豁”，“mongɣul”中的“l”音与属格助词“un”连读，以汉字“仑”标记“l”加“un”的连读形式。

⑩ 注：此处“阿儿”（yar）中的“阿”字标的是“ya”音，是受蒙古语口语影响，蒙古语口语中“yar”出现“y”脱落的现象。

腾吉[舌]里 大元 忙豁[中]合罕泥①莎汪[中]忽周。（天择元君）。忙[丁]豁[中]合札[舌]剌
天　　　　达达　皇帝 行　拣着　　　　　　　　　达达　地面
tengri　daiön mongγul qaγan i sungγuju　　　　　mongγul　γajara

脱[舌]列[丁]温周。（渐生草野）。斡栾[中]合[舌]里塔泥②抹[中]豁阿周。（芟夷诸丑）。兀篾都
生　教着　　　　　　　多　邦土　　行　败着　　　　　　　北
törügüljü　　　　　　　olan　qaritan　i　moqoγaju　　　　ümedü

[中]合札的③阿木儿里兀鲁阿[惕]（戡定朔方）。[中]豁亦④纳 可温⑤哈赤 纳儿 阿讷 腾吉[舌]里 因⑥
地面的　安妥了　　　　　　　　后　　子　孙　　他的　天　　的
γajad i　amurlaγuluγad　　　　　qoina　köbekün ači nar　anu　tengri　yin

勺里吉⑦荅罕。（已而子孙能奉天道）。额木捏都[中]合札的⑧阿木儿里兀鲁阿[惕]。
意思　随着　　　　　　　　　南　　地面的　安妥了
joriq i daγan　　　　　　　　emünedü γajad i　amurlaγuluγεd

（抚定中夏）。额木捏都 别 兀篾都 谷儿 兀鲁昔⑨你客[惕]客周。（混一南北）。忙[丁]豁 把⑩

---

① 注：此处的“[中]合罕泥”是蒙古语“qaγan”加宾格助词“i”时的连写形式，单词“[中]合罕”（qaγan）中的标记“n”音与宾格助词“i”连读，以汉字“泥”标记“n”加宾格助词“i”的连读形式。

② 注：此处的“[中]合[舌]里塔泥”是蒙古语“qaritan”加宾格助词“i”时的连写形式，单词“[中]合[舌]里坛”（qaritan）中的标记“n”音与宾格助词“i”连读，以汉字“泥”标记“n”加宾格助词“i”的连读形式。“坛”字被“塔”替代。

③ 注：此处的“[中]合札的”（γajad i）是蒙古语单词“[中]合札[惕]”（γajad）接续宾格助词“i”的连写形式。以“d”结尾词之后接续宾格助词“i”时，标记词尾“d”音的小字“惕”被省略，以汉字“的”标记结尾的“d”与宾格助词“i”。

④ 注：此处的“亦”字标记双元音中的“i”。

⑤ 注：此处的“温”字标记蒙古语中的“kün”音，受蒙古语口语中“k”脱落的影响。

⑥ 注：此处的“因”字标记蒙古语的属格助词之一的“yin”，蒙古语中“yin”接续在元音结尾词之后。以“b、g、r、s、d、m、l、ng”等结尾的闭音节词之后接续蒙古语的属格助词“un”，以“n”结尾的闭音节词之后接续蒙古语的属格助词“nu”。

⑦ 注：洪武本《华夷译语》身体门中“志”译为“勺[舌]里[黑]”（joriq）。此处的“勺里吉”与“勺[舌]里吉”相同。是蒙古语“joriq”加宾格助词“i”时的连写形式，单词“勺[舌]里[黑]”（joriq）中的标记“g（q）”音的小字“黑”被省略，成为“勺[舌]里”，“joriq”中的“g”音与宾格助词“i”连读，以“吉”字表示“g”加“i”的连读形式。

⑧ 注：此处的“[中]合札的”（γajad i）是蒙古语单词“[中]合札[惕]”（γajad）接续宾格助词“i”的连写形式。以“d”结尾词之后接续宾格助词“i”时，标记词尾“d”音的小字“惕”被省略，以汉字“的”标记结尾的“d”与宾格助词“i”。

⑨ 注：此处的“兀鲁昔”（ulus　i）是蒙古语“兀鲁思”（ulus）接续宾格助词“i”的连写形式。“昔”字标记“兀鲁思”（ulus）中结尾的“s”和宾格助词“i”。

⑩ 注：此处的“把”标记蒙古语连词“ba”，连接表示并列关系的词语。相当于汉语中的“并、和”之意。

南 并 北 普 百姓每 一 着 达达 并
emünedü ba umadu gür ulus i nigetgejü mongγul ba

乞塔惕亦里中合勒①兀该 捏亦②迭阿伯。（胡汉一家）。中豁亦③纳 兀蓝④巴舌邻敦 亦列额惕
汉人 分别 无 混同 住 后 传 接 来
kitad ilγal ügei neitegebei qoina olam barildun ireged

脱欢帖木儿⑤中合罕 孛鲁黑三 突儿（君至脱欢帖木儿）。兀鲁孙 委列 图儿 斡莎勒⑥荅周。
皇帝 做 时分 国 事 里 怠着
toγon temür qaγan boluqsan dur olus un üile dür osuldaju

（怠于勤民）。竹克竹扯⑦丁奔中合 额兀思格克薛 讷 秃剌。（英雄并起）。田迭扯⑧腾吉舌里
各处各处 反 起了 的 上头 自那里 天
jüg jüg eče bolγa（bosulγa）egüsgegsen nu tula tende eče tengri

大元 忙丁豁 中合罕 讷 札牙泥⑨也兀惕客周。（于是天更元运）。马泥 大明 宜⑩中合木吉⑪
达达 皇帝 的 气运 行 换 着 俺 行 总
daiön mongγul qaγan nu jayaγan i yegütgejü mani daiming i qamoq i

---

① 注：此处的小字"勒"是标记蒙古语中音节结尾的"l"音，常以小字"丁"写于字旁标记音节结尾的"l"音。

② 注：此处的"亦"字标记双元音"i"。

③ 注：此处的"亦"字标记双元音"ai"中的"i"。

④ 注：此处的汉字"蓝"标记蒙古语的"lam"音。

⑤ 指元顺帝妥欢帖木儿，1320 年 4 月生，1333 年 6 月在元上都继位，1368 年逃出大都，1370 年病逝于应昌。

⑥ 注：此处的小字"勒"是标记蒙古语中音节结尾的"l"音，常以小字"丁"写于字旁标记音节结尾的"l"音。

⑦ 注：此处的"扯"与"捏扯"相同，是标记蒙古语方位助词"eče"，接续阴性词之后。接续阳性词之后的标记为"纳察"、"阿察"（ača）。现代蒙古语中只保留了"eče"这一种形式。

⑧ 注：此处的"扯"与"捏扯"相同，是标记蒙古语方位助词"eče"，接续阴性词之后。接续阳性词之后的标记为"纳察"、"阿察"（ača）。现代蒙古语中只保留了"eče"这一种形式。

⑨ 注：此处的"札牙泥"与"札牙阿泥"相同。是蒙古语的"jayaγan"加宾格助词"i"的连写形式。以汉字"牙"标记蒙古语长元音"yaa"，是受蒙古语口语中辅音"g"（γ）脱落的影响。

⑩ 注：此处的"宜"标记蒙古语的宾格助词"i"。一般情况下以汉字"宜"标记蒙古语中接续在元音结尾词之后的宾格助词"yi"。当以"ng"结尾的闭音节词之后接续宾格助词"i"时，以汉字"宜"标记宾格助词"i"。

⑪ 注：此处的"中合木吉"是蒙古语"qamuq"（中合木黑）加宾格助词"i"时的连写形式，单词"中合木黑"（qamuq）中的标记"g（q）"音的"黑"被省略，成为"中合木"，"qamuq"中的"（q）g"音与宾格助词"i"连读，以"吉"字表示"g"加"i"的连读形式。

篾迭兀仑 札牙阿主兀 者。（惟我大明主宰华夷）。大元 忙中豁仑①古纯 斡莫吉②牙儿③
管 命 也者 达达 的 气力 威势 行
medegülün jayaγajuγu je dai ön mongγul un kü čün omuq i yar

扯捏别速。（以元之势）。你客都克先 迭列该 阿危。（统一既广）。扯里兀惕阿讷 古出田
料量呵 一了的 天下 宽 军每 他的 气力每
čenebesü nigedügsen delekei aγui čerigüd anu kü čüten

中合不坛 孛额帖列。（骑射且长）。你刊 兀都儿 腾吉里 因④札牙安⑤也兀惕客克先 突儿。
能射的每 既 一 日 天 的 气运 换了的 时分
qabutan bögetele ngen üdür tengri yin jayaγan yegütgegsen dür

（一旦天更）。帖舌列 篾图 阿危 中合札惕阿讷 竹克竹克 中忽必牙黑荅阿惕。
似那 般 宽 地每 他的 各处 分了 被
tere metü aγui γajad anu jüg jüg qobiyaqdaγad

（地广为瓜分幅裂）。古出田 中合不坛 扯舌里兀惕阿讷 纳阿敦⑥篾图 不撒泥黑荅伯。
气力有的 能射的 军每 他的 要 一般 溃散了
kü čüten qabutan čerigüd anu naγadum metü bosaniqdabai

（骑射真同戏剧）。额兀别儿 客额速 腾吉舌里 因⑦札牙安纳察⑧昂吉荅 虔 委列敦

---

① 注：此处的"忙中豁仑"（mongγul un）是蒙古语单词"忙中丁豁"（mongγul）加属格助词"un"时的连写形式，单词"忙中丁豁"（mongγul）中的标记"l"音的小字"丁"被省略，成为"忙中豁"，"mongγul"中的"l"音与属格助词"un"连读，以汉字"仑"标记"l"加"un"的连读形式。

② 注：此处的"斡莫吉"是蒙古语"omuq"（斡莫黑）加宾格助词"i"时的连写形式，单词"斡莫黑"（omuq）中的标记"g（q）"音的"黑"被省略，成为"斡莫"，"omuq"中的"（q）g"音与宾格助词"i"连读，以"吉"字表示"g"加"i"的连读形式。

③ 注：此处"牙儿"（yar）与"阿儿"相同。标记蒙古语助词"yar"。

④ 注：此处的"因"字标记蒙古语的属格助词之一的"yin"，蒙古语中"yin"接续在元音结尾词之后。以"b、g、r、s、d、m、l、ng"等结尾的闭音节词之后接续蒙古语的属格助词"un"，以"n"结尾的闭音节词之后接续蒙古语的属格助词"nu"。

⑤ 注：此处的汉字"安"标记蒙古语"gan"（γan）音。受蒙古语口语中辅音"g"（γ）脱落的影响。

⑥ 注：此处的"敦"字标记蒙古语的"dum"音。

⑦ 注：此处的"因"字标记蒙古语的属格助词之一的"yin"，蒙古语中"yin"接续在元音结尾词之后。以"b、g、r、s、d、m、l、ng"等结尾的闭音节词之后接续蒙古语的属格助词"un"，以"n"结尾的闭音节词之后接续蒙古语的属格助词"nu"。

⑧ 注：此处的"纳察"是标记蒙古语从格助词"ača"，有时标记为"阿察"。是接续阳性词之后。接续阴性词之后的标记为"捏扯"（eče）。现代蒙古语中只保留了"eče"这一种形式。汉字"安"标记蒙古语"gan"（γan）音。受蒙古语口语中辅音"g"（γ）脱落的影响。

这般 说呵 天 的 命 自 外 谁 做的
egüber kebesü tengri yin jayaγan ača anggida ken üiledün

赤荅[中]忽。(斯非天道，孰能为之)。赤 阿札失[舌]里①坛（尔阿札失里等)。忽札兀儿 忙[丁]豁
能 你 等 根源 达达
čdaqu či ajasiritan ujaγur mongγul

[中]合罕 讷 兀鲁②[黑] 孛额帖列（本元之苗裔)。腾吉[舌]里 因③札牙阿泥④篾迭周。
皇帝 的 亲 有呵也 天 的 气运 行 知着
qaγan nu uruq bögetele tengri yin jayaγan i medejü

(知天命之有归)。赤讷 额捏 亦[舌]列古 客额速。(其来也)。门 额儿迭 讷 商 兀鲁孙
你的 这 来 说呵 是 古 的 国
činu ene iregü kebesü mun erte nu sang ulus un

微子 捏[舌]列秃 可温⑤塔乞仑⑥撒巴昔⑦颜 阿不阿[惕]⑧周 兀鲁思 图儿 斡罗⑨[黑]三 突儿
名的 王子 祭祀的 器皿 自 将着 国 里 入了 时
uiji neretü köbegün takil un sabas i yan abuγad jiu ulus tur oruqsan dur

---

① 注：此处的"阿札失里"是故元辽王，1388 年 11 月降服明朝。1389 年 5 月明朝置泰宁等朵颜三卫，以阿札失里为泰宁卫指挥使。不久阿札失里等复叛明朝，明朝派傅友德等镇压，1391 年春阿札失里等再次降服明朝。

② 注：此处的"鲁"应该是"[舌]鲁"，标记蒙古语的"r"音，而不是"l"音。

③ 注：此处的"因"字标记蒙古语的属格助词之一的"yin"，蒙古语中"yin"接续在元音结尾词之后。以"b、g、r、s、d、m、l、ng"等结尾的闭音节词之后接续蒙古语的属格助词"un"，以"n"结尾的闭音节词之后接续蒙古语的属格助词"nu"。

④ 注：此处的"札牙阿泥"是蒙古语"札牙安"(jayaγan) 接续宾格助词"i"时的连写形式，"札牙安"中结尾的"n"音与宾格助词"i"连读，以汉字"泥"标记。"安"被"阿"替代。

⑤ 注：此处的"温"字标记蒙古语中的"kün"音，受蒙古语口语中"k"脱落的影响。

⑥ 注：此处的"塔乞仑"(takil un) 是标记蒙古语"塔[丁]乞"(takil) 接续属格助词"un"的连写形式。"塔[丁]乞"(takil) 中标记结尾的"l"音的小字"丁"被省略，以"仑"字标记结尾的"l"和属格助词"un"。

⑦ 注：此处"撒巴昔"是标记蒙古语"sabas"(器皿的复数) 加宾格助词"i"的连写形式。一般器皿以"撒巴"(saba) 标记（参考《华夷译语》杂字"器用门"），表示复数的"s"，后面加宾格助词"i"（一般以汉字"宜"标记）时，连写成为"昔"。

⑧ 注：此处"阿不阿[惕]"(abuγad) 开头的"阿"是标记蒙古语元音"a"，后面的"阿"标记蒙古语中的"γa"，蒙古语"aboγad"在口语中有"γ"音脱落的现象。口语中对应的是"aboad"。

⑨ 注：此处的"罗"应该是"[舌]罗"，标记蒙古语的"r"音，而不是"l"音。

阿荅里。（若微子之抱祭器而归周）。额揑 篾图 腾吉[舌]里 因①阿兀[舌]里②荅[中]合③撒 阿儿④
相似　这　般　天　的　气候　随的　上头
adali　ene　metü　tengri yin　aγur i　daγaqsan　yar

客额速。（其顺天之道）。兀禄 阿木儿里[中]忽 约孙 兀该 备 者。（安有不妥也哉）。帖因
说呵　不　安妥的　道理 无有 也者　那般
kebesü　ülü amurliqu　yosun ügei bui je　tein

孛额速 别儿 亦[舌]列恢 赤讷 马石 [丁]勤巴儿。（然来归甚易）。额兀[舌]里 兀儿秃荅 撒乞[中]灰
有呵　也　来　的 他的 好生　容易　又　长　守
bügesü　ber　ireküi　činü masi　kilbar　egüri　urtuda　sakiqui

别儿客。（永守且难）。[丁]安坛 赤老温 篾图 呈 赤亦[舌]剌[黑]额薛 孛鲁瓦速。
艰难　金　石　般　诚　实　不　做 呵
berke　altan　čilaγun metü　čing čikiraq　ese　bolbasu

（非诚如金石）。腾吉[舌]里 因⑤勺[舌]里吉⑥荅罕 客儿 赤荅[中]忽。（难以奉天）。额揑
天　的 意思　行 随着　怎　能　这
tengri　yin joriq　i　daγan　ker　čidaqu　ene

---

① 注：此处的“因”字标记蒙古语的属格助词之一的“yin”，蒙古语中“yin”接续在元音结尾词之后。以“b、g、r、s、d、m、l、ng”等结尾的闭音节词之后接续蒙古语的属格助词“un”，以“n”结尾的闭音节词之后接续蒙古语的属格助词“nu”。

② 注：此处的“阿兀[舌]里”（aγur i）是蒙古语的单词“阿兀儿”（aγur）加宾格助词“i”时的连写形式。“r”结尾的“阿兀儿”（aγur）的“儿”字被省略，以汉字“[舌]里”（ri）标记“r”加宾格助词“i”。汉字“兀”标记蒙古语的“gu”（γu）音，受蒙古语口语中辅音“g”（γ）脱落的影响。

③ 注：此处的“[中]合”应该是“[中]合[黑]”，这里缺蒙古语辅音“g”。

④ 注：此处“阿儿”（yar）中的“阿”字标的是“ya”音，是受蒙古语口语影响，蒙古语口语中“yar”出现“y”脱落的现象。

⑤ 注：此处的“因”字标记蒙古语的属格助词之一的“yin”，蒙古语中“yin”接续在元音结尾词之后。以“b、g、r、s、d、m、l、ng”等结尾的闭音节词之后接续蒙古语的属格助词“un”，以“n”结尾的闭音节词之后接续蒙古语的属格助词“nu”。

⑥ 注：洪武本《华夷译语》身体门中“志”译为“勺[舌]里[黑]”（joriq）。此处的“勺[舌]里吉”是蒙古语“joriq”加宾格助词“i”时的连写形式，单词“勺[舌]里[黑]”（joriq）中的标记“g（q）”音的“黑”被省略，成为“勺[舌]里”，“joriq”中的“g”音与宾格助词“i”连读，以“吉”字表示“g”加“i”的连读形式。

勺舌里吉①颜 兀禄 兀主兀连 札兀儿马里黑也兀惕客额速。（若中途异智）。完②泽 浑讨兀③
意思自的 不 到头 半 途 换了 说呵 福 祸
joriq i yan ülü üjügülen jaγurmaliq yegütkebesü öljei unduγu

古儿帖古 门 哈④剌中罕 忽儿巴中忽 篾图 斡帖儿 孛鲁由。（祸福迁于反掌）。赤
到 的 是 掌 翻的 般 疾 做有 你
gütegü mün alaγan urbaqu metü öter boluyu či

阿札失舌里 坛。（尔阿札失里等）。额捏 灭图 呈 兀年你额儿⑤额里先⑥亦列克先 突儿
等 这 般 诚 实 归附 来的 时分
ajasili tan ene metü čing ünen i yer elesen ireksen dür

（既诚来附）。中合剌阿儿⑦不速 薛惕丁勒 中合阿⑧孛鲁中忽（决无异谋）。兀舌里荅 忙丁豁 乞塔惕
必 别 心 那有 做 在前 达达 汉人
qalaγar bosu sedkil qaγa bolqu orida mongγul kitad

捏亦⑨迭 不恢 突儿（昔者胡汉一家）。忙丁豁 中合汗 迭列该宜⑩额者列周 不列额（胡君主宰）。
混同 有 时分 达达 皇帝 天下 行 主宰着 有来
neide büküi dür mongγul qaγan delegei yi ejelejü bülüge

---

① 注：洪武本《华夷译语》身体门中“志”译为“勺舌里黑”（joriq）。此处的“勺舌里吉”是蒙古语“joriq”加宾格助词“i”时的连写形式，单词“勺舌里黑”（joriq）中的标记“g（q）”音的“黑”被省略，成为“勺舌里”，“joriq”中的“g”音与宾格助词“i”连读，以“吉”字表示“g”加“i”的连读形式。

② 注：此处的“完”应该是“完丁”，“丁”标记蒙古语的辅音“l”音。

③ 注：此处的“浑讨兀”（unduqu）旁译为“祸”。《华夷译语》中与“祸”相对应的蒙古语是“阿荅”（ata）。

④ 注：此处的“哈”应该是标记蒙古语的元音“a”音。

⑤ 注：此处的“兀年你额儿”是标记蒙古语“ünen”（真实）加宾格助词“i”，再加使役助词“yer”。蒙古语中以“n”结尾词之后加宾格助词“i”时，常以汉字“泥”来标记。宾格助词“i”之后再加使役助词“yer”（牙儿）或“yan”（颜）时，以汉字“你”标记宾格助词“i”。

⑥ 注：此处“额里先”在《蒙古秘史》中为额勒先。蒙古秘史 251 节。

⑦ 注：此处“中合剌阿儿”（qalaγar）中的“阿”字标的是“γa”音，是受蒙古语口语影响，蒙古语口语中“qalaγar”出现“γ”脱落的现象，“la”和“γa”的元音连读，成为长元音“aa”。

⑧ 注：此处的“中合阿”（qaγa），从旁译的“那有”看，应该是“中合迷阿”（qamiγa）。将“qamiγa”标记为“中合阿”是按照口语形式标记的。

⑨ 注：此处的“亦”字标记双元音中的“i”。

⑩ 注：此处的“宜”标记蒙古语的宾格助词“yi”。蒙古语中宾格助词有“yi”和“i”，“yi”接续在元音结尾词之后，“i”接续在“b、g、r、s、d、n、m、l、ng”等结尾的闭音节词之后，接续不同辅音结尾词之后，以不同汉字标记。

腾吉舌里 因①勺舌里黑也兀惕客周。（天道好还）。斡亦②舌里纳察③忙丁豁 乞塔惕捏亦④迭古
天 的意思 换着 近来 自达达 汉人 混同 的
tengri yin joriq yegütgejü oiran ača mongγul kitad neidekü

孛鲁周。（迩来胡汉一家）。大明 宜⑤迭列该 宜⑥额者列兀鲁克薛 额儿⑦（大明主宰）。
做着 行 天下 行 主宰 教 上头
bolju daiming i delegei yi ejelegülüksen yer

中合剌阿儿⑧也兀惕丁虑⑨兀该 腾吉舌里 因⑩札牙安⑪孛鲁黑三 添迭克俖（天理必然有不可
必 换 的 无 天 的 命 做了的 明白有
qalaγar yegütkel ügei tengri yin jayaγan bolugsan temteg boi

更者也）。赤 米讷 札儿中里 札萨吉⑫荅罕。（尔从朕命）。古儿帖克先 者儿格 突舌里颜⑬
你 我的 圣旨 法度 随着 到的 分限 里
či minu jarliq jasaq i daγan gürtegsen jerge dür i yen

---

① 注：此处的"因"字标记蒙古语的属格助词之一的"yin"，蒙古语中"yin"接续在元音结尾词之后。以"b、g、r、s、d、m、l、ng"等结尾的闭音节词之后接续蒙古语的属格助词"un"，以"n"结尾的闭音节词之后接续蒙古语的属格助词"nu"。

② 注：此处的"亦"字标记双元音"i"。

③ 注：此处的"纳察"是标记蒙古语方位助词"ača"，有时标记为"阿察"。是接续阳性词之后。接续阴性词之后的标记为"捏扯"（eče）。现代蒙古语中只保留了"eče"这一种形式。

④ 注：此处的"亦"字标记双元音"i"。

⑤ 注：此处的"宜"标记蒙古语的宾格助词"i"。一般情况下以汉字"宜"标记蒙古语中接续在元音结尾词之后的宾格助词"yi"。当以"ng"结尾的闭音节词之后接续宾格助词"i"时，以汉字"宜"标记宾格助词"i"。

⑥ 注：此处的"宜"标记蒙古语的宾格助词"yi"。蒙古语中宾格助词有"yi"和"i"。"yi"接续在元音结尾词之后，"i"接续在"b、g、r、s、d、n、m、l、ng"等结尾的闭音节词之后，接续不同辅音结尾词之后，以不同汉字标记。

⑦ 注：此处的"额儿"（yer）是蒙古语的使役助词，接续阴性词之后。

⑧ 注：此处"中合剌阿儿"（qalaγar）中的"阿"字标的是"γa"音，是受蒙古语口语影响，蒙古语口语中"qalaγar"出现"γ"脱落的现象，"la"和"γa"的元音连读，成为长元音"aa"。

⑨ 注：此处的汉字"兀"标记蒙古语的"gü"音，受蒙古语口语中辅音"g"脱落的影响。

⑩ 注：此处的"因"字标记蒙古语的属格助词之一的"yin"，蒙古语中"yin"接续在元音结尾词之后。以"b、g、r、s、d、m、l、ng"等结尾的闭音节词之后接续蒙古语的属格助词"un"，以"n"结尾的闭音节词之后接续蒙古语的属格助词"nu"。

⑪ 注：此处的汉字"安"标记蒙古语"gan"（γan）音。受蒙古语口语中辅音"g"（γ）脱落的影响。

⑫ 注：此处的"札萨吉"（jasaq i）是蒙古语单词"jasaq"（札萨黑）加宾格助词"i"的连读形式。"jasaq"（札萨黑）加宾格助词"i"时，"q（g音）"与"i"连读，去掉"札萨黑"中的小字"黑"，以汉字"吉"标"q（g音）"与"i"。

⑬ 注：蒙古语的助词"tür"一般用汉字"突儿"来标记。"突舌里"标记的是"突儿"接续宾格助词的连写形式。这里连用三个助词"tür"、"i"、"yen"时，用汉字"突舌里颜"标记。

阿住 斡额[舌]仑①勺[舌]里吉②颜 撒乞周。（安分守己）。额别孙 兀孙 荅罕 腾吉[舌]里 因③
住着 自的 志 守着 草 水 随着 天 的
aju öber ün joriq i yan sakiju ebesün usun daγan tengri yin

脱[舌]列兀鲁[克]先④蛮都兀鲁[黑]撒你⑤牙儿⑥只儿[中]合周。（顺水草以乐天之乐）。纽列思魁⑦
生的 长的 教 快活着 仁
töregülügsen manduγuluqsan i yar jirγaju nigüleskü̈i

薛[惕]乞里⑧额儿⑨斡栾泥⑩阿木儿里兀鲁阿[惕]⑪（以仁抚众）。亦儿格你⑫颜 温都儿[中]罕
心 教 多 行 安抚了 百姓 自的 滋息
sedkil i yer olan i amurliγuluγad irgen i yan unduryan

---

① 注：此处的“斡额[舌]仑”是蒙古语“öber”（自己）和属格助词“ün”的连写形式。蒙古语“öber”的“b”在口语中有辅音脱落现象，因此，以汉字“额”标记“be”，以汉字“[舌]仑”标记蒙古语“öber”词尾的“r”与属格助词“ün”连读的形式，此处的汉字标记受蒙古语口语明显。

② 注：此处的“勺里吉”与“勺[舌]里吉”相同。是蒙古语“joriq”加宾格助词“i”时的连写形式，单词“勺[舌]里[黑]”（joriq）中的标记“g（q）”音的“黑”被省略，成为“勺[舌]里”，“joriq”中的“g”音与宾格助词“i”连读，以“吉”字表示“g”加“i”的连读形式。

③ 注：此处的“因”字标记蒙古语的属格助词之一的“yin”，蒙古语中“yin”接续在元音结尾词之后。以“b、g、r、s、d、m、l、ng”等结尾的闭音节词之后接续蒙古语的属格助词“un”，以“n”结尾的闭音节词之后接续蒙古语的属格助词“nu”。

④ 注：此处的汉字“兀”标记蒙古语的“gü”音，受蒙古语口语中辅音“g”脱落的影响。

⑤ 注：此处的“蛮都兀鲁[黑]撒你”是蒙古语“manduγulugsan”加宾格助词“i”时的连写形式，单词“蛮都兀鲁[黑]撒”（manduγulugsan）中结尾的“n”音与宾格助词“i”连读，以“泥”或“你”字表示“n”加“i”的连读形式。宾格助词“i”之后再接续其他助词，如接续“颜”（yen），牙儿（yar）等时，用汉字“你”标记宾格助词“i”。“兀”标记蒙古语的“gu”（γu）音，受蒙古语口语中辅音“g”（γ）脱落的影响。

⑥ 注：此处的“牙儿”（“yar”）与“阿儿”（yar）、“额儿”（yer）相同，是蒙古语的使役助词，“牙儿”（“yar”）接续阳性词之后，“额儿”（yer）接续阴性词之后。蒙古语中以“n”结尾词之后加宾格助词“i”时，常以汉字“泥”来标记，宾格助词“i”，再加使役助词“yar”（牙儿）或“yer”（额儿）时，以汉字“你”标记宾格助词“i”。

⑦ 注：此处的“纽列思魁”中的“纽”标记蒙古语“nigülesgüi”中的“nigü”（“尼古”的音）两个音节，口语中“nigü”会出现辅音“g”脱落现象，读为“niü”所以，以“纽”标记“nigü”的音应该受蒙古语口语的影响。

⑧ 注：此处的“薛[惕]乞里”应该是“薛[惕]乞[舌]里”（sedkil i），是蒙古语的单词“薛[惕丁]乞”（sedkil）接续宾格助词“i”时的连写形式。标记“薛[惕丁]乞”（sedkil）的结尾的“l”音的小字“丁”字被省略，以汉字“里（[舌]里）”（ri）标记“r”加宾格助词“i”。

⑨ 注：此处的“额儿”（yer）是蒙古语的使役助词，接续阴性词之后。

⑩ 注：此处的“斡栾泥”标蒙古语单词“olan”（斡栾）加宾格助词“i”的连读形式。蒙古语口语中“olan”（斡栾）接续宾格助词“i”时，“i”受前面的“n”音的影响，形成“ni”的发音，因此，此处出现以汉字“泥”标记蒙古语宾格助词“i”。

⑪ 注：此处的汉字“兀”标记蒙古语的“gu”（γu）音，汉字“阿”标记蒙古语的“ga”（γa）音。受蒙古语口语中辅音“g”（γ）脱落的影响。

⑫ 注：此处的“亦儿格你”与“亦儿格泥”相同。是蒙古语“irgen”加宾格助词“i”时的连写形式，单词“亦儿格”（irgen）中结尾的“n”音与宾格助词“i”连读，以“泥”或“你”字表示“n”加“i”的连读形式。宾格助词“i”之后再接续其他助词，如接续“颜”（yen），牙儿（yar）等时，用汉字“你”标记宾格助词“i”。

斡思格周。(令生齿之繁)。迭额列①腾吉[舌]里 因②勺[舌]里[黑]图儿 阿荅里 孛鲁瓦速。

长着　上　天　的 意思　里　相似　做　呵

ösgejü　degere　tengri　yin joriq　tur　adali　bolbasu

(上合天心)。兀禄 兀[舌]里思古 兀禄 撒亦③只[舌]剌[中]忽 兀该 备 者。(岂有不昌者兮)。

不　与　的　不　好的　无有　也者

ülü　ürisgü　ülü　saijiraqu　ügei　bui je

二　敕僧亦邻真臧卜

不儿罕 昂 兀[舌]里荅 巴[舌]剌温 额帖[惕]④脱[舌]列周。(佛始西域)。那门⑤速儿哈兀里 亦讷

佛　初 在前　西　方　生着　经　教　他的

burqan ang(angqa) urida baraγun eteged türüjü　mom un surγaγul　inu

朵脱[舌]剌都 兀鲁思 突儿 别儿 古[舌]鲁额[惕]。(其教流传中国)。[中]豁亦⑥纳 朵儿边 主昆⑦亦儿坚

中原　国　里　也　到了　后　四　边　百姓

doturadu　ulus　tur　ber　kürüged　qoina　dörben jüg un irgen

图儿 古儿帖列 阿兀牙 迭[勒]⑧格列⑨周。(已而布诸四夷)。不古迭 委亦[惕][中]合儿 兀该 坤都连

里　到了　宽　布开着　都　无厌　无　敬重

dur gürtele　aγuya　delgerejü　bügüde　uitγar　ügei　kündülen

---

① 注：此处的“列”是“[舌]列”，表“r”的音。

② 注：此处的“因”字标记蒙古语的属格助词之一的“yin”，蒙古语中“yin”接续在元音结尾词之后。以“b、g、r、s、d、m、l、ng”等结尾的闭音节词之后接续蒙古语的属格助词“un”，以“n”结尾的闭音节词之后接续蒙古语的属格助词“nu”。

③ 注：此处的“亦”字标记双元音“ai”中的“i”。

④ 注：此处的“额帖[惕]”标记蒙古语“eteged”，其中，缺少标记“ge”音的汉字，是受口语影响。

⑤ 注：此处的“那门”是标记蒙古语“mum”加属格助词“un”的连写形式，明显受蒙古语口语影响。以“门”字标记“mum”中的结尾的“m”音接续属格助词“un”的连写形式。

⑥ 注：此处的“亦”字标记双元音中的“i”。

⑦ 注：此处的“主昆”(jüg un)表示蒙古语单词“竹[克]”(jüg)接续属格助词“un”的形式。汉字“昆”字的辅音“g”与“主”“zhu”表示蒙古语的“jüg”这一单词。汉字“昆”字的元音部分标记蒙古语属格助词“un”。

⑧ 注：此处的小字“勒”是标记蒙古语中音节结尾的“l”音，常以小字“丁”写于字旁标记音节结尾的“l”音。

⑨ 注：此处的“列”是“[舌]列”，表“r”的音。

塔乞周为。（亦皆崇奉无怠）。古捏 斡那瓦速。（噫）。额捏 额儿亭出 因①古温 阿迷塔讷②
事着 深 思 呵 这 世 的 人 生灵的
takijuqui güne onobasu ene yirtinčü yin kömün amitan nu

薛惕丁勒③阿讷。（世人之心）。阿儿哈 札里坛 马石 斡栾 讷 秃剌。（奸险至多）。客堆巴
心 他的 奸 狡的每 好生 多的 上头 虽是
sedkil anu arγa jalitan masi olan nu tula kedüibe

喜儿归 札撒吉④牙儿⑤札撒巴速 别儿。（虽加之刑戮）。阿余兀丁仑⑥兀禄 赤丹。
严 法度 教 治 呵 也 教怕 不 能
sirγui jasaq i yar jasabasu bar ayuγulun ülü čidan

（犹不以为怯）。塔奔 主丁因 脱舌劣 别儿 兀都里惕巴速 别儿。（道以五常）。兀禄 不失舌连。
五 般 道理 引 呵 也 不 信
tabun juil dörö ber uduridbasu bar ülü büsiren(bisiren)

略不以为然）。古兀⑦讷 薛惕乞仑⑧别儿客（其人心之险）。阿不舌里 因⑨客潮兀⑩不恢 别儿。
人 的 心 险 性 拗 有的 上头
kömün nü sedkil un berke aburi yin kečeγü büküi ber

① 注：此处的“因”字标记蒙古语的属格助词之一的“yin”，蒙古语中“yin”接续在元音结尾词之后。以“b、g、r、s、d、m、l、ng”等结尾的闭音节词之后接续蒙古语的属格助词“un”，以“n”结尾的闭音节词之后接续蒙古语的属格助词“nu”。

② 注：此处的“讷”表示蒙古语中接续以“n”结尾词之后的属格助词“nu”。“讷”（nu）接续蒙古语单词“amitan”（阿迷坛）之后时，与生灵相对应的“amitan”一词，未以“阿迷坛”标记，而被标记为“阿迷塔”。

③ 注：此处的“薛惕丁勒”（sedkil）与“薛惕丁乞”（sedkil）相同。

④ 注：此处的“札撒吉”与“札萨吉”（jasaq i）相同。是蒙古语单词“jasaq”（札撒黑）加宾格助词“i”的连读形式。“jasaq”（札撒黑）加宾格助词“i”时，“q（g 音）”与“i”连读，去掉“札撒黑”中的小字“黑”，以汉字“吉”标“q（g 音）”与“i”。

⑤ 注：此处“牙儿”（yar）与“阿儿”相同。标记蒙古语助词“yar”。

⑥ 注：此处“丁仑”（lun）应该是“仑”，小字“丁”是多余的。

⑦ 注：此处的“古兀”与“古温”相同，汉字“兀”标记蒙古语“mün”音节。蒙古语单词“kümün”（人的意思）常以汉字“古温”标记。当蒙古语的以“n”结尾的单词，接续属格助词“nu”（讷）时，“n”结尾单词的“n”常被省略，以元音“u”结尾词与属格助词开头的“n”形成连读形式。在蒙古语口语中“kümün”一词发“küün”的音，因此，常以汉字“兀”或“温”标记“ün”音前面的辅音脱落的音节。

⑧ 注：此处的“薛惕乞仑”（sedkil un）标记蒙古语单词“薛惕丁乞”（“sedkil”，心的意思）接续属格助词“un”的连读形式。单词“薛惕丁乞”中标记蒙古语“l”音的小字“丁”被省略，以“仑”字的辅音部分“l”替代，“乞”与“仑”字的“l”音连读。以“仑”的元音部分标记蒙古语属格助词“un”。

⑨ 注：此处的“因”字标记蒙古语的属格助词之一的“yin”，蒙古语中“yin”接续在元音结尾词之后。以“b、g、r、s、d、m、l、ng”等结尾的闭音节词之后接续蒙古语的属格助词“un”，以“n”结尾的闭音节词之后接续蒙古语的属格助词“nu”。

⑩ 注：此处的“潮”字标记蒙古语的“če”音，“兀”字标记蒙古语的“γü”音。

（人性之顽）。客堆巴 中罕①古温 额迭格丁温古 兀古温②古 斡古 阿、中忽 委列思③图儿

虽是　皇帝　人　教生　杀　与　夺　勾当每　里

kedüibe qan（qaγan）kömün edegegülkü　ükügülkü　ögü　abqu　üiles　tür

额儿客秃 孛额速 别儿。（虽帝王专生杀予夺）。门古 札儿中里 札撒吉④牙儿⑤牙不兀仑 牙丹

专　做呵　也　也　圣旨　法度　教　行　不能

erketü　bögesü　ber　mönkü jarliq jasaq i　yar　yabuγulun yadan

孛额帖列。（犹不能使从命）。不儿罕 那门。（其佛之教）。捏舌列 莎那速阿惕薛禅 别儿

既　佛　经教　名字　听了　贤　也

bögetele　burqan mom un　nere sonusuγad　sečen ber

猛中合黑巴牙顺 速租鲁克臣 客敦 脱安⑥不古 宜⑦兀禄 篾迭克颠。（贤愚闻名慕化者。

愚　欢喜　化的每　几　数　有的 行 不　知

mungqaq bayasun süjülügčin kedün toγan　bükü yi　ülü medegden

不知其儿）。额薛 别儿 札撒巴速 薛惕丁勒 朵脱舌剌安⑧斡舌鲁延⑨札撒黑臣 脱阿 脱木石

不　也　治　呵　心　里　自己　治的 每　数　数

ese　ber　jasabasu sedkil　dotura　ban örüyen　jasaqčin toγa　tomsi

兀该 孛鲁中古（不加刑责，于心自治者无量）。额捏克帖 阿迷坛泥⑩兀禄 阿阑 额迭格丁温⑪古

无　做的　专　生灵　行　不　杀　教生

ügei bolkü　enegte　amitan　i　ülü alan　edegegülkü

---

① 注：此处的“中罕”应该是“中合罕”。

② 注：此处的“温”字应该是“丁温”。标记蒙古语“gül”音节，表示蒙古语口语中辅音脱落的“ül”音。

③ 注：此处的“思”标记蒙古语“s”结尾词的闭音节“s”音。

④ 注：此处的“札萨吉”（jasaq i）是蒙古语单词“jasaq”（札萨黑）加宾格助词“i”的连读形式。“jasaq”（札萨黑）加宾格助词“i”时，“q（g音）”与“i”连读，去掉“札萨黑”中的小字“黑”，以汉字“吉”标“q（g音）”与“i”。

⑤ 注：此处“牙儿”（yar）与“阿儿”相同。标记蒙古语助词“yar”。

⑥ 注：此处的“安”标记的是蒙古语“gan”（γan）音，受蒙古语口语中辅音“g”（γ）脱落的影响。

⑦ 注：此处的“宜”标记蒙古语的宾格助词“yi”。蒙古语中宾格助词有“yi”和“i”。“yi”接续在元音结尾词之后，“i”接续在“b、g、r、s、d、n、m、l、ng”等结尾的闭音节词之后，接续不同辅音结尾词之后，以不同汉字标记。

⑧ 注：此处的“安”标记的是蒙古语“ban”音，受蒙古语口语中辅音“b”脱落的影响。

⑨ 注：此处的“斡鲁延”（örüyen）是标记蒙古语“öber iyen”的口语化形式。

⑩ 注：此处的“阿迷坛泥”是蒙古语“amitan”加宾格助词“i”时的连写形式，单词“阿迷坛”（amitan）中的标记“n”音与宾格助词“i”连读，以汉字“泥”标记“n”加宾格助词“i”的连读形式。

⑪ 注：此处的“丁温”是标记蒙古语“gül”音节，表示蒙古语口语中辅音脱落的“ül”音。

呈 勺舌里中昆①别里②格 亦讷 额捏 篾图 添迭克孛仑 阿主兀（其务生不杀之诚。有如是之验
诚　意　验　他的 这 般 明白　做　有也者
čing joriq un　belge　inü　ene metü temteg　bolun ajuγu

耶）。斡亦③舌里 大元 忙中豁仑④札牙安⑤赫出思⑥孛鲁周（迩来元运告终）。中合罕 土失丁绵
近　达达的　气运　终　做着　君　臣
oira　daiön mongγul un jayaγan ečüs　bolju　qaγan　tüsimel

中合舌剌除思 亦儿坚（君主臣民）。安⑦只舌仑 都儿丁边都周 兀篾都 中合札舌剌 牙不中灰
下　民　离　奔走　着　北　地面　行的
qaračus　irgen　angjirun　dörbeldüjü　ümedü　γajara　yabuqui

突儿。（颠沛流离于沙漠）。古温 土屯 帖木惕忽牙兀的⑧额木思周。（人各衣铁衣）。巴秃
时分　人　各　铁　甲 每　穿着　强
dur kömün tutum　temüd　quyaγud　i　emüsjü　batu

弩门 把舌里周（弯强弓）。中忽儿察 速木的⑨颜 守兀舌里周（执锐矢）。兀都儿 雪你 兀禄
弓　拿着　快　箭　插着　昼　夜　不
mumun bariju　qurča　sumud i yan　sigürjü　üdür　söni　ülü

斡莎勒⑩丹 马难 别乞丁连都别速。（互备之机。昼夜无敢有暇）。撒亦 别耶 余延 撒乞阿惕
怠　互　提备　呵　方　身子 行　守
osuldan manan bekilaldübesü　sayi beye yügen sakiγad

---

① 注：此处的“勺里昆”应该是“勺舌里昆”。是蒙古语“joriq”加属格助词“un”时的连写形式，单词“勺舌里黑”（joriq）中的标记“g（q）”音的“黑”被省略，成为“勺舌里”，“joriq”中的“g”音与属格助词“un”连读，以汉字“昆”标记“g”加“un”的连读形式。

② 注：此处的“里”标记蒙古语“l”结尾词的闭音节的“l”音。

③ 注：此处的“亦”字标记双元音中的“i”。

④ 注：此处的“忙中豁仑”（mongγul un）是蒙古语单词“忙中丁豁”（mongγul）加属格助词“un”时的连写形式，单词“忙中丁豁”（mongγul）中的标记“l”音的小字“丁”被省略，成为“忙中豁”，“mongγul”中的“l”音与属格助词“un”连读，以汉字“仑”标记“l”加“un”的连读形式。

⑤ 注：此处的汉字“安”标记蒙古语“gan”（γan）音。受蒙古语口语中辅音“g”（γ）脱落的影响。

⑥ 注：此处的“赫出思”（hečüs）标记的是蒙古语“ečüs”（终），可见，在明代蒙古语中仍然保留着词首的“h”音。

⑦ 注：此处的“安”标记的是蒙古语“ang”音。

⑧ 注：此处的“忽牙兀的”（quyaγud i）是标记蒙古语“忽牙兀惕”（quyaγud）接续宾格助词“i”的连写形式。汉字“的”标记结尾的“d”音与宾格助词“i”。

⑨ 注：此处的“速木的”（somud i）是标记蒙古语“速木惕”（somud）接续宾格助词“i”的连写形式。汉字“的”标记结尾的“d”音与宾格助词“i”。

⑩ 注：此处的小字“勒”是标记蒙古语中音节结尾的“l”音，常以小字“丁”写于字旁标记音节结尾的“l”音。

格舌里①延帖骨思坚 赤荅周（方可保身全家）。桓　撒舌剌　那克赤由（以度岁月）。客儿别
家　　全的　能着　　　　　　　　　　　　　年　　月　　过的　　　　若是
ger i yen tegüsgen čidaju　　　　　　　　on　　sara　　nögčiγü　　　kerbe

者别　兀该 中合儿　中豁斡顺　失亦担　中忽卜察速 巴儿　牙不周（设若赤手素衣）。
器械　无　　手　　　空　　　素　　　衣服　　　行着
jebe　ügei　γar　　qoγusun　sidam　　qobčasu　　bar yabuju

阿木中忽郎 亦 牙儿②额兀舌里　阿速中孩　客延　额舌列别速　兀禄　孛仑 阿主兀（望安生
安　　　　　久远　　　过　　　么道　　望　　呵　　不　中　　业者
amuγulang　i　yar egüri　　asuγui　　kemen　erebesü　　ülü　bolun ajuγu

于久远。未之有也）。额朵额　突儿　脱因　亦邻真藏卜（今僧亦邻真藏卜）。释迦牟尼因③
　　　　　　　今　　　时　　僧　　　　　　　　　　　　　　　　　的
　　　　　　edüge　　dür　　toyin irinčinjangbu　　　　　　　　saqjamuni yin

约顺　荅中合周。（踵释迦之道）。阿迷塔泥④兀禄 阿阑　额迭格丁温古　额捏舌里古　呈
道理　　随着　　　　　　　　　　生灵　行　不　　杀　　　生　　　怜悯　　　诚
yosun　daγaju　　　　　　　　　amitani　　ülü alan　edegegülkü　　enerikü　　čing

勺舌里吉⑤　巴舌林塔剌周（体务生不杀之诚）。中合儿　中豁斡顺　失亦担　中忽卜察速 巴儿
意　　　　把　　住着　　　　　　　　　　　　手　　　空　　　　素　　　衣服
joriq i　　barimtalaju　　　　　　　　　　γar　　qoγusun　　sidam　　qobčasu　bar

（赤手素衣）。你克失克　忽泥儿秃　亦迭石田　图儿　阿周。（处食腥膻之所）。门古
　　　　　　腥膻　　　气有的　　食的　　　里　　住着　　　　　　　　　　　也
　　　　　　negsig　　ünirtü　　idesiten　dür　ajü　　　　　　　　　　　münkü

① 注：此处的“格舌里”（ger i）是标记蒙古语“格儿”（ger，家）接续宾格助词“i”。

② 注：此处“牙儿”（yar）与“阿儿”相同。标记蒙古语助词“yar”。

③ 注：此处的“因”字标记蒙古语的属格助词之一的“yin”，蒙古语中“yin”接续在元音结尾词之后。以“b、g、r、s、d、m、l、ng”等结尾的闭音节词之后接续蒙古语的属格助词“un”，以“n”结尾的闭音节词之后接续蒙古语的属格助词“nu”。

④ 注：此处的“阿迷塔泥”与“阿迷坛泥”相同。是蒙古语“阿迷坛”（“amitan”）加宾格助词“i”时的连写形式，单词“阿迷坛”（amitan）中的标记“n”音与宾格助词“i”连读，以汉字“泥”标记“n”加宾格助词“i”的连读形式。

⑤ 注：此处的“勺里吉”与“勺舌里吉”相同。是蒙古语“joriq”加宾格助词“i”时的连写形式，单词“勺舌里黑”（joriq）中的标记“g（q）”音的“黑”被省略，成为“勺舌里”，“joriq”中的“g”音与宾格助词“i”连读，以“吉”字表示“g”加“i”的连读形式。

阿讷 阿不舌里 宜①荅罕 速租勒②坚 赤荅周。（犹能随类应化）。释迦牟尼 因③ 那门
他的 性 随 化 能着 的 经教
anu aburi yi daγan süjülgen čidaju saqjamuni yin momun

脱舌列 宜④兀禄 兀撒惕中罕。（不息释迦之道）。额捏舌里恢 阿蛮 阿勒⑤荅中灰 中合失温
道行 不 止息 悲 愿 苦
töre yi ülü usadγan enerikūi aman aldaqui γasiγun

勺孛郎 中豁斡顺 活黑托儿中灰 阿黑剌黑图儿 斡惕中灰 乞额的 那木剌周（谈悲愿苦空寂寞
艰苦 空 虚 寂静 里 去的 等 说着
jobalang qoγusun oqturγui aqlaq tur odqui kigedi nomlaju

之趣）。古温 阿迷塔讷 薛惕乞里⑥歌多勒⑦坚 赤荅周（而感发人心）。中豁舌邻 许列兀
人 生灵的 心行 教动 能着 二十 余
kömün amitan nu sedkil i ködölgen čidaju qorin ülegü

活惕⑧孛鲁塔剌 别儿客 客儿边勒⑨ 察兀的⑩汪格舌列克薛 别儿 客额速。（涉艰难二纪
年 到 艰难 饥俭 时节 度过的 说呵
ond boltala berke kerbel čaqud i önggeregsen ber kebesu

① 注：此处的“宜”标记蒙古语的宾格助词“yi”。蒙古语中宾格助词有“yi”和“i”，“yi”接续在元音结尾词之后，“i”接续在“b、g、r、s、d、n、m、l、ng”等结尾的闭音节词之后，接续不同辅音结尾词之后，以不同汉字标记。

② 注：此处的小字“勒”是标记蒙古语中音节结尾的“l”音，常以小字“丁”写于字旁标记音节结尾的“l”音。

③ 注：此处的“因”字标记蒙古语的属格助词之一的“yin”，蒙古语中“yin”接续在元音结尾词之后。以“b、g、r、s、d、m、l、ng”等结尾的闭音节词之后接续蒙古语的属格助词“un”，以“n”结尾的闭音节词之后接续蒙古语的属格助词“nu”。

④ 注：此处的“宜”标记蒙古语的宾格助词“yi”。蒙古语中宾格助词有“yi”和“i”，“yi”接续在辅音结尾词之后，“i”接续在“b、g、r、s、d、n、m、l、ng”等结尾的闭音节词之后，接续不同辅音结尾词之后，以不同汉字标记。

⑤ 注：此处的小字“勒”是标记蒙古语中音节结尾的“l”音，常以小字“丁”写于字旁标记音节结尾的“l”音。

⑥ 注：此处的“薛惕乞里”应该是“薛惕乞舌里”（sedkil i），是蒙古语的单词“薛惕丁乞”（sedkil）加宾格助词“i”时的连写形式。标记“薛惕丁乞”（sedkil）的结尾的“l”音的小字“丁”字被省略，以汉字“舌里（里）”（ri）标记“r”加宾格助词“i”。

⑦ 注：此处的小字“勒”是标记蒙古语中音节结尾的“l”音，常以小字“丁”写于字旁标记音节结尾的“l”音。

⑧ 注：习惯上以汉字“桓”表音蒙古语“on”（年），此处是“年”的复数，所以以“活惕”来表音年的复数。年的复数也有以“桓惕”表音的。

⑨ 注：此处的小字“勒”是标记蒙古语中音节结尾的“l”音，常以小字“丁”写于字旁标记音节结尾的“l”音。

⑩ 注：此处的“察兀的”（čaqud i）是蒙古语单词“察兀惕”（čaqud）接续宾格助词“i”的连写形式。以“d”结尾词之后接续宾格助词“i”时，标记词尾“d”音的小字“惕”被省略，以汉字“的”标记结尾的“d”与宾格助词“i”。“察兀惕”是词干“察黑”（čaq）加复数形式“ud”。

干兹）。必里克秃　脱因　不速兀 备。（岂不智僧者耶）。额朵额　亦马①宜②门 泰宁
智 有　僧　不是有　今　教他　本
biligtü　toyin　busuɣu bui　edüge　ima　yi　mün　taining

中合札舌仑③　万寿 速篾 因④　住持　孛鲁中合周。（今特敕本僧仍住持泰宁万寿寺）。
地面　寺　的　做着
ɣajar un　onsiu　süme yin　jüči　boluɣaju

释迦牟尼　因⑤那门 速儿中合兀里 宜⑥迭里格舌列丁温周。（兴释迦之道）。那木罕
的　经　教　布开　善
saqjamuni　yin　momun　surɣaɣuli　yi　delgeregüljü　nomuqan

撒亦的⑦把⑧血舌里兀 客潮昔⑨那木中合惕罕 速儿罕 阿秃中孩。（以训善良生拗者）。
好　并　拗　顽　善　教　者
said i　ba sörgeü　kečuɣüs　i nomuɣadɣan　surɣan　atuɣai

客惕⑩别儿 兀者周 坤都连 阿秃中孩。（使诸人见者。崇敬无怠）。阿里别 阿勒⑪班
诸人　见着　敬重　者　不拣甚么　差发

---

① 注：此处的“亦马”（“ima”）是指第三人称的“他”，“赤马”（“čima”）指第二人称的“你”。“赤马”被常用，而用“亦马”少见。

② 注：此处的“宜”标记蒙古语的宾格助词“yi”。蒙古语中宾格助词有“yi”和“i”，“yi”接续在元音结尾词之后，“i”接续在“b、g、r、s、d、n、m、l、ng”等结尾的闭音节词之后，接续不同辅音结尾词之后，以不同汉字标记。

③ 注：此处的蒙古语“ɣajar”加属格助词“ un”时，采取连写的形式，标记“ɣajar”的“中合札儿”中去掉“儿”字，将“ɣajar”中的“r”音和属格助词“ un”的音连读，以汉字“舌仑”标记。“舌仑”标记的是蒙古语中的“r”音。

④ 注：此处的“因”字标记蒙古语的属格助词之一的“yin”，蒙古语中“yin”接续在元音结尾词之后。以“b、g、r、s、d、m、l、ng”等结尾的闭音节词之后接续蒙古语的属格助词“un”，以“n”结尾的闭音节词之后接续蒙古语的属格助词“nu”。

⑤ 注：此处的“因”字标记蒙古语的属格助词之一的“yin”，蒙古语中“yin”接续在元音结尾词之后。以“b、g、r、s、d、m、l、ng”等结尾的闭音节词之后接续蒙古语的属格助词“un”，以“n”结尾的闭音节词之后接续蒙古语的属格助词“nu”。

⑥ 注：此处的“宜”标记蒙古语的宾格助词“yi”。蒙古语中宾格助词有“yi”和“i”，“yi”接续在元音结尾词之后，“i”接续在“b、g、r、s、d、n、m、l、ng”等结尾的闭音节词之后，接续不同辅音结尾词之后，以不同汉字标记。

⑦ 注：此处的“撒亦的”（ said i ）是蒙古语单词“撒亦惕”（ said）接续宾格助词“i”的连写形式。以“d”结尾词之后接续宾格助词“i”时，标记词尾“d”音的小字“惕”被省略，以汉字“的”标记结尾的“d”与宾格助词“i”。“亦”字标记双元音“ai”中的“i”。

⑧ 注：此处的“把”标记蒙古语连词“ba”，连接表示并列关系的词语。相当于汉语中的“并、和”之意。

⑨ 注：此处的“客潮昔”应该是“客潮兀昔”（ kečuɣüs i）。是蒙古语“客潮兀”加表现复数的“s”，再加宾格助词“i”的连写形式。以汉字“昔”标记“s”加宾格助词“i”。

⑩ 注：此处的“客惕”（“ked”诸人）可能是蒙古语“ken ud”，“ken”（谁）加复数表现形式“ ud”。表示“谁都”的意思。与旁译“诸人”表示相同的意思。

⑪ 注：此处的小字“勒”是标记蒙古语中音节结尾的“l”音，常以小字“丁”写于字旁标记音节结尾的“l”音。

ked ber üjejü kündülen atuγai aliba alban

中忽赤舌邻 兀禄 阿奔 不 中忽惕中忽剌秃孩。(差发无忧)。挑兀别儿 把舌里周
科敛 不 要 休 忧 者 为那般 执把着
γubčirin ülü abun bü qutγulatuγai tegüber bariju

阿埃 札儿中里① 斡克八。(故敕)。
住的 圣旨 与了
aqui jarliq ögbe

三 诰文

腾吉舌里中合木黑 亦儿格泥② 脱舌列丁温周。(天生兆民)。中合剌阿儿 中合罕 古温泥③
天 众 民 行 生着 必 皇帝 人 行
tengri qamuq irgen i törügüljü qalaγar qaγan kömün i

札牙周④ 额毡列兀鲁由(必立君以主之)。帖因 别儿 孛额速 中合罕 孛鲁黑三。
命着 主宰 有 那般虽是 说呵 皇帝 做的
jayaju ejelegülüyü tein ber bügesü qaγan boluqsan

(然为君者)。中合剌阿儿 迭额列 腾吉舌里 因⑤ 勺舌里吉⑥ 坤都连 荅中合周。
必 上 天 的 意思 敬重 随着
qalaγar degree tengri yin joriq i kündülen daγaju

① 注：此处的小字“中”应该是小字“黑”，标记蒙古语阳性“g”音。拉丁转写中以“q”转写。

② 注：此处的“亦儿格泥”是蒙古语“irgen”加宾格助词“i”时的连写形式，单词“亦儿格”（irgen）中的标记“n”音与宾格助词“i”连读，以汉字“泥”标记。

③ 注：此处的“古温泥”是蒙古语“kömün”加宾格助词“i”时的连写形式，单词“古温”（kömün）中的标记“n”音与宾格助词“i”连读，以汉字“泥”标记。

④ 注：此处的“札牙周”（jayaju）是按照口语形式标记蒙古语单词“札牙中合周”（jayaγaju）的。

⑤ 注：此处的“因”字标记蒙古语的属格助词之一的“yin”，蒙古语中“yin”接续在元音结尾词之后。以“b、g、r、s、d、m、l、ng”等结尾的闭音节词之后接续蒙古语的属格助词“un”，以“n”结尾的闭音节词之后接续蒙古语的属格助词“nu”。

⑥ 注：洪武本《华夷译语》身体门中“志”译为“勺舌里黑”（joriq）。此处的“勺舌里吉”是蒙古语“joriq”加宾格助词“i”时的连写形式，单词“勺舌里黑”（joriq）中的标记“g（q）”音的小字“黑”被省略，成为“勺舌里”，“joriq”中的“g”音与宾格助词“i”连读，以“吉”字表示“g”加“i”的连读形式。

(必上奉天心)。多舌罗　兀鲁孙①委列 图儿 乞扯别速②。(下勤民政)。
下　百姓　事里　勤　呵
doura　ulus un üile dür　kičebesü（kičiyebesü）

田迭扯 迭列该 宜③也鲁④中合荅哈阑 赤荅由。(斯能统一四海)。腾吉舌里
自那里 天下　行 总　管⑤　能有　天
tende eče delegei yi　yerü　qadaγalan（yerüngkeilen）　čidayu　tengri

中合札儿　札兀舌剌。(盖天地之间)。脱舌列克先　古温　阿迷坛　斡栾。(生齿之繁)。
地　间　生　的　人　生灵　多
γajar　jaγura　törügsen　kömün amitan　olan

古温　土屯　你者格惕　薛惕丁勒田 备。(人各有心)。客儿别　腾吉舌里　添迭克帖耶
人　各　一个　心　有　若是　天　明
kömün tutum　nijeged　sedkilten　bui　kerbe　tenggiri　temtegteye

札牙黑荅黑三　中合罕　古温　捏扯⑥昂吉荅（若非人君受天明命)。阿泥 呈 兀年
命　皇帝　人　自　外　他每　诚　实
jayaγaqdaqsan　qaγan　kömün eče　angkita　anu　čing　ünen

① 注：此处的"兀鲁孙"（ulus un）标的是蒙古语"兀鲁思"（ulus）加属格助词"un"的连写形式，以汉字"孙"标"兀鲁思"（ulus）结尾的"s"与属格助词"un"。在蒙古语中，属格助词"un"接续在"b、q（g）、r、s、d、m、l、ng"等闭音节结尾的词之后时，用不同汉字标记。

② 注：此处的"乞扯别速""kičebesü"受口语影响，正确的蒙古语是"kičiyebesü"。蒙古语口语中"kičiyebesü"的"čiye"音节变化为长元音"čee"，以"扯"标记了两个音节。

③ 注：此处的"宜"标记蒙古语的宾格助词"yi"。蒙古语中宾格助词有"yi"和"i"，"yi"接续在辅音结尾词之后，"i"接续在"b、g、r、s、d、n、m、l、ng"等结尾的闭音节词之后，接续不同辅音结尾词之后，以不同汉字标记。

④ 注：此处的"鲁"为"舌鲁"表音蒙古语"r"音。

⑤ 注：此处的"总管"一词，在蒙古语部分中按字义被机械地翻译。"总"字被标记为"也鲁"（yerü），"管"字被标记为"中合荅哈阑"（qadaγalan）。总译中为"统一"的意思。因此，蒙古语应该是"yerüngkeilen"为正确。

⑥ 注：此处的"捏扯"是标记蒙古语方位助词"eče"，接续阴性词之后。接续阳性词之后的标记为"纳察"、"阿察"（ača）。现代蒙古语中只保留了"eče"这一种形式。

薛[惕]乞里①额儿②巴牙思[中]罕 孛客[丁]因格周③（安能使其心悦诚服）。你刊 你额儿④孛鲁[中]罕
心 欢喜 教服 着 归一 做的
sedkil i yer bayasγan böküilgejü nigen nige ber boluγan

客儿 赤荅[中]忽。（而归二一）。挑兀别儿 腾吉[舌]里 [中]合札儿 土绵 主[丁]因⑤阿迷坛 途儿
怎生 能 为那般 天 地 万 般 生灵 行
kerčidaqu tegüber tengri γajar tümen jüil amitan dur

（故天地之于万物）。兀禄 额儿古古 兀禄 粘别古 兀该 倍。（无不覆载）。[中]罕⑥
不 载的 不 盖的 无有 皇帝
ülü ergükü ülü nembekü ügei büi qaγan

古温 腾吉[舌]里 因⑦ 斡[舌]罗纳 斡栾 阿迷坛泥⑧札儿沉阑 不恢 突儿（人君代天理物）。
人 天 的 替头里 多 生灵 行 整治 有的 时分
kömün tengri yin oruna olan amitan i jarčimlan büküi dür

[中]合剌阿儿 腾吉[舌]里 [中]合札[舌]仑⑨薛[惕]乞里⑩薛[惕丁]勤 孛鲁[中]罕（必心体天地）。迭列该
必 天 地 的 心 心 做 天下
qalaγar tengri γajar un sedkil i sedkil bolγan delekei

---

① 注：此处的"薛[惕]乞里"应该是"薛[惕]乞[舌]里"（sedkil i），是蒙古语单词"薛[惕丁]乞"（sedkil）加宾格助词"i"时的连写形式。标记"薛[惕丁]乞"（sedkil）的结尾的"l"音的小字"丁"字被省略，以汉字"里（[舌]里）"（ri）标记"r"加宾格助词"i"。

② 注：此处的"额儿"（yer）是蒙古语的使役助词，接续阴性词之后。

③ 注：此处的"孛客[丁]因格周"（bökeilgejü）。

④ 注：此处的"你额儿"（niger）是蒙古语"nige"接续使役助词"ber"的口语化形式。

⑤ 注：此处的"[丁]因"标记蒙古语的"il"音。"因"常用来标记蒙古语中的属格助词"yin"的音。但是，在词中或词尾，以元音结尾的音节前接续元音"in"时，以"因"标记接在元音结尾音节之后的"i"音。因字左下角加小字"丁"，标记蒙古语的"il"音节，去掉因（"in"）的"n"，表示"il"音。

⑥ 注：此处的"[中]罕"应该是"[中]合罕"。

⑦ 注：此处的"因"字标记蒙古语的属格助词之一的"yin"，蒙古语中"yin"接续在元音结尾词之后。以"b、g、r、s、d、m、l、ng"等结尾的闭音节词之后接续蒙古语的属格助词"un"，以"n"结尾的闭音节词之后接续蒙古语的属格助词"nu"。

⑧ 注：此处的"阿迷坛泥"是蒙古语"amitan"加宾格助词"i"时的连写形式，单词"阿迷坛"（amitan）中的标记"n"音与宾格助词"i"连读，以汉字"泥"标记"n"加宾格助词"i"的连读形式。

⑨ 注：此处的蒙古语"γajar"加属格助词"un"时，采取连写的形式，标记"γajar"的"[中]合札儿"中去掉"儿"字，将"γajar"中的"r"音和属格助词"un"的音连读，以汉字"[舌]仑"标记。"[舌]仑"标记的是蒙古语中的"r"音。

⑩ 注：此处的"薛[惕]乞里"应该是"薛[惕]乞[舌]里"（sedkil i），是蒙古语的单词"薛[惕丁]乞"（sedkil）加宾格助词"i"时的连写形式。标记"薛[惕丁]乞"（sedkil）的结尾的"l"音的小字"丁"字被省略，以汉字"里（[舌]里）"（ri）标记"r"加宾格助词"i"。

因①阿迷坛泥②阿剌[黑]臣 兀该 你刊 约速 阿儿 额捏[舌]邻 阿撒[舌]剌[中]忽 客额速。
的 生灵 行 分拣 无 一 理 教 怜悯 抬举 的 说呵
yin amitan i alaqčin ügei nigen yosu bar enerin asaraqu kebesü

（一视同仁）。斡栾 阿迷坛泥③昂客 别儿 阿木里④温[中]忽 因⑤秃剌 备。
多 生灵 行 太平 安宁 的 上头 有
olan amitan i engke ber amurliγulqu yin tula bui

（无非安妥生民）。兀秃额列[中]合札儿 奥兀[惕]乞[中]忽 因 秃剌 不速。
只为 地 广 的 上头 不是
ütügele γajar oγudkiqu yin tula busu

（岂曰广土地而已）。赤 塔宾帖木儿 忽札兀儿 大元 忙[中]豁仑⑥[中]合罕讷 兀[舌]鲁[黑]
你 根源 达达 皇帝 的亲
či tabintemür ujaγur dai ön mongγul un qaγan nu uruq

孛鲁阿[惕]。（本元之苗裔）。兀[舌]里荅 忙豁[中]合罕纳 土失[克]迭[克]先 备。（昔臣于元）。
做了 在前 达达 皇帝 委付的 有
boluγad urida mongγul qaγan na tüsigdegsen bui

① 注：此处的“因”字标记蒙古语的属格助词之一的“yin”，蒙古语中“yin”接续在元音结尾词之后。以“b、g、r、s、d、m、l、ng”等结尾的闭音节词之后接续蒙古语的属格助词“un”，以“n”结尾的闭音节词之后接续蒙古语的属格助词“nu”。

② 注：此处的“阿迷坛泥”是蒙古语“amitan”加宾格助词“i”时的连写形式，单词“阿迷坛”（amitan）中的标记“n”音与宾格助词“i”连读，以汉字“泥”标记“n”加宾格助词“i”的连读形式。

③ 注：此处的“阿迷坛泥”是蒙古语“amitan”加宾格助词“i”时的连写形式，单词“阿迷坛”（amitan）中的标记“n”音与宾格助词“i”连读，以汉字“泥”标记“n”加宾格助词“i”的连读形式。

④ 注：此处的“里”字标“rli”的音。蒙古语词干“amur”（“阿木儿”或“阿木[舌]里”），后续构成使役助词“liγul”时，去掉了“阿木儿”或“阿木[舌]里”的“儿”或“[舌]里”，以“里”标“amur”最后音节的“r”和“liγul”中的“li”音节的连读形式。

⑤ 注：此处的“因”字标记蒙古语的属格助词之一的“yin”，蒙古语中“yin”接续在元音结尾词之后。以“b、g、r、s、d、m、l、ng”等结尾的闭音节词之后接续蒙古语的属格助词“un”，以“n”结尾的闭音节词之后接续蒙古语的属格助词“nu”。

⑥ 注：此处的“忙[中]豁仑”（mongγul un）是蒙古语单词“忙[中][丁]豁”（mongγul）加属格助词“un”时的连写形式，单词“忙[中][丁]豁”（mongγul）中的标记“l”音的小字“丁”被省略，成为“忙[中]豁”，“mongγul”中的“l”音与属格助词“un”连读，以汉字“仑”标记“l”加“un”的连读形式。

腾吉舌里 忙中豁仑①札牙阿泥②也兀惕客克先 突儿 兀赤舌剌周（天更元运）。亦出周
天 达达 气运 行 换了 的 时分 遇着 推着
tenggiri mongγul un jayaγan i yegüdgegsen dür učiraju ičijü

阿黑剌③ 撒兀阿惕④（退居沙漠）。额朵额惕图儿 忙丁豁 乞塔惕 捏亦⑤迭 孛鲁黑三
静处 坐了 今次 里 达达 汉人 一同 做了
aqlaq saγuγad edüged tür mongγul kitad neide boluqsan

突儿。（今胡汉一家）。腾吉舌里 因⑥勺舌里吉⑦荅罕。（即能顺天之道）。额里薛舌列
时分 天 的 道理 随 归附
dur tengri yin joriq i daγan elsere

亦舌列克先 突儿。（称臣来附）。必 呈 兀年 薛惕乞里⑧赤讷 勺卜失额周（朕嘉尔诚心）。
来 了 时分 我 诚 实 心 你的 道是着
iregsen dür bi čing ünen sedkil i činu jöbsigejü

---

① 注：此处的“忙中豁仑”（mongγul un）是蒙古语单词“忙中丁豁”（mongγul）加属格助词“un”时的连写形式，单词“忙中丁豁”（mongγul）中的标记“l”音的小字“丁”被省略，成为“忙中豁”，“mongγul”中的“l”音与属格助词“un”连读，以汉字“仑”标记“l”加“un”的连读形式。

② 注：此处的“札牙阿泥”是蒙古语“jayaγan”加宾格助词“i”时的连写形式，单词“札牙阿”（jayaγan）中的标记“n”音与宾格助词“i”连读，以汉字“泥”标记“n”加宾格助词“i”的连读形式。汉字“阿”标记蒙古语“ga”（γa）音，受蒙古语口语中辅音“g”脱落的影响。

③ 注：“阿黑剌”（aqla）应该是“阿黑剌黑”（aqlaq）。

④ 注：此处的汉字“兀”标记蒙古语的“gu”（γu）音，汉字“阿”标记蒙古语“ga”（γa）音，受蒙古语口语中辅音“g”脱落的影响。

⑤ “注：此处的“亦”字标记双元音中的“i”。

⑥ 注：此处的“因”字标记蒙古语的属格助词之一的“yin”，蒙古语中“yin”接续在元音结尾词之后。以“b、g、r、s、d、m、l、ng”等结尾的闭音节词之后接续蒙古语的属格助词“un”，以“n”结尾的闭音节词之后接续蒙古语的属格助词“nu”。

⑦ 注：洪武本《华夷译语》身体门中“志”译为“勺舌里黑”（joriq）。此处的“勺舌里吉”是蒙古语“joriq”加宾格助词“i”时的连写形式，单词“勺舌里黑”（joriq）中的标记“g（q）”音的小字“黑”被省略，成为“勺舌里”，“joriq”中的“g”音与宾格助词“i”连读，以“吉”字表示“g”加“i”的连读形式。

⑧ 注：此处的“薛惕乞里”应该是“薛惕乞舌里”（sedkil i），是蒙古语的单词“薛惕丁乞”（sedkil）加宾格助词“i”时的连写形式。标记“薛惕丁乞”（sedkil）的结尾的“l”音的小字“丁”字被省略，以汉字“里（舌里）”（ri）标记“r”加宾格助词“i”。

勺[舌]邻 太宁卫①摆亦②兀鲁阿[惕]（特立太宁卫）。赤马 宜③怀远将军 门卫 医④指挥 同知
专　　　　立　　了　　　　　　　　　　　你　行　　　本　的
jorin taining ui　　baiγuluγad　　　　　　　čima　yi　qoi ön jang jun mün ui yin jiqui tongji

孛鲁[中]合八。（以尔为怀远将军本卫指挥同知）。可温 哈赤 纳儿 突儿 赤讷 古儿帖列
做　了　　　　　　　　　　　　　　　　　　子　　孙　　　行　你的　到着
boluγaba　　　　　　　　　　　　　　　　kübegü　ači　nar　　tur　činu　kürtele

斡[舌]罗申 那牙剌秃孩（子孙世袭）。赤 纽列思魁 阿哈里⑤巴儿 斡[舌]罗泥⑥阿木儿里兀鲁阿[惕]。
世袭　　官人　做者　　　　　　　你　仁　　　德　　　　多　行 安抚　　　　着
orusin　　noyalatuγai　　　　　　či nigüleskü̈i　aγali　bar　olan　i　amurliγuluγad

（尔其仁以抚众）。腾吉[舌]里 因⑦察吉⑧荅[中]罕。（顺天时）。[中]合札仑⑨[中]合儿里 巴儿
　　　　　　　　　天　　　的　时　随　　　　　　　　地　　　的　　出产
　　　　　　　　　tengri　yin　čaq　i daγan　　　　　γajar　un　　γaruli　　bar

只儿[中]合周（乐地利）。阿迷坛泥⑩温都儿罕 斡思格周（以蕃息生齿）。阿云 额迷延
快活　　着　　　　　　生灵　　行　滋息　　长着　　　　　　　　　　　畏　　怯

① 注：此处的“太宁卫”应该是指泰宁卫。

② 注：此处的“亦”字标记双元音中的“i”。

③ 注：此处的“宜”标记蒙古语的宾格助词“yi”。蒙古语中宾格助词有“yi”和“i”，“yi”接续在元音结尾词之后，“i”接续在“b、g、r、s、d、n、m、l、ng”等结尾的闭音节词之后，接续不同辅音结尾词之后，以不同汉字标记。

④ 注：此处的“因”字标记蒙古语的属格助词之一的“yin”，蒙古语中“yin”接续在元音结尾词之后。以“b、g、r、s、d、m、l、ng”等结尾的闭音节词之后接续蒙古语的属格助词“un”，以“n”结尾的闭音节词之后接续蒙古语的属格助词“nu”。

⑤ 注：此处的“阿哈里”（aγali）指脾气、性情。《华夷译语》身体门中与“德”相对应的蒙古语为“阿不[舌]里”（aburi），在现代蒙古语中也指性格、脾气、品行。

⑥ 注：此处的“斡[舌]罗泥”应该是“斡罗泥”，是蒙古语“olan”（斡栾）加宾格助词“i”时的连写形式，单词“斡栾”（olan）加宾格助词“i”时，（olan）中的标记“n”音与宾格助词“i”连读，以汉字“泥”标记。“栾”字被罗字替代。

⑦ 注：此处的“因”字标记蒙古语的属格助词之一的“yin”，蒙古语中“yin”接续在元音结尾词之后。以“b、g、r、s、d、m、l、ng”等结尾的闭音节词之后接续蒙古语的属格助词“un”，以“n”结尾的闭音节词之后接续蒙古语的属格助词“nu”。

⑧ 注：此处的“察吉”是蒙古语“čaq”（察[黑]）加宾格助词“i”时的连写形式，单词“察[黑]”（čaq）中的标记“g（q）”音的小字“黑”被省略，成为“察”，“čaq”中的“g”音与宾格助词“i”连读，以“吉”字表示“g”加“i”的连读形式。

⑨ 注：此处的“仑”应该标记为“[舌]仑”，蒙古语的“γajar”加属格助词“un”时，采取连写的形式，标记“γajar”的“[中]合札儿”的“儿”字去掉，将“γajar”中的“r”音和属格助词“un”的音连读，以汉字“仑”（此处代表“r”音）标记。

⑩ 注：此处的“阿迷坛泥”是蒙古语“amitan”加宾格助词“i”时的连写形式，单词“阿迷坛”（amitan）中的标记“n”音与宾格助词“i”连读，以汉字“泥”标记“n”加宾格助词“i”的连读形式。

jirγaju　　　　amitan　i　undurγan　　ösgejü　　　　　ayun　emiyen

古儿帖克先 者儿格 都舌里颜①阿周（恪安已（己）分）。亦舌列克先 呈 兀年 勺舌里吉②颜
合到　的　分限　　住着　　　　　来　的　诚　实　意思　行
kürtegsen　jerge　dür i　yen　aju　　　　iregsen　čing ünen　jorig i yen

都列帖　呈　巴秃　孛鲁中合周。（益坚来附之诚）。额乞列恢　额扯 赫出思③图儿
越　坚　固　做着　　　　　始　自　终　里
dülete　čing　batü　bolγaju　　　　ekileküi　eče　ečüs　tür

古儿帖列 兀禄 也兀惕刊 中合讨兀只阿速。（毋渝始终）。腾吉里 巴牙孙 亦协格惕
到　不　改　勉励　呵　　　　天　喜　护
kürtele　ülü　yegütgen　qataγujibasu　　　　tengri　bayasun　ikeged

（天心悦鉴）。丁完泽 中忽秃④兀舌鲁中温 兀舌鲁黑 图儿 赤讷 古儿帖周（福及子孙）。
福　子子　孙孙　里　你的　到着
öljei　qutuq　uruq un　uruq　tur　činu　kürtejü

客卜⑤客者额 古儿帖列 格木儿 兀该 孛鲁中忽。（永永无虞）。阿云 额迷延 乞扯延
不拣几时　到着　忧　无　做着　　　　畏　怯　谨慎
keb kejiye　kürtele　gemür　ügei　boluqu　　　　ayun　emiyen　kičiyen

中合讨兀只 乃 匡格捏　不　薛惕乞。（敬之勿怠）。
勉励　至　轻行　休　想
qataγuji　nai　könggene bü　sedki

---

① 注：此处的“都舌里颜”与“突舌里颜”相同。是标记蒙古语的助词“tür”接续宾格助词“i”，再接续助词“yan”（颜）时的连写形式。一般用汉字“都儿”或“突儿”标记助词“tür”。“都舌里”标记“tür”接续宾格助词“i”。这里连用三个助词“tür”、“i”、“yen”时，用汉字“都舌里颜”标记。

② 注：洪武本《华夷译语》身体门中“志”译为“勺舌里黑”（joriq）。此处的“勺舌里吉”是蒙古语“joriq”加宾格助词“i”时的连写形式，单词“勺舌里黑”（joriq）中的标记“g（q）”音的“黑”被省略，成为“勺舌里”，“joriq”中的“g”音与宾格助词“i”连读，以“吉”字表示“g”加“i”的连读形式。

③ 注：此处的“赫出思”（hečüs）标记的是蒙古语“ečüs”（终），可见，在明代蒙古语中仍然保留着词首的“h”音。

④ 注：此处“中忽秃”应该是“中忽秃黑”，旁译中缺与蒙古语“中忽秃黑”相对应的汉字“禄”。

⑤ 注：此处的“客卜”与“客儿”有着相同的意思，“客卜”口语中用得多。

四　敕礼部行移应昌卫

腾吉[舌]里 因①约孙 脱斡[舌]林讨兀 客古 备。（天道好还）。斡[惕]抽 兀禄 亦[舌]列古
天 的道理 还 好 说 有 去着 不 来的
tengri yin yosun toγorimtaγu kekü büi odču ülü irekü

约孙 兀该 阿主兀。（无往不复）。兀[舌]里思古 察[黑]孛鲁阿速 额列。（既有兴时）。
道理无 也者 兴 的时 有 呵 但
yosunügei ajuγu ürisgü čaq bolbasu ele

[中]合剌阿儿②额出鲁古 兀都儿 别儿 孛鲁由。（必有废期）。额捏 不额[惕]
必 废 的 日子 也 有 这 便
qalaγar ečülükü üdür（edür）ber boluyu ene bügəd

脱斡[舌]林讨兀 因③约孙 亦讷 孛来。（此即好还之理也）。兀[舌]里荅 大元 迭列该 宜④
还 好 的 道理 他的 有 在前 天下 行
toγorimtaγo yin yosun inu bolai urida dai ön delekei yi

也[舌]鲁连 篾迭[克]先 突儿。（曩者元统天下）。额儿客 古纯 亦讷 迭列该 图儿
总 管了的 时分 威势 气力 他的 天下 里
yerülen medegsen dür erke küčün inü delekei dür

迭里格[舌]列周。（威加海内）。[中]合札儿 迭额[舌]列 额[舌]列 阿[中]浑 亦儿坚。（率土之民）。
布开着 地 上 但 有的 百姓
delgerejü γajar degere ele akün irgen

---

① 注：此处的“因”字标记蒙古语的属格助词之一的“yin”，蒙古语中“yin”接续在元音结尾词之后。以“b、g、r、s、d、m、l、ng”等结尾的闭音节词之后接续蒙古语的属格助词“un”，以“n”结尾的闭音节词之后接续蒙古语的属格助词“nu”。

② 注：此处“[中]合剌阿儿”（qalaγar）中的“阿”字标的是“γa”音，是受蒙古语口语影响，蒙古语口语中“qalaγar”出现“γ”脱落的现象，“la”和“γa”的元音连读，成为长元音“aa”。

③ 注：此处的“因”字标记蒙古语的属格助词之一的“yin”，蒙古语中“yin”接续在元音结尾词之后。以“b、g、r、s、d、m、l、ng”等结尾的闭音节词之后接续蒙古语的属格助词“un”，以“n”结尾的闭音节词之后接续蒙古语的属格助词“nu”。

④ 注：此处的“宜”标记蒙古语的宾格助词“yi”。蒙古语中宾格助词有“yi”和“i”，“yi”接续在元音结尾词之后，“i”接续在“b、g、r、s、d、n、m、l、ng”等结尾的闭音节词之后，接续不同辅音结尾词之后，以不同汉字标记。

不古迭 篾丁迭 图儿 亦讷 斡舌罗①周。(尽皆臣妾)。札儿里 札撒吉②亦讷 兀禄 苔中合黑臣
都 管 里 他的 入去着 圣旨 法度 他的 不 随的每
bügüde medel dür inü oruju jarliq jasaq i inu ülü daγaqčin

兀该 阿主兀 者。(孰敢不遵教命)。脱舌仑 至正 哈儿班 你刊③突额儿④桓 纳察⑤。
无 也 者 初 十 一 年 自
ügei ajuγu je törün jijeng arban nigendüger (nigedüger) on ača

(自至正十一年)。兀鲁思 亦儿坚 札撒中合察⑥亦讷 兀禄 阿云。(民不畏威)。斡栾
国 百姓 法度 他的 不 怕 多
ulus irgen jasaq ača inu ülü ayun olan

斡莫黑坛 哈舌兰 赫乞连 撒卯兀剌黑三 突儿。(群雄倡乱)。客堆巴 兀舌里苔 大元 讷
雄 人 首先 乱了的 时分 虽是 在前 的
omuqtan qaran ekilen samuγuraqsan dur kedüibe orida dai ön nu

帖舌列 篾图 额儿客秃 古出秃 不恢 突儿 不额惕。(虽昔元之威)。怯泥巴 牙兀巴 勤 额薛
那 般 威势 气力 有的 时分 便 任谁行也 不拣什么 做 不曾
tere metü erketü küčütü büküi dür büged ken i ba yaγu ba kin ese

赤苔黑撒讷 秃剌。(亦不能谁何)。朵脱舌剌都 中合札的⑦竹克竹克额儿客田 古出帖 捏
能 的 上头 中原 地每 各处 威势的 气力有的
čidaqsan nu tula doturadu γajard i jüg jüg erketen küčüten ne

① 注:此处的“舌罗”标记蒙古语“r”音。

② 注:此处的“札撒吉”与“札萨吉”(jasaq i)相同。是蒙古语单词“jasaq”(札撒黑)加宾格助词“i”的连读形式。“jasaq”(札撒黑)加宾格助词“i”时,“q(g音)”与“i”连读,去掉“札撒黑”中的小字“黑”,以汉字“吉”标“q(g音)”与“i”。

③ 注:此处的“你刊”(nigen)在现代蒙古语中后续“都额儿”(düger)时,“nigen”的“n”脱落,“nigendüger”成为“nigedüger”。

④ 注:此处的“突额儿”(düger)与“都额儿”(düger)、“都瓦儿”(duγar),都是“第”的意思,其中,“突额儿”、“都额儿”接续阴性词之后,而“都瓦儿”则接续阳性词之后。以“额”标记蒙古语“ge”音,以“瓦”标记蒙古语“γa”音。“突额儿”也有标记为“秃额儿”。

⑤ 注:此处的“纳察”是标记蒙古语从格助词“ača”,有时标记为“阿察”。是接续阳性词之后。接续阴性词之后的标记为“捏扯”(eče)。现代蒙古语中只保留了“eče”这一种形式。

⑥ 注:此处的“合察”与“纳察”相同。是标记蒙古语从格助词“ača”,有时标记为“阿察”。是接续阳性词之后。接续阴性词之后的标记为“捏扯”(eče)。现代蒙古语中只保留了“eče”这一种形式。

⑦ 注:此处的“中合札的”(γajad i)是蒙古语单词“中合札惕”(γajad)接续宾格助词“i”的连写形式。以“d”结尾词之后接续宾格助词“i”时,标记词尾“d”音的小字“惕”被省略,以汉字“的”标记结尾的“d”与宾格助词“i”。

额者列丁温迭周。（以致中土瓜分英雄鼎峙）。兀鲁思 亦儿坚 哈儿班 桓惕许列兀
占据　着　国　百姓　十　年　余
ejelegüldejü　ulus　irgen　arban　ond（on ud）ülegü

孛鲁塔剌 扯舌里昆 中合失温 勺孛郎 宜①兀者古也扯②诃舌鲁古 因③秃剌（民忧兵苦十有
到　军的　苦　生受　行　见的　尤　的上头
boltala　čerig　un　γasiγun jobulang i　üjeküye　eče　körügü　yin　tula

余年）。必 大将军中山武宁王开平忠武王 塔泥④札舌鲁周。（朕遣大将军中山武宁王开平
我　等行　差着
bi da jang jun jung san uning ong kai ping jung u ong tan i jaruju

忠武王）。抹舌里坛 把⑤牙不罕 扯舌里兀的⑥兀都里惕中合丁温周。（率马步）。帖迭 斡栾
马　并　步　军的　教引　着　那的　多
moritan　ba　jabuγan　čerigüd i　uduridγaγulju　tede　olan

斡莫黑塔泥⑦土失额舌里惕格兀鲁额惕。（平群雄）。朵脱舌剌都 中合札的⑧阿舌邻中合周。
雄　等行　教平定了　中原　地　每　净着
omuqtan　i　tübsigeritgegülüged　doturadu　γajard　i　arilγaju

---

① 注：此处的“宜”标记蒙古语的宾格助词“i”。一般情况下以汉字“宜”标记蒙古语中接续在元音结尾词之后的宾格助词“yi”。当以“ng”结尾的闭音节词之后接续宾格助词“i”时，以汉字“宜”标记宾格助词“i”。

② 注：此处的“也扯”与“捏扯”相同。是标记蒙古语从格助词“eče”，接续阴性词之后。接续阳性词之后的标记为“纳察”、“阿察”、“合察”（ača）等。现代蒙古语中只保留了“eče”这一种形式。

③ 注：此处的“因”字标记蒙古语的属格助词之一的“yin”，蒙古语中“yin”接续在元音结尾词之后。以“b、g、r、s、d、m、l、ng”等结尾的闭音节词之后接续蒙古语的属格助词“un”，以“n”结尾的闭音节词之后接续蒙古语的属格助词“nu”。

④ 注：此处的“塔泥”是蒙古语“tan”加宾格助词“i”时的连写形式，单词“塔”（tan）中的标记蒙古语“n”音与宾格助词“i”连读，以汉字“泥”标记“n”加宾格助词“i”的连读形式。

⑤ 注：此处的“把”标记蒙古语连词“ba”，连接表示并列关系的词语。相当于汉语中的“并、和”之意。

⑥ 注：此处的“扯舌里兀的”（čerigüd　i）是蒙古语单词“扯舌里兀惕”（čerigüd）接续宾格助词“i”的连写形式。以“d”结尾词之后接续宾格助词“i”时，标记词尾“d”音的小字“惕”被省略，以汉字“的”标记结尾的“d”与宾格助词“i”。

⑦ 注：此处的“塔泥”是蒙古语“tan”加宾格助词“i”时的连写形式，单词“塔”（tan）中的标记蒙古语“n”音与宾格助词“i”连读，以汉字“泥”标记“n”加宾格助词“i”的连读形式。

⑧ 注：此处的“中合札的”（γajad i）是蒙古语单词“中合札惕”（γajad）接续宾格助词“i”的连写形式。以“d”结尾词之后接续宾格助词“i”时，标记词尾“d”音的小字“惕”被省略，以汉字“的”标记结尾的“d”与宾格助词“i”。

（清华夏）。豁亦①纳 巴撒 洪武 中豁舌邻②都瓦儿 桓 中豁舌邻 你刊都瓦儿 桓 突儿。
后 再 二十 年 二十 一 年 时分
qoina basa qung u qorinduɣar（qoriduɣar）on qorin nigedüger on dur

（复于洪武二十年、二十一年）。将军宋国公冯胜永昌侯蓝玉塔泥③。（命将军宋国公冯胜
等行
jeng gün sung guo gung fung sing yung čang qiu lamu tan i

永昌侯蓝玉）。中豁牙儿塔 兀也连 扯舌里兀惕 兀都里惕中合丁温周。（二次帅兵）。忙丁豁
二 次 军每 教引 着 达达
qoyarta üyelen čerigüd uduridɣaɣulju mongɣul

中合札舌剌 古捏 斡舌罗周。（直抵深塞）。忙丁豁 那颜惕 把④ 兀鲁思 亦儿格泥⑤。
地行 深 入着 达达 官每 并 国 百姓行
ɣajara güne oruju mongɣul noyad ba ulus irgen i

（将蒙古氏官民）。不古迭 宜⑥中昆必周⑦。阿马撒敦⑧朵脱舌剌 把⑨哈荅纳 奥兀鲁黑三
都 行 收着 口子 每的 里 并 外 教住了
bügüde yi qumbiju（qumiju）amasad un dotura ba ɣadana aɣuluqsan

突儿。（尽行安于口内口外）。许列克先 也客思 土失篾惕阿讷。（其余大臣）。
时分 余的 大 臣每 他的

---

① 注：此处的"亦"字标记双元音"i"。

② 注：此处的"中豁舌邻"（"qorin"二十的意思）在现代蒙古语中后续"都瓦儿"（"duɣar"第的意思）时，"qorin"的"n"脱落，"qorinduɣar"成为"qoriduɣar"。

③ 注：此处的"塔泥"是蒙古语"tan"加宾格助词"i"时的连写形式，单词"塔"（tan）中的标记蒙古语"n"音与宾格助词"i"连读，以汉字"泥"标记"n"加宾格助词"i"的连读形式。

④ 注：此处的"把"标记蒙古语连词"ba"，连接表示并列关系的词语。相当于汉语中的"并、和"之意。

⑤ 注：此处的"亦儿格泥"是蒙古语"irgen"加宾格助词"i"时的连写形式，单词"亦儿格"（irgen）中的标记"n"音与宾格助词"i"连读，以汉字"泥"标记。

⑥ 注：此处的"宜"标记蒙古语的宾格助词"yi"。蒙古语中宾格助词有"yi"和"i"，"yi"接续在元音结尾词之后，"i"接续在"b、g、r、s、d、n、m、l、ng"等结尾的闭音节词之后，接续不同辅音结尾词之后，以不同汉字标记。

⑦ 注：此处的"中昆必周"中的"中昆"标"hum"的音，与"必"（bi）的"i"切音，以连读形式标蒙古语的"humi"两个音节。

⑧ 注：此处的"阿马撒敦"（amasad un）是蒙古语"阿马撒惕"（amasad）接续属格助词"un"的连写形式。以"d"结尾词之后，接续属格助词"un"时，标记结尾的"d"的小字"惕"被省略，以汉字"敦"标记结尾音"d"和属格助词"un"。

⑨ 注：此处的"把"标记蒙古语连词"ba"，连接表示并列关系的词语。相当于汉语中的"并、和"之意。

dur　　ülegsen　yekes　tüsimed　anu

中合讷安①阿不阿惕 兀篯克石 斡都阿速。(奉驾北行)。和林② 古舌仑 兀都兀耶。
皇帝行　将着　迤北　去呵　　地名　到　未
qaγan i yan abuγad　umaqsi　odubasu　　qurum gürün　üdügüye

(未至岭北)。兀中含撒儿 阿荅 额都周。(祸生不测)。中合罕 阿讷 中合舌剌除
不测　祸　生着　　皇帝　他的 下人
uqamsar　ata　edüjü　　qaγan　anu　qaraču

土失篯仑③中合儿 图儿 豁罗黑荅巴速 (君亡臣手)。中合黑察 捏怯来 扯舌里兀的④额儿⑤
臣的　手　里　害被呵　　独　　军每　行
tüsimel　unγar　tur　qorugdabasu　　γaqča　nekelei　čerigüd　i　yer

斡舌里⑥颜 别乞列周 (独捏怯来率精兵自固)。迭额舌列 腾吉舌里 因⑦约孙泥⑧中合舌兰。
自己　固着　　上　天　的　道理行　看
öber i　yen　bekilejü　　degere　tengri　yin　yosun i　qaran

(仰观天道)。多舌罗 古温 阿迷塔讷 乃亦⑨舌里 孛鲁中合阿周。(俯察人事)。中合罕
下　人　生灵的　意思　体察　着　　皇帝
dourakömün amita nu　nair i　boluγaγaju　　qaγan

① 注：此处的"安"标记的是蒙古语"yan"音，受蒙古语口语中辅音"y"脱落的影响。
② 注：此处的"和林"指元代岭北的哈喇和林。
③ 注：此处的"土失篯仑"(tüsimel un) 是蒙古语单词"土失丁篯"(tüsimel) 接续属格助词"un"时的连写形式，单词"土失丁篯"(tüsimel) 中的标记"l"音的小字"丁"被省略，成为"土失篯"，"tüsimel"中的结尾的"l"音与属格助词"un"连读，以汉字"仑"标记"l"加"un"的连读形式。
④ 注：此处的"扯舌里兀的"(čerigüd i) 是蒙古语单词"扯舌里兀惕"(čerigüd) 接续宾格助词"i"的连写形式。以"d"结尾词之后接续宾格助词"i"时，标记词尾"d"音的小字"惕"被省略，以汉字"的"标记结尾的"d"与宾格助词"i"。
⑤ 注：此处的"额儿"(yer) 是蒙古语的使役助词，接续阴性词之后。
⑥ 注：此处的"斡舌里"(öber i) 标记蒙古语的"斡额儿"(öber) 接续宾格助词"i"的口语化形式。
⑦ 注：此处的"因"字标记蒙古语的属格助词之一的"yin"，蒙古语中"yin"接续在元音结尾词之后。以"b、g、r、s、d、m、l、ng"等结尾的闭音节词之后接续蒙古语的属格助词"un"，以"n"结尾的闭音节词之后接续蒙古语的属格助词"nu"。
⑧ 注：此处的"约孙泥"是蒙古语"yosun"加宾格助词"i"时的连写形式，单词"约孙"(yosun) 中的"n"音与宾格助词"i"连读，以汉字"泥"标记"n"加宾格助词"i"的连读形式。
⑨ 注：此处的"亦"字标记双元音"i"。

突[舌]里颜①[中]豁儿 古儿格[克]先 [中]忽剌[中]孩 宜②兀禄 荅罕。(不从弑君之贼)。卯温 鲁瓦
他的行　害　到了的　贼　行 不　随　歹的　一同
tur i yan　qor　kürgegsen　qulaγai　yi ülü　daγan　maγun luγa

那可扯[克]先 捏[舌]列 图儿 兀禄 斡[舌]栾。(免同恶相济之名)。挑兀别儿 斡栾你③颜 兀禄
做伴的　名　里　不　入去　为那般　多的行　不
nököčegsen　nere　dür　ülü　orun　tegüber　olan i yen　ülü

不塔[舌]剌兀仑 兀都里都阿 额木捏[克]石 亦[舌]列周。(所以保众南来)。纳麻
教溃散了　引领着　往南　来着　我
botaraγulun　oduriduγad　emünegsi　irejü　nama

大明 图儿 额里先 亦[舌]列[克]薛 讷 秃剌。(归我大明)。洪武 [中]豁[舌]邻 [中]豁牙都瓦儿④桓
里　归顺　来了的　上头　二十　二　年
dai ming dur elsen　iregsen　nü　tula　qung u qorin　qoyaduγar　on

朵儿边 撒剌 因⑤你刊 失你迭。(已于洪武二十二年四月初一日)。那颜剌[中]忽 捏[舌]列把⑥
四　月　的　一　初日　官的　名 并
dörben　sara　yin　nigen sinide　noyalaqu　nere　ba

谈[中]合思⑦ 斡[克]周 木[惕] 那颜[惕] 捌罗思 突[舌]里颜 牙不周 委列 [中]合荅[中]合剌阿[惕]。
印每　与着　他每 官每　缺每　里　行着　事　管

---

① 注:此处的“突[舌]里颜”与“都[舌]里颜”相同。是标记蒙古语的助词“tür”接续宾格助词“i”,再接续助词“yan”(颜)时的连写形式。一般用汉字“都儿”或“突儿”标记助词“tür”。“都[舌]里”标记“tür”接续宾格助词“i”。这里连用三个助词“tür”、“i”、“yen”时,用汉字“都[舌]里颜”标记。

② 注:此处的“宜”标记蒙古语的宾格助词“yi”。蒙古语中宾格助词有“yi”和“i”,“yi”接续在元音结尾词之后,“i”接续在“b、g、r、s、d、n、m、l、ng”等结尾的闭音节词之后,接续不同辅音结尾词之后,以不同汉字标记。

③ 注:此处的“斡栾你”是蒙古语“olan”加宾格助词“i”时的连写形式,单词“斡栾”(olan)中结尾的“n”音与宾格助词“i”连读,以“泥”或“你”字表示“n”加“i”的连读形式。宾格助词“i”之后再接续其他助词,如接续“颜”(yen),牙儿(yar)等时,用汉字“你”标记宾格助词“i”。

④ 注:此处的“[中]豁牙都瓦儿”是蒙古语的数词“[中]豁牙儿”(quyar,二的意思)后续“都瓦儿”(“duγar”第的意思)时,“[中]豁牙儿”(quyar)的“r”脱落。

⑤ 注:此处的“因”字标记蒙古语的属格助词之一的“yin”,蒙古语中“yin”接续在元音结尾词之后。以“b、g、r、s、d、m、l、ng”等结尾的闭音节词之后接续蒙古语的属格助词“un”,以“n”结尾的闭音节词之后接续蒙古语的属格助词“nu”。

⑥ 注:此处的“把”标记蒙古语连词“ba”,连接表示并列关系的词语。相当于汉语中的“并、和”之意。

⑦ 注:此处的“谈[中]合思”(tamaγas)是印的复数。《华夷译语》器用门中记载“印”为“谈[中]合”(tamaγa)受口语影响。汉字“谈”标记蒙古语“tam”音,汉字“思”标记蒙古语结尾的“s”音。

tamγas（tamaγas） ögjü müd noyad čolos tur yan yabuju üile qadaγa aγad

（给降印信各官受职任事）。客敦 撒[舌]剌思 孛鲁巴。（又几月矣）。帖因 孛额帖列 斡栾
几 月 了也 既那般 呵 多
kedün saras boluba teyin bögetele olan

那颜荅察[①]丞相 失[舌]列门。（然群官中丞相失列门）。客敦帖 额别臣 客延。（数称有疾）。
官 每 几次 病 么道
noyad ača čing seng siremün kedünte ebečin kemen

斡都$_{黑}$三 额里臣 鲁瓦 额薛 兀$_{丁}$迭都额$_{惕}$。（不与使臣相见）。额朵额 礼部 额扯 必赤$_{克}$
去的 使臣 一同 不曾 相见 如今 里 文书
oduqsan elčin luγa ese üjeldüged edüge libü eče bičig

亦列周。（礼部行文书去）。捏怯来耶 篾迭温$_{丁}$秃该。（教捏怯来知道）。失列门泥[②]
行着 教知道者 行
irejü nekileiye medegültügei siremün i

亦[舌]列古 都[舌]剌秃 孛鲁阿速。（失列门意思烦来呵）。额捏 薛[舌]里兀 讷 兀赤[舌]里[③]
来的 心 有呵 这 凉的 时节
irekü duratu bolubasu ene serigün nu učir i

额[舌]鲁孙。（趁此天凉时节）。斡[舌]罗周 亦[舌]列周 兀迭$_{丁}$都秃该。（入来厮见）。客儿别
趁着 入着 来着 相见者 若是
erüsün oruju ireju üjeldütügei kerbe

撒阿[舌]郎古 薛$_{惕}$乞周。（尚有犹豫）。兀篾$_{克}$石 斡$_{惕}$速该 客额速 别儿。（意欲北行）。
犹豫 想着 迤北 去的 说呵 也
saγarangγu sedkijü ümegsi odsuγai kebesü ber

---

① 注：此处的“那颜荅察”（noyad ača）是蒙古语“那颜$_{惕}$”（noyad 官的复数）接续从格助词“ača”的连读形式。

② 注：此处的“失列门泥”是蒙古语人名“siremün”加宾格助词“i”时的连写形式，单词“失列门”（siremün）中的“n”音与宾格助词“i”连读，以汉字“泥”标记“n”加宾格助词“i”的连读形式。

③ 注：此处的“兀赤[舌]里”（učir i）是蒙古语“兀赤儿”（učir）加宾格助词“i”的连写形式。以“r”结尾的闭音节之后加“i”以“[舌]里”标记。

捏怯来 不 脱都额秃该。（捏怯来可休止住）。亦讷 勺[舌]里吉①牙儿②。（听其自然）。
休 止当者 他的 志 依着
nekilei bü tödügetügei inu joriq i yar

兀篾[克]石 塔里必周 亦列。（且放北行）。牙不恢 兀赤儿 图儿 失列门 鲁瓦
迤北 放着 教去 行的 时节 里 一同
ümegsi talbiju ire yabuqui učir tur siremün luɣa

八[舌]阑都秃该。（临行当与失列门期）。兀篾都 [中]合札[舌]剌 斡[惕]周 马哈 阿木[中]忽 扯捏秃
商量定者 迤北 地行 去着 实 安妥 意思
baraldutuɣai ümedü ɣajara odju maɣa amuɣu čenetü

孛额速。（北行果然安妥）。赤荅[中]忽牙察 委列 委列[惕]秃该。（尽他作为）。客儿别
有呵 尽为的 勾当 做者 若是
bögesü čidaquya ača üile üiledtügei kerbe

别儿客 勺孛郎 孛鲁周 牙奔 额薛 赤荅巴速。（设若艰难趑趄）。只池 巴撒 [中]合[舌]里周
艰难 生受 做着 行 不 能呵 却 再 回着
berke jobulang bolju yabun ese čidabasu jiči basa qariju

亦[舌]列速该 客额速 别儿。（意欲复来）。亦讷 古 薛[惕]乞里③额儿 孛鲁哈秃该。
来要 说呵 也 他的 心 依着 教来者
iresügei kebesü ber inu qu sedkil i yer bolɣatuɣai

（亦听其自然）。客[惕]别儿 孛鲁周 兀篾[克]石 斡秃[中]灰 都[舌]剌坛 孛额速（凡百岭往者）。
任谁 做着 迤北 去的 心 有呵
kedber（qen ud ber）bolju ümegsi oduqui duratan bökesü

① 注：洪武本《华夷译语》身体门中“志”译为“勺[舌]里[黑]”（joriq）。此处的“勺[舌]里吉”是蒙古语“joriq”加宾格助词“i”时的连写形式，单词“勺[舌]里[黑]”（joriq）中的标记“g（q）”音的小字“黑”被省略，成为“勺[舌]里”，“joriq”中的“g”音与宾格助词“i”连读，以“吉”字表示“g”加“i”的连读形式。

② 注：此处“牙儿”（yar）与“阿儿”相同。标记蒙古语助词“yar”。

③ 注：此处的“薛[惕]乞里”应该是“薛[惕]乞[舌]里”（sedkil i）是蒙古语的单词“薛[惕丁]乞”（sedkil）加宾格助词“i”时的连写形式。标记“薛[惕丁]乞”（sedkil）的结尾的“l”音的小字“丁”字被省略，以汉字“里（[舌]里）”（ri）标记“r”加宾格助词“i”。

额捏 约孙 阿儿①孛鲁秃该（皆如此）。额儿迭捏扯②额只耶③　古儿帖列（往古至今）。
这　道理 依着　做者　　　　　　　　　　　古　　自　　今　　到
ene　yosun yar　boltuγai　　　　　　　　　erten　eče　ejiye　kürte_e

腾吉舌里 因④约孙泥⑤勺赤周（违天道）。别耶余延⑥阿剌黑荅阿惕 格舌里⑦延 额出里格周。
天　　的 道理 行　逆着　　　　　　　　身子 行　被杀　　　家　　　亡着
tengri　yin　yosun i　jöčijü　　　　　　beye yügen　alaqdaγad　ger i yen　ečülgejü

（杀身亡家）。捏舌列 中合舌而中合黑撒惕 备。（立名者有）。腾吉舌里 因⑧勺舌里吉⑨
名字　出的　　　　有　　　　　　天　　　的　意思
nere　γarγaqsad　　　　bui　　　　　　tengri　　yin　joriq i

荅中合周。（顺天道）。斡栾 途儿 亦协延 孛鲁阿惕别耶边⑩ 帖骨思格周。（保众全身）。
随着　　　　　　　　多　行　保护　做着　身子 行 全　着
daγaju　　　　　　　olan　tur　ikegen　boluγad　beye　ben　tegüsgejü

迭列该 宜⑪阿木儿里丁温都丁温察黑三 别儿 斡栾。（共安天下者多）。勺舌里黑 亦讷
天下　行　安宁了的　　　　　也　多　　　　　　　志　　他的

① 注：此处“阿儿”（yar）中的“阿”字标的是“ya”音，是受蒙古语口语影响，蒙古语口语中“yar”出现“y”脱落的现象。

② 注：此处的“捏扯”是标记蒙古语从格助词“eče”，接续阴性词之后。接续阳性词之后的标记为“纳察”、“阿察”、“合察”（ača）等。现代蒙古语中只保留了“eče”这一种形式。

③ 注：洪武本《华夷译语》时令门中“今”译为“额朵额”（“edüge”）。此处将“今”译为“额只耶”（ejiye）应该是受口语或方言的影响。

④ 注：此处的“因”字标记蒙古语的属格助词之一的“yin”，蒙古语中“yin”接续在元音结尾词之后。以“b、g、r、s、d、m、l、ng”等结尾的闭音节词之后接续蒙古语的属格助词“un”，以“n”结尾的闭音节词之后接续蒙古语的属格助词“nu”。

⑤ 注：此处的“约孙泥”是蒙古语“yosun”加宾格助词“i”时的连写形式，单词“约孙”（yosun）中的“n”音与宾格助词“i”连读，以汉字“泥”标记“n”加宾格助词“i”的连读形式。

⑥ 注：此处的“余延”（yügen）是古代蒙古语助词，与现在蒙古语中的“iyen”、“iben”相同。

⑦ 注：此处的“格舌里”（ger i）是标记蒙古语“格儿”（ger，家）接续宾格助词“i”。

⑧ 注：此处的“因”字标记蒙古语的属格助词之一的“yin”，蒙古语中“yin”接续在元音结尾词之后。以“b、g、r、s、d、m、l、ng”等结尾的闭音节词之后接续蒙古语的属格助词“un”，以“n”结尾的闭音节词之后接续蒙古语的属格助词“nu”。

⑨ 注：洪武本《华夷译语》身体门中“志”译为“勺舌里黑”（joriq）。此处的“勺舌里吉”是蒙古语“joriq”加宾格助词“i”时的连写形式，单词“勺舌里黑”（joriq）中的标记“g（q）”音的小字“黑”被省略，成为“勺舌里”，“joriq”中的“g”音与宾格助词“i”连读，以“吉”字表示“g”加“i”的连读形式。

⑩ 注：此处的“别耶边”（beye ben）与“别耶余延”（beye yügen）意思是相同的。

⑪ 注：此处的“宜”标蒙古语的宾格助词“yi”。蒙古语中宾格助词有“yi”和“i”，“yi”接续在辅音结尾词之后，“i”接续在“b、g、r、s、d、n、m、l、ng”等结尾的闭音节词之后，接续不同辅音结尾词之后，以不同汉字标记。

delegei yi amurliγulduγulčaqsan bar olan joriq inu

客堆巴 斡儿迷扯 孛额速 别儿。（志虽异途）。额儿迭讷 必赤兀①图儿 兀者别速。
虽是 各别 有呵 也 古 的 文书 里 看呵
kedüiba örmiče bögesü ber erte nu bičig üd tür üjebesü

（较之方册）。兀秃 你刊 中豁牙儿 古温 讷 委列都克先 不速 备。（又非一二人耳）。
只 一 二 人 的 做了的 不是 有
ütü nigen qoyar kömün nü üiledügsen busu bui

额捏 必赤吉②失列门 兀者周。（这文书失列门看了）。勺舌里吉③牙舌阑④牙不秃中孩。
这 文书行 看着 志 任从 行 者
ene bičig i siremün üjejü joriq i yar yan yabutuγai

（从其本情）。亦舌列古 宜⑤亦讷 兀禄 折惕古古。（若来不止）。斡惕中忽 宜⑥亦讷 兀禄
来的 行 他的 不 当 去的 行 他的 不
irekü yi inü ülü jidgükü odqu yi inu ülü

脱都格古。（若去不留）。斡栾 哈舌兰 兀中合秃中孩 篾迭秃该。（多人知道）。
留 多 人 识者 知者
tödügekü olan qaran uqatuγai medetügei

① 注：此处的"必赤兀"（bičig üd）是蒙古语"必赤克"（bičig）的复数形式。"兀"字标记"bičig"的结尾音"g"和表示复数的"üd"的"ü"音。"üd"之后接续助词"图儿"（tür），标记"üd"的小字"惕"被省略。

② 注：此处的"必赤吉"是蒙古语"必赤克"（"bičig"）加宾格助词"i"时的连写形式，单词"必赤克"（bičig）中的标记"g"音的小字"克"被省略，成为"必赤"，"bičig"中的"g"音与宾格助词"i"连读，以"吉"字表示"g"加"i"的连读形式。

③ 注：洪武本《华夷译语》身体门中"志"译为"勺舌里黑"（joriq）。此处的"勺舌里吉"是蒙古语"joriq"加宾格助词"i"时的连写形式，单词"勺舌里黑"（joriq）中的标记"g（q）"音的"黑"被省略，成为"勺舌里"，"joriq"中的"g"音与宾格助词"i"连读，以"吉"字表示"g"加"i"的连读形式。

④ 注：此处的"牙舌阑"标记的是蒙古语的两个助词"牙儿"（yar）和"颜"（yan）。以"牙舌阑"标记蒙古语助词"yar"和"yan"的连用形式，完全受口语的影响。

⑤ 注：此处的"宜"标记蒙古语的宾格助词"yi"。蒙古语中宾格助词有"yi"和"i"，"yi"接续在辅音结尾词之后，"i"接续在"b、g、r、s、d、n、m、l、ng"等结尾的闭音节词之后，接续不同辅音结尾词之后，以不同汉字标记。

⑥ 注：此处的"宜"标记蒙古语的宾格助词"yi"。蒙古语中宾格助词有"yi"和"i"，"yi"接续在元音结尾词之后，"i"接续在"b、g、r、s、d、n、m、l、ng"等结尾的闭音节词之后，接续不同辅音结尾词之后，以不同汉字标记。

五　敕礼部行移安荅纳哈出

兀[舌]里荅 马讷 大宋 [中]合罕 迭列该 因①也客 委列 篾迭额[惕]。（已（以）前俺汉人大宋皇帝
在前　俺每　皇帝　天下　的大　事　管
urida　manu dai sung qaγan　delekei　yin　yeke　üile　medeged

管天下的大事）。[中]忽儿班 札温 哈儿班 桓[惕]许列兀 孛鲁[黑]三 突儿。（三百一十余年）。
三　百　十　年　余　做了　时分
γurban　jaγun　arban　ond（un ud）ülegü　boluqsan　dur

可温②哈赤 纳儿 阿讷（因他的子孙）。斡栾 兀鲁思 亦儿格泥③兀禄 孩[舌]剌剌[中]忽 因④秃剌
子　孙　他的　多　国　百姓　行　不　爱恤　的　上头
köbekün　ači　nar　anu　olan　ulus　irgen　i　ülü　qairalaqu　yin　tula

（多百姓上不爱恤的上头）。腾吉[舌]里 札牙阿周 成吉思 [中]合汗泥⑤ 脱[舌]列[丁]温周。（天生
天　命　着　皇帝行　生着
tengri　jayaγaju　činggis qaγan　i　törügüljü

元朝太祖皇帝）。忙[丁]豁 [中]合札[舌]剌 不古 [中]合[舌]里昔⑥不古迭 宜⑦[中]合木阿[惕]（将草地里多
达达　地行　有的　王子每　都　行　收了
mongγul　γajara　bükü　qaris　i　bügüde　yi　čamuγad

---

① 注：此处的"因"字标记蒙古语的属格助词之一的"yin"，蒙古语中"yin"接续在元音结尾词之后。以"b、g、r、s、d、m、l、ng"等结尾的闭音节词之后接续蒙古语的属格助词"un"，以"n"结尾的闭音节词之后接续蒙古语的属格助词"nu"。

② 注：此处以"可温"标记蒙古语的"köbekün"（儿子之意），明显受蒙古语口语的影响。在《华夷译语》"人物门"中与汉语的"儿子"相对应的蒙古语为"可卜温"（köbekün）。

③ 注：此处的"亦儿格泥"是蒙古语"irgen"接续宾格助词"i"时的连写形式，单词"亦儿格"（irgen）中的标记"n"音与宾格助词"i"连读，以汉字"泥"标记。

④ 注：此处的"因"字标记蒙古语的属格助词之一的"yin"，蒙古语中"yin"接续在元音结尾词之后。以"b、g、r、s、d、m、l、ng"等结尾的闭音节词之后接续蒙古语的属格助词"un"，以"n"结尾的闭音节词之后接续蒙古语的属格助词"nu"。

⑤ 注：此处的"[中]合罕泥"是蒙古语"qaγan"接续宾格助词"i"时的连写形式，单词"[中]合罕"（qaγan）中的标记"n"音与宾格助词"i"连读，以汉字"泥"标记"n"加宾格助词"i"的连读形式。

⑥ 注：此处的"[中]合[舌]里昔"（qaris i）是蒙古语"[中]合[舌]里思"（qaris）接续宾格助词"i"的连写形式。"昔"字标记"[中]合[舌]里思"（qaris）中结尾的"s"和宾格助词"i"。

⑦ 注：此处的"宜"标记蒙古语的宾格助词"yi"。蒙古语中宾格助词有"yi"和"i"。"yi"接续在元音结尾词之后，"i"接续在"b、g、r、s、d、n、m、l、ng"等结尾的闭音节词之后，接续不同辅音结尾词之后，以不同汉字标记。

有的达达王子每都收捕了)。巴撒 撒儿塔黑臣 中合札舌剌 不古 中合舌里 塔泥①中合木主为。
再 回回每 地行 有的 王子等行 收了
basa sartaqčin γajara bükü qari tan i qamujuqui

(又将回回田地里王子每都收捕了)。中豁亦②纳 巴撒 你刊 纽舌列③思魁 阿不舌里秃 撒因哈赤
后 再 一个 仁 德 好的 孙
qoina basa nigen nigülesgüi aburitu sain ači

可温 脱舌列周。(他生一个有仁德的孙儿)。马讷 朵脱舌剌 中合札舌剌 亦舌列周 中合罕
儿 生着 俺的 中原 地行 来着 皇帝
köbegün törüjü manu dotura γajara irejü qaγan

孛鲁阿惕。(来俺中国做皇帝)。薛禅 中合罕 客延 捏舌列亦惕周兀。(号做世祖皇帝
做了 皇帝 么道 名字号了
boluγad sečen qaγan kemen nereidjügü

么道)。门 马讷 宋 兀鲁孙④ 亦儿格泥⑤兀禄 孩舌剌剌黑赤 中合罕泥⑥(将俺宋朝不爱恤
他将 俺每 国的 百姓 行 不 爱恤的 皇帝 行
mün manu sung ulus un irgen i ülü qairalaqči qaγan i

那百姓的皇帝)。不古迭 宜⑦土卜失额舌里都额惕(都平定了)。朵脱舌剌 因⑧兀鲁思 把⑨
都 行 平定了 中原 的 国 并
bügüde yi tübsigeridüged dotura yin ulus ba

---

① 注:此处的“塔泥”是蒙古语“tan”接续宾格助词“i”时的连写形式,单词“塔”(tan)中的标记蒙古语“n”音与宾格助词“i”连读,以汉字“泥”标记“n”加宾格助词“i”的连读形式。

② “注:此处的“亦”字标记双元音“i”。

③ 注:此处的“舌列”应该是“列”,标记蒙古语的“l”音。

④ 注:此处的“兀鲁孙”(ulus un)标记蒙古语“兀鲁思”(ulus)加属格助词“un”的连写形式,以汉字“孙”标“兀鲁思”(ulus)结尾的“s”与属格助词“un”。在蒙古语中,属格助词“un”接续在“b、q(g)、r、s、d、m、l、ng”等闭音节结尾的词之后时,用不同汉字标记。

⑤ 注:此处的“亦儿格泥”是蒙古语“irgen”加宾格助词“i”时的连写形式,单词“亦儿格”(irgen)中结尾的“n”音与宾格助词“i”连读,以汉字“泥”标记。

⑥ 注:此处的“中合罕泥”是蒙古语“qaγan”加宾格助词“i”时的连写形式,单词“中合罕”(qaγan)中结尾的“n”音与宾格助词“i”连读,以汉字“泥”标记“n”加宾格助词“i”的连读形式。

⑦ 注:此处的“宜”标记蒙古语的宾格助词“yi”。蒙古语中宾格助词有“yi”和“i”,“yi”接续在元音结尾词之后,“i”接续在“b、g、r、s、d、n、m、l、ng”等结尾的闭音节词之后,接续不同辅音结尾词之后,以不同汉字标记。

⑧ 注:此处的“因”字标记蒙古语的属格助词之一的“yin”,蒙古语中“yin”接续在元音结尾词之后。以“b、g、r、s、d、m、l、ng”等结尾的闭音节词之后接续蒙古语的属格助词“un”,以“n”结尾的闭音节词之后接续蒙古语的属格助词“nu”。

⑨ 注:此处的“把”标记蒙古语连词“ba”,连接表示并列关系的词语。相当于汉语中的“并、和”之意。

中合刀温 不坤 阿里别 主丁因田 亦儿格泥①不古迭 宜②中合木周 谷儿 迭列该 宜③也舌鲁
在外 有的 不捡什么 等 百姓 行 都 收着 普 天下 行 总
γadaγun bükün aliba jüilten irgen i bügüde yi qamuju gür delegei yi yerü

篾迭额。（统着中国并九夷八蛮）。札温 亦剌石 桓惕孛鲁黑撒 讷 秃剌。
管了 一百 近 年 做了的 上头
medeged jaγun ilasi ond（on ud）boluqsan nu tula

。（将及一百年来）。纽列④思魁 阿不舌里 宜⑤亦讷 兀禄 都舌剌都黑臣。
仁 德 行 他的 不 想的
nigülesgüi aburi yi inu ülü duraduqčin

。（仁德谁不思慕）。统合黑三 札撒吉⑥亦讷 兀禄 阿余黑臣 兀该 阿主兀 者。
发来的 法度 他的 不 怕的 无 也者
tungqaqsan jasaq i inu ülü ayuqčin ügei ajuγu je

（号令谁不畏惧）。额捏 篾秃 阿兀 土撒 中合哈儿孩 札撒吉⑦亦讷。（似这等恩德号令）。
这 般 宽 恩 明白 法度 他的
ene metü aγuu tusa qaqarqai jasaq i inu

---

① 注：此处的“亦儿格泥”是蒙古语“irgen”加宾格助词“i”时的连写形式，单词“亦儿格”（irgen）中的标记“n”音与宾格助词“i”连读，以汉字“泥”标记。

② 注：此处的“宜”标记蒙古语的宾格助词“yi”。蒙古语中宾格助词有“yi”和“i”，“yi”接续在元音结尾词之后，“i”接续在“b、g、r、s、d、n、m、l、ng”等结尾的闭音节词之后，接续不同辅音结尾词之后，以不同汉字标记。

③ 注：此处的“宜”标记蒙古语的宾格助词“yi”。蒙古语中宾格助词有“yi”和“i”，“yi”接续在元音结尾词之后，“i”接续在“b、g、r、s、d、n、m、l、ng”等结尾的闭音节词之后，接续不同辅音结尾词之后，以不同汉字标记。

④ 注：此处的“列”应该是“舌列”，标记蒙古语的“r”音。

⑤ 注：此处的“宜”标记蒙古语的宾格助词“yi”。蒙古语中宾格助词有“yi”和“i”，“yi”接续在元音结尾词之后，“i”接续在“b、g、r、s、d、n、m、l、ng”等结尾的闭音节词之后，接续不同辅音结尾词之后，以不同汉字标记。

⑥ 注：此处的“札撒吉”与“札萨吉”（jasaq i）相同。是蒙古语单词“jasaq”（札撒黑）加宾格助词“i”的连读形式。“jasaq”（札撒黑）接续宾格助词“i”时，“q（g音）”与“i”连读，去掉“札撒黑”中的小字“黑”，以汉字“吉”标记“q（g音）”与“i”。

⑦ 注：此处的“札撒吉”与“札萨吉”（jasaq i）相同。是蒙古语单词“jasaq”（札撒黑）加宾格助词“i”的连读形式。“jasaq”（札撒黑）加宾格助词“i”时，“q（g音）”与“i”连读，去掉“札撒黑”中的小字“黑”，以汉字“吉”标记“q（g音）”与“i”。

荅阑 许列兀 桓[惕]孛鲁塔剌 迭里格[舌]列周。(七十余年)。兀鲁思 亦儿坚 昂客 别儿
七十 余 年 做及 布开着 国 百姓 太平
dalanülegü ond (on ud) boltala delgerejü ulus irgen engke ber

只儿[中]合伯。(人民安乐)。[中]豁亦①纳 脱欢帖木儿 [中]合罕(自脱欢帖木儿皇帝)。
快活了 后 皇帝
jirγabai qoina toγon temür qaγan

[中]罕 孛鲁[黑]三 兀赤儿 图儿。(他做皇帝时)。兀鲁思 亦儿格泥②马石 额薛 孩[舌]剌剌[黑]撒
皇帝 做 时 里 国 百姓 行 好生 不 爱恤了的
qan (qaγan) boluqsan učir tur ulus irgen i masi ese qairalaqsan

讷 秃剌。(于多百姓上好生不爱恤么道)。挑兀别儿 迭列该 迭额[舌]列 撒卯兀 孛鲁阿[惕]。
上头 为那般 天下 上 乱 做了
nu tula tgüber delegei degere samaγu (samaγun) boluγad

(因此上天下人乱了)。着[必]不[舌]里 札三 牙丹。(积渐整治不得)。谷儿 迭额[舌]列 赫乞[惕]
渐 渐 整治 不得 普 上 头
jöb büri jasan yadan gür degere ekid

斡栾 孛鲁周。(豪杰每多)。兀鲁思 亦儿坚 你客别儿 孛仑 牙荅[中]忽兀赤儿 图儿。
多 做着 国 百姓 一定 做 不能的 时节 里
olan bolju ulus irgen nigeber bolun yadaqu učir tur

(无那一定的时节)。必 都[舌]里 因③捏[舌]列 别儿 阿[中]灰 突儿(我每在闲中坐地)。斡栾
我 闲 的 名字 里 住 时分 多
bi düri yin nere ber aqui dur olan

兀鲁思 亦儿坚 阿木儿邻 牙荅[中]忽 宜④兀者周。(见多百姓每不能勾宁息)。挑兀别儿

① 注:此处的"亦"字标记双元音中的"i"。

② 注:此处的"亦儿格泥"是蒙古语"irgen"加宾格助词"i"时的连写形式,单词"亦儿格"(irgen)中的标记"n"音与宾格助词"i"连读,以汉字"泥"标记。

③ 注:此处的"因"字标记蒙古语的属格助词之一的"yin",蒙古语中"yin"接续在元音结尾词之后。以"b、g、r、s、d、m、l、ng"等结尾的闭音节词之后接续蒙古语的属格助词"un",以"n"结尾的闭音节词之后接续蒙古语的属格助词"nu"。

④ 注:此处的"宜"标记蒙古语的宾格助词"yi"。蒙古语中宾格助词有"yi"和"i","yi"接续在元音结尾词之后,"i"接续在"b、g、r、s、d、n、m、l、ng"等结尾的闭音节词之后,接续不同辅音结尾词之后,以不同汉字标记。

国 百姓 安宁 不能 的 见着 为那般
ulus irgen amurlin yadaqu yi üjejü tegüber

马讷 中合札儿里 温① 兀舌鲁黑 塔舌里黑 把②阔儿失思 斡栾 那阔惕乞额惕额也丁屯都周。
俺每 乡 里 亲 戚 并 邻 多 伴当 等 商量 着
namu ɣajarliq un uruq tariq ba körsis olan nököd kiged eyetüldüjü

(因此上乡中亲戚并邻里众伴当每商议者)。扯舌里克中忽舌里牙周。(收拾了些人马)。
军 收集 着
čerig quriyaju

朵儿班 塔奔 桓 讷 札兀舌剌 帖迭 撒卯兀舌剌黑撒的 不古迭 宜③土卜失额舌里都克薛 别儿。
四 五 年的 间 那的 乱了的每 都 行 平定了的 上头
dörben tabun on nu jaɣura tede samuɣuraqsad i bügüde yi tübsigeridügsen tula

(将乱雄每四五年间都平定了)。忙丁豁 扯舌里兀惕 额里薛古泥④额里薛兀鲁额惕。
达达 军每 归附 的 归附了
mongɣul čerigüd elsegün i elsegülüged

(达达军马每归附的归附了)。斡郎勤 兀篾克石 斡惕周兀 者。(草地里去了的多)。
多的每 迤北 去
olangkinümegsi odčuqu je

洪武 中豁舌邻都瓦儿 桓 中豁舌邻 你刊突额儿 桓。(洪武二十年、二十一年)。
二十 年 二十 一 年
qung u qoriduɣar on qorin nigedüger on

中豁牙儿塔 兀也连 扯舌里克 牙不丁温周。(两次遣兵)。忙丁豁 中合礼舌剌 古儿周。
二 次 军 教行 着 达达 地面 行 到着
quyarta üyelen čerig yabuɣulju mongɣul ɣajara kürjü

---

① 注:此处的汉字"温"标记的是蒙古语属格助词之一的"un"。

② 注:此处的"把"标记蒙古语连词"ba",连接表示并列关系的词语。相当于汉语中的"并、和"之意。

③ 注:此处的"宜"标记蒙古语的宾格助词"yi"。蒙古语中宾格助词有"yi"和"i","yi"接续在元音结尾词之后,"i"接续在"b、g、r、s、d、n、m、l、ng"等结尾的闭音节词之后,接续不同辅音结尾词之后,以不同汉字标记。

④ 注:此处的"额里薛古泥"是蒙古语"elsegü"加宾格助词"i"时的连写形式,单词"额里薛古"(elsegü)中结尾的"n"音与宾格助词"i"连读,以汉字"泥"标记"n"加宾格助词"i"的连读形式。

（直到达达田地里）。斡栾 忙丁豁 兀鲁昔①阿不阿惕中合舌里丁温周 亦舌列丁温周
多 达达 百姓每 将 回着 来着
olan mongγul ulus i abuγad qariγulju iregülju

阿木儿里丁温伯。（将有的达达每带回来抚绥了）。中合罕 孛伦黑三 脱中忽思帖木儿。
安抚 了 皇帝 做了的
amurliγulbai qaγan boluqsan toqus temür

（那做皇帝的脱忽思帖木儿）。土篾迭 许列兀 哈舌喇的②兀都里都阿惕（领着万以上人）。
万 余 人每 引了
tümed ülegü arad i uduriduγad

也速迭仑③田迭 斡惕周。（走往也速迭儿那里去了）。也速迭儿 木惕额赤格 可温 豁牙儿
那里 去着 他的 父 子 两个
yisüder un tende odču yisüder müd ečige köbegü qoyar

把舌里黑撒泥④。（被也速迭儿连孩儿都擒住）。额里臣 亦舌列周 兀古列仑⑤阿泥
拿了 使臣 来着 说呵 他每
bariqsan i elčin irejü ügülerün ani

不古迭 宜⑥那克赤也别 客额木。（使臣来说呵都废了么道）。不古 扯舌里兀的⑦。
都 行 教过去 说有 有的 军每
bügüde yi nökčiyebe kememü bükü čerigüd i

---

① 注：此处的"兀鲁昔"（ulus i）是蒙古语"兀鲁思"（ulus）接续宾格助词"i"的连写形式。"昔"字标记"兀鲁思"（ulus）中结尾的"s"和宾格助词"i"。

② 注：此处的"哈舌喇的"（arad i）是蒙古语单词"哈舌喇惕"（arad）接续宾格助词"i"的连写形式。以"d"结尾词之后接续宾格助词"i"时，标记词尾"d"音的小字"惕"被省略，以汉字"的"标记结尾的"d"与宾格助词"i"。

③ 注：此处的"也速迭仑"（yisüder un）是"也速迭儿"（yisüder）接续蒙古语属格助词"un"的连写形式。"也速迭儿"（yisüder）中标记结尾"r"音的"儿"字被省略，以"仑"字标记结尾的"r"音和属格助词"un"。

④ 注：此处的"把舌里黑撒泥"是蒙古语"bariqsan"加宾格助词"i"时的连写形式，单词"把舌里黑撒"（bariqsan）中的"n"音与宾格助词"i"连读，以汉字"泥"标记"n"加宾格助词"i"的连读形式。

⑤ 注：此处的"仑"为"舌仑"，标记蒙古语"r"音。

⑥ 注：此处的"宜"标记蒙古语的宾格助词"yi"。蒙古语中宾格助词有"yi"和"i"，"yi"接续在元音结尾词之后，"i"接续在"b、g、r、s、d、n、m、l、ng"等结尾的闭音节词之后，接续不同辅音结尾词之后，以不同汉字标记。

⑦ 注：此处的"扯舌里兀的"（čerigüd i）是蒙古语单词"扯舌里兀惕"（čerigüd）接续宾格助词"i"的连写形式。以"d"结尾词之后接续宾格助词"i"时，标记词尾"d"音的小字"惕"被省略，以汉字"的"标记结尾的"d"与宾格助词"i"。

（其余人马）。多秃额儿 知院捏怯来、国公老撒、丞相失[舌]列门坛。（第四知院
第四　等
dödüger　jiön　nekelei gui gung lausa čing seng siremün tan

捏怯来、国公老撒、丞相失列门）。塔速思 兀都里都阿[惕] 亦[舌]列周 额里薛[克]薛讷 秃剌。
尽　引了　来着　归附了的　上头
tasus　uduriduγad　irejü　elsegsen　nü　tula

（尽数领来归附了我每）。阿泥 额别孙 兀速讷 勺琴只 巴儿 阿都孙①帖考兀鲁额[惕]。
他每　草　水　的　顺便　头口　教养
ani　ebesün　usun un　jokimji bar　adusun　tejigülüged

塔[舌]里牙剌兀仑 撒[丁]温[中]合巴。（安札屯种、顺水草牧放头口）。不速 昂吉荅 扯里兀[惕]
屯种　教住了　别　处　军每
tariyalaγulun　saγulγaba　busu　anggita　čerigüd

牙不[丁]温荅[中]忽 [中]合札儿 兀该 因②秃剌。（别无征战的所在）。必 额朵额 迭列该 宜③
教行的　地　无　的 上头　我　今　天下　行
yabuγuldaqu　γajar　ügei　yin　tula　bi　edüge　delegei yi

篾迭[克]先 兀赤儿 图儿。（俺如今主宰天下的事务）。额捏 乃亦④[舌]里 佥院 土篾迭儿 副使
管了的　时节　里　这　意思
medegsen učir　tur　ene　nair i　čemön　tümeder　fusi

哈剌塔泥⑤札[舌]鲁周。（这个意思差佥院土篾迭儿副使哈剌）。兀篾[舌]列 [中]合札[舌]剌 不古
等行　差着　北　地面行　有的
qaratan i　jaruju　ümere　γajara　bükü

① 注：此处的“阿都孙”（adusun）是以口语形式标记蒙古语单词“阿都兀孙”（aduγusun）。

② 注：此处的“因”字标记蒙古语的属格助词之一的“yin”。蒙古语的属格助词有“yin”、“un”、“nu”三种。蒙古语中“yin”接续在元音结尾词之后。以“b、g、r、s、d、m、l、ng”等结尾的闭音节词之后接续蒙古语的属格助词“un”，以“n”结尾的闭音节词之后接续蒙古语的属格助词“nu”。

③ 注：此处的“宜”标记蒙古语的宾格助词“yi”。蒙古语中宾格助词有“yi”和“i”，“yi”接续在元音结尾词之后，“i”接续在“b、g、r、s、d、n、m、l、ng”等结尾的闭音节词之后，接续不同辅音结尾词之后，以不同汉字标记。

④ 注：此处的“亦”标记双元音“i”音。

⑤ 注：此处的“塔泥”是蒙古语“tan”接续宾格助词“i”时的连写形式，蒙古语单词“tan”中的“n”音与宾格助词“i”连读，以汉字“泥”标记“tan”结尾的“n”音接续宾格助词“i”的连读形式。

（往迤北田地里）。安荅 纳哈出 佥院捏 兀古列秃该 客延 札舌鲁巴。（说与安荅
行 说 也者 么道 差了也
anda naqaču čem ön ne ügületügei kemen jaruba

纳哈出佥院知道）。木惕巴撒 黯巴儿 中薛惕丁勤 孛额速。（他每有甚么意思呵）。斡都黑三
他每 再 甚么 意思 有呵 去了的
müd basa yambar sedkil bögesü oduqsan

额里臣 鲁瓦 古温 札舌鲁周 含中秃 阿儿①亦舌列周 阿里别 乃亦舌里②颜 兀古列木
使臣 一同 人 差着 一同 来着 不捡什么 意思 说也
elčin luγa kömün jaruju qamtu bar irejü aliba nair i yan ügülemü

者。（差人与差去人一同来说备细也者）。
者
je

六　撒蛮答失里等书

速图 中合罕纳 孛丁斡 撒蛮 荅失舌里 木荅 荅儿木 合只 散吉儿察 阿巴赤 坚都克丁班
洪福 皇帝 行 奴婢
suu tu qaγana boγul saman dasiri muda darmu qaji sangirča abači gendükbal

哈舌剌脱伯惕 乃亦③舌剌 不花 加纳黑丁班坛。必赤吉④牙儿⑤斡赤木。迭额舌列 腾吉舌里 因⑥
等 文书 里 奏有 上 天 的
qaratöböd naira buqa γanaqbal tan bičig i yer öčimü egere tengri yin

---

① 注：此处“阿儿”（bar）中的“阿”字标记蒙古语中的“ba”音，这是受蒙古语口语影响，在蒙古语口语中接续词“bar”出现“b”音脱落的现象。

② 注：此处的“乃亦舌里”（nair i）是标记“乃亦儿”（nair）接续宾格助词“i”的连写形式。“亦”字标记双元音中的“i”。“舌里”标记结尾的“r”音和宾格助词“i”的连读形式。

③ 注：此处的“亦”字标记双元音“i”。

④ 注：此处的“必赤吉”是蒙古语“必赤克”（“bičig”）接续宾格助词“i”时的连写形式，单词“必赤克”（bičig）中的标记“g”音的小字“克”被省略，成为“必赤”，“bičig”中的“g”音与宾格助词“i”连读，以“吉”字表示“g”接续宾格助词“i”的连读形式。

⑤ 注：此处的“牙儿”（yer）与“额儿”（yer）相同。标记蒙古语中的使役助词“yer”。

⑥ 注：此处的“因”字标记蒙古语的属格助词之一的“yin”，蒙古语中“yin”接续在元音结尾词之后。以“b、g、r、s、d、m、l、ng”等结尾的闭音节词之后接续蒙古语的属格助词“un”，以“n”结尾的闭音节词之后接续蒙古语的属格助词“nu”。

札牙安①巴儿 迭列该 额儿亭出
命 里 天下 世界
jayaγan bar delegei ertinčü（yirtinčü）

速图 大明 [中]合罕 纳 埃 孛鲁[黑]三 巴儿 巴 兀[舌]里荅 纳速[舌]儿丁 塔泥②。
洪福 皇帝 的 做了的 上头 俺 在前 等行
suu tu daiming qaγan nu ki boluqsan bar bi urida nasurding :an :

速图 [中]合罕 纳 [丁]安坛 赤[舌]剌亦③图儿 [丁]阿兀札兀仑 斡[惕]巴速。札儿里 孛鲁[舌]仑。
洪福 皇帝 的 金 容 里 拜见 教 去呵 圣旨 有
suutu qaγan nu altan čirai dur aγuljaγulun odbasu jarliq bolurun

额朵额 赤 荅[舌]雷 图儿 斡帖儿 [中]合[舌]里。田迭 因④王 把⑤兀鲁思 亦儿坚 都[舌]里颜⑥。客列列
今 你 即便 里 疾 回去 那里的 并 国土 百姓 自的 行 说
edüge či darui dur öter qari tendeyin ong ba ulus irgen dür i yan kelele

忽札兀[舌]仑 嫩秃[黑] 都[舌]里颜⑦撒兀周。爱麻[中]昆 阿[中]合剌[黑]三荅察 亦[舌]列秃该 客延。
根源 的 营盘 自的 行 坐着 部落 的 头目 里 教来 者 么道
ujaγur un nutaq dur i yan saγuju aimaq un aqalaqsad ača iretügei kemen

札儿里 孛鲁[黑]三讷 秃剌。挑兀别儿 你多泥 木荅 乃[舌]剌不花 孛鲁[惕]塔泥⑧。阿[黑]塔昔⑨牙儿⑩

---

① 注：此处的“安”标记的是蒙古语“gan”（γan）音，受蒙古语口语中辅音“g”（γ）脱落的影响。

② 注：此处的“塔泥”是蒙古语“tan”接续宾格助词“i”时的连写形式，单词“塔”（tan）中的标记蒙古语的“n”音与宾格助词“i”连读，以汉字“泥”标记“n”接续宾格助词“i”的连读形式。

③ 注：此处的“亦”标记蒙古语中双元音“i”。

④ 注：此处的“因”字标记蒙古语的属格助词之一的“yin”，蒙古语中“yin”接续在元音结尾词之后。以“b、g、r、s、d、m、l、ng”等结尾的闭音节词之后接续蒙古语的属格助词“un”，以“n”结尾的闭音节词之后接续蒙古语的属格助词“nu”。

⑤ 注：此处的“把”标记蒙古语中的连词“ba”，连接表示并列关系的词语。相当于汉语中的“并、和”之意。

⑥ 注：此处的“都[舌]里颜”与“突[舌]里颜”相同。是标记蒙古语的助词“tür”接续宾格助词“i”，再接续助词“yan”（颜）时的连写形式。一般用汉字“都儿”或“突儿”标记助词“tür”。“都[舌]里”标记“tür”接续宾格助词“i”。这里连用三个助词“tür”、“i”、“yen”时，用汉字“都[舌]里颜”标记。

⑦ 注：此处的“都[舌]里颜”与“突[舌]里颜”相同。是标记蒙古语的助词“tür”接续宾格助词“i”，再接续助词“yan”（颜）时的连写形式。一般用汉字“都儿”或“突儿”标记助词“tür”。“都[舌]里”标记“tür”接续宾格助词“i”。这里连用三个助词“tür”、“i”、“yen”时，用汉字“都[舌]里颜”标记。

⑧ 注：此处的“塔泥”是蒙古语“tan”接续宾格助词“i”时的连写形式，单词“塔”（tan）中的标记蒙古语“n”音与宾格助词“i”连读，以汉字“泥”标记“n”接续宾格助词“i”的连读形式。

⑨ 注：此处的“阿[黑]塔昔”（aqtas i）是蒙古语“阿[黑]塔思”（aqtas）接续宾格助词“i”的连写形式。“昔”字标记“阿[黑]塔思”（aqtas）中结尾的“s”和宾格助词“i”的连读形式。

⑩ 注：此处“牙儿”（yar）与“阿儿”相同。标记蒙古语中使役助词“yar”。

圣旨 有了 的上头 为那般 去年 等行 骟马 每 教
jarliq boluqsan nu tula tegüber niduni muda naira buqa bolud tan i aqtas i yer

阿丁兀札兀仑①亦列②别速。
拜见 教 去了呵
aγuljaγulun irebesü

速图 中合罕 莎余儿中合周。马纳 勺舌邻 额里臣 札舌鲁阿惕。札儿里 亦列③舌仑 甘肃、沙州④
洪福 皇帝 恩赐 着 俺行 专一 使臣 差了 圣旨 来的 地 名
suu tu qaγan soyurqaju mana jorin elčin jaruγad jarliq irerün γansu sajiu

乞额惕中合札的⑤牙儿⑥额别孙 兀孙 讷 勺琴只 巴儿 撒兀秃该 客额克先 讷 秃剌。
等 地面 行 教草 水 的 顺便依着 坐 者 说了 的 上头
kiged γajad i yar ebesün usun nu jokimji bar saγutuγai kemegsen nü tula

巴 别儿 沙州 荅 指挥 古出克鲁瓦 中含秃 巴儿 孛仑。
俺 也 地名 的 同 一同 做着
bi ber sajiu da jiqui güčüg luγa（lüge）qamtu bar bolun

速图 大明 额毡讷。札儿里 札撒吉 中合舌剌周。你刊 勺舌里吉⑦阿儿⑧古纯 斡古牙⑨
洪福 主人的 圣旨 法度 望着 一 意 教 气力 与咱
suu tu daiming ejenü jarliq jasaq i qaraju nigen joriq i yar küčün öggüye

---

① 注：此处的“阿丁兀札兀仑”（“aγuljaγulun”，让拜见之意）有“进贡或入贡”之意。

② 注：此处的“列”应该是“舌列”，标记蒙古语的“r”音。

③ 注：此处的“列”应该是“舌列”，标记蒙古语的“r”音。

④ 注：此处沙州指今敦煌。

⑤ 注：此处的“中合札的”（γajad i）是蒙古语单词“中合札惕”（γajad）接续宾格助词“i”的连写形式。以“d”结尾词之后接续宾格助词“i”时，标记词尾“d”音的小字“惕”被省略，以汉字“的”标记结尾的“d”与宾格助词“i”的连写形式。

⑥ 注：此处“牙儿”（yar）与“阿儿”相同。标记蒙古语使役助词“yar”。

⑦ 注：洪武本《华夷译语》身体门中“志”译为“勺舌里黑”（joriq）。此处的“勺舌里吉”是蒙古语“joriq”接续宾格助词“i”时的连写形式，单词“勺舌里黑”（joriq）中的标记“g（q）”音的小字“黑”被省略，成为“勺舌里”，“joriq”中的“g”音与宾格助词“i”连读，以“吉”字表示“g”加“i”的连读形式。

⑧ 注：此处“阿儿”（yar）中的“阿”字标的是“ya”音，是受蒙古语口语影响，蒙古语口语中“yar”出现“y”脱落的现象。

⑨ 注：此处的“斡古牙”应该是“斡克古牙”（“öggüye”，给或与之意），这里是按照口语的形式“ögüye”标记的。

客额周 撒温 阿木。黯巴[舌]里 牙儿①莎余儿[中]合[中]忽 宜②札儿里 篾点。
说 着 坐 有 怎么 般 恩赐 的 圣旨 知
kemejü saγun amu yambar yar soyurqaqu yi jarliq meden

七　纳门驸马书

迭额[舌]列 大明 [中]合罕纳 纳门 古[舌]列根 昂客秃[舌]剌 巴秃儿 斡[丁]臣 马讷。忽③札兀儿 兀鲁思
上 皇帝 行 女婿 勇士 奏事 俺的 根源 国
degere daiming qaγana namun gürgen engketura baγatur öčil manu ujaγur ulus

额毡 成吉思[中]合罕讷 札儿里吉④阿儿⑤。额毡 察阿歹⑥[中]合罕讷 荅罕 撒[中]合荅[中]合三。忙[丁]豁
主人 皇帝 圣旨 里 主人 皇帝 行 随 分出 达达
ejen činggis qaγan nu jarliq i yar ejen čaqadai qaγan na daγan saqadaqasan mongγul

兀鲁昔⑦札儿沉阑周。兀[舌]里都思 图儿 马讷 秃失周 篾迭[丁]温周 不列额。帖列 察[中]合察⑧
百姓 行 整治 着 祖宗 里 俺的 委付 管 教着 有来 那 时
ulus i jarčimlaju uridus tur manu tüsijü medegüljü bülüge tere čaq ača

亦纳[黑]失荅 腾吉里迭 亦协[克]迭周。免都 额列 兀[舌]里都 约孙 阿儿⑨秃失[克]迭周 阿木。额朵额
以来 天 护助 着 平常 但 在前 道理 依着 委付 着 有 今
inaqsita tengri da igekdejü mendü ele uridu yosun yar tüsikdejü amu edüge

---

① 注：此处“牙儿”（yar）与“阿儿”相同。是标记蒙古语使役助词“yar”。

② 注：此处的“宜”标记蒙古语的宾格助词“yi”。蒙古语中宾格助词有“yi”和“i”，“yi’接续在元音结尾词之后，“i”接续在“b、g、r、s、d、n、m、l、ng”等结尾的闭音节词之后，接续不同辅音结尾词之后，以不同汉字标记。

③ 此处的“忽”标记蒙古语元音“u”前面的不发音的“h”音。

④ 注：此处的“札儿里吉”是蒙古语“jarliq”（札儿里[黑]）接续宾格助词“i”时的连写形式，单词“札儿里[黑]”（jarliq）中的标记“g（q）”音的小字“黑”被省略，成为“札儿里”，“jarliq”中的“（q）g”音与宾格助词“i”连读，以“吉”字表示“g”接续“i”的连读形式。

⑤ 注：此处“阿儿”（yar）中的“阿”字标的是“ya”音，是受蒙古语口语影响，蒙古语口语中“yar”出现“y”脱落的现象。

⑥ 注：此处的“察阿歹”指成吉思汗次子“察合台”。

⑦ 注：此处的“兀鲁昔”（ulus i）是蒙古语“兀鲁思”（ulus）接续宾格助词“i”的连写形式。“昔”字标记“兀鲁思”（ulus）中结尾的“s”和宾格助词“i”的连写形式。

⑧ 注：此处的“察[中]合察”（čaq ača）是标记蒙古语“察[黑]”（čaq）接续蒙古语的从格助词“阿察”（ača）的连写形式。文书8中“察[黑]阿察”（čaq ača）被标记为“察[中]合阿察”，均与“察[中]合察”相同。

⑨ 注：此处“阿儿”（yar）中的“阿”字标的是“ya”音，是受蒙古语口语影响，蒙古语口语中“yar”出现“y”脱落的现象。

莎余儿[中]合巴速 也客 兀鲁孙①拜[舌]里孩。额堆额堆 迭额[舌]列 巴[舌]邻都[中]灰 突儿。额里臣

恩赐 呵 大 国 基址 这些这些 上 相接 的 时分 使臣

soyurqabasu yeke ulus un bairiqai edüi edüi degere barilduqui dur elčin

客列赤泥②颜 约孙 阿儿③牙不[丁]温周 别积儿格[惕]斡儿脱兀的④延 抹儿 帖儿格兀儿

传言语 的 道理 依着 行教着 商贾 路 道

kelečin i yen yosun yar yabuɣulju bejirged ortoɣud i yen mör tergegür

捏额[丁]温坚。古纳失[舌]里 王 宜⑤[中]合迷里⑥阿儿⑦牙不[中]灰 也客 兀鲁孙⑧拜[舌]里孩 宜⑨额[舌]邻

教开通 行 地名 从 行的 大 国 基址 行 寻着

negegülgen gunasiri ong i qamil i yar yabuqui yeke ulus un bairiqai yi erin

札儿沉阑[中]忽 宜⑩[中]合罕讷 札儿里 篾迭秃该。斡[丁]臣 马讷 禄 [丁]真 兀不仑 赫乞 撒[舌]剌 因⑪

整治 的 皇帝 的 圣旨 知 者 奏事 俺的 龙 年 冬的 头 月 的

jarčimlaqu yi qaɣan nu jarliq medetügei öčil manu luu jil ebül ün eki sara yin

乃蛮 失你迭 [中]合剌迭列 不恢 突儿 必赤伯。

---

① 注：此处的“兀鲁孙”（ulus un）是标记蒙古语“兀鲁思”（ulus）接续属格助词“un”的连写形式，以汉字“孙”标记“兀鲁思”（ulus）结尾的“s”与属格助词“un”的连读形式。在蒙古语中，属格助词“un”接续在“b、q（g）、r、s、d、m、l、ng”等闭音节结尾的词之后时，用不同汉字标记。

② 注：此处的“客列赤泥”是蒙古语“kelečin”接续宾格助词“i”时的连写形式，蒙古语单词“客列赤”（kelečin）中的“n”音与宾格助词“i”连读，以汉字“泥”标记“n”接续宾格助词“i”的连读形式。

③ 注：此处“阿儿”（yar）中的“阿”字标的是“ya”音，是受蒙古语口语影响，蒙古语口语中“yar”出现“y”脱落的现象。

④ 注：此处的“斡儿脱兀的”（ortoɣud i）是蒙古语单词“斡儿脱兀[惕]”（ortoɣud）接续宾格助词“i”的连写形式。以“d”结尾词之后接续宾格助词“i”时，标记词尾“d”音的小字“惕”被省略，以汉字“的”标记结尾的“d”与宾格助词“i”连读形式。

⑤ 注：此处的“宜”标记蒙古语的宾格助词“i”。一般情况下以汉字“宜”标记蒙古语中接续在元音结尾词之后的宾格助词“yi”。当以“ng”结尾的闭音节词之后接续宾格助词“i”时，以汉字“宜”标记宾格助词“i”。

⑥ 注：此处的“[中]合迷里”（qamil i）指“哈密”。永乐本《华夷译语》鞑靼馆来文中，与qamil对应的是哈密。以汉字“里”字标记“qamil”一词结尾的“l”接续宾格助词“i”的连写形式。

⑦ 注：此处“阿儿”（yar）中的“阿”字标的是“ya”音，是受蒙古语口语影响，蒙古语口语中“yar”出现“y”脱落的现象。

⑧ 注：此处的“兀鲁孙”（ulus un）是标记蒙古语“兀鲁思”（ulus）接续属格助词“un”的连写形式，以汉字“孙”标记“兀鲁思”（ulus）结尾的“s”与属格助词“un”的连读形式。在蒙古语中，属格助词“un”接续在“b、q（g）、r、s、d、m、l、ng”等闭音节结尾的词之后时，用不同汉字标记。

⑨ 注：此处的“宜”标记蒙古语的宾格助词“yi”。蒙古语中宾格助词有“yi”和“i”，“yi”接续在元音结尾词之后，“i”接续在“b、g、r、s、d、n、m、l、ng”等结尾的闭音节词之后，接续不同辅音结尾词之后，以不同汉字标记。

⑩ 注：此处的“宜”标记蒙古语的宾格助词“yi”。蒙古语中宾格助词有“yi”和“i”，“yi”接续在元音结尾词之后，“i”接续在“b、g、r、s、d、n、m、l、ng”等结尾的闭音节词之后，接续不同辅音结尾词之后，以不同汉字标记。

⑪ 注：此处的“因”字标记蒙古语的属格助词之一的“yin”，蒙古语中“yin”接续在元音结尾词之后。以“b、g、r、s、d、m、l、ng”等结尾的闭音节词之后接续蒙古语的属格助词“un”，以“n”结尾的闭音节词之后接续蒙古语的属格助词“nu”。

八 初行 地名 有的时分 写了

naiman sinide qaradele bükü dür bičibe

八 脱儿豁察儿书

殿下 额毡捏 孛丁斡 脱儿豁察儿 必赤吉①牙儿②兀中合兀鲁木 额朵额惕奕儿 巴 兀舌良中罕

主人处 奴婢 文书 教 启 有 今次 时分 我 一种人名

den ke ejene boɣul torqočar bičig i yer uqaɣulumu edüged tür bi uriyangqan

豁余黑台 亦儿坚 兀鲁孙③额毡 速图 成吉思 中合罕 讷 察中合④阿察⑤亦讷黑失荅 额客 多延

林木 百姓 国土的 主人 洪福 皇帝的 时分 自 以来 山名

qoyuqtai irgen ulus un ejen suu tu činggis qaɣan nu čaq ača inaqsita eke doyen

温都儿丁掤 木舌连 乞额惕。中合札儿 兀孙 纳察⑥安⑦额只耶⑧ 额薛 中合中合察黑撒巴儿 兀蓝

河名 河 等 地 水 自的行 到今 不曾 分离 的 上头 转

ündür čöl müren kiged ɣajar usun ača ban ejiye ese qaɣačaqsan bar ulam

中合惕中合敦⑨察黑图儿 忽札兀舌仑 荅舌仑阿黑三 赫乞敦⑩失保兀惕 失列丁温孙 乞额惕

累朝 时分 里 根源 原纳的 窝每的 鹰每 土豹 等

qad qad un čaq tur ujaɣur un daruɣaqsan egid ün sibaɣud siregülsün kiged

---

① 注：此处的"必赤吉"是蒙古语"必赤克"（"bičig"）接续宾格助词"i"时的连写形式，单词"必赤克"（bičig）中的标记"g"音的小字"克"被省略，成为"必赤"，"bičig"中的"g"音与宾格助词"i"连读，以"吉"字表示"g"接续宾格助词"i"的连读形式。

② 注：此处"牙儿"（yer）与"额儿"相同。标记蒙古语使役助词"yer"。

③ 注：此处的"兀鲁孙"（ulus un）是标记蒙古语"兀鲁思"（ulus）接续属格助词"un"的连写形式，以汉字"孙"标记"兀鲁思"（ulus）结尾的"s"与属格助词"un"。在蒙古语中，属格助词"un"接续在"b、q（g）、r、s、d、m、l、ng"等闭音节结尾的词之后时，用不同汉字标记。

④ 注："察中合"与"察黑"相同，标记蒙古语的表示"时分"的"čaq"。

⑤ 注：此处的"阿察"是标记蒙古语方位助词"ača"，有时标记为"纳察"。是接续阳性词之后。接续阴性词之后的标记为"捏扯"（eče）。现代蒙古语中只保留了"eče"这一种写法。

⑥ 注：此处的"纳察"是标记蒙古语方位助词"ača"，有时标记为"阿察"。是接续阳性词之后。接续阴性词之后的标记为"捏扯"（eče）。现代蒙古语中只保留了"eče"这一种写法。

⑦ 注：此处的"安"标记的是蒙古语"ban"音，受蒙古语口语中辅音"b"脱落的影响。

⑧ 注：洪武本《华夷译语》时令门中"今"译为"额朵额"（"edüge"）。此处将"今"译为"额只耶"（ejiye）应该是受口语或方言的影响。

⑨ 注：此处的"中合惕中合敦"（qad qad un）是"合中罕"（qaɣan）（皇帝）的复数接续蒙古语属格助词"un"的连写形式。

⑩ 注：此处的"赫乞敦"（egid ün）是蒙古语"赫乞惕"（egid）接续属格助词"un"的连写形式。以"d"结尾词之后接续属格助词"un"时，标记结尾的"d"的小字"惕"被省略，以汉字"敦"标记结尾音"d"和属格助词"un"。汉字"赫"标记蒙古语词首的元音前不发音的"h"音，证明在明代的蒙古语中词首不发音的"h"音仍然存在。

保丁温麻的 桓惕①不舌里 斡栾 啜延 斡鲁黑撒敦②扯捏额儿③大都 荅 荅舌仑 不列额 额朵额。
皮货 年 每 多 少 得 的每 力量 地名行纳 有来 今
baγulmad i ond büri olan čöken oluqsad un čene ger（činege ber）daidu da darun bülege edüge

速图 中合罕讷 也客 脱舌劣 宜④薛惕勤。斡舌罗黑三 纳察 古儿迭古 丁阿班泥⑤只池 辽阳
洪福 皇帝的大 体例行 想 入 了 自 合到的 差发行 却 地名
suu tu qaγan nu yeke törö yi sedkin oruqsan eče gürdegü alban i jiči leuyang

荅阿舌邻 牙不周。迭额舌列 古儿格耶 客额速。中合札儿 丁安赤安⑥讷 秃剌 亦舌连 斡敦 桓
经过 行着 上 送 说呵 地 宽远 的上头 来 去 年
daγarin yabuju degere kürgeye kebesü γajar alčiγan nu tula iren odun on

脱斡舌里中灰 巴儿 牙当吉 兀鲁撒 勺孛郎 孛鲁中忽 余兀⑦。挑兀别儿 巴 兀舌良罕 讷 斡栾
转奔 的 上头 穷困 百姓行 生受 做 了 么 为那般 我 一种人名 多
toγoriqui bar yadangki ulusa jobulang boluqu yuu（yaγu）tegüber bi uriyangqan nu olan

土失篾惕把⑧亦儿坚 讷 薛惕丁勤 不古迭 因⑨勺舌里黑朵帖。
臣每 并 百姓 的 心 都 的意思 径直
tüsimed ba irgen nü sedkil bügüde yin joriq töde

殿下 额毡捏 篾迭丁温周 阿里别 丁阿班 孛鲁阿速。中合札舌仑⑩亦鲁卜迭 荅罕 北平阿
主人处 管 教着 不捡甚 差发 做呵 地 的 顺便 随 地名行

① 注：此处的“桓惕”（“ond”）是“桓”（“on”，年）的复数形式。现代蒙古语中表示年的复数为“on ud”。

② 注：此处的“斡鲁黑撒敦”（oluqsad un）是蒙古语“斡鲁黑撒惕”（oluqsad）接续属格助词“un”的连写形式。以“d”结尾词之后，接续属格助词“un”时，标记结尾的“d”的小字“惕”被省略，以汉字“敦”标记结尾音“d”和属格助词“un”的连写形式。

③ 注：此处的“扯捏 额儿”（čine ber）明显受口语影响。与其相对应的蒙古语应该是“činege ber”（使全力之意）。

④ 注：此处的“宜”标记蒙古语的宾格助词“yi”。蒙古语中宾格助词有“yi”和“i”，“yi”接续在元音结尾词之后，“i”接续在“b、g、r、s、d、n、m、l、ng”等结尾的闭音节词之后，接续不同辅音结尾词之后，以不同汉字标记。

⑤ 注：此处的“阿丁班泥”是蒙古语“alban”接续宾格助词“i”时的连写形式，单词“阿丁班”（alban）中的“n”音与宾格助词“i”连读，以汉字“泥”标记“n”加宾格助词“i”的连读形式。

⑥ 注：此处的“安”标记的是蒙古语“gan”（γan）音，受蒙古语口语中辅音“g”（γ）脱落的影响。

⑦ 注：此处“余兀”（yuu）明显受口语影响，与其相对应的蒙古语应该是“yaγu”。

⑧ 注：此处的“把”标记蒙古语连词“ba”，连接表示并列关系的词语。相当于汉语中的“并、和”之意。

⑨ 注：此处的“因”字标记蒙古语的属格助词之一的“yin”，蒙古语中“yin”接续在元音结尾词之后。以“b、g、r、s、d、m、l、ng”等结尾的闭音节词之后接续蒙古语的属格助词“un”，以“n”结尾的闭音节词之后接续蒙古语的属格助词“nu”。

⑩ 注：此处的“中合札舌仑”是蒙古语的“中合札儿”（“γajar”）接续属格助词“un”的连写形式，标记“γajar”的“中合札儿”中去掉“儿”字，将“γajar”中的“r”音和属格助词“un”的音连读，以汉字“舌仑”标记。“舌仑”标记的是蒙古语中的“r”音。

den ke ejene medegülǰü aliba alban bolubasu γaǰar un ilübdә daγan beiping a

荅[舌]鲁兀仑 阿巴速 罕里温 把①兀鲁孙②委列 图儿 朵甘 孛鲁木 者 莎余儿[中]合速。兀蓝
纳 教 住呵 官 行 并 民 的 事 里 少益 做 有 恩赐 呵 转
daruγulun abasu qanliq un ba ulus un üile dür dögüm bolumu je soyurqasu ulam

[中]合罕讷 斡赤古 宜③。
皇帝 行 奏 的
qaγan nu öčigü yi

殿下 额毡捏 速 [中]忽秃[黑]篾迭秃该。
主人的 洪 福 知 也者
den ke ejenü suu qutuq medetügei

九 失列门书

指挥 相公 温 格格额延 勺里哈 失列门 勺里吉④颜 兀合[中][丁]温周 亦列木。失列门讷 [中]合兀臣
的 明 意思行 意思自的 计禀 着 教去有 的 旧
jiqui senggungün gegegeyen joriγa siremün joriq iyen uqaγulju iremü siremün nü qaγučin

额别赤秃 不古宜⑤。指挥相公 篾[丁]颠 不列额。你多泥 桓 纳察⑥额别亘 捏忙古 孛鲁周 牙奔
病 有的行 知 有来 去 年 自 病 渐添 做着 行
ebečitü bügü yi ji qui seng gung medel bülüge niduni on ača ebečin nemenggü bolju yabun

---

① 注：此处的“把”标记蒙古语连词“ba”，连接表示并列关系的词语。相当于汉语中的“并、和”之意。

② 注：此处的“兀鲁孙”（ulus un）是标记蒙古语“兀鲁思”（ulus）接续属格助词“un”的连写形式，以汉字“孙”标记“兀鲁思”（ulus）结尾的“s”与属格助词“un”的连写形式。在蒙古语中，属格助词“un”接续在“b、q（g）、r、s、d、m、l、ng”等闭音节结尾的词之后时，用不同汉字标记。

③ 注：此处的“宜”标记蒙古语的宾格助词“yi”。蒙古语中宾格助词有“yi”和“i”，“yi”接续在元音结尾词之后，“i”接续在“b、g、r、s、d、n、m、l、ng”等结尾的闭音节词之后，接续不同辅音结尾词之后，以不同汉字标记。

④ 注：洪武本《华夷译语》身体门中“志”译为“勺[舌]里[黑]”（joriq）。此处的“勺里吉”应该是“勺[舌]里吉”，是蒙古语“joriq”接续宾格助词“i”时的连写形式，单词“勺[舌]里[黑]”（joriq）中的标记“g（q）”音的小字“黑”被省略，成为“勺[舌]里”，“joriq”中的“g”音与宾格助词“i”连读，以“吉”字表示“g”接续宾格助词“i”的连读形式。

⑤ 注：此处的“宜”标记蒙古语的宾格助词“yi”。蒙古语中宾格助词有“yi”和“i”，“yi”接续在元音结尾词之后，“i”接续在“b、g、r、s、d、n、m、l、ng”等结尾的闭音节词之后，接续不同辅音结尾词之后，以不同汉字标记。

⑥ 注：此处的“纳察”是标记蒙古语方位助词“ača”，有时标记为“阿察”。是接续阳性词之后。接续阴性词之后的标记为“捏扯”（eče）。现代蒙古语中只保留了“eče”这一种写法。

牙苔中忽 丁申塔泥①颜 斡赤坚别儿。
不能 缘故 自的 昨前 也
yadaqu siltaɣan i yan öčigen ber

迭额舌列 斡赤丁温周 亦列②鲁额。额捏 塔奔 撒舌剌 因③哈儿班 塔奔纳。
上 奏 教着 去了了 这 五 月 的 十 五 行
degree öčiɣulju irelige ene tabun sara yin arban tabun na

迭额舌列 札舌鲁黑苔黑三 马札儿台 坛 额里臣 中合舌里周 亦舌列周 失列门纳。
上 差 了 等 使臣 回着 来着 行
degree jaruqdaqsan majartai tan elčin qariju irejü siremün ne

札儿舌里 古儿格舌仑 失列门泥④大宁 阿 古儿周 曩加指挥 鲁瓦 兀丁毡都周。
圣旨 传的 行 地名 行 到着 一同 相见 着
jarliq gürgerün siremün i daining a gürjü nanggia jiqui luɣa üjeldüjü

迭额舌列 亦舌列古 宜⑤都舌剌剌阿速 纳木儿 薛舌里温 孛舌鲁⑥中干 丁安中忽儿 勺乞颜
上 来的 行 心要来 呵 秋 凉 做着 慢慢 整理
degree irekü yi duralabasu namur serigün boluɣan alɣur jokiyan

亦舌列秃该 客延 札儿里 古儿格额惕。礼部 阿察⑦亦舌列克客先。札付 必赤克别 马纳
来者 么道 圣旨 传了 自 来了 文书也 俺行
iretügei kemen jarliq gürgeged libu ača iregsen jafu bičig be mana

① 注：此处的“丁申塔泥”与“丁申塔安泥”（siltaɣan i）相同。是蒙古语“siltaɣan”接续宾格助词“i”时的连写形式，单词“丁申塔安”（siltaɣan）中的“n”音与宾格助词“i”连读，以汉字“泥”标记“n”接续宾格助词“i”的连读形式。

② 注：此处的“列”应该是“舌列”，标记蒙古语的“r”音。

③ 注：此处的“因”字标记蒙古语的属格助词之一的“yin”，蒙古语中“yin”接续在元音结尾词之后。以“b、g、r、s、d、m、l、ng”等结尾的闭音节词之后接续蒙古语的属格助词“un”，以“n”结尾的闭音节词之后接续蒙古语的属格助词“nu”。

④ 注：此处的“失列门泥”是蒙古语“siremün”接续宾格助词“i”时的连写形式，单词“失列门”（siremün）中的“n”音与宾格助词“i”连读，以汉字“泥”标记“n”接续宾格助词“i”的连读形式。

⑤ 注：此处的“宜”标记蒙古语的宾格助词“yi”。蒙古语中宾格助词有“yi”和“i”，“yi”接续在元音结尾词之后，“i”接续在“b、g、r、s、d、n、m、l、ng”等结尾的闭音节词之后，接续不同辅音结尾词之后，以不同汉字标记。

⑥ 注：此处的“舌鲁”应该是“鲁”，标记蒙古语的“l”音。

⑦ 注：此处的“阿察”与“纳察”相同。是标记蒙古语方位助词“ača”，有时标记为“阿察”。是接续阳性词之后。接续阴性词之后的标记为“捏扯”（eče）。现代蒙古语中只保留了“eče”这一种写法。

讨丁温八 失列门 札儿里 中昆 约速 阿儿①荅舌雷 图儿 大宁 阿 古儿周 指挥 相公 温 赤舌来
吩咐　　　　圣旨　的 道理 依着　即便　里　地名 行 到着　　　　的　颜色
toɣulba　siremün jarliq　un yosun yar　darui dur　daining a gürjü jiqui seng gung un　čirai

图儿 勺罗罕 兀丁毡都速该 客额速 额别臣捏 荅阿哈荅周 古出 边 只卜秃舌剌周。歌多仑
里　遇着　相见　者　说呵　病　透　着　气力 自的 弱了　着　动
dur jolɣan　üjeldüsügei　kebesü ebečine　daɣaqadaju küčü　ben　jibturaju　ködelün

牙荅中忽 迭额舌列 朵儿边 撒舌剌 因②中合兀臣 纳察③。赫乞 迭 延 你刊 脑疽 客古 卯兀
不能的　上头　四　月　的　旧　自　头　行　一个　说的　歹
yadaqu degere　dörben sara　yin qaɣučin　ača　eki　de yen　nigen　nau jü gekü maɣu

格只温 中合舌而塔周。兀古 阿里荅阿惕额只耶④迭 亦剌阿舌里 额薛 孛鲁黑三 巴儿。荅舌雷
疮　出　着　死　险些 了　到今　好些　不曾　做　上头　即便
gejigün ɣartaju　ügü　aldaɣad　ejiye　de　ilaɣari　ese　boluqsan bar　darui

图儿 古舌仑 牙荅周。额别臣泥⑤颜 莎必剌周。亦剌阿舌里 孛舌鲁塔剌。兀格 兀该 客儿
里　到　不能着　病　自的　试　着⑥　好些　做 比及　言语 无　怎生
dur　gürün　yadaju　ebečin i yen　sobilaju　ilɣari　boltala　üge ügei　ker

阿中忽 客延 兀鲁黑失阑。监丞 者颜不花 塔泥⑦牙儿⑧。客列赤连 亦列别。额朵额 客儿 别儿
住　么道　预先　　　　等行 教　通话　教去了　今　怎生
aqu　kemen uruqsilan gemčing jeyen buqa　tani yar　kelečilen　irebe　edüge　ker ber

① 注：此处“阿儿”（yar）中的“阿”字标的是“ya”音，是受蒙古语口语影响，蒙古语口语中“yar”出现“y”脱落的现象。

② 注：此处的“因”字标记蒙古语属格助词之一的“yin”，蒙古语中“yin”接续在元音结尾词之后。以“b、g、r、s、d、m、l、ng”等结尾的闭音节词之后接续蒙古语的属格助词“un”，以“n”结尾的闭音节词之后接续蒙古语的属格助词“nu”。

③ 注：此处的“纳察”是标记蒙古语方位助词“ača”，有时标记为“阿察”。是接续阳性词之后。接续阴性词之后的标记为“捏扯”（eče）。现代蒙古语中只保留了“eče”这一种写法。

④ 注：洪武本《华夷译语》时令门中“今”译为“额朵额”（“edüge”）。此处将“今”译为“额只耶”（ejiye）应该是受口语或方言的影响。

⑤ 注：此处的“额别臣泥”是蒙古语“ebečin”接续宾格助词“i”时的连写形式，单词“额别臣”（ebečin）中的“n”音与宾格助词“i”连读，以汉字“泥”标记“n”加宾格助词“i”的连读形式。

⑥ 注：此处与“试着”相对应的蒙古语“莎必剌周”（sobilaju）是调养的意思。旁译有误。

⑦ 注：此处的“塔泥”是蒙古语“tan”接续宾格助词“i”时的连写形式，单词“塔”（tan）中的标记蒙古语“n”音与宾格助词“i”连读，以汉字“泥”标记“n”和“i”的连读形式。

⑧ 注：此处“牙儿”（yar）与“阿儿”相同。标记蒙古语助词“yar”。

失列门泥①额别臣 亦剌阿^{舌}里 孛鲁周。亦^{舌}列 客古宜②把③额别臣 塔乞 孛额速。苔^{舌}雷
行 病 好些 做着 来 说 的 并 病 也 有呵 即便
siremün i ebečin ilaγari boluju ire gegü yi ba ebečin taki bögesü darui

图儿 亦^{舌}列 客延 黠巴^{舌}里 阿儿④祷兀 把^{舌}里$_{丁}$温周 亦^{舌}列古 宜⑤。指挥相公 温 格格额延
里来 么道 怎生 般 省会 把着 来的 的 明
dur ire kemen yambar yar daγu bariγulju iregü yi jiqui seng gung un gegegegen

篾迭木 者。
知也 者
medemü je

十 捏怯来书

大明 ^{中}合罕讷 速图 捏怯来 因⑥斡赤$_{克}$巴 ^{中}合^{舌}剌除思 腾吉^{舌}里 因⑦札牙安⑧巴儿 忙$_{丁}$豁
皇帝的 洪福 的 奏事 俺 下民 天 的 命 达达
daiming qaγan suutu nekelai yin öčig bi qaračus tengri yin jayaγan bar mungγul

^{中}合罕讷 兀鲁思 图儿 脱^{舌}列周 兀^{舌}里都速安⑨察$_{黑}$阿察⑩斡额敦⑪别也思 图儿 古儿帖列

① 注：此处的“失列门泥”是蒙古语“siremün”接续宾格助词“i”时的连写形式，单词“失列门”（siremün）中的“n”音与宾格助词“i”连读，以汉字“泥”标记“n”和“i”的连读形式。

② 注：此处的“宜”标记蒙古语的宾格助词“yi”。蒙古语中宾格助词有“yi”和“i”，“yi”接续在元音结尾词之后，“i”接续在“b、g、r、s、d、n、m、l、ng”等结尾的闭音节词之后，接续不同辅音结尾词之后，以不同汉字标记。

③ 注：此处的“把”标记蒙古语连词“ba”，连接表示并列关系的词语。相当于汉语中的“并、和”之意。

④ 注：此处“阿儿”（yar）中的“阿”字标记蒙古语的“ya”音，是受蒙古语口语影响，蒙古语口语中助词“yar”出现“y”脱落的现象。

⑤ 注：此处的“宜”标记蒙古语宾格助词“yi”。蒙古语中宾格助词有“yi”和“i”，“yi”接续在元音结尾词之后，“i”接续在“b、g、r、s、d、n、m、l、ng”等结尾的闭音节词之后，接续不同辅音结尾词之后，以不同汉字标记。

⑥ 注：此处的“因”字标记蒙古语属格助词之一“yin”，蒙古语中“yin”接续在元音结尾词之后。以“b、g、r、s、d、m、l、ng”等结尾的闭音节词之后接续蒙古语的属格助词“un”，以“n”结尾的闭音节词之后接续蒙古语的属格助词“nu”。

⑦ 注：此处的“因”字标记蒙古语属格助词之一“yin”，蒙古语中“yin”接续在元音结尾词之后。以“b、g、r、s、d、m、l、ng”等结尾的闭音节词之后接续蒙古语的属格助词“un”，以“n”结尾的闭音节词之后接续蒙古语的属格助词“nu”。

⑧ 注：此处的“安”标记蒙古语“gan”（γan）音，受蒙古语口语中辅音“g”（γ）脱落的影响。

⑨ 注：此处的“安”标记蒙古语“yan”音，受蒙古语口语中辅音“y”脱落的影响。

⑩ 注：此处的“阿察”与“纳察”相同。是标记蒙古语方位助词“ača ”，有时标记为“阿察”。是接续阳性词之后。接续阴性词之后的标记为“捏扯”（eče）。现代蒙古语中只保留了“eče”这一种写法。“察$_{黑}$阿察”与“察^{中}合阿察”、“察^{中}合察”相同。

⑪ 注：此处的“斡额敦”（öbed ün）是蒙古语“斡额$_{惕}$”（öbed ）接续属格助词“un”的连写形式。以“d”结尾词之后，接续属格助词“un”时，标记结尾的“d”的小字“惕”被省略，以汉字“敦”标记结尾音“d”和属格助词“un”。

皇帝 的　国土　里　生　着　祖宗　　行　时分 自　自己的　身子　里　　到了
qaɣan nu ulus　　tur　törejü　uridus yan　　čaq　ača öbed ün　beyes tür　　gürtele

兀耶兀耶 莎余儿中合黑荅中合三 哈赤 宜①薛惕勤。客堆巴 察昆 客儿丁边 兀赤舌剌巴速 别儿
辈　辈　恩赐　　了的　恩 行 想　　虽是　时的 艰难　　遇着　呵　也
üye üyesoyurqaqdaqsan　　ači yi　sedkin　kedüibe　čaq un kerbel　učirabasu　ber

薛惕乞里②颜 兀禄丁阿中合三 图思 中合罕泥③颜 兀主兀连 荅中合周 赤荅口忽 扯捏 别舌里颜④
心　　自的 不　改变　　正主　皇帝自的行 到头　　随着　　能的　　力量 尽着
sedkil i yen ülü　alɣasan　tus　qaɣan iyan üjügülen daɣaju čidaqu čine (činege) ber i yen

古纯 斡克古牙 客延 牙不塔剌 阿舌里不可⑤因⑥兀舌鲁昆 可温 也速迭儿 坛 斡亦⑦舌剌惕⑧鲁瓦
气力　与　　么道　行间　　　　的　子孙 的 大王　　　　等　一种人名　一同
gučün öggüye kemen yabutala　ariq bökö　yin　uruq un köbegün yisüder　tan　oirad　luɣa

孛鲁 歹亦⑨只周。中合罕泥⑩马讷 古只连 汪格舌列兀鲁额惕也客 谈中合 宜⑪阿卜周。
做　　反着　　皇帝行　俺的 毒害　　过去　　了　　大　　印　行 要着
bolun daijiju　qaɣan ni　namu güjilen　önggeregülüged　yeke　tamaɣa yi abču

---

① 注：此处的“宜”标记蒙古语宾格助词“yi”。蒙古语中宾格助词有“yi”和“i”，“yi”接续在元音结尾词之后，“i”接续在“b、g、r、s、d、n、m、l、ng”等结尾的闭音节词之后，接续不同辅音结尾词之后，以不同汉字标记。

② 注：此处的“薛惕乞里”应该是“薛惕乞舌里”（sedkil i）。是蒙古语的单词“薛惕丁乞”（sedkil）接续宾格助词“i”时的连写形式。标记“薛惕丁乞”（sedkil）的结尾的“l”音的小字“丁”字被省略，以汉字“里（舌里）”（ri）标记“r”和“i”的连读形式。

③ 注：此处的“中合罕泥”是蒙古语“qaɣan”接续宾格助词“i”时的连写形式，单词“中合罕”（qaɣan）中的标记“n”音与宾格助词“i”连读，以汉字“泥”标记“n”和宾格助词“i”的连读形式。

④ 注：此处的“别舌里颜”是标记蒙古语的助词“ber”接续宾格助词“i”，再接续助词“yan”（颜）时的连写形式。一般用汉字“别儿”标记助词“ber”。“别舌里”标记“ber”接续宾格助词“i”。这里连用三个助词“ber”、“i”、“yen”时，用汉字“别舌里颜”标记。

⑤ 注：此处的“阿舌里不可”指元代与忽必烈争夺汗位的“阿里不哥”。

⑥ 注：此处的“因”字标记蒙古语属格助词之一的“yin”，蒙古语中“yin”接续在元音结尾词之后。以“b、g、r、s、d、m、l、ng”等结尾的闭音节词之后接续蒙古语的属格助词“un”，以“n”结尾的闭音节词之后接续蒙古语的属格助词“nu”。

⑦ 注：此处的“亦”字标记双元音“i”。

⑧ 注：此处的“斡亦舌剌惕”指明代的瓦剌，即指“卫拉特”。

⑨ 注：此处的“亦”字标记双元音“i”。

⑩ 注：此处的“中合罕泥”是蒙古语“qaɣan”接续宾格助词“i”时的连写形式，单词“中合罕”（qaɣan）中的标记“n”音与宾格助词“i”连读，以汉字“泥”标记“n”和宾格助词“i”的连读形式。

⑪ 注：此处的“宜”标记蒙古语的宾格助词“yi”。蒙古语中宾格助词有“yi”和“i”，“yi”接续在元音结尾词之后，“i”接续在“b、g、r、s、d、n、m、l、ng”等结尾的闭音节词之后，接续不同辅音结尾词之后，以不同汉字标记。

亦儿坚 斡儿豁泥①赫出惕坚 不舌列里格古 因②秃剌 巴 捏怯来 坛 土失篾惕把③扯舌里克
百姓 人烟 行 尽 毁坏 的 上头 俺 等 臣每 并 军
irgen urγan i ečüdgen bürilegekü yin tula bi nekelai tan tüsimed ba čerig

兀鲁昔④牙儿⑤卜舌邻 额耶屯都周 额亦门 古只儿 卯兀纳 兀鲁思 亦儿坚泥⑥兀者额惕客儿
百姓 众 商量着 这般 毒害 歹人行 国土 百姓行 看着 怎生
ulus i yar bürin eyedüldüjü eimün güjir maγuna ulus irgen ni üjeged ker

不丁连格温丁古 客延 不东中忽 阿察⑦不舌鲁中忽敦 斋剌周。格格颜 图儿。客别邻 失秃古
被毁坏 么道 暗 行 回避 躲着 明 里 向着 倚靠的
bürilgegülkü kemen budungqu ača buruqudun jailaju gegegen dür kebelin sitügü

客额速 额儿迭 兀都儿 额扯⑧孛鲁阿惕亦舌列克先。脱舌劣 不恢 因⑨丁申塔 巴儿
说 呵 在前 日子 自 做了 来的 体例 有 的 缘故 上头
kebesü erte üdür eče boluγad iregsen törö büküi yin siltaγan bar

① 注：此处的“斡儿豁泥”是蒙古语“urγan”接续宾格助词“i”时的连写形式，单词“斡儿豁”（urγan）中的“n”音与宾格助词“i”连读，以汉字“泥”标记“n”和宾格助词“i”的连读形式。

② 注：此处的“因”字标记蒙古语的属格助词之一的“yin”，蒙古语中“yin”接续在元音结尾词之后。以“b、g、r、s、d、m、l、ng”等结尾的闭音节词之后接续蒙古语的属格助词“un”，以“n”结尾的闭音节词之后接续蒙古语的属格助词“nu”。

③ 注：此处的“把”标记蒙古语连词“ba”，连接表示并列关系的词语。相当于汉语中的“并、和”之意。

④ 注：此处的“兀鲁昔”（ulus i）是蒙古语“兀鲁思”（ulus）接续宾格助词“i”的连写形式。“昔”字标记“兀鲁思”（ulus）中结尾的“s”和宾格助词“i”。

⑤ 注：此处“牙儿”（yar）与“阿儿”相同。标记蒙古语使役助词“yar”。

⑥ 注：此处的“亦儿坚泥”与“亦儿格泥”相同。是蒙古语“irgen”接续宾格助词“i”时的连写形式，单词“亦儿格”（irgen）中的标记“n”音与宾格助词“i”连读，以汉字“泥”标记。

⑦ 注：此处的“阿察”与“纳察”相同。是标记蒙古语方位助词“ača”，有时标记为“阿察”。是接续阳性词之后。接续阴性词之后的标记为“捏扯”（eče）。现代蒙古语中只保留了“eče”这一种写法。

⑧ 注：此处的“额扯”与“捏扯”相同。是标记蒙古语方位助词“eče”，接续阴性词之后。接续阳性词之后的标记为“纳察”、“阿察”、“合察”（ača）等。现代蒙古语中只保留了“eče”这一种写法。

⑨ 注：此处的“因”字标记蒙古语的属格助词之一的“yin”，蒙古语中“yin”接续在元音结尾词之后。以“b、g、r、s、d、m、l、ng”等结尾的闭音节词之后接续蒙古语的属格助词“un”，以“n”结尾的闭音节词之后接续蒙古语的属格助词“nu”。

大明 中合罕 腾吉舌里 因①札牙安②巴儿 迭列该因③兀鲁昔④可温 失保温 篾图 阿剌黑臣 兀该
皇帝 天 的 命 天下 的 百姓每 孩儿 一般 分拣 无
daiming qaγan tengri yin jayaγa bar delegei yin ulus i köbegün sibaγun metü alaqčin ügei

额捏舌邻中孩亦⑤舌剌剌中忽 阿危 迭列该儿 勺舌里黑不恢 因⑥秃剌
怜悯 爱惜 宽 弘 意思 有的 上头
enerin qairalaqu aγui deleger joriq büküi yin tula

腾吉舌里 因⑦古 勺舌里吉⑧荅罕 古纯的颜 斡克速该 客延 额木捏克石 捏兀额惕桓讷 阔亦田
天 的 意思 随 气力自的 与 者 么道 南 往 起了 年的 寒
tengri yin gü joriq i daγan güčüd iyen ögsügei kemen emünegsi negüged on nu köiten

兀赤舌剌黑撒 巴儿 丁川 古儿周 额别速 丁格毡 脱舌里都额惕 火儿灰 亦剌哈坛 额里臣你⑨
遇 着 上头 地名 到着 草 趁着 止了 等 使臣
učaraqsa bar čöl gürčü ebesü geljin töridüged qorqui ilaqa tan elčin i

---

① 注：此处的“因”字标记蒙古语的属格助词之一的“yin”，蒙古语中“yin”接续在元音结尾词之后。以“b、g、r、s、d、m、l、ng”等结尾的闭音节词之后接续蒙古语的属格助词“un”，以“n”结尾的闭音节词之后接续蒙古语的属格助词“nu”。

② 注：此处的“安”标记的是蒙古语“gan”（γan）音，受蒙古语口语中辅音“g”（γ）脱落的影响。

③ 注：此处的“因”字标记蒙古语的属格助词之一的“yin”，蒙古语中“yin”接续在元音结尾词之后。以“b、g、r、s、d、m、l、ng”等结尾的闭音节词之后接续蒙古语的属格助词“un”，以“n”结尾的闭音节词之后接续蒙古语的属格助词“nu”。

④ 注：此处的“兀鲁昔”（ulus i）是蒙古语“兀鲁思”（ulus）接续宾格助词“i”的连写形式。“昔”字标记“兀鲁思”（ulus）中结尾的“s”和宾格助词“i”。

⑤ 注：此处的“亦”字标记双元音“i”。

⑥ 注：此处的“因”字标记蒙古语的属格助词之一的“yin”，蒙古语中“yin”接续在元音结尾词之后。以“b、g、r、s、d、m、l、ng”等结尾的闭音节词之后接续蒙古语的属格助词“un”，以“n”结尾的闭音节词之后接续蒙古语的属格助词“nu”。

⑦ 注：此处的“因”字标记蒙古语的属格助词之一的“yin”，蒙古语中“yin”接续在元音结尾词之后。以“b、g、r、s、d、m、l、ng”等结尾的闭音节词之后接续蒙古语的属格助词“un”，以“n”结尾的闭音节词之后接续蒙古语的属格助词“nu”。

⑧ 注：洪武本《华夷译语》身体门中“志”译为“勺舌里黑”（joriq）。此处的“勺舌里吉”是蒙古语“joriq”加宾格助词“i”时的连写形式，单词“勺舌里黑”（joriq）中的标记“g（q）”音的“黑”被省略，成为“勺舌里”，“joriq”中的“g”音与宾格助词“i”连读，以“吉”字表示“g”加“i”的连读形式。

⑨ 注：此处的“额里臣你”与“额里臣泥”相同。是蒙古语“elčin”接续宾格助词“i’时的连写形式，单词“额里臣”（elčin）中结尾的“n”音与宾格助词“i”连读，以“泥”或“你”字表示“n”和“i”的连读形式。宾格助词“i”之后再接续其他助词，如接续“颜”（yen），牙儿（yar）等时，用汉字“你”标记宾格助词“i”。

牙儿①也孙 阿黑塔昔②牙儿③阿丁温札邻 兀者兀鲁额锡 勺舌里兀的颜 斡赤丁温周 亦列木。
教　九个　骟马　教　拜见的物　献　了　意思　每行 奏　教着　去有
yer　yisnü　aqtas i yar　aɣuljarin　üjegülüged　joriq ud iyan öčigüljü　iremü

莎余儿中合中忽 宜④
恩赐　的
soyurqaqu　yi

札儿里 篾迭木 者。
圣旨　知　也者
jarliq medemü je

十一　捏怯来书

中合罕讷 速荅 捏怯来因⑤斡赤克斡赤坚 指挥 荅儿麻失里坛 额里臣 亦舌列克先讷 豁亦⑥纳
皇帝 的 洪福　的　奏事　昨前　等　使臣　来了　的　后头
qaɣan nu suuda nekelai yin öčig öčigen jiqui　darmasiri　tan　elčin　iregsen　nü quina

巴 札儿里温 约孙 阿儿⑦应昌温 额木捏 荅 捏舌列秃 中合札剌 撒兀周阿塔剌 额捏 抹中孩
我　圣旨 的 道理依着 地名的　南　地名 名字有的 地行　坐 着 住间　这　蛇儿
bi jarliq　un　yosun yar ing čang un emüne　da neretü　ɣajara　saɣuju atala　ene　moɣai

丁真 中忽儿班 撒舌剌 因⑧哈儿班 朵罗阿纳。
年　三　月 的　十　七　行
jil　ɣurban　sara　yin　arban　doluɣana

---

① 注：此处"牙儿"（yer）与"额儿"相同。标记蒙古语使役助词"yer"。

② 注：此处的"阿黑塔昔"（aqtas i）是蒙古语"阿黑塔思"（aqtas）接续宾格助词"i"的连写形式。"昔"字标记"阿黑塔思"（aqtas）中结尾的"s"和宾格助词"i"。

③ 注：此处"牙儿"（yar）与"阿儿"相同。标记蒙古语助词"yar"。

④ 注：此处的"宜"标记蒙古语的宾格助词"yi"。蒙古语中宾格助词有"yi"和"i"，"yi"接续在元音结尾词之后，"i"接续在"b、g、r、s、d、n、m、l、ng"等结尾的闭音节词之后，接续不同辅音结尾词之后，以不同汉字标记。

⑤ 注：此处的"因"字标记蒙古语的属格助词之一的"yin"，蒙古语中"yin"接续在元音结尾词之后。以"b、g、r、s、d、m、l、ng"等结尾的闭音节词之后接续蒙古语的属格助词"un"，以"n"结尾的闭音节词之后接续蒙古语的属格助词"nu"。

⑥ 注：此处的"亦"字标记双元音"i"。

⑦ 注：此处"阿儿"（yar）中的"阿"字标的是"ya"音，是受蒙古语口语影响，蒙古语口语中"yar"出现"y"脱落的现象。

⑧ 注：此处的"因"字标记蒙古语的属格助词之一的"yin"，蒙古语中"yin"接续在元音结尾词之后。以"b、g、r、s、d、m、l、ng"等结尾的闭音节词之后接续蒙古语的属格助词"un"，以"n"结尾的闭音节词之后接续蒙古语的属格助词"nu"。

燕王 额毡 兀舌鲁黑失荅 马泥 也客 兀鲁思 图儿 捏篾额孙 丁孛中合牙 客延 亦儿坚 讷
主人 前面 俺行 大 国 里 少助 做 么道 百姓 的
yen ong ejen uruqsida man i yeke ulus tur nemegesün bolγaya kemen irgen nü

阿民 阿不剌中忽 因①秃剌 兀舌鲁黑失阑 许列 把②仓 古捏孙 安札惕 莎余儿中合阿惕 扯舌里克
性命 救 的 上头 预先 种子并 粮 犁杖 恩赐 了 军
amin aburaqu yin tula uruqsilan üre bačang günesün anjad（anjasu ud） soyurqaγad čerig

兀鲁孙③斡儿坚 脱斡泥④斡克周 亦舌列秃该 客额克先 讷 秃剌。
民的 宽 数目行 与着 来 者 说了 的上头
ulus un örgen toγan i ögčü iretügei kemeksen nü tula

令旨 因⑤约速 阿儿⑥那颜里兀惕把⑦扯舌里克亦儿坚 讷 斡儿坚 脱斡安⑧乞额的⑨把⑩巴撒
的道理依着 官员每并军 百姓 的 宽 数目 等 并 再
ling ji yin yosun yar noyanliγud ba čerig irgen nü örgen toγan kiged i ba basa

不舌里 耶儿⑪额也屯都周 许舌列 荅罕 塔舌里牙剌牙 客延 额不儿 斡舌栾 阿舌阑 木舌连 纳
众同 商量 着 种子 随 种养 么道 岭南 入 河名 河 行

① 注：此处的“因”字标记蒙古语的属格助词之一的“yin”，蒙古语中“yin”接续在元音结尾词之后。以“b、g、r、s、d、m、l、ng”等结尾的闭音节词之后接续蒙古语的属格助词“un”，以“n”结尾的闭音节词之后接续蒙古语的属格助词“nu”。

② 注：此处的“把”标记蒙古语连词“ba”，连接表示并列关系的词语。相当于汉语中的“并、和”之意。

③ 注：此处的“兀鲁孙”（ulus un）标记蒙古语“兀鲁思”（ulus）接续属格助词“un”的连写形式，以汉字“孙”标记“兀鲁思”（ulus）结尾的“s”与属格助词“un”。在蒙古语中，属格助词“un”接续在“b、q（g）、r、s、d、m、l、ng”等闭音节结尾的词之后时，用不同汉字标记。

④ 注：此处的“脱斡泥”是蒙古语“toγan”接续宾格助词“i”时的连写形式，单词“脱斡”（toγan）中的“n”音与宾格助词“i”连读，以汉字“泥”标记“n”加宾格助词“i”的连读形式。“斡”字标记蒙古语的“γan”受蒙古语口语影响。蒙古语口语中有“γ”脱落的现象。

⑤ 注：此处的“因”字标记蒙古语的属格助词之一的“yin”，蒙古语中“yin”接续在元音结尾词之后。以“b、g、r、s、d、m、l、ng”等结尾的闭音节词之后接续蒙古语的属格助词“un”，以“n”结尾的闭音节词之后接续蒙古语的属格助词“nu”。

⑥ 注：此处“阿儿”（yar）中的“阿”字标的是“ya”音，是受蒙古语口语影响，蒙古语口语中“yar”出现“y”脱落的现象。

⑦ 注：此处的“把”标记蒙古语连词“ba”，连接表示并列关系的词语。相当于汉语中的“并、和”之意。

⑧ 注：此处的“安”标记的是蒙古语“gan”（γan）音，受蒙古语口语中辅音“g”（γ）脱落的影响。

⑨ 注：此处的“乞额的”（kiged i）是蒙古语单词“乞额惕”（kiged）接续宾格助词“i”的连写形式。以“d”结尾词之后接续宾格助词“i”时，标记词尾“d”音的小字“惕”被省略，以汉字“的”标记结尾的“d”与宾格助词“i”。

⑩ 注：此处的“把”标记蒙古语连词“ba”，连接表示并列关系的词语。相当于汉语中的“并、和”之意。

⑪ 注：此处“耶儿”（yer）与“额儿”（yer）、“牙儿”（yer）相同，标记蒙古语的使役助词“yer”。

bür yer eyedüldüjü üre daɣan tariyalaya kemen ebür oran aran müren ne

嫩秃$_{黑}$剌^{中}忽 宜①。
营盘 做 的 行
nutuqlaqu yi

燕王 额毡 捏扯②札^{舌}鲁$_{黑}$荅$_{黑}$三。万百户 坛 额里臣你牙儿③斡赤$_{丁}$温周 亦^{舌}列周 不列额
主人 处 差 了的 等 使臣 教 奏 教着 去者 有来
yen ong ejen eče jaruqdaqsan on baiqu tan elčin i yer öčigüljü irejü bülüge

豁亦④纳 巴撒 额木捏$_{克}$石 捏兀$_{克}$先泥⑤把⑥也速迭儿 竹$_{克}$歹亦⑦只^{中}合三 忙加 者延不花 塔讷
后头 再 南 往 起了的 并 处 反了的 等的
quina basa emünegsi negügsen i ba yisüder jüg daiji-ɣasan manggia jeyen buqa tanu

$_{丁}$申塔安泥⑧巴秃 塔你⑨牙儿⑩斡赤$_{丁}$温周 亦^{舌}列格$_{惕}$荅^{舌}雷 图儿 兀鲁$_{克}$石 捏兀周 阿^{舌}阑
缘故 行 等 教 奏 教着 去者 即便 里 往南 起着 河名
siltaɣan i batu tan i yar öčigüljü ireged darui dur umaqsi negüjü aran

捏^{舌}列秃 木^{舌}连 图儿 古儿周 亦^{舌}列别速 额捏 朵儿边 撒^{舌}剌 因⑪^{中}忽儿班 失你迭
名字有的 河 里 到着 来了呵 这 四 月 的 三 初 行
neretü müren dür gürčü irebesü ene dörben sara yin ɣurban sinide

① 注：此处的“宜”标记蒙古语的宾格助词“yi”。蒙古语中宾格助词有“yi”和“i”，“yi”接续在元音结尾词之后，“i”接续在“b、g、r、s、d、n、m、l、ng”等结尾的闭音节词之后，接续不同辅音结尾词之后，以不同汉字标记。

② 注：此处的“捏扯”是标记蒙古语方位助词“eče”，接续阴性词之后。接续阳性词之后的标记为“纳察”、“阿察”、“合察”（ača）等。现代蒙古语中只保留了“eče”这一种写法。

③ 注：此处“牙儿”（yer）与“额儿”相同。标记蒙古语使役助词“yer”。

④ 注：此处的“亦”字标记双元音“i”。

⑤ 注：此处的“捏兀$_{克}$先泥”是蒙古语“negügsen”接续宾格助词“i”时的连写形式，单词“捏兀$_{克}$先”（negügsen）中的“n”音与宾格助词“i”连读，以汉字“泥”标记“n”和宾格助词“i”的连读形式。

⑥ 注：此处的“把”标记蒙古语连词“ba”，连接表示并列关系的词语。相当于汉语中的“并、和”之意。

⑦ 注：此处的“亦”字标记双元音“i”。

⑧ 注：此处的“$_{丁}$申塔安泥”是蒙古语“siltaɣan”接续宾格助词“i”时的连写形式，单词“$_{丁}$申塔安”（siltaɣan）中的“n”音与宾格助词“i”连读，以汉字“泥”标记“n”和宾格助词“i”的连读形式。“安”标记的是蒙古语“gan”（ɣan）音，受蒙古语口语中辅音“g”（ɣ）脱落的影响。

⑨ 注：此处的“塔你”和“塔泥”相同。是蒙古语“tan”接续宾格助词“i”时的连写形式，单词“塔”（tan）中的标记蒙古语“n”音与宾格助词“i”连读，以汉字“泥”或“你”标记“n”和宾格助词“i”的连读形式。宾格助词“i”之后再加助词“颜”、“牙儿”等助词时，不用“泥”，用“你”标记宾格助词“i”。

⑩ 注：此处“牙儿”（yar）与“阿儿”相同。标记蒙古语使役助词“yar”。

⑪ 注：此处的“因”字标记蒙古语的属格助词之一的“yin”，蒙古语中“yin”接续在元音结尾词之后。以“b、g、r、s、d、m、l、ng”等结尾的闭音节词之后接续蒙古语的属格助词“un”，以“n”结尾的闭音节词之后接续蒙古语的属格助词“nu”。

迭额舌列 额扯①序班 古里哥 坛 额里臣 礼部 阿察②亦舌列克先 必赤克阿不阿惕亦舌列周
上 处 等 使臣 初 来 的 文书 将 来着
degreeeče sü ban gürigö tan elčin libu ača iregsen bičig abuγad irejü

马纳 札儿里 古儿格仑 额捏 桓 谆 把③兀不仑 古捏孙
俺行 圣旨 传 的 今 年 夏 并 冬的 粮
mana jarlir gürgerün ene on jun ba übul ün günesün

亦舌列古 谆 讷 古捏孙 斡克古牙 木惕可里坚 把④帖儿格惕中合舌而中合周。站 摆亦丁温周。
来 的 夏 的 粮 与 他每 辆 并 车 出 着 立 着
iregü jun nu günesün öggüye müd köligen ba terged γarγaju jam baiγulju

勺格丁温秃该 巴撒 扯舌里昆⑤也客 兀出干 讷 呈 脱阿 巴儿 必赤克亦舌列秃该。巴
搬运 教 者 再 军 的 大 小 的 诚 数目 文书 来 者 俺
jögegültügei basa čeriq un yeke üčügen nü čing tuγa bar bičig iregügei bi

中合中合儿中合牙 孛鲁中合周。博丝 把⑥勇豁惕 莎余儿中合周 亦列木者 客延。
明白 审着 棉布 并 娟每 恩赐 着 去 也者 么道
qaγarqaya bolγaju büs ba yongqud soyurqaju iremü je kemen

札儿里 古儿格克先 讷 秃剌。
圣旨 传 了 的 上头
jarliq gürgeksen nü tula

速图 中合罕 额亦捏克帖 巴 中合舌刺除思 孛丁斡的 额捏舌邻 仓古捏孙 把⑦中忽不察惕
洪福 皇帝 专一 俺 下民 奴婢 每 怜悯 粮 并 衣服每

---

① 注：此处的“额扯”与“捏扯”相同。是标记蒙古语从格助词“eče”，接续阴性词之后。接续阳性词之后的标记为“纳察”、“阿察”、“合察”（ača）等。现代蒙古语中只保留了“eče”这一种写法。

② 注：此处的“阿察”与“纳察”相同。是标记蒙古语从格助词“ača”，有时标记为“阿察”。是接续阳性词之后。接续阴性词之后的标记为“捏扯”（eče）。现代蒙古语中只保留了“eče”这一种写法。

③ 注：此处的“把”标记蒙古语连词“ba”，连接表示并列关系的词语。相当于汉语中的“并、和”之意。

④ 注：此处的“把”标记蒙古语连词“ba”，连接表示并列关系的词语。相当于汉语中的“并、和”之意。

⑤ 注：此处的“扯舌里昆”（čerig ün）是蒙古语“扯舌里克”（čerig）接续属格助词“un”的连写形式。以“g”结尾词之后，接续属格助词“un”时，标记结尾的“g”的小字“克”被省略，以汉字“昆”标记结尾音“g”和属格助词“un”。

⑥ 注：此处的“把”标记蒙古语连词“ba”，连接表示并列关系的词语。相当于汉语中的“并、和”之意。

⑦ 注：此处的“把”标记蒙古语连词“ba”，连接表示并列关系的词语。相当于汉语中的“并、和”之意。

suu tu qaγan einekte bi qaračus boγuld i ererin čang günesün ba qobčad

莎余儿[中]合周 孛额帖列 巴撒 豁团 纳察①仓 勺[丁]格甘 客额速 扯[舌]里[克]亦儿坚泥②勺孛郎
恩赐 着 既 了 再 城 自 搬运 说 呵 军 百姓 行 艰难
soyurqaju bögetele basa qotan ača čang jögelgen kebesü čerig irgen i jobalang

孛鲁兀泽 客延 巴 卜[舌]邻 额也屯都周。阿[舌]阑 木[舌]连 古儿帖列 捏兀周，斡亦[舌]剌 孛鲁[黑]三
做 恐 么道 俺 众 商量着 河名 河 到 起着 近 做 了的
bolγujai kemen bi bürin eyedüldüjü aran müren gürtele negüjü oira boluqsan

巴儿 斡[中]合荅 大宁 豁团 纳察③古捏孙 斡额[舌]仑④古出泥⑤牙儿⑥勺[丁]格格温古宜⑦把 巴撒 也客
上头 一发 地名 城 自 粮 自的 气力 教 搬运 的 并 再 大
bar oγada daining qotun ača günesün öger ün güčün i yer jögelgegülgü yi ba basa yeke

兀出干 塔奔 札温 你刊 那颜里兀[惕] 鲁瓦 豁牙儿 敏干 朵罗安⑧札温 也孙 扯[舌]里兀[惕]
小 五 百 一 官员 每 一同 二 千 七 百 九 军 每
üčügen tabun jaγun nigen noyan liγud luγa qoyar mingγan doluγan jaγun yisun čerigüd

朵脱[舌]剌 额客 脱阿坛。塔奔 札温 [中]忽嗔 你刊 斡思不[舌]邻 豁牙儿 敏干 你刊 札温 荅阑
内 母儿 数目 五 百 三十 一 余丁 二 千 一 百 七十
dotora eke toγatan tabun jaγun γučin nigen ösbürin qoyar mingγan nigen jaγun dalan

---

① 注：此处的"纳察"是标记蒙古语方位助词"ača"，有时标记为"阿察"。是接续阳性词之后。接续阴性词之后的标记为"捏扯"（eče）。现代蒙古语中只保留了"eče"这一种写法。

② 注：此处的"亦儿坚泥"与"亦儿格泥"相同。是蒙古语"irgen"接续宾格助词"i"时的连写形式，单词"亦儿格"（irgen）中的标记"n"音与宾格助词"i"连读，以汉字"泥"标记。

③ 注：此处的"纳察"是标记蒙古语方位助词"ača"，有时标记为"阿察"。是接续阳性词之后。接续阴性词之后的标记为"捏扯"（eče）。现代蒙古语中只保留了"eče"这一种形式。

④ 注：此处"斡额[舌]仑"中的"额"标记的是蒙古语"öberün"中"be"的音，是受蒙古语口语影响，在口语中出现"öberün"的"b"音脱落的现象。"[舌]仑"是蒙古语"öber"（"斡额儿"，自己的意思）接续属格助词"ün"的连写形式。以汉字"[舌]仑"标记蒙古语"öber"词尾的"r"与属格助词"ün"连读的形式，此处的汉字标记明显受蒙古语口语影响。

⑤ 注：此处的"古出泥"是蒙古语"güčün"接续宾格助词"i"时的连写形式，单词"古出"（güčün）中的"n"音与宾格助词"i"连读，以汉字"泥"标记"n"和宾格助词"i"的连读形式。

⑥ 注：此处"牙儿"（yer）与"额儿"相同。标记蒙古语使役助词"yer"。

⑦ 注：此处的"宜"标记蒙古语的宾格助词"yi"。蒙古语中宾格助词有"yi"和"i"，"yi"接续在元音结尾词之后，"i"接续在"b、g、r、s、d、n、m、l、ng"等结尾的闭音节词之后，接续不同辅音结尾词之后，以不同汉字标记。

⑧ 注：此处的"安"标记的是蒙古语"gan"（γan）音，受蒙古语口语中辅音"g"（γ）脱落的影响。

乃蛮 扯^{舌}里兀敦①^{中}合秃$_{惕}$ 哈^{舌}阑 ^{中}忽儿班 敏干 你刊 札温 哈儿班 你刊 兀出干 讷温
八 军 每的 妇人每 人 三 千 一 百 十 一 小 儿
naimančerigüd ün qatud qaran γurban mingγan nigen jaγun arban nigen üčügen nuγun

可兀客$_{惕}$ 你刊 敏干 也孙 札温 朵嗔 塔奔 兀出干 斡勤 可兀客$_{惕}$ 你刊 敏干 乃蛮 札温
孩儿每 一 千 九 百 四十 五 小 女 孩儿每 一 千 八 百
keüked nigen mingγan yisun jaγun döčin tabun üčügen ökin keüked nigen mingγan naiman jaγun

塔奔 额客 脱阿坛 把②斡思不^{舌}邻 扯^{舌}里兀$_{惕}$ ^{中}合秃$_{惕}$哈^{舌}阑 兀出干 讷温 斡勤 可兀$_{惕}$ 乞额$_{惕}$
五 母儿 数目 并 余丁 军 每 妇人每 人 小 儿 女 孩儿每 等
tabun eke toγatan ba ösbürin čerigüd qatud qaran üčügen nuγun ökin keüked kiged

也^{舌}鲁 也孙 敏干 塔奔 札温 只^{舌}阑 你刊 阿迷$_{惕}$ 巴撒 嫩秃$_{黑}$剌^{中}合三 $_{丁}$申塔安③乞额的
总 九 千 五 百 六十 一 性命每 再 营盘 做了 缘故 等
yerü yisun mingγan tabun jaγun jiran nigen amid basa nutuqlaqsan siltaγan kiged i

荅阑不花 坛你 牙儿④ 斡赤兀鲁木 莎余儿^{中}合^{中}忽 宜⑤
等 教 奏 有 恩赐 的
dalan boqa tan i yar ö čigülümü soyurqaqu yi

札儿里 篾迭木 者。
圣旨 知 也者
jarliqmedemü je

十二 曩加思千户状

敏干 篾迭古 曩加思、哈歹坛 你多泥 桓 炒兀剌^{中}灰 突儿 哈儿班 撒^{舌}剌 因⑥哈儿班 塔奔纳
千 管的 等 去 年 出征 时 十 月的 十 五 行

① 注：此处的“扯^{舌}里兀敦”（čerigüd ün）是蒙古语单词“扯^{舌}里兀$_{惕}$”（čerigüd ）接续属格助词“un”的连写形式。以“d”结尾词之后，接续属格助词“un”时，标记结尾的“d”的小字“惕”被省略，以汉字“敦”标记结尾音“d”和属格助词“un”。

② 注：此处的“把”标记蒙古语连词“ba”，连接表示并列关系的词语。相当于汉语中的“并、和”之意。

③ 注：此处的“安”标记的是蒙古语“gan”（γan）音，受蒙古语口语中辅音“g”（γ）脱落的影响。

④ 注：此处“牙儿”（yar）与“阿儿”相同。标记蒙古语使役助词“yar”。

⑤ 注：此处的“宜”标记蒙古语的宾格助词“yi”。蒙古语中宾格助词有“yi”和“i”，“yi”接续在元音结尾词之后，“i”接续在“b、g、r、s、d、n、m、l、ng”等结尾的闭音节词之后，接续不同辅音结尾词之后，以不同汉字标记。

⑥ 注：此处的“因”字标记蒙古语的属格助词之一的“yin”，蒙古语中“yin”接续在元音结尾词之后。以“b、g、r、s、d、m、l、ng”等结尾的闭音节词之后接续蒙古语的属格助词“un”，以“n”结尾的闭音节词之后接续蒙古语的属格助词“nu”。

mingɣan medegü nanggiyas qadai tan niduni on čaɣuragui dur arban sara yin arban tabuna

桃源 图儿 古鲁阿速 牙不罕 扯舌里兀惕中合荅哈剌黑三。敏干 篾迭古 曩加思
地名 里 到 呵 步 军 每 管 了的 千 管的
tauön dür gürübesü yabuɣan čerigüd qadaɣalaqsan mingɣan medegü nanggiyas

抹舌里坛 扯舌里兀惕中合荅中合剌黑三。敏干 篾迭古 哈歹坛。
马 军 每 管 了的 千 管的 等
moritan čerigüd qadaɣalaqsan mingɣan medegü qadai tan

中合舌剌 指挥 途儿 斡惕周 兀古列舌仑 额朵额 曩加思 兀舌鲁黑石 牙不周 米纳 牙不罕
行 去着 说 今 先前 行着 我的 步
qara jiqui tur odču ügülerün edüge nanggiyas uruqsi yabuju minu yabuɣan

扯舌里兀的①恢亦②扯列③斡惕速该 客延 哈儿班 中合札儿 牙不周 札温 讷 那颜 小兀秃 宜④
军 每 赶 去者 么道 十 里地 行着 百 的 官人 行
čerigüd i küičere odsuɣai kemen arban ɣajar yabuju jaɣun nu noyan segütü yi

勺鲁哈周 客列舌仑。定住 因⑤迭兀 阿舌鲁黑秃 忽鲁浑 掌加阿 纳哈察儿 忽秃不花 巴撒
遇 着 说 的 的 弟 再
jolɣaju kelerün ding ju yin degüü aruqtu quluqun janggia naqačar qutubuqa basa

中忽儿班 土棉讷 主儿辙惕 乞额惕 额耶 你客惕周。指挥 宜⑥把⑦中忽儿班 敏干秃 乞额的⑧

---

① 注：此处的“扯舌里兀的”（čerigüd i）是蒙古语单词“扯舌里兀惕”（čerigüd）接续宾格助词“i”的连写形式。以“d”结尾词之后接续宾格助词“i”时，标记词尾“d”音的小字“惕”被省略，以汉字“的”标记结尾的“d”与宾格助词“i”。

② 注：此处的“亦”字标记双元音“i”。

③ 注：此处的“列”应该是“舌列”，标记蒙古语的“r”音。

④ 注：此处的“宜”标记蒙古语的宾格助词“yi”。蒙古语中宾格助词有“yi”和“i”，“yi”接续在元音结尾词之后，“i”接续在“b、g、r、s、d、n、m、l、ng”等结尾的闭音节词之后，接续不同辅音结尾词之后，以不同汉字标记。

⑤ 注：此处的“因”字标记蒙古语的属格助词之一的“yin”，蒙古语中“yin”接续在元音结尾词之后。以“b、g、r、s、d、m、l、ng”等结尾的闭音节词之后接续蒙古语的属格助词“un”，以“n”结尾的闭音节词之后接续蒙古语的属格助词“nu”。

⑥ 注：此处的“宜”标记蒙古语的宾格助词“yi”。蒙古语中宾格助词有“yi”和“i”，“yi”接续在元音结尾词之后，“i”接续在“b、g、r、s、d、n、m、l、ng”等结尾的闭音节词之后，接续不同辅音结尾词之后，以不同汉字标记。

⑦ 注：此处的“把”标记蒙古语连词“ba”，连接表示并列关系的词语。相当于汉语中的“并、和”之意。

⑧ 注：此处的“乞额的”（kiged i）是蒙古语单词“乞额惕”（kiged）接续宾格助词“i”的连写形式。以“d”结尾词之后接续宾格助词“i”时，标记词尾“d”音的小字“惕”被省略，以汉字“的”标记结尾的“d”与宾格助词“i”。

三 万的 女直每 等 商量一同着 行并 三个 千户 等
γurban tümen nü jürčid kiged eye nigedčü jiqui yi ba γurban mingγantu kiged i

把舌里牙惕 巴撒 斡栾 扯舌里兀的 中忽赤周。斡额舌仑①中合札惕图儿 中合舌林 客额木
拿 了 再 多 军 行 裹着 自己的 地面 里 回 说有
bariγad basa olan čerigüd i qučiju öberün γajad tur qarin kememü

纳哈察儿 忽秃不花 扯舌里兀的②额儿③歹亦只八 桃源 图儿 不古 抹舌旦檀 扯舌里克
军 行带着 反了 地名里 有的 马 军
naqačar qutubuqa čerigüd i yer daijiba tau ön dür bügü moritan čerig

阿舌鲁黑秃 忽鲁浑 掌加阿 坛 鲁瓦 中含秃 孛仑 客敦 古温泥④阿剌八。额朵额 指挥 途儿
等一同 做 几个 人 行 杀了 今 行
aruqtu quluqun janggiya tan luγa qamtu bolun kedün kümün i alaba edüge jiqui tur

札阿剌 亦舌列别 客额速 指挥 中合剌 敏干 篾迭古 曩加思 中合歹 乃舌剌中忽 坛。中含秃
告 来了 说 呵 千 管的 等
jaγala irebe kebesü jiqui qara mingγan medegü nanggiyas qadai nairaqu tan qamtu

额耶屯都周 额朵额 必荅 速图 中合罕纳 莎余儿中合黑荅黑三 哈赤 兀该 孛鲁八。客儿 额迭
商量 着 今 咱每 洪福 皇帝行 恩赐 的 恩 无 做了 怎生 这个
eyedüldüjü edüge bida suu tu qaγana soyurqaqdaqsan ači ügei boluba ker ede

卯温 哈舌阑 途儿 中忽赤黑荅周 斡惕塔中忽 客延 荅舌雷 图儿 许指挥 顾千户 途儿 札阿阿速
歹 人 行 裹着 去 有 么道 即便 里 行 告 呵
maγun qaran tur qučiqdaju odtaqu kemen darui dur hü jiqui güčenqu tur jaγabasu

---

① 注：此处“斡额舌仑”中的“额”标记的是蒙古语“öberün”中“be”的音，是受蒙古语口语影响，在口语中出现“öberün”的“b”音脱落的现象。“舌仑”是蒙古语“öber”（“斡额儿”，自己的意思）加属格助词“ün”的连写形式。以汉字“舌仑”标记蒙古语“öber”词尾的“r”与属格助词“ün”连读的形式，此处的汉字标记明显受蒙古语口语影响。

② 注：此处的“扯舌里兀的”（čerigüd i）是蒙古语单词“扯舌里兀惕”（čerigüd）接续宾格助词“i”的连写形式。以“d”结尾词之后接续宾格助词“i”时，标记词尾“d”音的小字“惕”被省略，以汉字“的”标记结尾的“d”与宾格助词“i”。

③ 注：此处的“额儿”标记蒙古语接续阴性词之后的使役助词“yer”，明显受口语中“y”音脱落影响。

④ 注：此处的“古温泥”是蒙古语“kümün”接续宾格助词“i”时的连写形式，单词“古温”（kümün）中的“n”音与宾格助词“i”连读，以汉字“泥”标记“n”和宾格助词“i”的连读形式。

木[惕] 那颜[惕] 札温 讷 那颜 察罕不花 哈儿把秃 [丁]温都赤 塔泥①札[舌]鲁周 孛鲁[中]合[舌]剌 斡[惕][中]忽
他每官人每 百 的 官人 旗子 等行 差着 体审 去的
müd noyad jaɣun nu noyan čaɣanbuqa qarbatu üldüči tan i jaruju boluɣara odqu

札兀[舌]剌 阿[舌]鲁[黑]秃 忽鲁浑 掌加阿 纳[中]合察儿 [中]忽秃不花坛 扯[舌]里兀[惕][中]忽牙[黑]剌周 弩门
间 等 军 每 甲 披着 弓
jaɣura aruqtu quluqun janggia naqačar qutubuqa tan čerigüd quyaqlaju nomun

速门 把[舌]里牙[惕]亦[舌]列周。必荅讷 蒙昆 不薛 抹[舌]里[惕] 阿察安②塔速思 倒兀里周 阿不阿[惕]
箭 把 了 来着 咱每的 银 带 马每 驮驮 尽 抢着 要了
sumun bariɣad ireju bidan nu mönggün büse mored ačaɣan asus daɣuliju abuɣad

巴撒 [中]合剌 指挥 宜③木[舌]连 讷 乞札[中]剌 失[中]合周 不速[惕]扯[舌]里兀的④额儿客 迭 兀禄
再 行 河 的 岸行 挤着 别的 军 行 情 行 不
basa qara jiqui yi müren nü kijara siqaju bosud čerigüd i kerke de ülü

篾迭兀仑 [中]忽赤周 斡都[黑]三 讷 秃剌 [中]忽嗔 抹[舌]里檀 扯[舌]里兀[惕][中]忽[舌]里牙周 门 雪你
由 裹着 去 了 的 上头 三十四 马 军每 收着 本 夜
medegülün qučiju oduqsan nu tula ɣučin moritan čerigüd quriyaju mün söni

哈儿班 [中]合札儿 牙不周 恢亦⑤扯别 斡[舌]罗周 哈[惕][丁]温都牙 客额速 必荅泥⑥荅罕 斡都[黑]三
十 里地 行着 赶上了 入 着 厮杀 说呵 咱每行随 去 的
arban ɣajar yabuju güičebe oroju qadɣulduya kebesü biden i daɣan oduqsan

扯[舌]里兀[惕]啜延 木[惕][中]忽剌罕 [中]合[舌]邻 马泥⑦荅[舌]鲁周 塔奔 古温 泥 阿剌阿[惕]哈儿班 你刊
军 每 少 他每 贼每 回 俺行 败着 五 人 行 杀了 十 一个

① 注：此处的“塔泥”是蒙古语“tan”接续宾格助词“i”时的连写形式，单词“塔”（tan）中的标记蒙古语“n”音与宾格助词“i”连读，以汉字“泥”标记“n”和宾格助词“i”的连读形式。

② 注：此处的“安”标记的是蒙古语“gan”（ɣan）音，受蒙古语口语中辅音“g”（ɣ）脱落的影响。

③ 注：此处的“宜”标记蒙古语的宾格助词“yi”。蒙古语中宾格助词有“yi”和“i”，“yi”接续在元音结尾词之后，“i”接续在“b、g、r、s、d、n、m、l、ng”等结尾的闭音节词之后，接续不同辅音结尾词之后，以不同汉字标记。

④ 注：此处的“扯[舌]里兀的”（čerigüd i）是蒙古语单词“扯[舌]里兀[惕]”（čerigüd）接续宾格助词“i”的连写形式。以“d”结尾词之后接续宾格助词“i”时，标记词尾“d”音的小字“惕”被省略，以汉字“的”标记结尾的“d”与宾格助词“i”。

⑤ 注：此处的“亦”字标记双元音“i”。

⑥ 注：此处的“必荅泥”是蒙古语“biden”接续宾格助词“i”时的连写形式，单词“必荅”（biden）中的“n”音与宾格助词“i”连读，以汉字“泥”标记“n”和宾格助词“i”的连读形式。

⑦ 注：此处的“马泥”是蒙古语“man”接续宾格助词“i”时的连写形式，单词“马”（man）中的“n”音与宾格助词“i”连读，以汉字“泥”标记“n”和宾格助词“i”的连读形式。

čerigüd čöken müd qulaüun qarin man i daruju tabun kümün i alaγad arban nigen

古温泥①牙剌哈黑荅周 巴 门 兀都儿 中合舌里周 桃源 图儿 古儿别 那可额 兀都儿 巴撒
人 行 伤 着 俺 本 日 回着 地名 里 到了 第二 日 再
kümün i yaraqaqdaju bi mün üdür qariju tau ön dür gürbe nögöge üdür basa

捏客舌列 斡都牙 客额速
袭 去 说呵
nekere oduya kebesü

必荅泥②额薛 亦帖格周 中忽牙黑浙儿 者别 宜③中忽舌里牙周 额薛 亦列④别 中豁亦纳
咱每的 不曾 倚附着 甲 器 械 行 收着 不曾 教去 后
biden i ese itegejü quyaq jer jebe yi quriyaju ese irebe qoina

札儿里吉⑤牙儿⑥济宁侯 宜⑦扯舌里兀的⑧阿儿⑨云南 竹克牙不都孩 客延 贵州 图儿
圣旨里 行 军 每 带着 地名 处 行教 么道 地名 里
jarliq i yar ji ning qiu yi čerigüd i yer ünnan jüg yabutuγai kemen güi jiu dur

古鲁阿速 乞塔惕 歹亦只八 客延 总兵官 纳察⑩必赤克 亦舌列阿速 指挥 哈剌 敏干 篾迭古
到呵 汉人 反 了 么道 自 文书 来了 呵 千 管的

① 注：此处的"古温泥"是蒙古语"kümün"接续宾格助词"i"时的连写形式，单词"古温"（kümün）中的"n"音与宾格助词"i"连读，以汉字"泥"标记"n"和宾格助词"i"的连读形式。

② 注：此处的"必荅泥"是蒙古语"biden"接续宾格助词"i"时的连写形式，单词"必荅"（biden）中的"n"音与宾格助词"i"连读，以汉字"泥"标记"n"和宾格助词"i"的连读形式。

③ 注：此处的"宜"标记蒙古语的宾格助词"yi"。蒙古语中宾格助词有"yi"和"i"，"yi"接续在元音结尾词之后，"i"接续在"b、g、r、s、d、n、m、l、ng"等结尾的闭音节词之后，接续不同辅音结尾词之后，以不同汉字标记。

④ 注：此处的"列"应该是"舌列"，标记蒙古语的"r"音。

⑤ 注：此处的"札儿里吉"是蒙古语"jarliq"（札儿里黑）接续宾格助词"i"时的连写形式，单词"札儿里黑"（jarliq）中的标记"g（q）"音的"黑"被省略成为"札儿里"，"jarliq"中的"（q）g"音与宾格助词"i"连读，以"吉"字表示"g"和"i"的连读形式。

⑥ 注：此处"牙儿"（yar）与"阿儿"相同。标记蒙古语使役助词"yar"。

⑦ 注：此处的"宜"标记蒙古语的宾格助词"yi"。蒙古语中宾格助词有"yi"和"i"，"yi"接续在元音结尾词之后，"i"接续在"b、g、r、s、d、n、m、l、ng"等结尾的闭音节词之后，接续不同辅音结尾词之后，以不同汉字标记。

⑧ 注：此处的"扯舌里兀的"（čerigüd i）是蒙古语单词"扯舌里兀惕"（čerigüd）接续宾格助词"i"的连写形式。以"d"结尾词之后接续宾格助词"i"时，标记词尾"d"音的小字"惕"被省略，以汉字"的"标记结尾的"d"和宾格助词"i"的连读形式。

⑨ 注：此处"阿儿"（yar）中的"阿"字标的是"ya"音，是受蒙古语口语影响，蒙古语口语中"yar"出现"y"脱落的现象。

⑩ 注：此处的"纳察"是标记蒙古语方位助词"ača"，有时标记为"阿察"。是接续阳性词之后。接续阴性词之后的标记为"捏扯"（eče）。现代蒙古语中只保留了"eče"这一种写法。

gürübesü kitad daijiba kemen jungbing gon ača bičig irebesü jiqui qara mingγan medegü

囊加思 中合歹 札兀讷 那颜 中忽秃黑坛 朵罗安①札温 扯舌里兀的②阿不阿惕贵州 平越
百 的官人 等 七 百 军 每 将了 地名 地名
nanggiyas qadai jaγun nu noyan qutuqtan doluγan jaγun čerigüd i abuγad güi jiu pingö

大拐西 小拐西 青水江 图儿 古儿周 乞塔惕鲁瓦 中合惕丁温都周 中合舌里八 卯温 古温
地名 地名 江名 里 到着 汉人 一同 厮杀 着 回了 歹 人
dai goi si seu goi sičingsuigiang dur gürjü kitad luγa qadγulduju qariba maγun kümün

讷 转秃舌鲁黑 图儿 兀古古 古温 不列额 额薛 兀古丁温别 巴撒 也客 赏 莎余儿中合
的 祸 里 死的 人 有来 不曾 死 教了 再 大 恩赐
nü jonturuq tur ügügü kümün bülege ese ügügülbe basa yeke sang soyurqa

斡克别 抹那 中豁亦纳 额捏 阿民 别耶 边 帖卜赤周 安坛③豁团 图儿 撒兀周
与了 明 后这 性命 身子自的 舍着 金 城 里 坐着
ökbe mono qoina ene amin beye ben tebčijü altan qotun dur saγuju

兀舌鲁黑失荅 乞彻格延
前面 上紧
uruqsida kičegeyen

额毡 捏 古纯 斡克速该。
主人 处 气力 与也者
ejen ne güčün ögsügei

---

① 注：此处的"安"标记蒙古语"gan"（γan）音，受蒙古语口语中辅音"g"（γ）脱落的影响。

② 注：此处的"扯舌里兀的"（čerigüd i）是蒙古语单词"扯舌里兀惕"（čerigüd）接续宾格助词"i"的连写形式。以"d"结尾词之后接续宾格助词"i"时，标记词尾"d"音的小字"惕"被省略，以汉字"的"标记结尾的"d"和宾格助词"i"连读形式。

③ 注：此处的"安坛"，应该是"安丁坛"，小字"丁"标记蒙古语"l"结尾的闭音节。

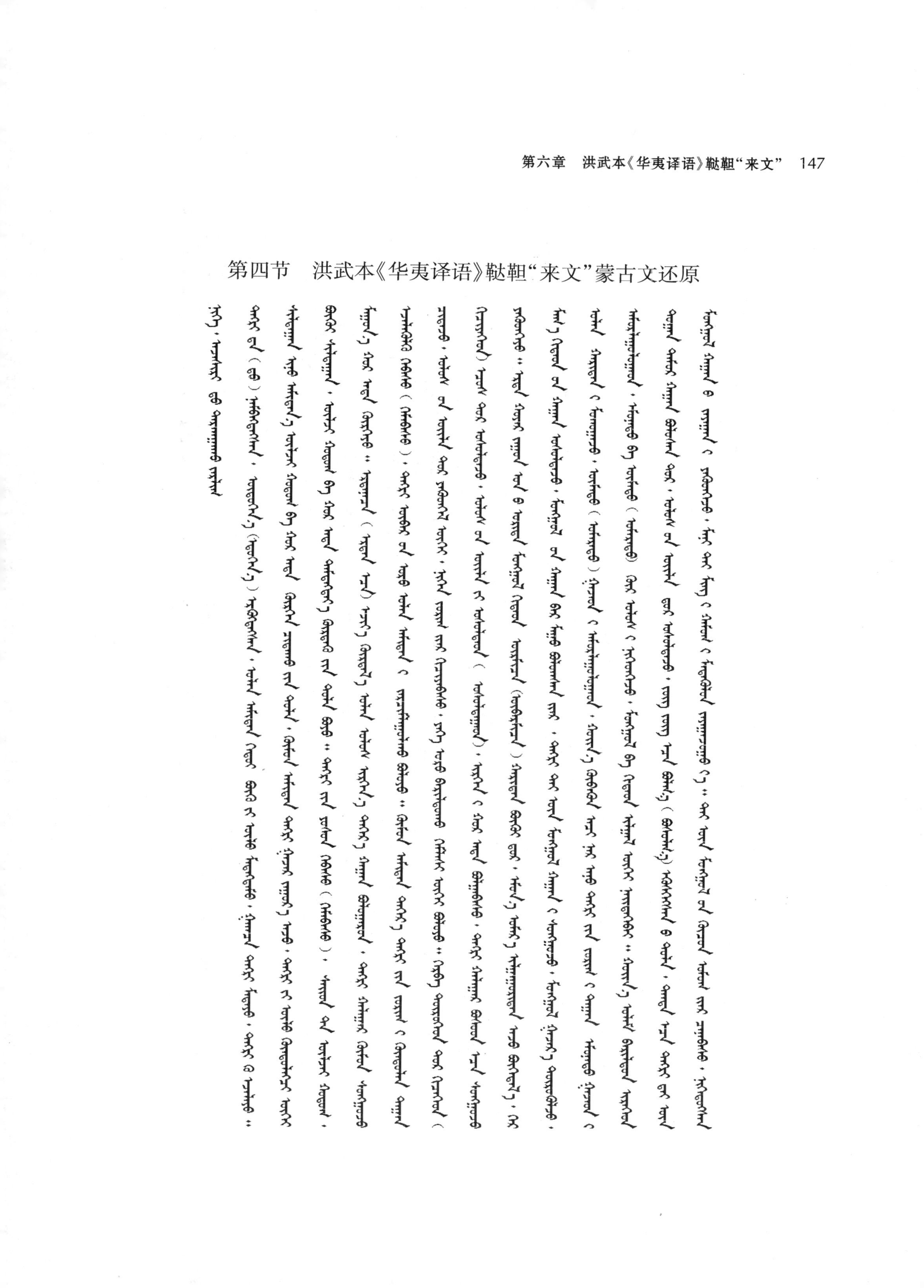

第四节　洪武本《华夷译语》鞑靼“来文”蒙古文还原

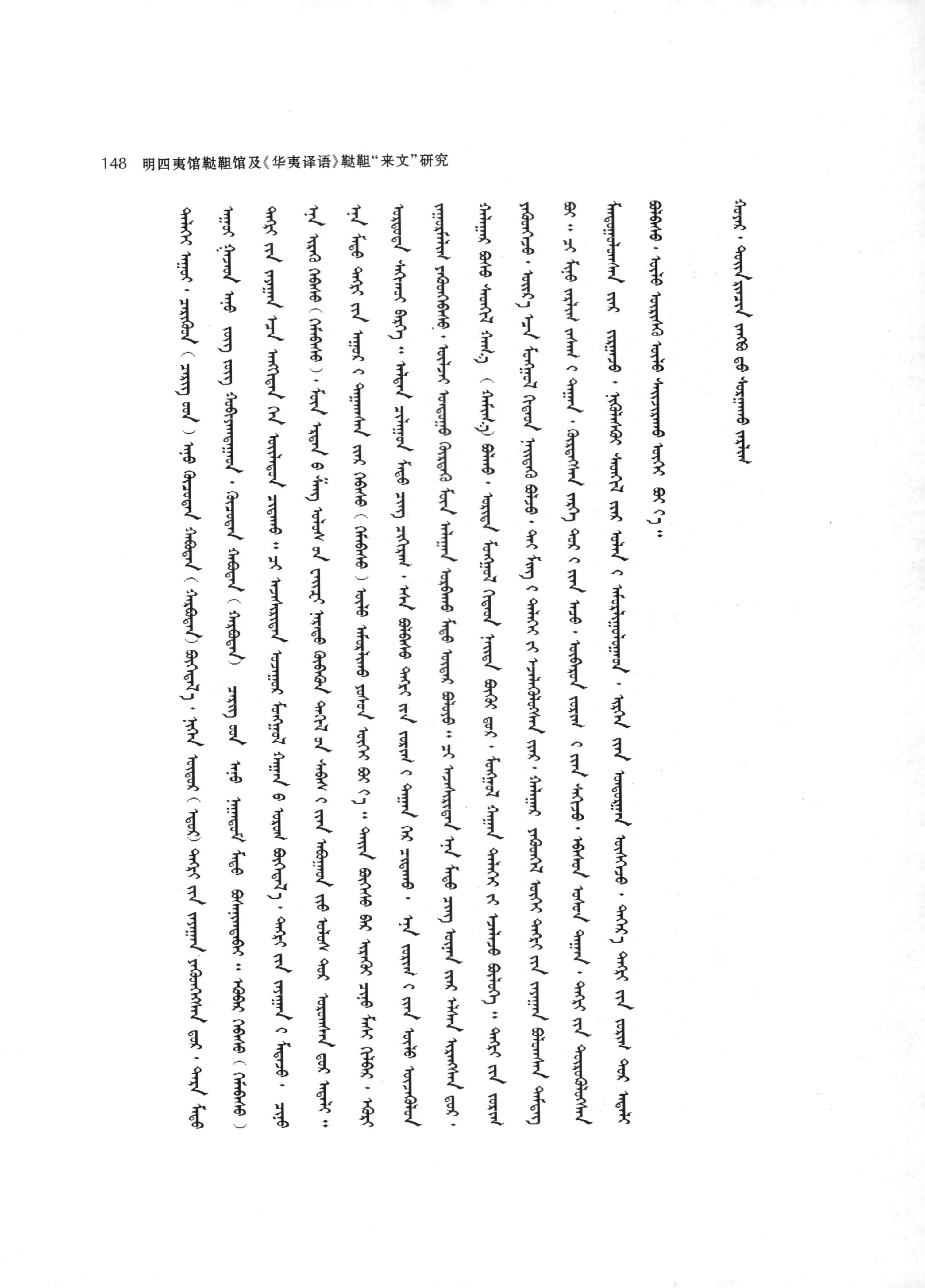

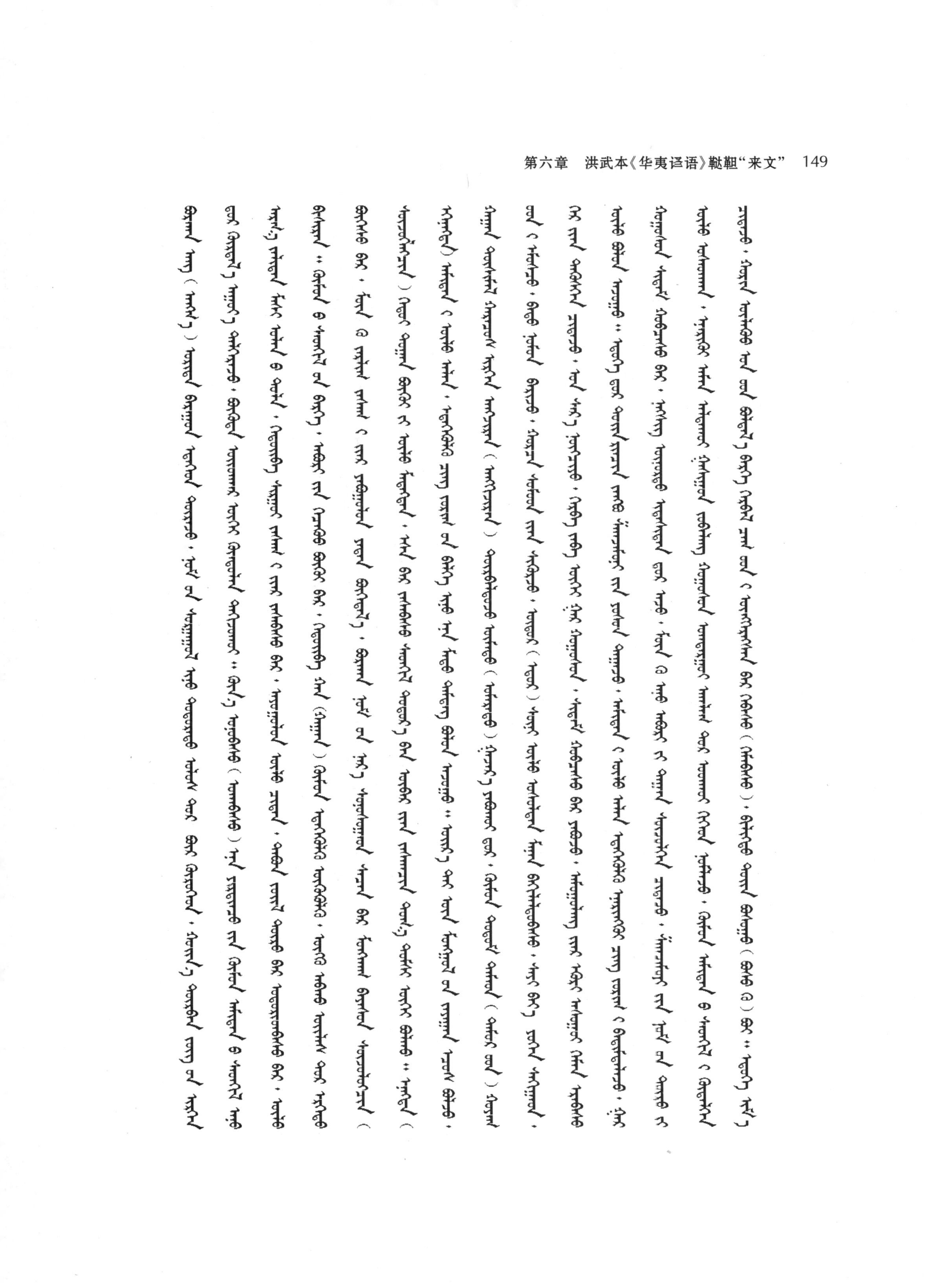

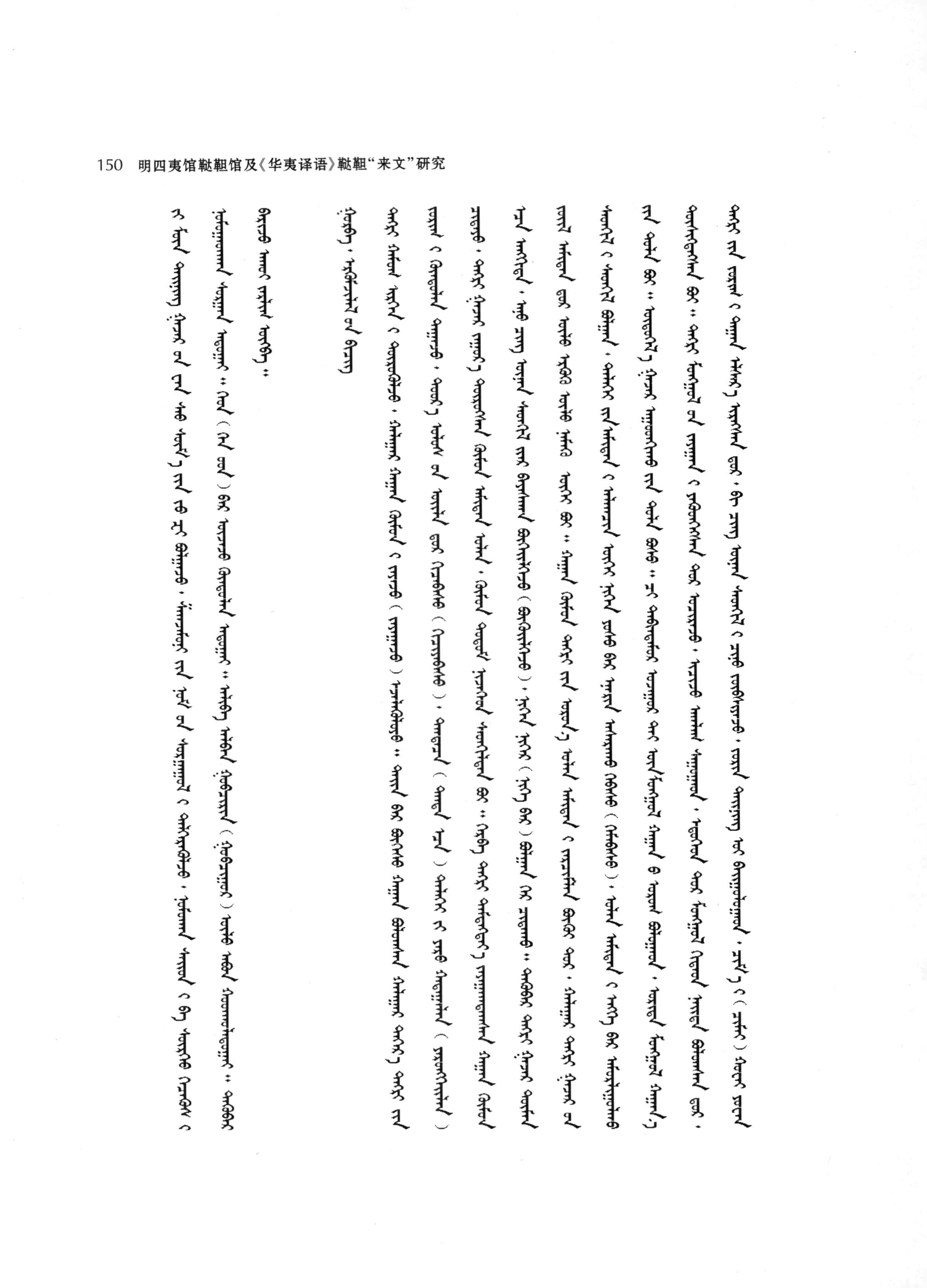

[illegible]

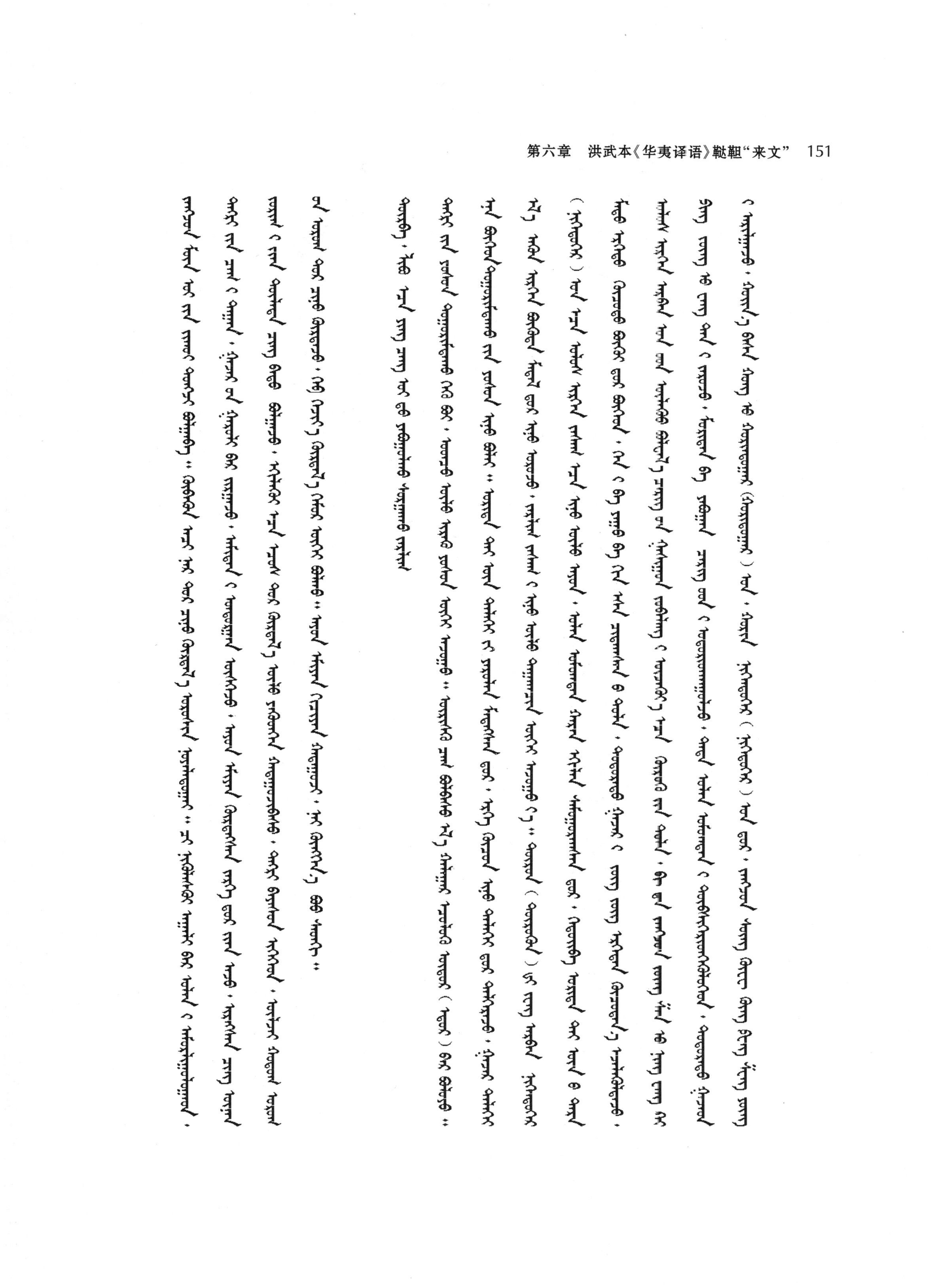

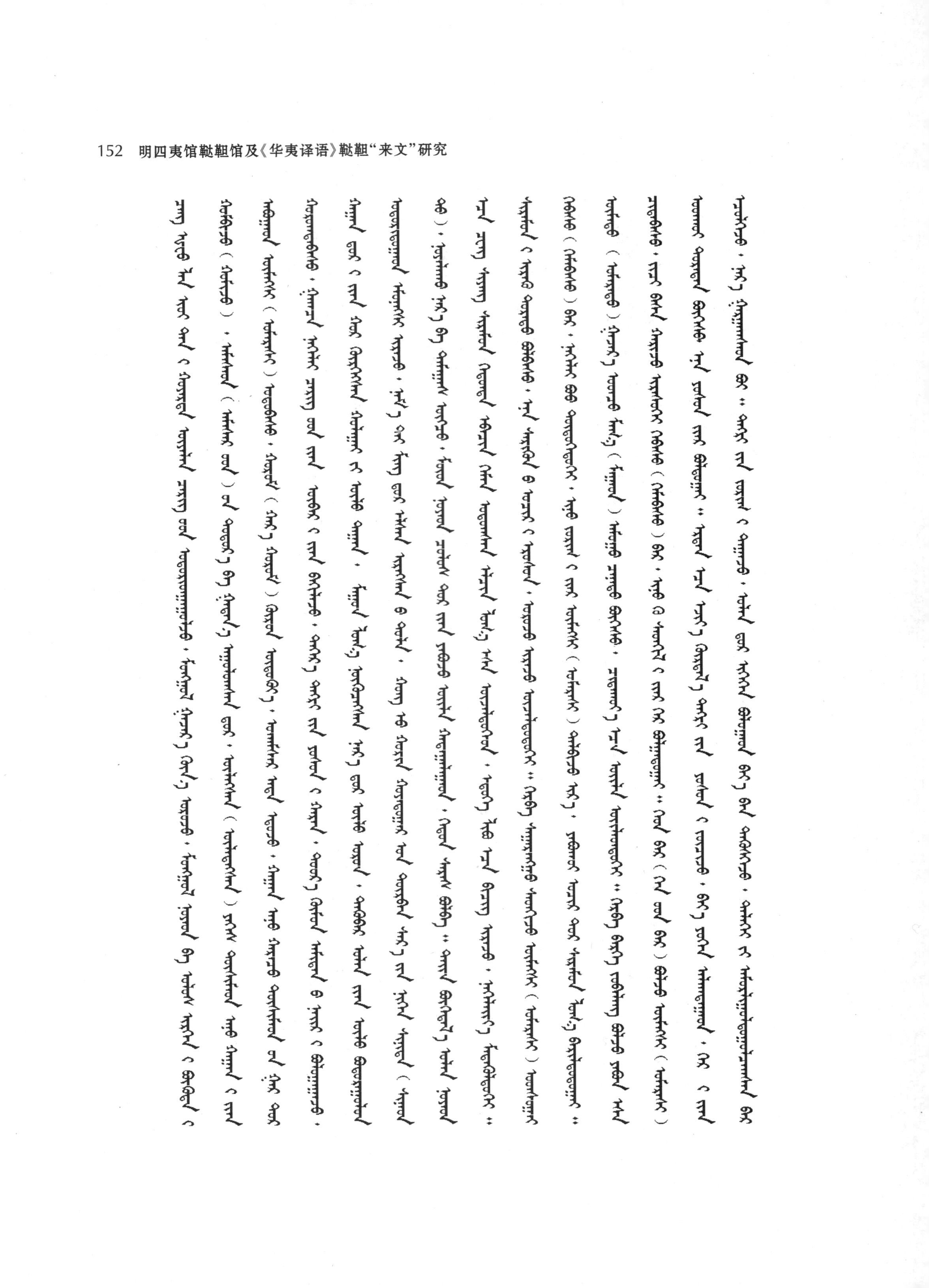

[illegible]

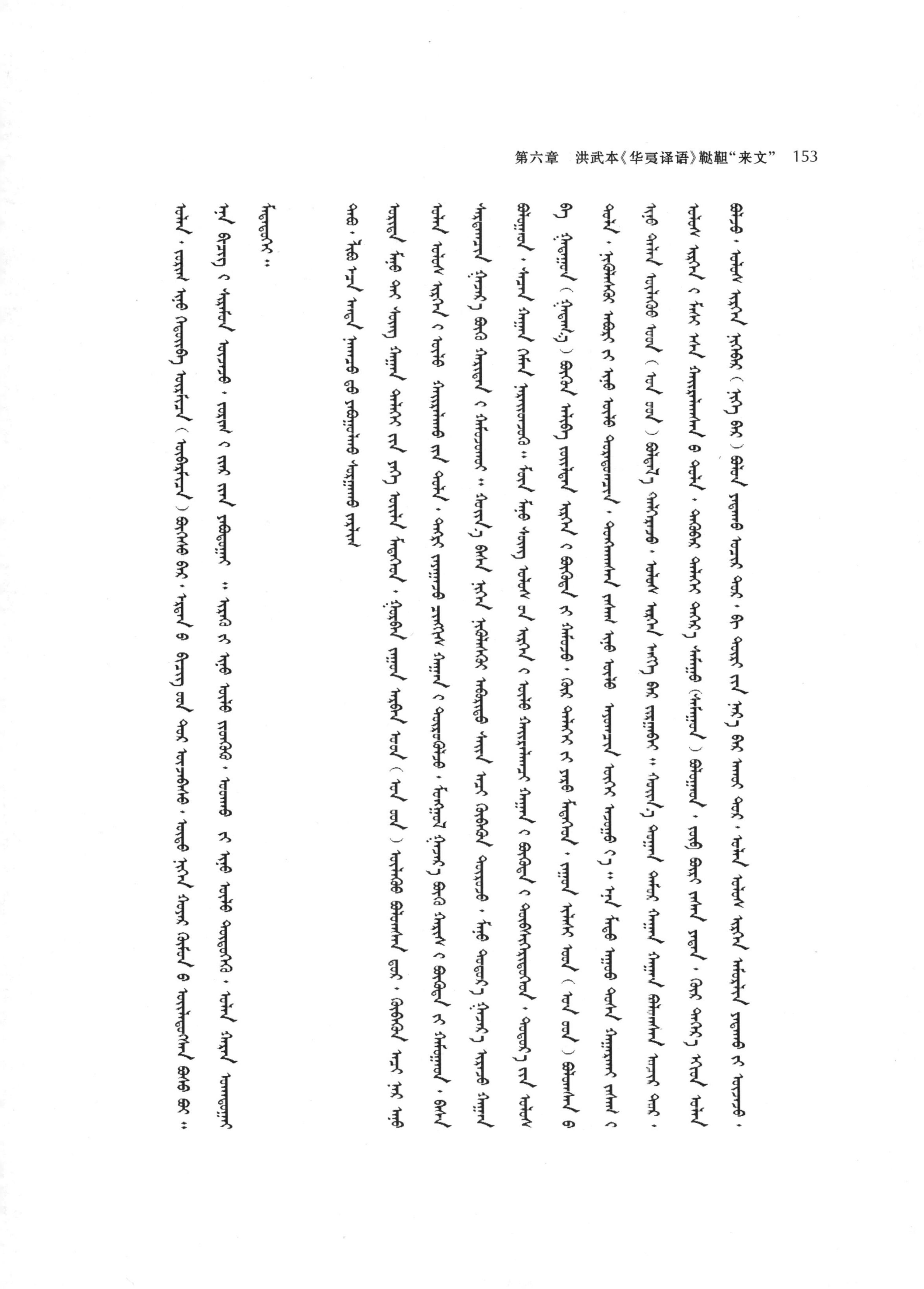

[illegible]

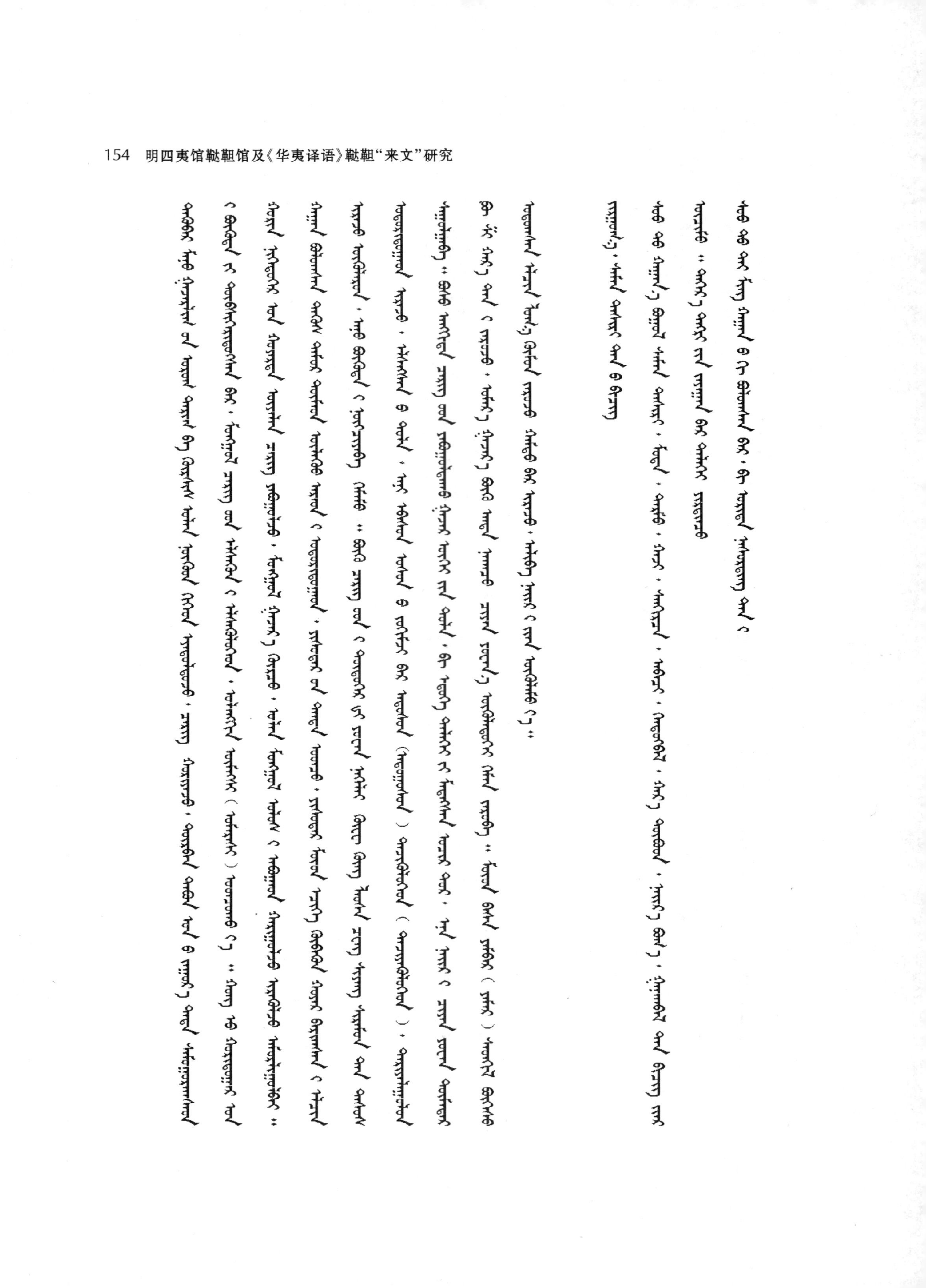

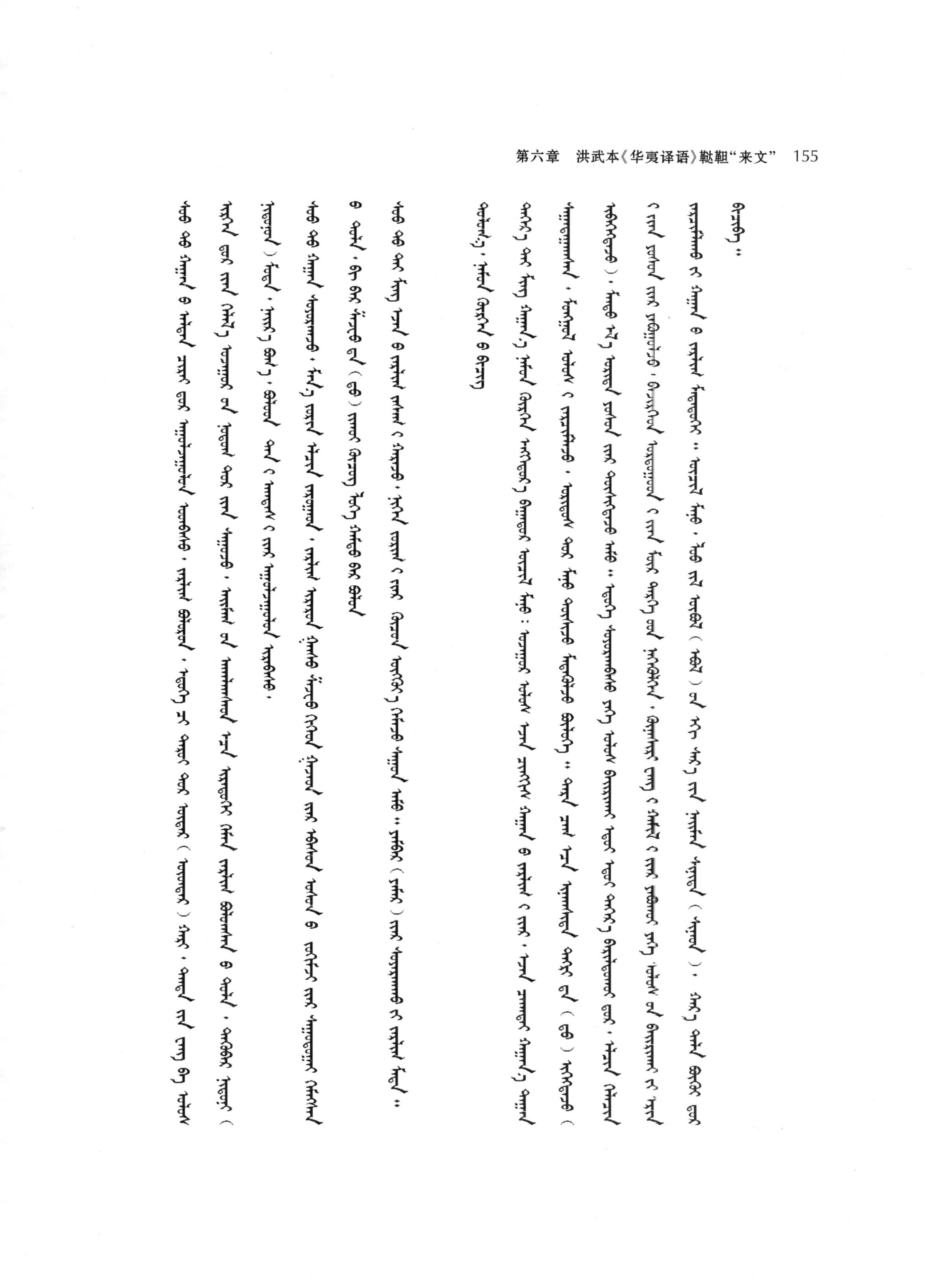

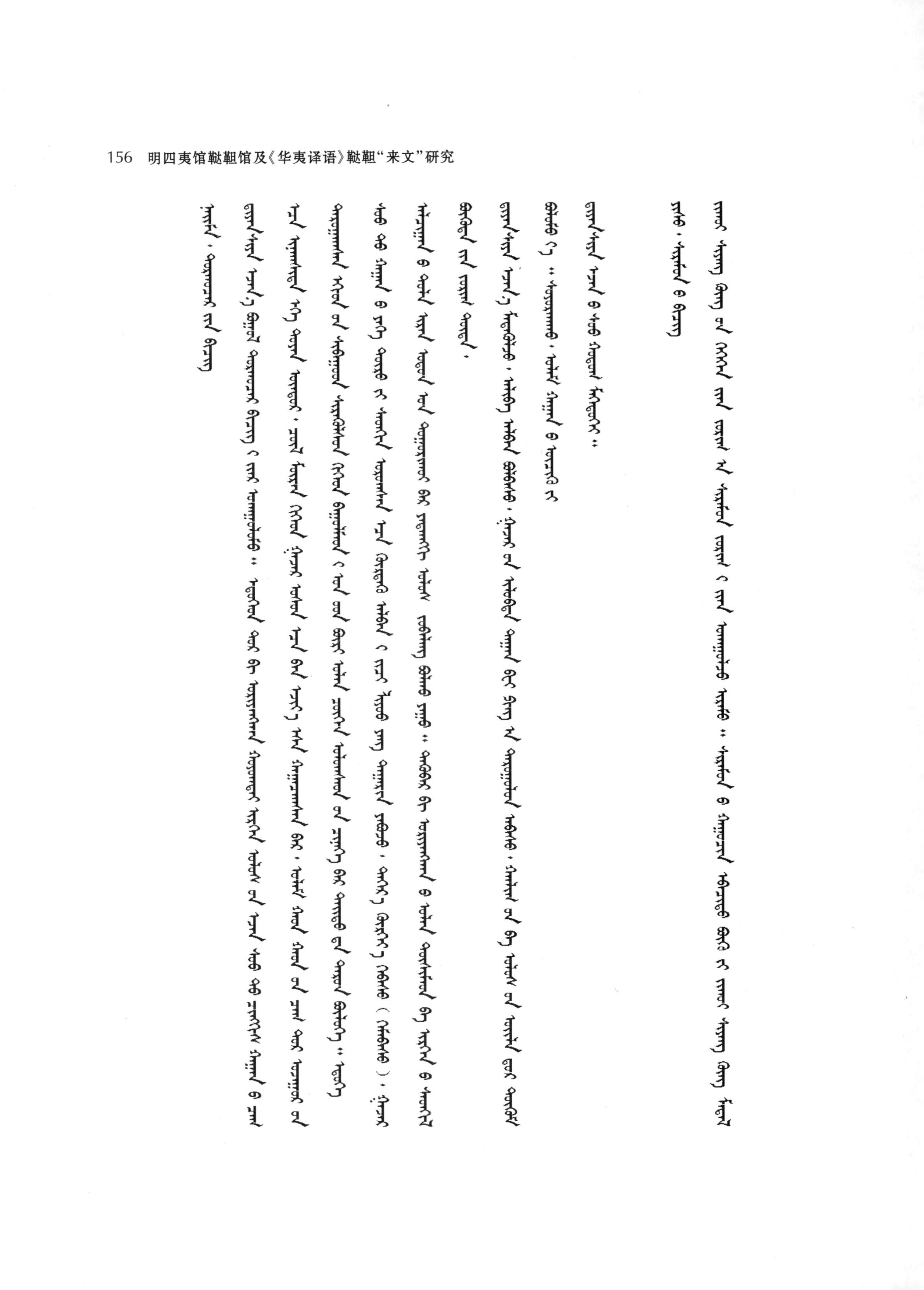

[illegible]

[illegible]

[illegible]

[illegible]

[illegible]

[illegible]

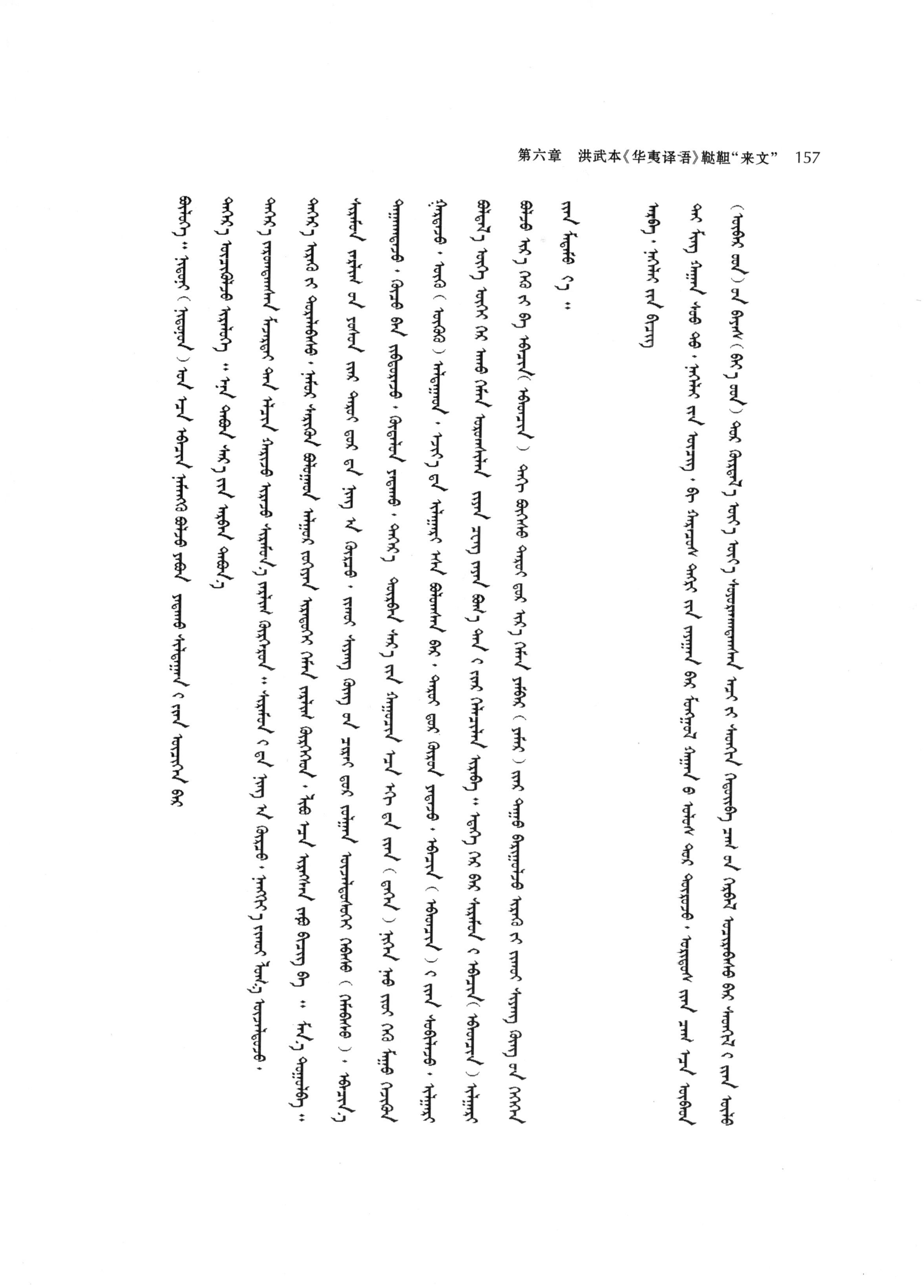

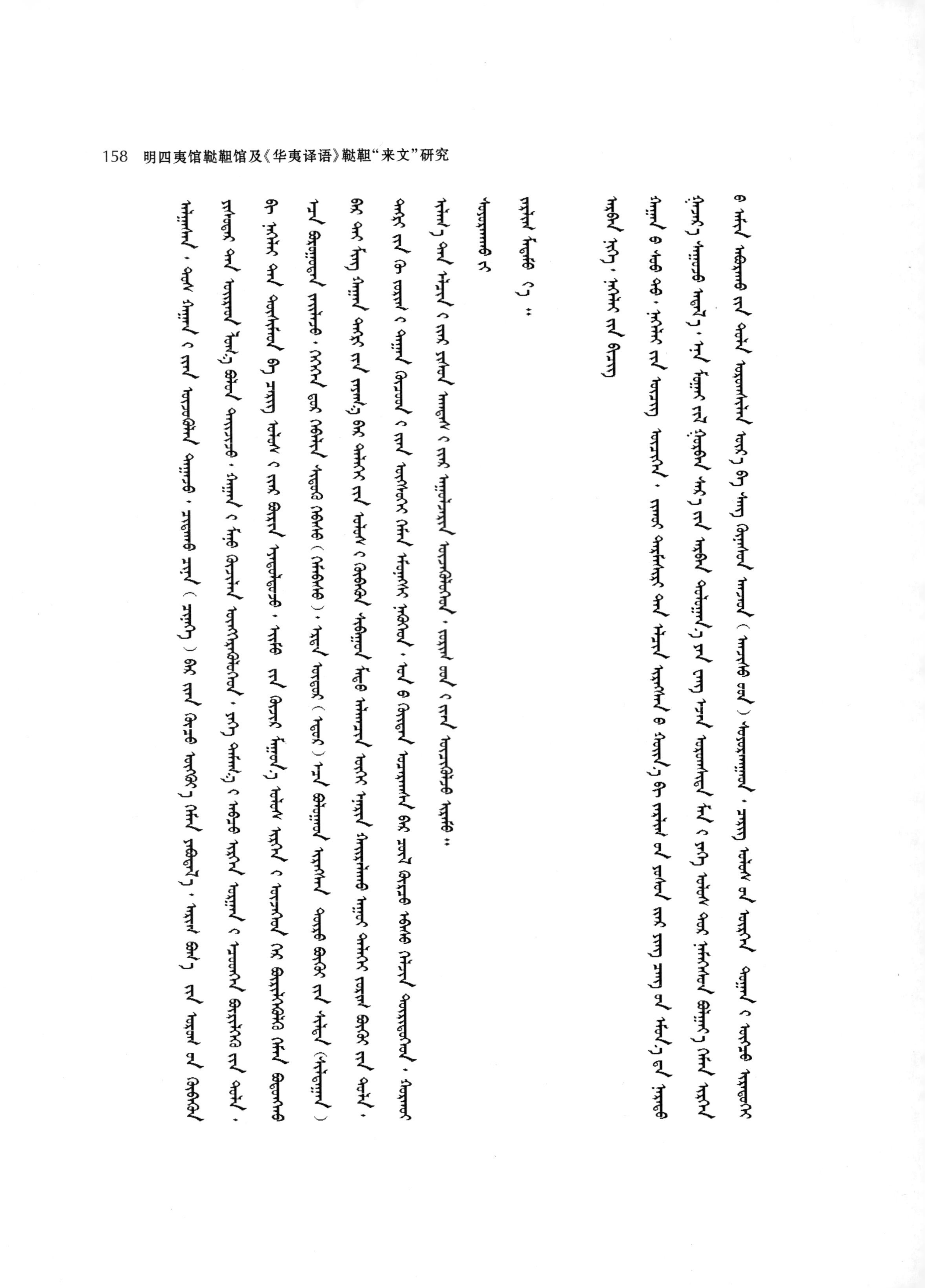

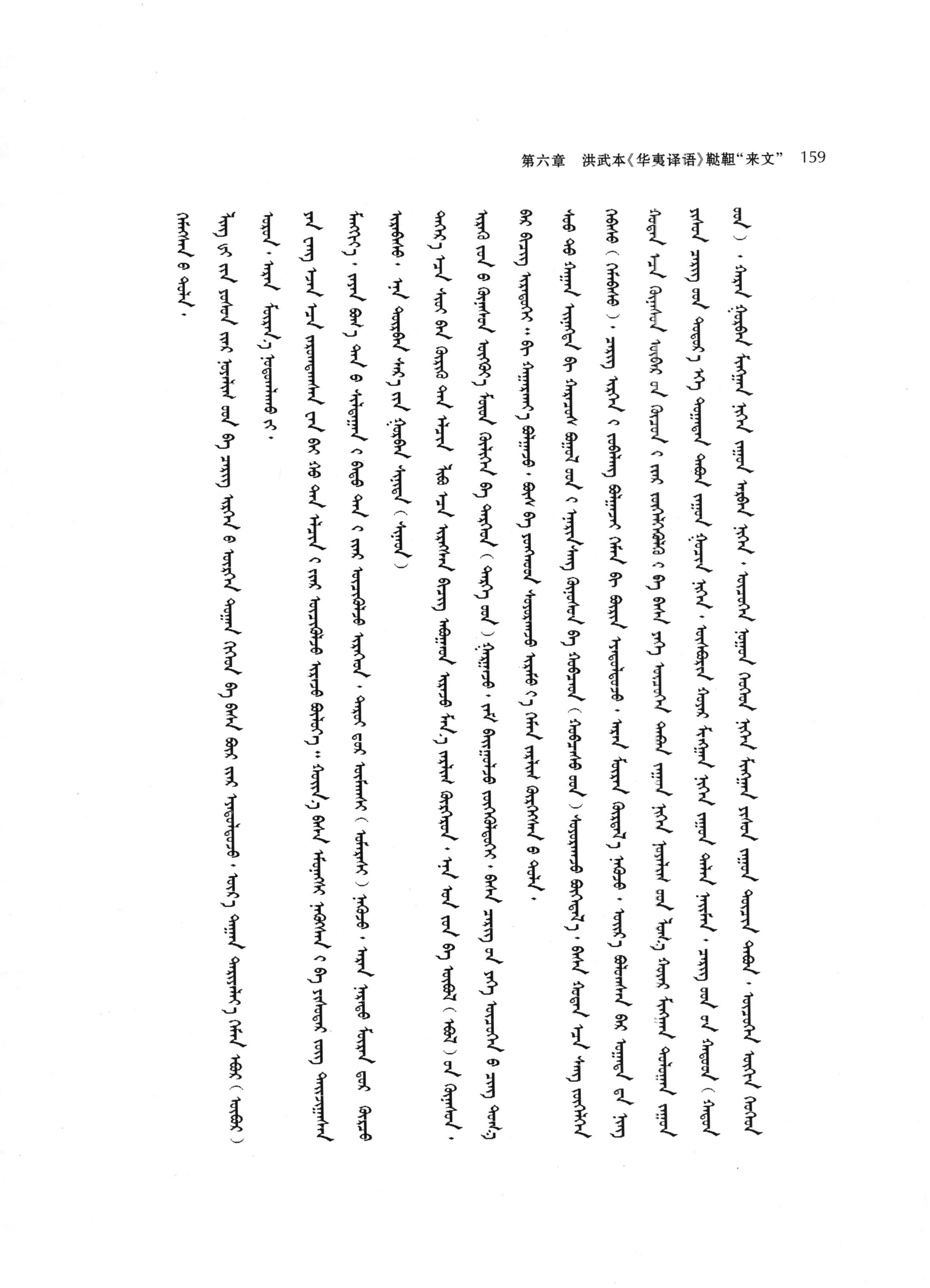

[illegible]

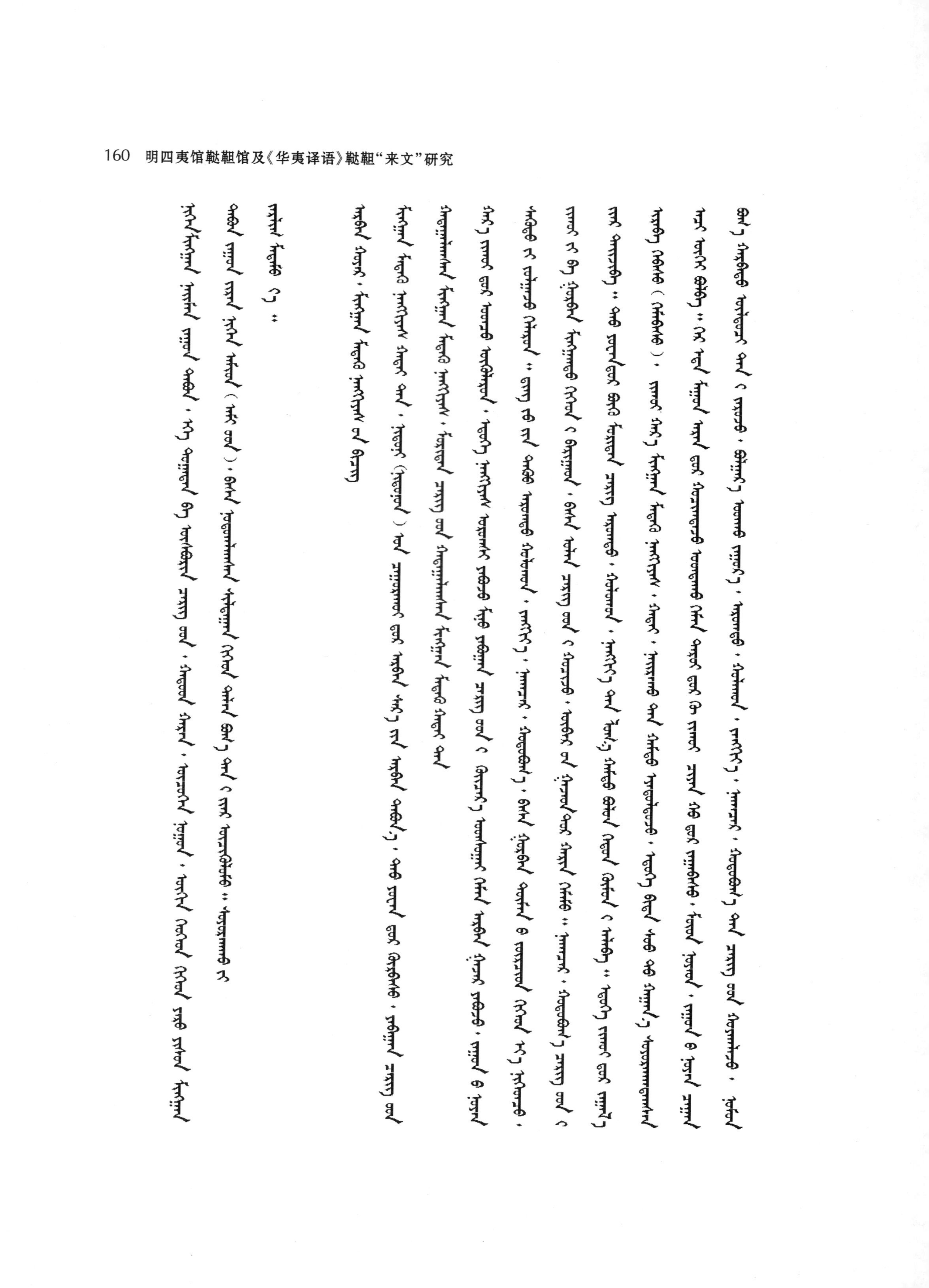

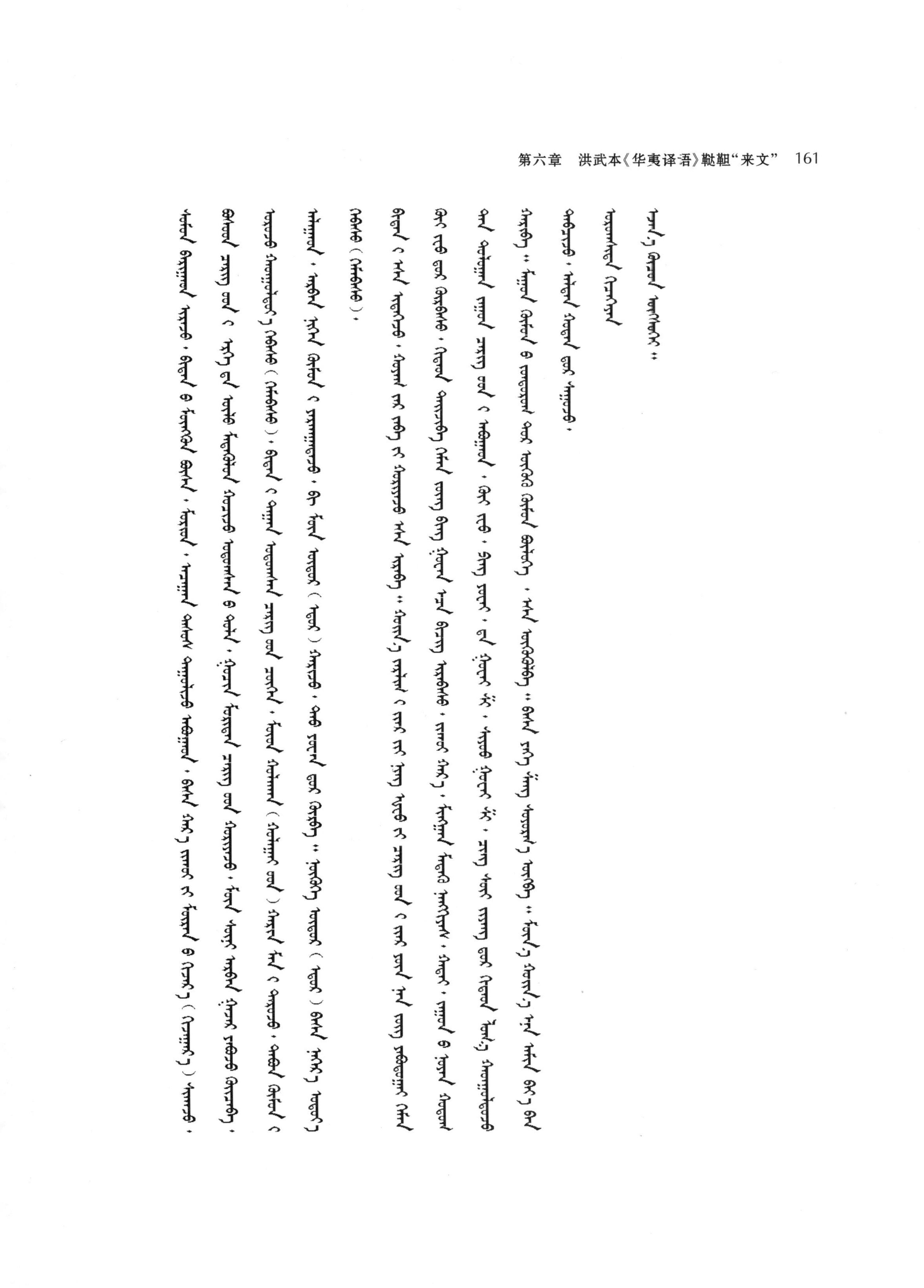

[illegible]

[illegible]

[illegible]

[illegible]

[illegible]

第五节 洪武本《华夷译语》鞑靼"来文"汉译文

一 诏阿札失里

（总译）

天之所覆，地之所载，生民之多，莫知几何，然天能知，天能宰。以其擅祸福于人。人与天地之间，无敢有不敬天者，以其灾福之有验也。天之道，福善祸淫。始古至今，人民之多，凡为君者，天必择人以主之，代天理也。人能上奉天道，勤政不贰，则祚无定期。设若有始无终，怠政殃民，天必改择焉。昔者二百年前，胡汉异统，势分南北，何汉君失政，胡王不仁。天择元君，渐生草野。芟夷诸丑，戡定朔方，已而子孙能奉天道，抚定中夏，混一南北，胡汉一家，君至脱欢帖木儿，怠于勤民，英雄并起，于是天更元运，惟我大明主宰华夷，以元之势，统一既广，骑射且长，一旦天更，地广为瓜分幅裂，骑射真同戏剧，斯非天道，孰能为之。尔阿札失里等，本元之苗裔，知天命之有归，其来也，若微子之抱祭器而归周。其顺天之道，安有不妥也哉，然来归甚易，永守且难，非诚如金石，难以奉天。若中途异智，祸福迁于反掌。尔阿札失里等，既诚来附，决无异谋，昔者胡汉一家，胡君主宰，天道好还，迩来胡汉一家，大明主宰，天理必然有不可更者也，尔从朕命，安分守己，顺水草以乐天之乐，以仁扶众，令生齿之繁，上合天心，岂有不昌者兮。

（根据蒙古文翻成汉文）

被天地所庇佑的众生灵不知有多少，唯有天知道，只有天能主宰。原因是天能为众生降福祸。众生灵生存于天地间，未有不敢敬畏天者，其原因是众生灵遭受天降福祸是灵验的。天之道，对行善者降福禄，对行恶者降灾祸。自古到今，凡为众百姓之君者，天若必选人让他主宰众生灵的话，天将让此人替天治理众生灵。人能敬奉上天之道，一心勤政，未有过失，在位则无定期。如若始初勤政，渐后懈怠，误国殃民，天必择他人更替。昔二百年前，蒙古与汉人为异族，分居南北不同国土。何时汉君失政，蒙古可汗也不仁，天择大元蒙古皇帝，使其生在蒙古地方，讨灭诸多异邦，平定北方。其后，其子孙奉天道，平定南方，统一南北诸国，将蒙古与汉人同为一家。汗位相传，至妥欢帖木儿继位之后，怠于勤政，各处群起反抗，至此，天更替大元蒙古皇帝之运，使我大明主宰一切。以大元蒙古的势力，统一地域广阔，其军强壮、擅骑射，一日天运更替，那广阔国土被瓜分为四分五裂，强壮、擅骑射的军队，如同儿戏般溃散。可见，谁都不能违背天道而行。你阿札失里等，本是蒙古黄金家族后裔，你知天命来归，如同古代商国名微子之王子，抱祭器归降周国之举。如此顺天道，岂有不安宁的道理。然而来归降非常容易，永久保持且难。若非金石般诚固，怎能奉天道。若中途异志，遭福祸易如反掌。你阿札失里等，如此忠诚来附，必无异心。在前蒙古与汉人亲如一家时，蒙古皇帝统治了天下。天道更替，自此蒙古与汉人同为一家。大明统治天下，天理必有不更替的迹象。你奉朕旨，保留原职，随自己意愿，逐水草生息，享天赐予的快乐，以仁慈之心善待民众，让百姓繁衍生息，顺应天道，岂有不昌盛的道理。

二　敕僧亦邻真臧卜

（总译）佛始西域，其教流传中国，已而布诸四夷，亦皆崇奉无怠亶，世人之心，奸险至多，虽加之刑戮，犹不以为怯，道以五常，略不以为然。其人心之险，人性之顽，虽帝王专生杀予夺，犹不能使从命，其佛之教，贤愚闻名慕化者，不知其几。不加刑责，于心自治者无量，其务生不杀之诚。有如是之验耶。迩来元运告终，君主臣民，颠沛流离于沙漠，人各衣铁衣，弯强弓，执锐矢，互備之机。昼夜无敢有暇，方可保身全家，以度岁月。设若赤手素衣，望安生于久远，未知有也。今僧亦邻真藏卜，踵释迦之道，体务生不杀之诚，赤手素衣，处食腥膻之所，犹能随类应化，不息释迦之道，谈悲愿苦空寂寞之趣，而感发人心，涉艰难二纪干兹，岂不智僧者耶，今特敕本僧。仍住持泰宁万寿寺，兴释迦之道，以训善良生拗者，使诸人见者。崇敬无怠，差发无忧，故敕。

（根据蒙古文翻成汉文）

佛始降生西方，其教流传中国，后广为流传至四方百姓中，无不诚心供奉者。深加思考，这世上之人，奸诈之人甚多，虽以严厉法度整治，不能使其畏惧。以五常教导，未能使其信服。人心险恶，人性顽固，虽然皇帝掌握着生杀大权，也未使民众能遵循法度。但是，无论是贤明还是愚钝之人，闻佛教之名而心悦诚服者，不知有多少。不以法治，自内心自律者无数。从不杀生之信仰，如此灵验。如今大元蒙古之运终结，君臣百姓，颠沛流离奔走北方，每人穿戴铁甲，持强弓，执锐箭，昼夜不怠，相替防备，方可保全身家。岁月流逝，若是没有兵器，空手素衣行走，希望长治久安，是不能实现的。如今僧人亦邻真臧卜，敬奉释迦牟尼之道，遵奉不杀生之仁慈之道，空手素衣，身处食腥膻之味者中，随其心性，使其感化，不失释迦牟尼之道，颂悲愿、苦难、空寂之说，能牵动人心，二十余年过着艰难的时光，岂不是有智慧的高僧。如今特敕本僧为泰宁万寿寺住持，开布释迦牟尼经教，以教养善良、执拗之众。使其受诸人崇敬，免其一切差役，故敕。

三　诰文

（总译）

天生兆民，必立君以主之。然为君者，必上奉天心，下勤民政。斯能统一四海，盖天地之间，生齿之繁，人各有心，若非人君受天明命，安能使其心悦诚服。而归二一，故天地之于万物，无不覆载，人君代天理物，必心体天地，一视同仁，无非安妥生民，岂曰广土地而已，本元之苗裔（指塔宾帖木儿），昔臣于元，天更元运，退居沙漠，今胡汉一家，即能顺天之道，称臣来附，朕嘉尔诚心，特立太宁卫，以尔为怀远将军本卫指挥同知，子孙世袭，尔其仁以抚众，顺天时，乐地利，以蕃息生齿，恪安巳（己）分。益坚来附之诚，毋渝始终，天心悦鉴，福及子孙，永永无虞，敬之勿怠。

（根据蒙古文翻成汉文）

天生众民，必择皇帝统治。虽说做了皇帝，必上奉天之道，下勤国政，才能统领天下。天地之间，生灵众多，人各异心，若非受天命而降生的人君，岂能使民众心悦诚服，怎能使其统一。故天无不覆载天地间之万物。皇帝替天整治众生灵，必体会天地之志，不杀天下生灵，以仁德相待，无非是为了使众生灵安宁生息，不是只为身处广袤土地。你塔宾帖木儿本大元蒙古之后裔，原来为大元蒙古之臣民，时遇上天更替大元蒙古之运，退居漠北草原。如今统一蒙古与汉人之际，顺应天道，前来归附，朕嘉奖你的诚心，专设泰宁卫，封你为怀远将军、泰宁卫指挥同知，子孙世袭。你以仁德服众，顺应天时，乐享此地物产，使生灵生息，恪守本职，坚守诚心来附之志，自始至终不改其志的话，天必庇佑，福及子子孙孙，永无后患。敬之慎勉，勿生异心。

四 敕礼部行移应昌卫

（总译）

天道好还，无往不复，既有兴时，必有废期，此即好还之理也。曩者元统天下，威加海内，率土之民，尽皆臣妾，孰敢不遵教命。自至正十一年，民不畏威，群雄倡乱，虽昔元之威，亦不能谁何，以致中土瓜分英雄鼎峙，民忧兵苦十有余年，朕遣大将军中山武宁王、开平忠武王，率马步，平群雄，清华夏。复于洪武二十年、二十一年，命将军宋国公冯胜、永昌侯蓝玉，二次帅兵，直抵深塞，将蒙古氏官民，尽行安于口内口外。其余大臣，奉驾北行，未至岭北，祸生不测，君亡臣手，独捏怯来率精兵自固，仰观天道，俯察人事，不从弑君之贼，免同恶相济之名，所以保众南来，归我大明，已于洪武二十二年四月初一日。给降印信各官受职任事，又几月矣。然群官中丞相失列门，数称有疾，不与使臣相见，礼部行文书去，教捏怯来知道，失列门意思烦来呵，趁此天凉时节，入来厮见，尚有犹豫，意欲北行，捏怯来可休止住，听其自然，且放北行。临行当与失列门期，北行果然安妥，尽他作为。设若艰难趑趄，意欲复来，亦听其自然。凡百岭往者，皆如此。往古至今，违天道，杀身亡家，立名者有。顺天道，保众全身，共安天下者多。志虽意途，较之方册，又非一二人耳。这文书失列门看了，从其本情，若来不止，若去不留，多人知道。

（根据蒙古文翻成汉文）

天道轮回，有来有往。始有兴时，终有废期。这就是轮回的道理。在前大元蒙古统领天下，威震海内外。率土之民，尽皆臣服。无不敢遵命守法者。初自至正十一年，其国民不畏法度，诸多黎民百姓群起反抗，虽然在前大元有过那般威势，谁都什么都不能奈何，中原诸地被瓜分为四分五裂，因十余年国民遭受战争之苦，故朕派大将军中山武宁王、开平忠武王等，率骑兵、步兵，平定诸雄，稳定中原。其后，于洪武二十年、二十一年，派将军宋国公冯胜、永昌侯蓝玉等，两次率兵，直抵蒙古深塞，尽收蒙古官员、臣民，安于口内、口外。其余大臣随皇帝奉驾北行，未到和林，祸生不测，蒙古皇帝被臣下所杀。独捏怯来率兵自保，上仰观天道，下俯察人事，不从弑君之贼，未遭与歹人相伴之骂名。因此，未使部下溃散，率众南来，已于洪武二十二年四月初一日归降我大明。赐官赏印，保留原职，已有几月。然而，在众大臣中，丞相失列门几次称病，不与所派使臣相见。如今自礼部行文书去，知会捏怯来。如失列门愿来，在此凉爽时节入来相见。倘若犹豫不决，意欲北行，捏怯来不必阻挡，随其所愿，放行北去。临行前与失列门商量，如果实有北行安妥之意，随他而去。若遇艰难险阻不能北去，意欲来归，意从其所愿。凡愿往迤北者，均依此理。从古至今，违背天道，家破人亡，有立名者。顺应天道，保众全身，稳定天下者多。虽各有志，查阅古代文献，不止一二人所为。失列门看此书，随其所愿，不挡来归。若去不留，诸人领会知道。

五　敕礼部行移安荅纳哈出

（总译）

以前俺汉人大宋皇帝管天下的大事，三百一十余年，因他的子孙多百姓上不爱恤的上头，天生元朝太祖皇帝，将草地里多有的达达王子每都收捕了，又将回回田地里王子每都收捕了，他生一个有仁德的孙儿，来俺中国做皇帝，号做世祖皇帝么道，将俺宋朝不爱恤那百姓的皇帝，都平定了，统着中国并九夷八蛮，将及一百年来，仁德谁不思慕，号令谁不畏惧，似这等恩德号令，七十余年，人民安乐。自脱欢帖木儿皇帝，他做皇帝时，于多百姓上好生不爱恤么道，因此上天下人乱了，积渐整治不得，豪杰每多，无那一定的时节。我每在闲中坐地，见多百姓每不能勾宁息，因此上乡中亲戚并邻里众伴当每商议者，收拾了些人马，将乱雄每四五年间都平定了，达达军马每归附的归附了，草地里去了的多。洪武二十年、二十一年，两次遣兵，直到达达田地里，将有的达达每带回来抚绥了，那做皇帝的脱忽思帖木儿，领着万以上人，走往也速迭儿那里去了，被也速迭儿连孩儿都擒住，使臣来说呵，都废了么道。其余人马，第四知院捏怯来、国公老撒、丞相失列门，尽数领来归附了我每。安札屯种、顺水草牧放头口，别无征战的所在，俺如今主宰天下的事务，这个意思差佥院土篯迭儿、副使哈剌，往迤北田地里，说与安荅纳哈出佥院知道，他每有什么意思呵，差人与差去人一同来说备细也者。

（根据蒙古文翻成汉文）

在前我大宋皇帝统管天下大事，有三百一十多年之久。因其子孙不爱恤众国民的缘故，天生成吉思汗皇帝，统一了蒙古地区的诸王，又收服了回回地面里的诸王。其后，生了一个仁德的好孙儿，来我中原做皇帝，号为薛禅皇帝。将我不爱恤百姓的大宋皇帝，都平定了。统一中原及海内外九夷八蛮，统领天下，一百余年矣。谁不思慕其仁德，无不畏惧其法度。这般恩德、法度，广布七十余年，国民、百姓安居乐业。其后，妥欢帖木儿皇帝当了皇帝之后，因非常不爱惜百姓，不能整治四方，普天之下会聚群雄，百姓不能齐聚一心，我一平头百姓，见诸多百姓不得安宁，因此，与乡里乡亲，诸多朋友相商，收拾人马，在四、五年间，将那些乱雄都平定了。将蒙古军归附的归附，多数人马奔走迤北。洪武二十年、二十一年，两次派兵，打到蒙古地面，带来诸多蒙古人安抚了。作为皇帝的脱古思帖木儿，引领万余众逃到也速迭儿处，也速迭儿抓住脱古思帖木儿父子二人，派使臣告知将其父子二人杀了。因第四知院捏怯来、国公老撒、丞相失烈门等，率领所有人马来归降，使其逐水草而居，放牧、屯种。别无派兵征战之地，如今我统治天下，特差遣佥院土篯迭儿、副使哈剌等传达此意，说与居于迤北的安荅纳哈出佥院知道，如再有什么其他想法，差人与前去使臣同来，奏说明细。

六　撒蛮、荅失里等书

（根据蒙古文翻成汉文）

皇帝洪福，奴婢撒蛮荅失里、木荅、荅儿木、合只、散吉儿察、阿巳赤、坚都克班勒、哈剌脱伯德、乃亦剌不花、加纳格班勒等献文书奏有：奉天之运，大明统治天下，我在前派去苏儿丁等拜见洪福皇帝。圣旨曰：你急速回去，说与你处王与百姓，仍居原来的属地，让部落头目等前来。如此给了圣旨的缘故，因此，去年遣木荅、乃亦剌不花、孛鲁德等进贡马匹，洪福皇帝恩赐，因派使臣持圣旨来，让我们在甘肃、沙洲等地逐水草而居，我也在沙洲与指挥古出克一同看着洪福大明主人的圣旨、法度，一心想出力，怎生恩赐圣旨知道。

七　纳门驸马书

（根据蒙古文翻成汉文）

上大明皇帝，纳门女婿客秃剌巴秃儿奏事有，原先奉圣主成吉思汗的圣旨，跟随圣主察合台皇帝，我的祖先除授管理、整治着分封的蒙古国家。自那时受天庇佑，依前除授。今如恩赐，依大国的体例，在一些地方，如所派使臣说的那样，开通商贾之路，让古纳失里王在哈密遵循大国的体例，如何整治圣旨知道。所奏于龙年冬正月初八日。写于哈剌地方时。

八　脱儿豁察儿书

（根据蒙古文翻成汉文）

主人殿下，奴婢脱儿豁察儿献文书奏有，我兀良哈林木中的百姓，自圣主洪福成吉思汗时开始至今，未离开过额客朵颜山、绰尔河等水土，累朝每年向大都交纳原有体例里的鹰、豹等物。今依在前体例，合到差发经辽阳向洪福皇帝纳贡，因路途遥远，绕道使穷困百姓受罪。因此，将我兀良哈诸臣民、百姓之意，向殿下主人请求，恩赐不拣什么差发折路顺处纳向北平的话，官民受益。奏请皇帝，殿下主人洪福知道。

九　失列门书

（根据蒙古文翻成汉文）

指挥相公明鉴，失列门禀告来意。失列门有旧疾，指挥相公知道。自去年添病，不能前往的缘故，昨前叫奏与皇帝。今五月十五日，皇帝所遣马札儿台等使臣回还时，给失列门圣旨，叫失列门到大宁，与曩加指挥一同入见。皇帝在圣旨里称，如有来附，于秋凉爽之际，从容准备前来。礼部行来札付文书里吩咐，让俺失列门如圣旨里所说，速去大宁，与指挥相公相见，但是，我病魔缠身，没有力气，不能动身的缘故，四月就有的一个脑疽，险些要了命了。如今也未见好转。因此，不能速速前往。养病待身体好转些前去。觉得怎么能不预先告知，因此，派监丞者颜不花等说与你处。今让失列门养好病再来，或是带病速速前往，如何传来消息，指挥相公明鉴。

十　捏怯来书

（根据蒙古文翻成汉文）

大明皇帝洪福，捏怯来奏：我平民受天运生在蒙古皇帝的国土，自祖先到本人，祖祖辈辈受恩宠。念此恩，虽遇时局动荡，并未改变初衷，跟随本主皇帝，效尽全力。但是，阿里不哥的后裔也速迭儿王与卫拉特一同谋反，杀害我皇帝，抢走玉玺。因祸害黎民百姓，我捏怯来等大臣、军民等众人商量，看着这种坏人不知如何祸害百姓，因弃暗投明，在先就有体例。大明皇帝受天命视天下百姓如己出，一视同仁怜惜百姓，如此宽宏之忘。因此，顺天道，想效力，向南迁移，遇到年寒，到达戈壁扎营，派火儿灰、亦剌哈等使臣，进贡九匹骟马，奏明来意。恩赐圣旨知道。

十一　捏怯来书

（根据蒙古文翻成汉文）

皇帝洪福，捏怯来奏：昨前指挥答儿麻失里等使臣来过之后，我奉圣旨之命，住在应昌之南的名为答的地方时，今蛇年三月十七日，燕王主人称，大国相助我们，为了百姓的生计，预先赐给些种子、粮饷、犁杖等物，让我们报军民粗略数字而来。因此，按照令旨之意，上报军民大致数目，并与众人商量，为了耕种方便移入岭南，安扎营盘于阿兰河一带。此事，让燕王主人所派的万百户等奏报了。后来，让巴秃等汇报了往南迁移之事及忙加、者延不花等与也速迭儿征战的缘故之后，速向南迁徙，到达阿兰河时，今年四月初三日，皇帝派序班古里格等使臣持礼部文书来，给我们传旨曰：赐给你们今年夏天和冬天的粮食以及明年夏天的粮食，你们出马匹、车辆，设立驿站，运走粮食。并在来文中报来军民、家属实数。我明白审查赐布匹及绸绢。洪福皇帝怜悯我下民，专门赐给粮食及衣服，还让从城里搬运粮食，生怕给军民带来不便。我们众人商量了，迁到阿兰河，离近了，自己凭力气从大宁城搬运粮食。并奏报我处军民实数为：大小官员 501 人，军人 2709 人，其中，女兵 531 人，男子 2178 人，军人家属 3111 人，小男孩儿 1945 人，小女孩儿 1805 人。男女兵及妇人、男孩儿、女孩儿总共 9561（应该是 10071）人。另外，派答兰不花等奏报南迁事由。

十二　曩加思千户状

（根据蒙古文翻成汉文）

千户曩加思、哈歹等去年出征时，十月十五日到桃源时，掌管步兵的千户曩加思、掌管骑兵的千户哈歹等，到哈喇指挥处说：今曩加思前行，想赶上在前的步兵，行走十里地遇到百户官小兀秃说，定住的弟弟阿鲁克秃、忽鲁浑、掌加阿、纳哈察儿、忽秃不花，又三万女真人等一同商量，将指挥和三个千户等抓了，并带多数兵要回自己地方。纳哈察儿、忽秃不花带兵反叛了，在桃源的骑兵跟随阿鲁克秃、忽鲁浑、掌加阿，一同杀了几个人。今来告知指挥，指挥哈喇、千户曩加思、哈歹等一同商量，如今我们辜负了洪福皇帝的恩赐，怎能让这些坏人略去，因此，速去告知许指挥、顾千户，这些官人差百户官察罕不花、旗手温勒都赤等前去审查期间，阿鲁克秃、忽鲁浑、掌加阿、纳哈察儿、忽秃不花等军披上盔甲，手持弓箭而来，将我们的银带子、马匹、货物都抢去了。又将哈剌指挥挤到河岸，其他兵身不由己也被掠去。因此，连夜带着三十名骑兵，追十里地，赶上厮杀，因随我们去的人少，那些贼回来打败我们，杀我们五个人，刺伤十一人。我当天回到桃源，第二天想再去追赶，不相信我们，卸了盔甲、器械。后来，总兵官来文书称：济宁侯奉圣旨带兵向云南，行至贵州时，汉人反叛。指挥哈剌、千户曩加思、哈歹，百户官忽秃克坛等，率领七百名军人，到贵州、平越、大拐西、小拐西、青水江，与汉人厮杀回来，因歹人的缘故本该死之人，未被杀，反而受到大的恩赐。此后，舍命守在金城，更加为主人尽力。

第七章　永乐本《华夷译语》鞑靼馆“来文”

永乐本《华夷译语》各本所收鞑靼馆“来文”的情况有所不同。东洋文库所藏明抄本《华夷译语》（以下简称“东洋文库本”）中，收有鞑靼馆“来文”30篇。柏林图书馆所藏明抄本《华夷译语》（以下简称“柏林本”）中，有鞑靼馆“来文”30篇。其中，有14篇与东洋文库本鞑靼馆“来文”内容相同。北京图书馆善本室收藏的明抄本《华夷译语》（以下简称“北图珍本”）收鞑靼馆“来文”40篇，其中5篇为“敕谕”。但鞑靼馆“来文”被编在“高昌馆课”[①]中。“北图珍本”与“东洋文库本”、“柏林本”所收鞑靼馆“来文”没有重复部分。

“东洋文库本”、“柏林本”、“北图珍本”《华夷译语》均属于永乐本《华夷译语》。这三种版本《华夷译语》所收鞑靼馆“来文”中有许多是属于女真馆的来文，而明洪武时期编纂的《华夷译语》鞑靼“来文”中，并没有属于女真“来文”的现象。这与明正统时期开始部分地区的女真部落与明朝进行交往时，往来文书以蒙古字书写、明四夷馆鞑靼馆的译官曾经代译过女真馆的“来文”这一事实有关。[②] 因此，永乐本《华夷译语》中的鞑靼馆“来文”不仅成为探讨明朝与蒙古关系史的珍贵史料，对明朝与女真关系的研究也提供了新的资料。

第一节　永乐本《华夷译语》鞑靼馆“来文”内容

1368年朱元璋建立明朝，蒙古族人结束在中原的统治，回到漠北草原建立了北元政权。朱元璋在与北元征战的同时，对故元大臣也进行了招降的政策。明成祖朱棣继位后“锐意通四夷”[③]。朱元璋和朱棣的外交政策中非常注重外国使臣来朝入贡、周边诸部族的来朝及赏赐。

明朝对“四夷”采取“怀柔远人”、“厚往薄来”的政策，明朝对凡入贡的国家或各部族首领的赏赐要比所贡物品多出数倍，明朝与四夷的朝贡关系空前发展，致使一些商人也冒充朝贡使臣入朝讨赏。在这一情况下，核实使臣的身份、辨验入贡文书的真伪性是非常重要的事情。四夷馆的译官担任到边关辨验文书的工作，在明朝与四夷的朝贡贸易中起到了非常重要的作用。四夷馆鞑靼馆的译官，则在明朝与蒙古、女真的交往中起到了重要的作用。到了

---

① 《北京图书馆古籍珍本丛刊》第6，书目文献出版社，第325—368页。

② 参看拙文《明四夷馆“鞑靼馆”研究》，《中央民族大学学报》2002年第4期，第67—68页。

③ 《明史》卷三〇四，宦官一，侯显传，中华书局点校本1976年版，第7768页。

永乐时期，明朝专门设立四夷馆，培养明朝与四夷通贡时，能起到重要语言媒介作用的译官，让这些译官辨验和翻译四夷朝贡文书。

在明代蒙古明显被分为蒙古本部和西蒙古两大部。永乐以后明朝称蒙古本部为鞑靼，称西蒙古为瓦剌，即卫拉特。"鞑靼馆"即是"蒙古馆"。在明代，除鞑靼、瓦剌、朵颜三卫等蒙古部落使用蒙古语言文字外，在中亚的帖木儿王朝、西域的一些部族也有使用蒙古语言文字的情况。四夷馆中所设立的"鞑靼馆"，即是负责培养通蒙古语的译官，四夷馆"鞑靼馆"培养的译官在明朝与鞑靼、瓦剌、朵颜三卫、女真部的使臣往来活动中起到了重要的传译语言的作用。

明洪武、永乐时期，明朝在周边民族地区实行"以夷治夷"的政策，在辽东及西北地区设立羁縻卫所。这些蒙古、女真卫所一年一贡或两贡，与明朝进行朝贡贸易。明朝与四夷通贡具有政治、经济交流的双重性质。四夷通过入贡，受到明朝的赏赐，以此来获取经济利益。明朝以经济手段拉拢四夷各部，对其进行政治上的控制。明朝与各卫所的往来文书由四夷馆的译官负责翻译。永乐本《华夷译语》鞑靼馆来文中，保留了蒙古、女真部分卫所与明朝朝贡的一些文书，其内容一定程度上反映了明朝与这些羁縻卫所间朝贡贸易的情况。

明朝在东北设立蒙古、女真卫所有 384 个，[①] 归属努儿干都司管辖。这些卫所哪些属于蒙古卫所，哪些属于女真卫所，对其全部不能进行详细的区分。但是，多数属于女真卫所。明洪武时期，明朝在东部蒙古最早设立朵颜、泰宁、福馀等兀良哈三卫。相比之下，在明洪武时期，明朝统治势力未能深入到东北的女真地区。但是，在 1387 年明朝大将冯胜出兵辽东，故元将领纳哈出归附明朝时，也有部分女真人来归降。到了永乐时期，随着在努儿干都司设立女真诸卫所，明朝势力深入到女真各部。

明朝在西北地区共设八个卫所，其中，哈密卫在 1406 年设立。哈密卫位于今新疆东部哈密地区，境内有蒙古、回回、畏兀儿等民族居住。西北的蒙古、回回、畏兀儿等诸民族、部落入贡明朝，必须持有朝贡文书方可。这些文书大多并未保存下来。但是，《华夷译语》高昌馆来文、鞑靼馆来文、回回馆来文中有哈密、火州、吐鲁番、亦力把里等地入贡明朝的文书，成为研究哈密等地蒙古、回回、畏兀儿等民族与明朝朝贡关系的珍贵资料。充分挖掘《华夷译语》高昌馆、鞑靼馆、回回馆中哈密等地与明朝的朝贡文书，对其进行全面、系统的搜集、整理、研究，不仅有助于揭示哈密等西北地区的诸民族与明代朝贡关系特点，并对研究明代西北地区蒙古诸部的情况也有所裨益。

永乐本《华夷译语》鞑靼馆"来文"中有明朝在女真地区建立的各卫所的来文、兀良哈三卫来文，以及明朝与西域交往的文书，即西部蒙古罕东、哈密等卫所的来文。其中，大多数是女真部各卫所来文。永乐本《华夷译语》鞑靼馆 86 篇来文中，女真卫所来文 59 份，兀良哈三卫的来文 18 份，哈密来文 2 份、罕东左卫来文 2 份。另外，北图所藏《华夷译语》鞑靼来文中有 5 篇敕谕文书，是明朝敕谕四方、海外诸国；敕谕川缅地区；敕谕大同总兵官、敕谕总兵官说与各卫所；敕谕亦力把里等地的文书。从永乐本《华夷译语》鞑靼馆"来文"中女真各部卫所来文居多可知，在明四夷馆鞑靼馆译官的日常工作中，代译女真各部来文也

---

① 《明史》卷 90，兵二，第 2222 页。

是重要而繁重的事情。

明代的女真人分为海西女真和野人女真。明朝最早在海西女真部落设立了建州卫，其后建立兀者卫、毛怜卫等诸多的卫所，明朝通过这些羁縻卫所与女真大小部落进行朝贡贸易。

永乐本《华夷译语》鞑靼馆“来文”中，有以下向明朝进贡的蒙古、女真卫所的来文：

斡阑卫，女真卫所之一，建于明永乐四年（1406）。

忽儿海卫，女真卫所之一，建于明永乐七年（1409）三月。

毛怜卫，属建州女真，明永乐三年（1405）十二月设立。

建州左卫，女真卫所之一，明永乐六年（1408）分设此卫。

朵颜卫是蒙古兀良哈三卫之一，洪武二十二年（1389）五月置兀良哈三卫，即朵颜、福馀、泰宁三卫。

泰宁卫，蒙古兀良哈三卫之一。

福馀卫，蒙古兀良哈三卫之一。

童宽山卫，女真卫所之一，建于明永乐六年（1408）二月。

屯河卫，女真卫所之一，建于明永乐三年（1405）八月。

渚冬河卫，女真卫所之一，建于明永乐十三年（1415）十月。

友帖卫，女真卫所之一，建于明永乐六年（1408）三月。

渚冬卫，应是渚冬河卫，女真卫所之一，建于明永乐十三年（1415）十月。

哈密卫，西域卫所之一，建于明永乐四年（1406）。

建州卫，女真卫所之一，建于明永乐元年（1403）十一月。

兀者前卫，女真卫所之一，设于明永乐五年（1407）。

罕东左卫，西域卫所之一，于明成化十五年（1479）始设。

塔山卫，女真卫所之一，建于明永乐四年（1406）二月。

速平江卫，女真卫所之一，建于明永乐四年（1406）二月。

考郎兀卫，女真卫所之一，建于明永乐五年（1407）三月。

建州右卫，女真卫所之一，正统年间置。

弗提卫，女真卫所之一，明永乐十年（1412）置。《明实录》为永乐七年（1409）五月忽儿海卫改为弗提卫。

阿真河卫，是女真卫所之一，建于明永乐六年（1408）二月。

纳剌河卫，就是答剌河卫，是女真卫所之一，建于明永乐五年（1407）。

兀者左卫，是女真卫所之一，建于明永乐二年（1404）二月。

朵伦卫，女真卫所之一，应该是永乐四年（1406）闰四月设立的脱伦卫所。

兀者卫，女真卫所之一，建于明永乐元年（1403）十二月。

阿者迷河卫，女真卫所之一，建于明永乐六年（1408）二月。

兀列河卫，女真卫所之一，设于明永乐五年（1407）。

撒鲁河卫，女真卫所之一，应该是正统年间设立的撒里河卫。

卜忽里卫，女真卫所之一，始设年代待考。

乞塔河卫，女真卫所之一，设于明永乐六年（1408）十一月。

撒里卫，女真卫所之一，应该指永乐三年（1405）二月设立的撒力卫。

其中，来朝贡的蒙古卫所有朵颜卫、泰宁卫、福馀卫、哈密卫、罕东左卫等卫所。来朝贡的女真卫所有斡阑卫、忽儿海卫、毛怜卫、建州左卫、童宽山卫、屯河卫、渚冬河卫、友帖卫、渚冬卫、建州卫、兀者前卫、塔山卫、速平江卫、考郎兀卫、建州右卫、弗提卫、阿真河卫、纳剌河卫、兀者左卫、朵伦卫、兀者卫、阿者迷河卫、兀列河卫、撒鲁河卫、卜忽里卫、乞塔河卫、撒里卫等卫所。

这些来文内容非常丰富，有进贡马匹、海青、貂皮等内容，也有讨赏升官文书、讨敕书、讨勘合文书等内容。有涉及女真与朝鲜的纠纷，女真与蒙古的纠纷，财物、敕书被抢或人员被杀的内容。也有进贡明朝后，在大市交易时发生财物纠纷。有些来文的内容也有反映会同馆的馆夫克扣朝贡使臣下程酒肉的例子。

四夷朝贡明朝必须以敕书、牌符或勘合文书为凭证，辨验真伪，方可入贡讨赏。永乐本《华夷译语》鞑靼馆来文中有讨敕书或讨勘合文书的内容，反映了敕书或勘合文书在四夷与明朝之间的朝贡贸易往来中的重要作用。同样，蒙古人凭借明朝所赐的敕书，每年可以与明朝通贡互市，领取赏赐。[①] 兀良哈三卫骑兵在“靖难之战”中，帮助朱棣夺取政权有功，得到很多敕书，凭借这些敕书兀良哈三卫在与明朝的朝贡贸易中有了特殊待遇。永乐本《华夷译语》鞑靼馆来文中保存的兀良哈三卫的来文，除朝贡马匹的文书外，多为讨敕书或新敕书的文书。永乐本《华夷译语》鞑靼馆来文中保存的女真部来文也是除了进贡马匹等物品之外，多数来文是讨升官敕书或讨新敕书的。其中，文书 49、91 等文书反映了敕书被抢或为了抢夺敕书被杀等内容。文书 49 还提到“瓦剌达子”抢去文书，可见，卫拉特在与东部蒙古及女真征战过程中，也抢夺明朝赐给女真的敕书。在当时为了抢夺敕书或保护敕书不惜付出生命的代价，可见，明朝所颁发的敕书对蒙古与女真人的重要性。从第 91 份文书中“先前失落了敕书的人，后都给与了”的内容来看，明朝对被抢或遗失文书的蒙古、女真部落各卫所指挥使或都指挥等官人，均按照他们奏讨的要求，都会给补发敕书。

永乐本《华夷译语》鞑靼馆来文中有女真部向明朝奏讨买卖牛只的辽东衙门勘合文书的内容。勘合是明代官方使用的纸质凭证或文书。明代将勘合也用于朝贡制度中，自 1383 年勘合始用于朝贡贸易中，明朝向暹罗、占城等 59 处颁发了勘合文书。并对西南、东北的各部族也颁发了勘合文书。从现存永乐本《华夷译语》鞑靼馆来文第 54 篇文书，可见，在当时明朝也曾向蒙古和女真部颁发过勘合文书。

永乐本《华夷译语》鞑靼馆来文中，也有反映蒙古、女真向明朝所贡物品、入贡人数、明朝回赐的物品等内容。从永乐本《华夷译语》鞑靼馆来文内容来看，蒙古和女真部落向明朝进贡的除马匹、骆驼外，还有海青、天鹅、貂鼠皮等物品。与西南或东亚诸国的贡物比较，蒙古与女真的贡物主要是游牧民族的土特产，有狩猎的海青、天鹅、貂皮等。西南的贡物有象、马、香料等丰富的物种。朝鲜的贡物也有人参等特产。明朝向蒙古、女真回赐的物品或蒙古、女真向明朝讨赏的物品有大帽子、金带；敕书；升职文书；勘合文书；彩缎表里、织金衣服等件；表里衣服、靴袜等件；青缎子；鞍子、嚼头、渔网等件；青红布、帐房、剪子

---

① 赵云田主编：《北疆通史》，中州古籍出版社 2002 年版，第 376 页。

等件；青红布、帐房、渔网、剪子等件；帐房、织金衣服、胡椒、青红布、剪子、鱼网、鞍子、嚼头、手帕、胭脂、粉、针等件。另外，还有奏讨银两的。例如：文书66中，建州右卫都督奏，海西人进贡都赏银两，因此，他们也奏讨回赐银两。可见，在明朝与女真部的朝贡贸易中，回赐多以折物的方式，也有少量赏赐银两的方式。

从永乐本《华夷译语》鞑靼馆来文第90篇来文内容看，这份来文反映的是泰宁等三卫的蒙古人入贡来京300人，都进贡马一匹，又正遇万寿圣节，可见，蒙古入贡人数众多，所贡物品以马匹为主，如遇到冬至令节或万寿圣节入贡，所得到的赏赐会更多。因此，此次逢万寿圣节泰宁等三卫的蒙古人入贡来京的人数达到300人，也正是为了除得到朝贡回赐品之外，还想得到万寿圣节的赏赐的缘故。

蒙古、女真人入贡明朝，所贡物品除政府“有贡则赏”，“一切给赐”的原则外，蒙古、女真人也有私货在大市交易的情况。在大市交易有时也会出现所应物品不能兑现的情况。例如：永乐本《华夷译语》鞑靼馆第76篇来文内容反映，这篇来文是女真部建州卫入贡115人，其中，都指挥使苦鲁有两颗珠子到大市与名叫倪佐的人交换一百匹布，但是，倪佐所答应的一百匹布没有得到兑现，因此，女真部的建州卫都督向明朝反映情况，希望明朝政府给追还苦鲁的两颗珠子。

外国、四夷朝贡，入贡使臣及随行人员居住在会同馆。蒙古、女真人入贡也住到会同馆。明朝政府给入贡使臣每五日送一次酒肉等膳食。但是，会同馆看门的馆夫等人有时克扣、抢夺使臣的膳食酒肉，致使他们的供饷维持不到五天。例如：永乐本《华夷译语》鞑靼馆第64篇来文内容反映，海西女真入贡住在会同馆，明朝政府每十人每五天送一次酒肉等供饷，但是被会同馆看门的馆夫、牌子抢去酒肉，所得酒肉不够吃五天的。因此，向明朝反映派官员送酒肉等物，避免会同馆的馆夫、牌子抢去酒肉等食物。

永乐本《华夷译语》鞑靼馆来文内容也有反映卫拉特与东部蒙古、女真征战关系的内容。有反映卫拉特在成化年间在乩加思兰太师的率领下抢夺过兀良哈三卫情况的来文。也有反映卫拉特人抢夺东部蒙古、女真人敕书的来文。例如：永乐本《华夷译语》鞑靼馆来文第97篇内容反映，福馀卫都督脱罗干等奏，先前在成化年间受卫拉特乩加思兰太师抢夺，与明朝互市做买卖。并向明朝汇报卫拉特乩加思兰太师被人所杀之事。乩加思兰是卫拉特哈喇辉特部人，满都鲁汗时期把持汗廷大权。成化年间乩加思兰太师率众抢夺兀良哈三卫，成化十五年达延汗和满都海夫人杀死乩加思兰太师。可见，此文书是成化十五年以后福馀卫写给明朝的文书。永乐本《华夷译语》鞑靼馆来文第49篇内容反映，女真部毛邻卫都督佥事只塔奏，卫拉特人抢夺人民，也抢夺升官的敕书。可见，卫拉特人在也先太师时期向东进攻过女真部落，这一文书应该是也先东进时期的文书。

总之，永乐本《华夷译语》鞑靼馆来文内容非常丰富，充分反映了当时蒙古、女真人贡明朝，交换生产、生活用品的情况，以及东北蒙古、西蒙古的卫拉特、女真等部族之间的征战情况，蒙古、女真、朝鲜杂居，所产生的纠纷等问题。也反映了明朝在处理这些纠纷及民族、部族关系中所起到的作用。

第二节 永乐本《华夷译语》鞑靼馆"来文"校释

永乐本《华夷译语》鞑靼馆"来文"由汉文和蒙古文原文两部分组成。其中蒙古文部分中有许多拼写、语序、语法方面的错误。因此，笔者对"东洋文库本"、"柏林本"、"北图珍本"《华夷译语》中的86篇[①]"来文"做注解，并将蒙古文部分转写成拉丁文。

13. 皇帝洪福前，斡阑卫[②]指挥同知[③]委列 怯 怕 奏： 去 年 奴婢 差 头目 阿剌哈
qaγan nu suu tu ，oran ui jiqui tungji uile emiyeged ayun öčimü，erči on boγul jaruju teümü alaqa
等 各 备 骟马 等 物赴京进贡[④]，蒙[⑤]朝廷 给予 重 赏赐[⑥]。 今 奴婢 又 差
kiged öbere bi aqta kiged ed mung degedüs un tügejü ögčü kündü sangsi . edüge boγul basa jaruju
头目[⑦]赏哈进贡驼马等物[⑧]，叩头去了，望 朝廷 怜悯 照 例[⑨] 奏[⑩]讨 赏赐。怎生
teümü sangqa mörgü erčibe . egeren degedüs un eneriküi jerge yi qauli γuyun sangsi yambar
恩赐 圣旨 知道。
(yamar) yar soyurqaqu yi jrlq (jarliq) medemü ja.

14. 皇帝洪福前， 忽儿海卫[⑪]都指挥[⑫]失勒得等 怯 怕 奏：奴婢 每 在 边
qaγan nu suu tu，qurqai ui duu jiqui silde kiged emiyeged ayun öčimü boγul nar balan qijaγar
外 效劳，出 力 年 远 了。今 奴婢 庆贺 新 年 远 地
γadana ülümlen küčü ögčü on qola baraba . edüge boγul qulduqlan sini (sine) on qola γajar

① 注：此处86篇鞑靼馆"来文"中第13—26篇是"东洋文库本"和"柏林本"中内容相同的部分；第27—42篇收于"东洋文库本"；第43—58篇收于"柏林本"；第59—98篇属于"北图珍本"。关于《华夷译语》鞑靼馆"来文"的编号情况，参考第五章第二节的"鞑靼馆来文编号"部分。

② 注：斡阑卫，女真卫所之一，建于明永乐四年（1406）。此处与"斡阑"对应的蒙文为"oran"，柏林本为"olan"。

③ 注：蒙古文部分中，"指挥同知"直接被音译为"jiqui tungji"。

④ 注：蒙古文部分中，缺与"赴京进贡"对应的蒙古语。柏林本中有对应的蒙古文"wuu giŋ aγuljarin yan üjegülün"。

⑤ 注：蒙古文部分中，"蒙"字直接音译为"mung"。

⑥ 注：蒙古文部分中，"赏赐"一词被直接音译为"sangsi"。

⑦ 注：此处的"头目"被音译为"teümü"。

⑧ 注：蒙古文部分中，缺与"进贡驼马等物"对应的蒙古语。柏林本中有对应的蒙古文"aγuljarin yan üjegülün temege morin kiged ed"。

⑨ 东洋文库本中与"例"对应的蒙古语是"qauli"。柏林本中与"例"对应的蒙文是"qauinčin（qaγučin）qauli"（旧例的意思）

⑩ 注：东洋文库本中缺与"奏"对应的蒙古文。柏林本中有"奏"对应的蒙古文"bar öčimü"。

⑪ 注：忽儿海卫，女真卫所之一，建于明永乐七年（1409）三月。

⑫ 注：此处的"都指挥"被音译为"duu jiqui"。

方[①] 进贡 马匹[②]，叩头来了，照例奏讨彩段（缎）表里、织金衣服等件[③]。望[④]朝廷
dörbeljin aɣuljarin yan üjegülün morina mörgü irebe，jerge yi qauli bar öčimü ɣuyun．degedüs un
可怜 见准 与的。 怎生 恩赐 圣旨 知道。
örüsiyen jobsiyan ög yin．yambar（yamar）yar soyurqaqu yi jrlq（jarliq）medemü ja．

15．皇帝洪福前 毛怜 卫[⑤] 都 指挥 使[⑥]猛可帖木儿 叩头 奏： 正德 十
qaɣan nu suu tu，maulen ui duu jiqui si mongketemür（müngketemür）mörgü öčimü，jingde arban
三 年（1518）三月 初 六 日 除授 前 职。奴婢 时 常 在 边 杀
ɣurban on ɣurban sara türün jirɣuɣan naran tüsijü urida čola．boɣul čaq nasuda balan qijaɣar ala
贼 有 功[⑦]。 未 蒙[⑧] 朝廷 升 赏。 今 奴婢 照
qulaɣai boi güng．üdügüye mung degedüs un nere nemen soyurqa．edüge boɣul jerge yi
旧 例 奏 讨 升 赏[⑨]。 怎生 恩赐
qaucin（qaɣucin）qauli bar öčimü ɣuyun nere（nemen）soyurqa．yambar（yamar）yar soyurqaqu
圣旨 知道。
yi jrlq（jarliq）medemü ja．

16．皇帝洪福前，建州 左卫[⑩]都 指挥佥事[⑪]脱罗[⑫] 男 猛可 怯 怕 奏：[⑬]（今）
qaɣan nu suu tu，genjiu sou ui duu jiqui semsi tolon köbegün mungke emiyeged ayun öčimü，edüge
奴婢 进 贡 马匹[⑭] 叩头 来了， 奏 要 袭 父 前 职。 望 朝廷
boɣul aɣuljarin yan üjegülün morina mörgü irebe，öčimü ab jalɣamji ečige urida čola．
可怜 见 准 袭 父 职。在 边境 好 管束[⑮] 人 民 便益。
egeren degedüs un örüsiyen jobsiyan jalɣamji ečige čola．balan qijaɣar sain qataɣala irgen urɣan joqistai．

① 注：蒙古文部分中，与"地方"一词对应的蒙古文"地"意译为"ɣajar"，"方"直译为"dörbeljin"（方形之意）。

② 注：东洋文库本中"马匹"一词被译为"morina"，柏林本中译为"morin ba"，"匹"字被音译为"ba"。

③ 注：东洋文库本中蒙古文部分中，缺与"彩缎表里、织金衣服等件"对应的蒙古文。柏林本中有与"彩缎表里、织金衣服等件"对应的蒙文"ardu törge ɣadar dotur，nekemel altatu degel qubčasun kiged jüil"。

④ 注：东洋文库本中缺与"望"对应的蒙古文"egeren"。柏林本中有与"望"相对应的蒙古文"egeren"。

⑤ 注：毛怜卫，属建州女真，明永乐三年（1405）十二月设立。

⑥ 注：此处的"都指挥使"被音译为"duu jiqui si"。

⑦ 注：此处的"有功"一词中，"有"字被意译为"boi"，"功"字被音译为"güng"。

⑧ 注：蒙古文部分中，"蒙"字直接音译为"mung"。

⑨ 注：在蒙古文部分中与"升赏"相对应的是"nere"，柏林本中与"升赏"相对应的是"nere nemen"，可见，东洋文库本缺了" nemen"。

⑩ 注：建州左卫，女真卫所之一，明永乐六年（1408）分设此卫。

⑪ 注：此处的"都指挥佥事"被音译为"duu jiqui semsi"。

⑫ 注：东洋文库本中"脱罗"被译为"tolon"，柏林本中"脱罗"译为"tolod"。

⑬ 注：东洋文库本汉文部分中，缺与蒙古文"edüge"相对应的汉字。柏林本中有与蒙古文"edüge"对应的汉字"今"。

⑭ 注：东洋文库本中"马匹"一词被译为"morina"，柏林本中译为"mori ba"，"匹"字被音译为"ba"。

⑮ 注：东洋文库本中"管束"一词被译为"qataɣala"，柏林本译为"qataɣal un"，柏林本的翻译是正确的。

怎生　　　　　　　　恩赐　　　　　圣旨　　　知道。
yambar（yamar）yar soyurqaqu yi jrlq（jarliq）medemü ja.

17. 皇帝洪福前，福馀 卫[①]都指挥 佥事[②]脱忽赤 男　帖木儿　怯　　怕　奏：　今
qaγan nu suu tu，wuyur ui duu jiqui semsi toqu čì köbegün temür emiyeged aγun öčimü，edüge
遇[③]　　　万　　寿　圣　节，　进　　　　　贡　骟马 二匹[④]。今　　差　头目[⑤]
jolγalduba tümen nasutai sayin üdür aγuljarin yan üjegülün aqta qoyara. edüge jaruju teümü
哈哈赤 叩头　　去了，　奏　讨　　表　里、　衣　　服　　等　件。又　　奏　袭
qaqačì mörgü erčibe，öčimü γuyun γadar dotur degel qubčasun kiged jüil basa öčimü jalγamji
父　　　职。　　怎生　　　　　　　　　　恩赐　　　　　　圣旨　　知道。
ečige čola. yambar（yamar）yar soyurqaqu yi jrlq（jarliq）medemü ja.

18. 皇帝洪福前，朵颜卫[⑥]都督[⑦]花当[⑧]　怯　怕　　奏　有：本　卫 都督[⑨]剌哈 蒙[⑩]
qaγan nu suu tu，doyan ui dudu qodang emiyeged ayun öčimü boi，büdün ui dudu laqa mung
朝廷　　　　赏　　与大帽　子、　金　带　有 来。　今　奴婢　花当[⑪]　照　例
degedüs un soyurqa ög bürge köbegün altan büse boi ire. edüge boγul qodang jerge yi qauli bar
奏　　　讨　大帽子、　　金　带，望　　　朝廷　　可怜　　见　准　　　与的。
öčimü γuyun bürge köbegün altan büse egeren degedüs un örüsiyen jobsiyan ög yin.
怎生　　　　　　恩赐　　　圣旨　　　知道。
yambar（yamar）yar soyurqaqu yi jrlq（jarliq）medemüja.

19. 皇帝洪福前，童宽山　卫[⑫]都指挥佥事[⑬]卜养古　　怯　怕　叩头　奏：比先
qaγan nu suu tu，tungquusan ui duu jiqui semsi buyanggü[⑭]emiyeged ayun mörgü öčimü，bi sen

---

① 注：福馀卫，蒙古兀良哈三卫之一。
② 注：此处的“都指挥佥事”被音译为“duu jiqui semsi”。
③ 注：东洋文库本中，“遇”字译为“jolγalduba”，柏林本中“遇”字译为“joluγalduba”。东洋文库本的翻译是正确的。
④ 注：东洋文库本中“二匹”一词被译为“qoyara”，柏林本中译为“qoyar ba”，“二”被意译为“qoyar”，“匹”字被音译为“ba”。
⑤ 注：此处的“头目”被音译为“teümü”。
⑥ 注：朵颜卫是蒙古兀良哈三卫之一，洪武二十二年（1389）置兀良哈三卫，即朵颜、福馀、泰宁三卫。
⑦ 注：此处的“都督”被音译为“dudu”。
⑧ 注：东洋文库本中，“花当”一词译为“qodanng”，柏林本中“花当”一词译为“qaudanng”。
⑨ 注：此处的“都督”被音译为“dudu”。
⑩ 注：蒙古文部分中，“蒙”字直接音译为“mung”。
⑪ 注：东洋文库本中，“花当”一词译为“qodang”，柏林本中缺与“花当”相对应的蒙古文。
⑫ 注：童宽山卫，女真卫所之一，建于明永乐六年（1408）二月。
⑬ 注：此处的“都指挥佥事”被音译为“duu jiqui semsi”。
⑭ 注：此处人名“buyanggü”中将阳性词“buyang”和阴性词“gü”接续在一起。可见，在明代蒙古语中就已存在标记人名时将阳性词和阴性词连写的情况。

成祖[①] 皇帝 将 我每 人 民 着 做远 近、 耳 目[②] 这等有来，今奴婢进
daisung qaγan abči bi nar irgen urγan mün kijü qola uiračiqin nidun ein boi ire, edüge boγul aγuljarin
贡 马匹[③] 叩头来了。怎生 恩赐 圣旨 知道。
yan üjegülün morina mörgü irebe . yambar (yamar) yar soyurqaqu yi jrlq (jarliq) medemü ja.

20. 皇帝洪福前，屯 河 卫[④]正 千户[⑤] 冲山[⑥] 男 亦列格叩头 怯 怕 奏 有：
qaγan nu suu tu, tun qowa ui jing semγu čola köbegün ilege mörgü emiyeged ayun öčimü boi,
奴婢 父 在 边 出气力 有 功[⑦] 行 间 故 了。 今 奴婢 奏
boγul ecige balan qijaγar küčü öggün boi güng yabu jaγura ügei baraba . edüge boγul öčimü
袭 父 前职。怎生 恩赐 圣旨 知道。
jalγamji ečige uridačola. yambar (yamar) yar soyurqaqu yi jrlq (jarliq) medemü ja.

21. 皇帝洪福前，建州 左卫都 指挥 佥事[⑧]撒哈 怯 怕 奏： 成化[⑨] 十 四
qaγan nu suu tu, genjiu sou ui duu jiqui semsi saqa emiyeged ayun öčimü, čingquwa arban dörben
年（1478）十月初 三 日 除授 前 职 有，升 官 的 敕书[⑩]破
on arban saran türün γurban naran tüsijü uridačola boi, ner (nere) nemen noyan yinčisüü qaγarba
了[⑪]。 今 要 换 新 敕书[⑫]，望 朝廷 可怜 见 准 与的。
baraba, edüge ab ariljinsini (sine) čisüü , egeren degedüs un örüsiyen jobsiyan ög yin
怎生 恩赐 圣旨 知道。
yambar (yamar) yar soyurqaqu yi jrlq medemü ja.

22. 皇帝洪福前，渚冬[⑬]河卫[⑭]正千户[⑮]老察 弘治 十 五 年（1502）间 进 贡

---

① 注：蒙文部分中，与汉文“成祖”相对应的词为“daisung”（太宗），翻译有出入。柏林本中蒙汉文部分中的记载是相符的，为“太宗”对应“daisung”。
② 注：此处的“耳目”一词被机械地翻译为“čiqin nidun”（耳朵和眼睛）。
③ 注：东洋文库本中“马匹”一词被译为“morina”，柏林本中译为“morin ba”。“匹”字被音译为“ba”。
④ 注：屯河卫，女真卫所之一，建于明永乐三年（1405）八月。
⑤ 注：此处的“正千户”被音译为“jing semgu”。
⑥ 注：东洋文库本中“冲山”译为“čola”（职）是错误的。在柏林本中没有出现汉字“职”，也没有蒙古文“čola”，“冲山”一词音译为“čuŋšan”。
⑦ 注：此处的“有功”一词中，“有”字被意译为“boi”，“功”字被音译为“güng”。
⑧ 注：此处的“都指挥佥事”被音译为“duu jiqui semsi”。
⑨ 注：此处的“成化”被音译为“čingquwa”。
⑩ 注：此处的“敕书”被音译为“čisüü”。
⑪ 东洋文库本中，与“破了”相对应的蒙古文是“qaγarba baraba”，柏林本中与“破了”相对应的蒙古文是“qaγarba”。
⑫ 注：此处的“敕书”被音译为“čisüü”。
⑬ 注：东洋文库本中，与渚冬相对应的蒙古文是“jidüng”，柏林本中与渚冬相对应的蒙古文为“jüdüŋ”。
⑭ 注：渚冬河卫，女真卫所之一，建于明永乐十三年（1415）十月。
⑮ 注：柏林本中“千户”一词音译为“semgu”。东洋文库本译为“semši”（佥事的音译）。

qaγan nu suu tu，jidüng qowa ui jing semsi lauča qungji arban tabun on jaγura aγuljarin
来　时，升　　了　　　正　千户[①]　职事[②]。正德 十 二年（1517）二 月　　二十　五日
yan üjegülün irečaq，nere nemen baraba jing semgučola si．jingde arban qoyar on qoyar sara qorin tabun
进　　　　贡　　　来了，讨升指挥职事[③]。怎生恩赐　　圣旨　　知道。
naran aγuljarin yan üjegülün irebe．yambar（yamar）yar soyurqaqu yi jrlq（jarliq）medemü ja．

23. 皇帝洪福前，友帖[④]卫[⑤]都指挥佥事[⑥]卯里孩　　怯　　怕　　奏：　今　遇　　万
qaγan nu suu tu，yito ui duu jiqui semsi maγuliqai emiyeged ayun öčimü，edüge jolγalduba tümen
寿　　圣 节　　进　　　贡　　骟马二匹，[⑦]　今　　差　头目[⑧]只儿挨叩头 去了，
nasutai sain üdür aγuljarin yan üjegülün aqta qoyara ，edüge jaruju teümü jirqai mörgü erčibe
奏　　讨　　表　　里 衣　　服、　　靴　　袜[⑨]　　等 件。　怎生
öčimü γuyun γadar dotur degel qubčasun γutusun quimusun kiged jüil．yambar（yamar）yar
恩赐　　　圣旨　　　知道。
soyurqaqu yi jrlq（jarliq）medemü ja．

24. 皇帝洪福前，毛怜卫　都督等　官　怯　　怕　　奏：比 先　奴婢　　　父　　　祖
qaγan nu suu tu，maulen ui dudu kiged noyan emiyeged ayun öčimü，bi sen boγul ečige ebüge
以来　　辈　辈　　进贡，不敢怠慢[⑩]。今　　　遇　　冬　　至　　　令　　节，
inaqsida üye üye aγuljarin yan üjegülün edüge jolγalduba übül（ebül）tengri yin üdür（edür）
进　　　贡　　　　骟马 二匹，差　　头目 只儿挨叩头　去了。怎生　　　　恩赐
aγuljarinyan üjegülün　aqta qoyara jaruju teümü jirqai mörgü erčibe．yambar（yamar）
圣旨　　　　知道。
yar soyurqaqu yi jrlq（jarliq）medemü ja．

25. 皇帝洪福前，渚冬卫[⑪]已　故[⑫]　指挥佥事[⑬]　阿的纳 孙 男　哈戈哈，又　有亦里卫已
qaγan nu suu tu，jüdung ui ügei boluγan jiqui semsi adina ači köbegün qalungqa，basa boi ili ui ügei

① 注：此处的“正千户”一词被音译为“jing semgu”。
② 注：东洋文库本蒙古文部分中，“职事”一词的“职”字被意译为“čola”、“事”字被音译为“si”。
③ 注：东洋文库本蒙古文部分中，缺与“讨升指挥职事”相对应的蒙古文。柏林本中有“γuyan nere nemen jiqui čola ši”。
④ 注：柏林本中音译为“yiute”。
⑤ 注：友帖卫，女真卫所之一，建于明永乐六年（1408）三月。
⑥ 注：此处的“都指挥佥事”被音译为“duu jiqui semsi”。
⑦ 东洋文库本中“马匹”一词被译为“morina”，柏林本中译为“morin ba”。“匹”字被音译为“ba”。
⑧ 注：此处的“头目”一词被直接音译为“teümü”。
⑨ 注：柏林本中缺汉文“靴袜”一词。
⑩ 注：东洋文库本，缺与“不敢怠慢”相对应的蒙古文。柏林本中有“ölü büged osuldan”。
⑪ 注：渚冬卫，应是渚冬河卫，女真卫所之一，建于明永乐十三年（1415）十月。
⑫ 注：柏林本中“已故”一词译为“ügei boluqsan”是正确的，东洋文库本的翻译是错误的。
⑬ 注：此处的“指挥佥事”被音译为“ jiqui semsi”。

故 指挥佥事 完者秃孙 男 伯孙 等 奏：奴婢 每 都 要 袭 祖
boluɣan jiqui semsi üljitü ači köbegün basun kiged öčimü, boɣul nar bügüde ab jalɣamji ebüge
前 职。怎生 恩赐 圣旨 知道。
uridačola. yambar（yamar）yar soyurqaqu yi jrlq（jarliq）medemü ja.

26. 皇帝洪福前，哈密卫[①]已 故 所 镇 抚 男 伯颜 奏：奴婢 父 敬
qaɣan nu suu tu, qamil ui ügei boluɣan sou jin wuu köbegün bayan öčimü, boɣul ečige köndölen
顺 天 道， 尊事 朝廷。 比先 除授 奴婢 父 前 职 故 了。
daɣan tengri yin aɣur yi, erkilen degedüs un. bi sen tüsijü boɣul ečige uridačola ügei boluɣan.
今 要 袭 父 前 职。 怎生 恩赐 圣旨 知道。
edüge ab jalɣamji ečige uridačola. yambar（yamar）yar soyurqaqu yi jrlq（jarliq）medemü ja.

27. 皇帝洪福前，建州卫[②]都督完者秃奏：奴婢 做 都督 多 年 了，在 奴婢 后
qaɣan nu suu tu, genjiu ui dudu üljitü öčimü, bogul kijü dudu olan on baraba. balan. boɣul qoina
做 都督 的 剌哈 蒙 朝廷 赏 与 大帽、金 带。 今 奴婢 照 例
kijü dudu yin laqa mung degedüs un soyurqa ög bürge altan büse . edüge boɣul jerge yi qauli bar
奏 讨 大帽、金 带。 怎生 恩赐 圣旨 知道。
öčimü ɣuyun bürge altan büse . yambar（yamar）yar soyurqaqu yi jrlq（jarliq）medemü ja.

28. 皇帝洪福前，建州左卫童失哈 等 四 人 呈 奏 有：海西 贼 人
qaɣan nu suu tu, genjiu sou ui tungsiqa kiged dörben kümünčing öčimü boi, qaisi qulaɣai kümün
尚秃 前 来 边 上 做 贼，奴婢 每 处 人 去 报 说 被[③]（边）
sangtü urida ire qijaɣar degere kijü qulaɣai, boɣul nar jüg kümün erči kele kelen mün qijaɣar
上 官 人 拿 住 杀了。奴婢三年来进贡[④]，今讨升 赏。 怎生
degere noyan kümün bari jü alaba. bogul edüge ɣuyan nere nemen soyurqa. yambar（yamar）yar
恩赐 圣旨 知道。
soyurqaqu yi jrlq（jarliq）medemü ja.

29. 皇帝洪福前，福馀卫右都督 佥事 哈里哈 怯 怕 叩头 奏： 奴婢 在
qaɣan nu suu tu, wuyur ui yiu dudu semsi qariqa emiyeged ayun mörgü öčimü, boɣul balan
边 外 出 气力 多 年 了。天 顺 三年（1459）十二 月 二十 三 日
qijaɣar ɣadana küčü öggün olan on baraba . ten sün ɣurban on arban qoyar sara qorin ɣurban naran

① 注：哈密卫，西域卫所之一，建于明永乐四年（1406）。
② 注：建州卫，女真卫所之一，建于明永乐元年（1403）十一月。
③ 注：汉文部分中，缺与蒙古文“qijaɣar”对应的“边”字。
④ 注：东洋文库本，缺与“三年来进贡”对应的蒙古语“ɣurban jil aɣuljirin yan üjegülün”。

升　　　奴婢 做　都督　佥事，今　　讨　　升　　　都督　职 事。怎生

nere nemen boɣul kijü dudu semsi, edüge ɣuyan nere nemen dudu čola si. yambar（yamar）yar

恩赐　　　圣旨　　　　知道。

soyurqaqu yi jrlq（jarliq）medemü ja.

30. 皇帝洪福前，建州左卫指挥使 歹察　　奏：　成　化　　十　　四年（1478）十月 初

qaɣan nu suu tu, genjiu sou ui jiqui si daiča öčimü, čing qowa arban dörben on arban sara türün

三　　　日　　除授　　前　　职。今　　讨　　升　　　　都 指挥佥事　　职　　事。怎生

ɣurban naran tüsijü uridačola. edüge ɣuyan nere nemen duu jiqui semsičola si. yambar（yamar）

恩赐　　　圣旨　　　　　知道。

yar soyurqaqu yi jrlq（jarliq）medemü ja.

31. 皇帝洪福前，泰宁卫右都督可台　　奏：　今　奴婢　差　　人　　　进　　　贡

qaɣan nu suu tu, taining ui yiu dudu kötai öčimü, edüge bogul jaruju kümün aguljarin yan üjegülün

马匹，　　奏　　讨　　青　　段（缎）　子[①]　　　二　　匹[②]。怎生　　　　恩赐　　　　圣旨

morina, öčimü ɣuyun köke türge köbegün qoyar be. yambar（yamar）yar soyurqaqu yi jrlq（jarliq）

知道。

medemü ja.

32. 皇帝洪福前，福馀卫正 千户　老察　叩头　　奏：正德　十　一年（1516）七　月

qaɣan nu suu tu, wuyur ui jing semgu lauča mörgü öčimü, jingde arban nigen on doluɣan sara

二十　　三　日　除授　前　职。今　　　讨　　升　　　　指挥使 职　事。怎生

qorin ɣurban naran tüsijü uridačola. edüge ɣuyan nere nemen jiqui sičola si. yambar（yamar）yar

恩赐　　　　圣旨　　　知道。

soyurqaqu yi jrlq（jarliq）medemü ja.

33. 皇帝洪福前，兀者前卫[③]都指挥同知[④]影克　男　脱罗　叩头　忙　怕　奏　有：

qaɣan nu suu tu, uje sen ui duu jiqui tungji yingke köbegün tolod mörgü emiyeged ayun öcimü boi,

奴婢　父 在　　边 出　气力　　有 功　行　间　　故　了。　今　奴婢　奏

boɣul ečige balan qijaɣar küčü öggün boi ɣung yabu jaɣura ügei baraba . edüge bogul öčimü

袭　　　父 职。　怎生　　　　　　　恩赐　　　圣旨　　　知道。

jalɣamji ečigečolan. yambar（yamar）yar soyurqaqu yi jrlq（jarliq）medemü ja.

---

① 注：蒙古文部分中，“青缎子”一词“子”字被直译为“köbegün”（儿子之意）。山崎忠在《乙种本〈华夷译语〉鞑靼馆“来文”的研究》一文中，根据蒙古文部分日译时，将“青缎子”误译为“青缎子、男子”。

② 注：蒙古文部分中，“匹”字直接音译。

③ 注：兀者前卫，女真卫所之一，设于明永乐五年（1407）。

④ 注：此处的“都指挥同知”被音译为“duu jiqui tungji”。

34. 皇帝洪福前，渚冬河卫[1] 掌 印[2] 都督 撒哈 怯 怕 奏[3]： 成化 二十
qaγan nu suu tu，jütüng qowa ui alaγan tamaγa dudu saqa emiyeged ayun öčimü ire，čingqowa qorin
二年（1486）五月十五日除授前职。出气力多[4]年了，今讨升 赏。 怎生
qoyar on tabun sara arban tabun on baraba. edüge γuyan nere nemen soyurqa. yambar
恩赐 圣旨 知道。
（yamar）yar soyurqaqu yi jrlq（jarliq）medemü ja.

35. 皇帝洪福前，罕东 左卫[5]都 指挥 佥事[6]只儿挨，今 遇 冬至 令 节， 进
qaγan nu suu tu，qandung sou ui duu jiqui semsi jirqai，edüge jolγalduba übül tegri üdür，aγuljarin
贡 骟马二匹，今 差 头目[7]脱罗 叩头 来了，奏 讨表里[8]、衣服、
yan üjegülün aqta qoyara edüge jaruju teümü tolod mörgü irebe. öčimü guyun degel qubčasun
靴袜[9]等件。怎生 恩赐 圣旨 知道。
kiged jüil yambar（yamar）yar soyurqaqu yi jrlq（jarliq）medemü ja.

36. 皇帝洪福前，朵颜卫都指挥使哈哈赤 怯 怕 奏： 奴婢 在 边 出
qaγan nu suu tu，doyan ui duu jiqui si qaqači emiyeged ayun öčimü，boγul balan qijaγar küčü
力 多 有 功劳[10]。 今 来 进 贡 马匹，奏 讨 赏赐[11]，望
ögčü olan boi güngleü. edüge ire aγuljarin yan üjegülün morina ，öčimü γuyan sangsi. egeren
朝廷 可怜 见 准 与 的。怎生 恩赐 圣旨 知道。
degedüs un örüsijen jobsiyan ög yin . yambar（yamar）yar soyurqaqu yi jrlq（jarliq）medemü ja.

37. 皇帝洪福前，塔山卫[12]都督亦剌哈怯 怕 奏： 成 化 十 四年（1478）十 月
qaγan nu suu tu，tasan ui dudu iraqa emiyeged ayun öčimü，čing qowa arban dörben on arban sara

---

① 注：渚冬河卫，女真卫所之一，建于明永乐十三年（1415）十月。
② 注："掌印"一词，被直译为"alaγan tamaγa"（手掌之印）。
③ 注：汉文部分中，缺与"ire"相对应的"来"字。
④ 蒙古文部分中，缺与"日除授前职，出力气多"相对应的"naran tüšijü uridačola. küčü öggün olan"。
⑤ 注：罕东左卫，西域卫所之一，建于明成化十五年（1479）。
⑥ 注：此处的"都指挥佥事"被音译为"duu jiqui semsi"。
⑦ 注：此处的"头目"被音译为"teümü"。
⑧ 注：蒙古文部分中，缺与"表里"相对应的蒙语"γadar dotur"。
⑨ 注：蒙古文部分中，缺与"靴袜"相对应的蒙语"qutusun quyimusun"。
⑩ 注："功劳"译为"günglejü"，音译"功"字，加蒙古语动词时态。
⑪ 注：蒙古文部分中，"赏赐"一词直接音译。
⑫ 注：塔山卫，女真卫所之一，建于明永乐四年（1406）二月。

初　　三　日　　除授　前职，有　升　　　官　　的敕书　破　　坏[①]　了，
türün ɣurban naran tüsijü urida čola . boi nere nemen noyan yin čisüü qaɣarba nebteren baraba,
今　　奴婢奏[②]讨 都督[③]　　敕书。　　怎生　　　　　　怜悯　恩赐　　圣旨
edüge ɣuyan sini（sine）čisuu. yambar（yamar）yar enerikü̈i soyurqaqu yi jrlq（jarliq）
知道。
medemü ja.

38. 皇帝洪福前，泰宁卫正千户　歹察　怯　怕　叩头　奏：　奴婢做　正　千户
qaɣan nu suu tu, taining ui jing semgu daiča emiyeged ayun mörgü öčimü, boɣul kijü jing semgu
多 年　了，今　　讨　升　指挥 佥事[④]职事。怎生　　恩赐
olan on balaba . edüge ɣuyun nere nemen jihui semsi čila si. yambar（yamar）yar soyurqaqu yi
圣旨　知道。
jrlq（jarliq）medemü ja.

39. 皇帝洪福前，朵颜卫　都指挥 佥事[⑤]老佟　叩头　怯　怕　　奏：成化二年（1466）
qaɣan nu suu tu, doyan ui duu jiqui semsi lautung mörgü emiyeged ayun öčimü, čing qowa qoyar on
三　　月　二十　一　　日　除授　前　　职。　今　　讨　　升　都督　职　事。
ɣurban sara qorin nigen naran tüsijü urida čola. edüge ɣuyun nere nemen dudu čola si
怎生　　　　　　恩赐　　　圣旨　　　　知道。
yambar（yamar）yar soyurqaqu yi jrlq（jarliq）medemü ja.

40. 皇帝洪福前，速平江卫[⑥]都 指挥使 帖木儿 怯　怕　叩头　奏：　奴婢　做　都指挥
qaɣan nu suu tu, subingɣang ui duu jiqui si temür emiyeged ayun morgue öčimü, boɣul qijü duu jiqui
使 多　年　了，今　　讨　　升　　　都督佥事，　望　　　天 皇帝　可怜
si olan on baraba, edüge ɣuyun nere nemen dudu semsi. egeren yin tngri qaɣan örüsijen
见　准　　　　　　　与 的。怎生　　　　　　恩赐　　　圣旨　　　知道。
jubsiyan（jübsiyeren）ög yin . yambar（yamar）yar soyurqaqu yi jrlq（jarliq）medemü ja.

41. 皇帝洪福前，建州卫　掌　　印　　都督 卜里哈　怯　　怕 奏：　成　　化　十

① 山崎忠在《乙种本〈华夷译语〉鞑靼馆“来文”的研究》一文中，认为汉文部分中，缺与蒙古文“nebteren”对应的汉字。此处汉字“坏”字是蒙古文“nebteren”的对应词。“qaɣaraju nebterekü”是“破坏”、“破损”不成样子的意思。

② 注：蒙古文部分中，缺与“奴婢奏”对应的蒙古文“boɣul öčimü”。

③ 与“都督”对应的蒙古文是“šini（šine）”，是汉字“新”的意思。

④ 注：此处的“指挥佥事”被音译为“ jiqui semsi”。

⑤ 注：此处的“都指挥佥事”被音译为“duu jiqui semsi”。

⑥ 注：速平江卫，女真卫所之一，建于明永乐四年（1406）二月。

qaγan nu suu tu，genjiu ui alaγan tamaγa dudu buriqa emiyeged ayun öcimü，čing qowa arban
五年（1479）三月 十 五 日 除授 前 职，出 气力 多 年 了。今 讨
tabun on γurban sara arban tabun naran tüsijü uridačola. kücü öggün olan on baraba，edüge γuyun
升 赏。 怎生 恩赐 圣旨 知道。
nere nemen soyurqa. yambar（yamar）yar soyurqaqu yi jrlq（jarliq）medemü ja.

42. 皇帝洪福前，兀者前卫指挥同知撒哈塔怯 怕 奏： 弘治 十二年（1499）十
qaγan nu suu tu，üje san ui jiqui tungji saqata emiyeged ayun öčimü，qungji arban qoyar on arban
二 月 二十五 日 除授 前 职， 在 边 上 进 送 人 口 有
qoyar sara qorin tabun naran tüsijü uridačola. balan qijaγai degere oruγulju üden kümün aman boi
功。今讨升都指挥佥事职事①。怎生恩赐 圣旨 知道。
γung. yambar（yamar）yar soyurqaqu yi jrlq（jarliq）medemü ja.

43. 皇帝洪福前，兀者前卫都督完者秃 怯 怕 奏 有，比先 奴婢 父 祖
qaγan nu suu tu，üje san ui dudu üljitü emiyeged ayun öčimü boi，bi sen boγul ečige ebüge
以来 辈 辈 在 边 效劳 出 力 多 年 了， 今 奴婢 备办
inaqsida üye üye balan qijaγar ülümlen küčü ögčü olan on baraba edüge boγul beluduju（beleduju）
驼 马 等 物 赴 京 进 贡 叩头 来了，望 朝廷 可怜 见 照
temegen morin kiged ed wuu ging aγuljarin yan üjegülün mörgü irebe. egeren degedüs un örüsijen. jerge
例 奏 讨 织 金 衣 服、 靴 袜 等 件。
yi qauli bar öčimü γuyun nekemel altatu degel qubčasun γutusun quimusun kiged jüil
怎生 恩赐 圣旨 知道。
yambar（yamar）yar soyurqaqu yi jrlq（jarliq）medemü ja.

44. 皇帝洪福前，考郎兀卫②指挥同知撒秃 怯 怕 奏， 比先 奴婢 父 祖
qaγan nu suu tu，qaulangγu ui jiqui tungji satu emiyeged ayun öčimü，bi sen boγul ečige ebüge
以来 敬 顺 天 道， 尊事 朝廷。 奴婢 辈 辈 在 边 效劳
inaqsida köndölen daγan tengri yin aγur yi，erkilen degedüs un. boγul üye üye balan qijaγar ülümlen
出 力 不 敢 怠慢。今 奴婢 进 贡 骗马叩头 来了，望
küčü ögčü ülü büged osuldan. edüge boγul aγuljarin yan üjegülün aqta mörgü irebe. egeren
朝廷 怜悯 照 例 奏 讨 赏赐。怎生 恩赐
degedüs un enerikui jerge yi qauli bar öčimü γuyun sangsi. yambar（yamar）yar soyurqaqu yi
圣旨 知道。
jrlq（jarliq）medemü ja.

---

① 缺与“今讨升都指挥佥事职事”相对应的蒙古文“edüge γuyun nere nemen duu jiqui semšičolaši”。
② 注：考郎兀卫，女真卫所之一，建卫于明永乐五年（1407）三月。

45. 皇帝洪福前，建州右卫[1]都　指挥使哈剌哈　等　六　人 来　奏，　今　有
qaγan nu suu tu ，genjiu yiu ui duu jiqui si qalaqa kiged jirγuγan kümür ire öčimü，edüge boi
迤北　达　贼，　在　奴婢 每　处　扰　　害。奴婢 每　过活　艰难　无　食，受这等
ümetü mungγul qulaγai balan boγul nar jüg künüjü quur（qur）boγul nar nasan γadangki ögei ide jülen
苦楚[2]，望　朝廷　　怜悯　　奴婢 每　常　在　边　　上　　效劳　白　　力 奏
yin küküü egeren degedüs un enerikü̈i boγul nar nasuta balan qijaγar degere ülümlen küčü ögčü öčimü
讨[3]　　　　　赏赐与 奴婢　回　去　边　上　用　　度[4]。　怎生　　　　恩赐
γuyun dam daum sangsi ög boγul qari erči qijaγar degere kereg duu. yambar（γamar）yar soyurqaqu
圣旨　　　　知道。
yi jrlq（jarliq）medemü ja.

46. 皇帝洪福前，泰宁卫指挥 同知 速纳哈　男　　卜颜台　叩头　　怯　　怕　奏，
qaγan nu suu tu ，taining ui jiqui tungji sunaqa köbegün boyantai mörgü emiyeged ayun öčimü ，
奴婢　父　　因此　时　常　在　　边　　外　出　　力气，正德　四　　年　八　月　内
boγul ečige teküberčaq nasuta balan qijaγar γadana küčü ögčü jingde dörben on naiman sara dotura
得　病　故　了。今　奴婢　进　　贡　　马　匹 叩头　来了。要　袭
olan ebečin ügei baraba . edüge boγul aγuljarin yan üjegülün morin ba mörgü irebe. ab jalγamji
父　前　职。望　朝廷　可怜　　见　准　与 的。　怎生　　　　恩赐
ečige urida čola. egeren degedüs un örüsijen jobsiyan ög yin . yambar（yamar）yar soyurqaqu yi
圣旨　　　知道。
jrlq（jarliq）medemü ja.

47. 皇帝洪福前，屯河卫　指挥同知亦列格 叩头　奏，比先　年　间　设立　　卫，分
qaγan nu suu tu ，tun quwa ui jiqui tungji ilege mörgü öčimü，bi san on jaγura bailγaqsan ui wun
赐　　与　　印　　信，　着　奴婢　　掌　　管　　部　　下　　人　民。奴婢　　多
soyurqu ög tamaγa bisiregül mün boγul alaγan qadaγala medel un duura irgen urγan . boγul olan
在　边　　上 出　力　不　敢　怠慢。　今 远　　地　　方 进
balan qijaγar degere küčü ögčü ülü büged osuldan. edüge qola γajar dörböljin[5]aγuljarin yan
贡　　　马　匹　叩头　来了。望　　朝　廷　　怜悯　照　　例　奏　讨
üjegülünmorin ba mörgü irebe. egeren degedüs un enerikü̈i jerge ji qaulu bar öčimü γuyun

---

① 注：建州右卫，女真卫所之一，正统年间置。
② 注：此处的“苦楚”直接音译为“küküü”。
③ 注：汉文部分中缺与蒙古文“dam daum”相对应的汉字，此处“dam daum”的意思不详，其相对应的汉字待考。
④ 注：此处的“用度”一词，“用”字被译为“kereg”，而“度”字直接音译。
⑤ 注：此处将“地方”一词按单个字的意思直译为“γajar dörbeljin”。将“地”译为“γajar”（地），“方”直译为“dörbeljin”（方形之意）。

赏赐。怎生　恩赐　圣旨　知道。
sangsi. yambar（yamar）yar soyurqaqu yi jrlq（jarliq）medemü ja.

48. 皇帝洪福前，福余卫右都督可台　怯　怕　奏，奴婢　在　边　诚　心
qaγan nu suu tu，wuyur ui jiu dudu ködei emiyeged ayun öčimü，boγul balan qijaγarčing jurüken
出　力，　今　进　贡　骟马一　匹，专　差　指挥帖木儿叩头　去了。
küčü ögčü，edüge aγuljarin yan üjegülün aqta nigen ba. jorin jaruju jiqui temür mörgü erčibe.
奴婢　每　这　几　年　被　歹人　抢　夺　艰难。　奏　讨　鞍　子、
boγul nar ene kedün on mün daisin talan büliyen yadangki. öčimü γuyun emegel si，
嚼头、　鱼　网　等　件。望　朝廷　可怜　见　准　与的。
qadaγar（qajaγar），jiγasun külmi kiged juil egeren degedüs un örüsijen jobsiyan ög yin .
怎生　恩赐　圣旨　知道。
yambar（yamar）yar soyurqaqu yi jrlq（jarliq）medemü ja.

49. 皇帝洪福前，毛邻卫都督佥事只塔　怯　怕　奏，　奴婢　比　先　蒙　朝廷
qaγan nu suu tu， maulan ui dudu samsi jida emiyeged ayun öčimü，boγul bi san mung degedüs un
赐　与　印　信，　除授　前　职，　管束　人　民。　这　几　年　被
soyurqu ög tamaγa bisiregül，tüsijü uridačola. qadaγal un irgen urγan. ene kedün on mün
瓦剌　达　子[1]　将　人　民　抢　去。又　将　升　官　的
oirad mungγul köbegün abaju（abču）irgen urγan talan erči. basa abaju（abču）nere nemen noyan yin
敕书抢　去了。今　进　贡　马　匹叩头　去了。奏　讨　都督佥事
čisüü talan erčibe. edüge aγuljarin yan üjegülün morin ba mörgü irebe. öčimü γuyun dudu samsi.
敕书。怎生　恩赐　圣旨　知道。
čisüü yambar（yamar）yar soyurqaqu yi jrlq（jarliq）medemü ja.

50. 皇帝洪福前，哈密卫右都督罕慎　怯　怕　奏，比　先　太宗　皇帝　时
qaγan nu suu tu，qamil ui yiu dudu qansim emiyeged ayun öčimü，bi san taisung qaγančaq
将　哈密　设立　卫分　赐　与　印　信　管束　哈密　着，做
abaju（abču）qamil un bailγaqsan ui wun soyurqu ög tamaγa bisiregül qadaγal un qamil un mün kijü
远　近　耳　目　这等设立　有来。今　奴婢　备办　驼　马　等　物，专
qola oiračikin nidün ein bailγaqsan boi ire. edüge boγul beledüjü temegen morin kiged ed jorin
差　指挥阿哈赴　京　进　贡　叩头　去了。　望　朝廷　可怜见　收了
jaruju jiqui aqa wuu ging aγuljarin yan üjegülün mörgü erčibe. egeren degedüs un örüsijen qoriyaba
便益。　怎生　恩赐　圣旨　知道。

① 注：此处“达子”指蒙古人，但是，在蒙古文翻译中，将“达”译为“mungγul”（蒙古），“子”译为“köbegün”（儿子）。

joqistai . yambar（yamar）yar soyurqaqu yi jrlq（jarliq）medemü ja.

51. 皇帝洪福前，泰宁卫指挥使撒哈塔叩头 奏，　　正德 元年（1506）七月　二十
qaγan nu suu tu , taining ui jiqui si saqata mörgü öčimü, jingde terigün on doluγan sara qorin
二　日　除授　前　职。在　边　进　　送　　人　口，出　　力　　多　年　了。
qoyar naran tüsijü uridačola. balan qijaγar oruγulju üde kümün ama . küčü ögčü olan on baraba.
今　奴婢　进　　　　贡　　马　　匹　叩头　来了。照　　　例　　讨　　升
edüge boγul aγuljarin yan üjegülün morin ba mörgü irebe. jerge yi qauli bar γuyun nere nemen
都　指挥 使 职 事。望　　　朝廷　　　怜悯　　远　　夷　　准　　　　升　　与
duu jiqui sičola si . egeren degedüs un eneriqüi qola γadaγadu jubsiyen（jübsiyeren）. nere nemen ög
奴婢　　的。　怎生　　　　　　　恩赐　　　　　　　圣旨　　　知道。
boγul yin. yambar（yamar）yar soyurqaqu yi jrlq（jarliq）medemü ja.

52. 皇帝洪福前，弗提卫[①]右都督答吉禄、考郎兀卫都督同知斡罗台等　　奏　有，纳剌
qaγan nu suu tu , wodi ui yiu dudu takilu, qaulangγu ui dudu tungji oludai kiged öčimü boi, nara
河　　卫 指挥同知卜养古，比先 永乐　年　间　到　今　七　　辈　出　力　有　功，
quwa ui jiqui tungji boyanggu bi san yunglu on jaγura kürbe edüge tuluγan üye küčü ögčü boi γung
除授　前　　职。今　　奴婢　　保　这 卜养古　做　　都督　佥事，好　管束　　人　民。
tüsijü uridačola. edüge boγul baulan ene boyanggu kijü dudu samsi , sain qadaγal un irgen urγan.
怎生　　　　　　　　恩赐　　　　圣旨　　　　知道。
yambar（yamar）yar soyurqaqu yi jrlq（jarliq）medemü ja.

53. 皇帝洪福前，建州卫都督完者秃 怯　　怕　　奏，　　奴婢　每 与　朝鲜　国　地
qaγan nu suu tu , genjiu ui dudu üljitü emiyeged ayun öčimü, boγul nar ögčausan ulus γajar
方[②]　近 住[③]。我每　　二　　处　　人，　　时　　常　　争　　闹　有。朝鲜　人
dörböljin oira jü. bi nar qoyar jug（jüg）kümün, čaq nasuta temečekü keregürči boi. čausan kümün
说　你　自　　往　大明　皇帝　前　　进　　　贡　　去，不　往　我 每　处　来。
keleči öbesün üdün daiming qaγan urida aγuljarin yan üjegülün erči, ülü üdün bi nar jug（jüg）ire.
因此，　今　　奴婢　朝廷　　　前　　奏，　　望　　　怎生　　　　怜悯　　处置
tegüber, edüge boγul degedüs un urida öčimü, egeren yambar（yamar）yar eneriküi nairalduγai
恩赐　　　　　　圣旨　　　知道。
soyurqaqu yi jrlq（jarliq）medemü ja.

---

① 注：弗提卫，女真卫之一，明永乐十年（1412）置。
② 注：此处将"地方"一词按单个字的意思直译为"γajar dörbeljin"。将"地"译为"γajar"（地），"方"直译为"dörbeljin"（方形之意）。
③ 注：此处的"住"字直接音译为"jü"。

54. 毛邻卫都[①]指挥老佟怯 怕 朝廷 前 奏，奴婢 每 众 人 商量
maulan ui jiqui lodung emiyeged ayun degedüs un urida öčimü，boγul nar bürin kümün eyedüldü
远 地 方[②] 来，回去 时 无 有 驮驮 脚力。今 要 奏 讨 辽东 衙门
qola γajar dörböljin ire，qari erči čaq ügei boi ačiqu olaγan. edüge ab öčimü γuyun laudung yamun
里 买 牛只 勘 合 文 书。怎生 怜悯 圣旨
tur qudalduju ab üker ji qamγuwa bilig bičig . yambar（yamar）yar eneriküi jrlq（jarliq）
知道。
medemü ja.

55. 皇帝洪福前，建州右卫指挥佥事[③] 撒因孛罗 孙 男 昂克孛罗 奏 有，祖
qaγan nu suu tu ，genjiu yiu ui jiqui semsi sain bolud ači köbegün engke bolud öčimü boi，ebüge
成化 八年（1472）二 月 初 九 日， 除授 前 职。出 力 行 间 故
čingquwa naiman on qoyar sara türün yisun naran，tüsijü urida čola. küčü ögčü yabu jaγura ügei
了。 今 奴婢[④]要 袭 祖 原 职，望 朝廷 可怜见 准 与 的。
baraba. edüge ab jalγamji ebüge ujaγur čola . egeren degedüs un örüsijen jobsiyan ög yin.
怎生 恩赐 圣旨 知道。
yambar（yamar）yar soyurqaqu yi jrlq（jarliq）medemü ja.

56. 皇帝洪福前，建州右卫里三格 等 怯 怕 奏 有，本 卫 都督老察 弘治
qaγan nu suu tu ，genjiu yiu ui li senge kiged emiyeged ayun öčimü boi，bütün ui dudu lauča qungji
十五年（1502）来 进 贡 回 去，至 本 年 五 月 十 四 日
arban tabun on ire aγuljarin yan üjegülün qari erči kürtele bütün on tabun saran arban dörben naran
到 辽东 故 了 有。 他 男 三 岁 年 小。 今 保 他
kürbe laudung ügei baraba boi. tegün nu köbegün dörben nasun on öčüken. edüge baulan tegün nu
弟 扫察 袭 替 前 职。 怎生 恩赐 圣旨
degü（degüü）sauča jalγamji yegüdgejü urida čola . yambar（yamar）yar soyurqaqu yi jrlq
知道。
（jarliq）medemü ja.

57. 皇帝洪福前，毛邻卫指挥 佥事[⑤]阿哈 怯 怕 奏， 奴婢 正德三（1508）年七
qaγan nu suu tu ，maulan ui jiqui semsi aqa emiyeged ayun öčimü，boγul jingde γurban on doluγan

① 注：蒙古文部分中缺与此处"都"相对应的译文。

② 注：此处将"地方"一词按单个字的意思直译为"γajar dörbeljin"。将"地"译为"γajar"（地），"方"直译为"dörbeljin"（方形之意）。

③ 注：此处的"指挥佥事"被音译为" jiqui semsi"。

④ 注：蒙古文部分中缺与"奴婢"相对应的"boγul"。

⑤ 注：此处的"指挥佥事"被音译为" jiqui semsi"。

月 二十 日 除授 前 职。在 边 出 力, 进 送 人 口 多 有

sara qorin naran tüsijü urida čola. balan qijaγar küčü ögčü , oruγulju üde kümün ama olan boi

大 功。今 奴婢 照 本 卫 指挥 佥事[①]撒哈事 例 讨 升 都 指挥

yeke güng. edüge boγul jerge yi bütün ui jiqui semsi saqa üile qauli bar γuγun nere nemen duu jiqui

佥事 职 事，望 朝廷 可怜见 准 与 的。 怎生 恩赐

semsi čola si，egeren degedüs un örüsijen jobsiyan ög yin . yambar（yamar）yar soyurqaqu yi

圣旨 知道。

jrlq（jarliq）medemü ja.

58. 皇帝洪福前，朵颜卫都 指挥 佥事[②]马纳哈 怯 怕 奏， 比先 有 奴婢 父

qaγan nu suu tu ，duyan ui duu jiqui semsi manaqa emiyeged ayun öčimü ，bi sen boi boγul ečige

祖 以来 辈 辈 进 贡， 到 今 不 敢 怠慢。 今 奴婢 专

ebüge inaqsida üye üye aγuljarin yan üjegülün，kürbe edüge ülü büged osuldan. edüge boγul jurin

差 头目 兀剌台 进 贡 骟马 叩头 去了。 奏 讨 青 红 布[③]、

jaruju teumü üledei aγuljarin yan üjegülün aqta mörgü erčibe. öčimü γuyan küke ulagan ülejin,

帐房、 剪子 等 件。望 朝廷 怜悯 都 准 与 的。

čačir（čačar），qaiči kiged juil. egeren degedüs un enerikü i bügüde jobsiyan ög yin .

怎生 恩赐 圣旨 知道。

yambar（yamar）yar soyurqaqu yi jrlq（jarliq）medemü ja.

59. 敕谕 四 方[④] 海 外[⑤] 诸 国 番王 及 头目 人 等 朕 奉 天

jrlq（jarliq）dörben dörböljin dalai γadana bürin ulus wanong qi teümü kömün kiged ，jin wan tngri

命[⑥]，一 体 上 帝 之 心， 施 恩 布[⑦] 德 。凡 覆 载 之 间，日

ming ，nigen balder degere tai ji juruqen（jirügen），si ači ulajin aburi. won wöu tege ji jaγura ，naran

月 所 照 之 处， 其 人 民 老 老 少 少 皆 欲 使[⑧] 之

saran suu jerge yi jug（jüg），qi irgen urγan ödökö ödökö jalaγus jalaγus bügüde yu ilcin（elčin）ji

遂 其 生 育 不 致 失 所。今 特 遣 使 赍 敕

---

① 注：此处的"指挥佥事"被音译为" jiqui semsi"。

② 注：此处的"都指挥佥事"被音译为"duu jiqui semsi"。

③ 注：此处的"布"字被译为"ülejin"，《至元译语》衣服门中"布"字被译为"玩真"（"üləjin"），《华夷译语》鞑靼馆译语"衣服门"中"布"字被译为"斡列真"（"ülejin"），棉布被译为"博丝"（"büs"）。而《鞑靼译语》"衣服门"中"布"字被译为"孛思"（"büs"），《登坛必究》衣服门中"布"字被译为"补四"（"büs"）。

④ 注：此处蒙古文部分中，将"四方"一词直译为"dörben dörböljin "（四个方形）。

⑤ 注：此处蒙古文部分中，将"海外"一词直译为"dalai γadana"（大海之外）。

⑥ 注：此处蒙古文部分中，"天命"一词，"天"字意译，"命"字音译。"番王"、"及"、"头目"等词，也是音译。

⑦ 注：《华夷译语》"衣服门"中"布"字译为"ülejin"（斡列真），名词，指一种织物。"来文"蒙古文部分中，将"布"这一动词直译为"ulajin"是错误的。

⑧ 注：此处"使"有让、叫、致使的意思，而对应的蒙古语翻译成名词"elčin"（"使臣"的意思）是错误的。

üldej qi turuba (türübe) ju ülü ji si suu. edüge jorin jaruju ilčin (elčin) abuγad jrlq (jarlig)
普 谕 朕 意，循 理 安 分，勿 有 违 越， 不 可 欺 寡，
büü tungqaju jin jorig, dagaju yosun qan wun, quu boi abeged nügči, ülü böged basun qüü,
不 可 凌弱。若 摅 诚 来 朝， 咸 赐 官 赏。 故兹 敕谕
ülü böged ling sau. gerbe delgečing irečau, bügüde sojurqu noyan sojurqa. tegüber jrlq (jarlig)
都 使 闻 知[①]。
bügüde ilčin (elcin) sonus medebe.

60. 敕 麓 川 、平 缅[②] 军 民 宣 慰 使[③]思任发[④]等，尔以 象 马 方 物[⑤]
jrlq (jarliq) luu cülge tübsin mangqa čerig urγan sön yui si ssiwa kiged. či yi jaγan morin dörböljin ed
来 贡， 赐 与尔及 妻 彩 缎 表 里，尔宜 恪 遵
ire üjegülün, soyurqu ögči qi gergei ardu törge γadar dotur, či yi qataguju (qatagujiju) erqilen
朝廷 法度，以 副 朕[⑥] 意， 故 谕。
degedüs un jasag, yi wuu jin jorig tegüber tugulagabai (tugulgabai).

61. 敕 大同 总兵 官 杨 信[⑦]，原 迤北 抢 去 汉人，今 不
jrlq (jarliq) daitung süngbing noyan yang sin, ujaγur ümetü (umaratu) dalan erči kitad edüge ülü
时 走 回， 俱 从 彼 处 入 关 进 京，多 有 带 来[⑧] 鞑
čaq küyi qari, bügüde sung bi juq (jüg) oru boγum (boγumta) ire ging, olan boi büse ire mungγul
马。 特 敕 尔 杨 信， 今 后 如 有 似 前 带 来[⑨] 马 匹 不 可 人
morin. jorin jrlq (jarliq) či yang sin, edüge qoina siu boi adali urida büse ire morin ba ölü kömün
马 同 来，其 马 以致 瘦 损 无 力 须喂 养 十 日 半 月，
morin sačaγu ire, qi morin yi ji toruqan sün ügei li, si ui tejijen (tejigen) arban naran jarim sara,
差 人 管 押 来 京。已 敕 沿 途 驿 站，好生 用 心 喂
jaruju kömün qadaγal ya ire ging, yi jrlq (jarlig) yan tu yi jam saitur kereg jorugen (jirüken) oi
养。 特 敕 尔 杨 信 知 之。

---

① 注：蒙古文部分中，对“帝”、“之”、“施”、“凡”、“覆”、“所”、“其”、“欲”、“致”、“失”、“普”、“安分”、“勿”、“违”、“寡”、“凌”、“弱”、“诚”、“朝”等字、词，直接音译。

② 注：麓川、平缅是地名，今云南省西南边境地区。“来文”蒙古文部分中，直译为“luu čüle tübsin maqa”。

③ 注：蒙古文部分中，“宣慰使”音译为“sön yui ši”。

④ 注：“思任发”音译为“sšiwa”，汉字“人”被译为“ši”音。《明史》卷314，云南土司二条记载为“思伦发”，任平缅宣慰使司的宣慰使。

⑤ 注：“来文”蒙古文部分中，将“方物”一词直译为“dörböljin ed”（四方形物），《华夷译语》“鞑靼馆译语”未载“方物”一词，通用门有“方”字，译为“dörböljin”（朵儿边勒真），此“来文”中的蒙文翻译可能根据这一“方”字直译的。

⑥ 注：“来文”蒙古文部分中，对“以”、“宜”、“以副朕”等字、词进行了音译。

⑦ 注：“来文”蒙古文部分中，杨信之前，多出“都督”一词，“大同”、“总兵”、“都督”、“杨信”等词，直接音译。

⑧ 注：此处将动词带来的“带”，译为“büse”（带子的意思）是错误的。应该译为“abču ire”（带来或拿来的意思）。

⑨ 注：此处将动词带来的“带”，译为“büse”（带子的意思）是错误的。应该译为“abču ire”（带来或拿来的意思）。

tejigen. jorin jrlq (jarliq) či yang sin medemü ji.

62. 敕 总兵 官 文 书 说 与 各 边 卫分 头目 每 知道:
jrlq (jarliq) süngbing noyan bilig bičig kele ög öbere kijaγar (qijaγar) ui wun teümü nar medemü ja,
朝廷 天 地 大 恩,与 边 外 开 卫门,除授 你每 官 职
degedüs un tengri γajar yeqe ači, ög qijaγar (kijaγar) γadana nege yamen, tüsijüči nar noyančola,
着 管 束 部下 之 人, 各 守 本 分。如 今 时 常 不 守 法度,抢
mön qadaγal un medel un ji kömün öbere siu bütün won. Siu edügečaq nasuta ülü siu jasag. talan
掠 人 民 财 物,被 害 之人 多 有来 告。今 先 行 文 书 与你 每
lau irgen urγan mal ed, mün qoor ji kömün olan boi ire jaγa, edüge san jabu bilig bicig ög ci nar
知道, 好生 管束 下 人,不 许 仍 前 再 犯。有 再 犯 的 定
medemüja. saidur qadaγal un doura kömün, ülü usun sin urida basa wun, boi basa wun yin ögečin
行 奏 闻, 调兵 征剿。故 谕。
yabu öčimü sonusču, čerig jiloγdun alaba. tegüber tuγulγabai.

63. 敕 亦里把里[①]地 面[②] 火者、王、头目马哈木 等,尔 能 敬 顺 天
jrlq (jarliq) ili bali γajar niγur quja ung teümü maqamu kiged, či mergen köndölen daγan tengri yin
道, 尊事 朝廷, 遣 使 以阿鲁骨马 来 进, 诚 意 可 嘉。
aγur yi, erkilen degedüs un jaruju ilčin (elčin) yi aruqu morin ire oruγulju qing önen joriq kü kija,
特 赐 尔彩 缎 表 里,尔 宜益,坚 臣 节
jorin soyrqu (soyurqu) či artu türge γadar dotur, či tüledta tüsimel un töröben (töröben) bekilejü,
永 效 勤 诚,以副 朕 望。 故 谕。
egüri orumlan kičijengkü (kičijengküi) čing, yi wou jin egeren. egüber tuγulγabai.

64. 海西[③]都督等 官 奏 有,我 每 十 人 五 日[④] 一次 送 的 下
qaisi dudu kiged noyan öčimü boi, bi nar arban kömün tabun naran tede (ded) üde yin doura
程[⑤] 酒 肉,不 足 五 日 吃 用 有。会同 馆 把 门 的 馆
čing darasun miqa ölü sau taban naran ide kereg boi, qui tung gön sakiju (saqiju) egüden yin gön

① 注:亦里把里指地名,"ili barq"的汉字音译。突厥语"barq"指城市,应是今新疆伊犁城。
② 注:蒙古文部分中,"地面"一词,"地"意译,"面"直译为"niγur"(脸面的意思)。
③ 注:海西指海西女真部。
④ 蒙古文部分中,"日"被直译为"naran"(太阳)。
⑤ 注:蒙文部分里,"下程"一词被直译为"duura cing","下"字为意译,音译"程"字。在续增《华夷译语》中的"鞑靼译语"饮食门中"下程"一词译为"šigüsün"(失兀孙),是指馔、膳的敬语。元代文书中与"šigüsün"对应的汉文为"祗应"一词,见《薛禅皇帝牛年(1277—1289)圣旨碑》。

夫的 牌 子每 商量， 将 送 来[①]的 下 程[②] 酒 肉 等 物 都
wou bari si nar ejedüldü，abuju（abču）ide ire yin douračing darasun miqa kiged ed bügüde
夺 去了。今 望 朝廷 怜悯 着 一个[③] 官 人
bölijen（bulijan）ercibe. edüge egeren degedüs un eneringgüi mön nigen guua guua nojan kömün
送 来 分 与 便益。 怎生 恩赐 圣旨 知道。
üde ire won ög jokistai（joqistai）. yambar（yamar）yar soyurqaqu yi jrlq（jarliq）medemü ja.

65. 朵颜卫指挥同知脱忽赤男 撒哈塔 奏 有，我的 父 十 二 月 十 六
duyan ui jiqui tungji tuquči köbegün saqada öčimü boi，bi yin ečige arban qoyar sara arban jirγuγan
日， 在 东 边 外， 将 原 授 职 的敕书
naran balan dürüne（doruna）qijaγar γadana abuju（abču）ujaγur（ijaγur）jülenčola yinčisü
失落了，奴婢 今 要 求 讨 新 敕书，奏 得 圣旨 知道。
aldaraba. boγul edüge ab jalbarin γujun sini（sine）čisü，öčimü olun jrlq（jarliq）medemü ja.

66. 皇帝洪福前，建州 右卫都督 察哈塔 并 毛怜 卫 大 小 人 等
qaγan nu suu tu，genjiu yiu ui dudučaqata basan（basa）maulen ui yehe öčüken kömön kiged
奏， 今 我每 比照 今 年 来 进 贡， 海西 的 人
öčimü，edüge bi nar jerge ji edüge on ire aγuljarin yin（yan）üjügülün（üjegülün）. qaisi yin kömön
赏赐，都 赏 与 银 两，我每 照 例 奏 讨 银
sangsi bögüde sojurqa ög munggü（münggü）sijir. bi nar jerge ji qauli bar öčimü，γujun munggü
两 便益。怎生 恩赐 圣旨 知道。
（münggü）sijir juqistai，yambar（yamar）yar soyurqaqu yi jrlq（jarliq）medemü ja.

67. 毛怜卫指挥使塔出奏，比先 成化二十三年（1487）有，我 祖 撒鲁 正 直 好
maulen ui jiqui si taču öčimü，bi sančingquwa qorin γurban on boi bi ebüge salučing sidurgu sain
人， 同 兀黑纳 被 辽东 韩[④] 总兵 领 军 马 出 边
kömön，sačaγu üqna mün laudung qam sungbin güdüridčü（uduridču）čerig morin γar qijaγar
外 时，将 我 的 祖 杀了。这等苦楚[⑤]今 奴婢 求 讨 升 职
γadanačag abuju（abču）bi yin ebüge alaba. ein küčü edüge boγul jalbarin γujun nere nemenčola.
奏 得。圣旨 知道。

---

① 缺与蒙古文“ide”相对应的汉字“吃”。

② 注：蒙文部分里，“下程”一词被直译为“duura cing”，“下”字为意译，音译“程”字。在续增《华夷译语》中的“鞑靼译语”饮食门中“下程”一词译为“šigüsün”（失兀孙），是指馔、膳的敬语。元代文书中与“šigüsün”对应的汉文为“祇应”一词，见《薛禅皇帝牛年（1277—1289）圣旨碑》。

③ 注：汉文部分中缺与蒙古文“guua guua”（汉语“个个”的音译词）相对应的汉字“个个”。

④ 注：“韩”被音译为“qam”。汉文中的“n”音在蒙文中被译为“m”音。

⑤ 注：“苦楚”直接音译为“küčü”。

öčimü olan jrlq（jarliq）medemü ja.

68. 皇帝洪福前，考郎兀卫都督 同知撒哈塔孙 男 失勒得奏 有，我的 祖 故
qaγan nu suu tu，qaulangγu ui dudu tungji saqata ači köbegün silda öčimü boi，bi yin ebüge ügei
了， 弘治 四年（1491）二月初 七日 除授 前 职。今 我 求 讨
baraba. qungji dörben on qoyar sara türün doluγan naran tüsijü uridačola. edüge bi jalbarin γujun
父 祖的职事。怎生 恩赐 圣旨 知道。
ečige ebügečola si . yambar（yamar）yar soyurqaqu yi jrlq（jarliq）medemü ja.

69. 皇帝洪福前，阿真河卫[①]指挥佥事[②]阿桑哈 男 歹孙 奏 有，我的父
qaγan nu suu tu，ajin qowa ui jiqui semsi asangqa köbegün daisun öčimü boi，bi yin ečige
成化十五年（1479） 二 月 初 九 日 除授 前 职。今 我 求 讨
čingquwa arban tabun on qoyar sara türün jisun naran tüsijü uridačola. edüge bi jalbarin γujun
父 职。怎生 恩赐 圣旨 知道。
ecige cola. yambar（yamar）yar soyurqaqu yi jrlq（jarliq）medemü ja.

70. 纳剌河卫[③]指挥同知撒哈男 额赤格 奏 有，我的 父 成化 三 年（1467）三月
nala qowa ui jiqui tungji saqa köbegün ečige öčimü boi，bi yin ečigečingquwa γurban on γurban sara
初 七 日 除授 前 职。 正德 十 四年（1478）十一 月 十 四 日，
türün doluγan naran tüsijü uridačola. jingde arban dörben on arban nigen sara arban dörben naran，
在 开 原 城[④] 将 原 授 职 的 敕书 失落了，
balan nege ujaγur balaγasun（balγasun）abuju（abču）ujaγur jülenčola yinčisü aldarba（aldaraba）.
今 我 求 讨 敕书。怎生 恩赐 圣旨 知道。
edüge bi jalbarin γujunčisü，yambar（yamar）yar soyurqaqu yi jrlq（jarliq）medemü ja.

71. 皇帝洪福前，兀者左卫[⑤]指挥佥事[⑥]哈里哈 男撒鲁格 奏 有：[⑦]（我）的 父 成化
qaγan nu suu tu，üje suu ui jiqui semsi qaliqa köbegün saluge öcimü boi，bi yin ečigečingng quwa
十年（1474）二月 十 七 日 除授 前 职。今 奴婢 求 讨 父 职。
arban on qoyar sara arban doluγan naran tüsijü uridačola. edüge boγul jalbarin γujun ečigečola.

---

① 注：阿真河卫，是女真卫所之一，建卫于明永乐六年（1408）二月。
② 注：此处的"指挥佥事"被音译为" jiqui semsi"。
③ 注：纳剌河卫，就是答剌河卫，是女真卫所之一，建卫于明永乐五年（1407）。
④ 注：将"开原城"的"开原"（地名）直译为"nege（打开）ujaγur（原来）"，"城"译为"balγasun"（镇）。
⑤ 注：兀者左卫，是女真卫所之一，建卫于明永乐二年（1404）二月。
⑥ 注：此处的"指挥佥事"被音译为" jiqui semsi"。
⑦ 注：汉文部分中，缺少与"bi"相对应的"我"字。

怎生　　　　　　　恩赐　　　　　圣旨　　　　　知道。
yambar（yamar）yar soyurqaqu yi jrlq（jarliq）medemü ja.

72. 朵伦卫①指挥同知脱忽赤男　亦纳哈　奏　有，我 父 在　开　原　　城
tulum ui jiqui tungji tuqu čï köbegün inaqa öčimü boi，bi ečige balan nege ujaγur balγasun
将　原　授　职　的　敕书失落了。这 失落了　的　敕书 在　屯　河　卫　的　人　手
abuju（abču）jülen čola yin čisü aldaraba. ene aldaraba yin čisü balan tun qowa ui yin kömön γar
里，今　　奴婢　　求　　　　讨　　　父的 敕书 奏　　得。　圣旨　　　　知道。
tur. edüge boγul jalbarin γuyun ečige čisü öčimü olan jrlq（jarliq）medemü ja.

73. 皇帝洪福前，兀者卫②都督也克怯　　怕　奏：　今　奴婢　　求　　讨　金　带、
qaγan nu suu tu，üje ui dudu yeqe emiyeged ayun öčimü，edüge boγul jalbarin γuyun altan büse，
大帽　子③。　　怎生　　　　　　恩赐　　圣旨　　　知道。
bürge köbegün. yambar（yamar）yar soyurqaqu yi jrlq（jarliq）medemü ja.

74. 皇帝洪福前，建州卫都督完者帖木儿　　　怯　　　　怕　　奏：　奴婢　　今　年
qaγan nu suu tu，genjiu ui dudu üljetemür（üljeitemür）emiyeged ayun öčimü，boγul edüge on
在　　东　　　　边　　地　　　方④　　　射　猎，寻　得　白　　爪　　海青
balan dürüne（doruna）qijaγar γajar dörbeljin qarbu abačin eri olan čaγan baγul singqur（songqur）
一　　对，能　　擒⑤天鹅。奴婢 不　敢　自　用，　专　差　指挥撒里赴　京　　进
nigen dui mergen kim qun. boγul ülü büged öbesön qereg. jorin jaruju jiqui sali wou king aγuljarin
贡。　　　　望　　朝廷　　怜悯　　收了。　怎生　　　　　　　恩赐
yin（yan）üjegülün egeren degedüs un eneringgüi qurijaba. yambar（yamar）yar soyurqaqu yi
圣旨　　　　知道。
jrlq（jarliq）medemü ja.

75. 皇帝洪福前，建州左卫 都督 佥事　脱罗干　保　　奏　　有，本　卫　都　指挥 佥事
qaγan nu suu tu，genjiu suu ui dudu semsi tuluγan baulan öčimü boi，bütün ui duu jiqui semsi
牙速　成化　四　年（1468）七　月　十　一　日　除授　前　职，今　　故　了　有。
yasu čingquwa dörben on dolugan sara arban nigen naran tüsijü urida čola. edüge ügei baraba boi.
他　　　　男　　　亦剌哈要袭　父　职。又　有 指挥同知阿剌哈弘治 二年（1489）三月

① 注：朵伦卫，女真卫所之一，应该是永乐四年（1406）闰四月设立的脱伦卫所。

② 注：兀者卫，女真卫所之一，建于明永乐元年（1403）十二月。

③ 注：“大帽子”直译为“bürge köbegün”。“来文”第22中“大帽”译为“bürge”。鞑靼馆“来文”中将“大帽子”、“珠子”、“青缎子”、“达子”等词中的“子”字直译为“köbegün”（儿子之意）。多处出现这种错误。

④ 注：“地方”被直译为“γajar（地）dörbeljin（方形）”。

⑤ 注：“擒”字被音译为“čim”，这里汉语中的“n”音，在蒙文中被译为“m”音。

tegün nu köbegün ilaqa jalγamji ečige čola. basa boi jiqui tungji ilaqa qungji qoyar on γurban sara
十 二 日 除授 前 职。出 气力 多 年 了， 今 讨 升 都指挥
arban qoyar naran tüsijü urida čola. kücü öggün olan on baraba. edüge γuyun nere nemen duu jiqui
佥事 职 事。怎生 恩赐 圣旨 知道。
semsi čola si. yambar（yamar）yar soyurqaqu yi jrlq（jarliq）medemü ja.

76. 皇帝洪福前，建州卫都督完者秃[①] 奏， 先 前 奴婢 本 卫 一 百
qaγan nu suu tu，genjiu ui dudu üljetü（üljeitü）öčimü，san urida boγul bütün ui nigen jaγun
十 五 人 进 贡 来 时 有，都指挥使 苦鲁 名字 人
arbun（arban）tabun kömön aγuljarin yin（yan）üjegülün irečaq boi，duu jiqui si külü neretü kömön
有 珠 子[②] 二 个， 卖 与 大 市 倪佐 名字 人，说 定
boi sübüd（sobud）qöbegün qoyar güwe qudaldu ög yeqe basar ni suu neretü kömön，kele nügčin
与 布 一 百 匹，后 不曾与。今 望 朝廷 怎生 怜悯
ög büs nigen jaγun ba quina ese ög edüge egeren degedüs un yambar（yamar）yar eneriqüi
追 还 原 物 的 恩赐 圣旨 知道。
jüilejü tülüqü ujaγur ed yin（un）soyurqaqu yi jrlq（jarliq）medemü ja.

77. 皇帝洪福前，童宽山 卫 指挥 同知帖鲁格 怯 怕 奏，天 顺 七年（1463）十
qaγan nu suu tu，tungγuusan ui jiqui tungji telüge emiyeged ayun öčimü，ten sün doluγan on arban
二 月 初 三 日 除授 前 职。奴婢 出 气力 年 远 了， 今 照
qoyar sara türün γurban naran tüsijü urida čola. boγul kücü öggün on qola baraba. edüge jerge yi
例 讨 升 指挥使。 怎生 恩赐 圣旨 知道。
qauli bar γuyun nere nemen jiqui si. yambar（yamar）yar soyurqaqu yi jrlq（jarliq）medemü ja.

78. 皇帝洪福前，建州右卫都督 赏哈[③] 怯 怕 奏 有，本 卫 都督 佥事
qaγan nu suu tu，genjiu yiu ui dudu sangqa emiyeged ayun öčimü boi，bütün ui dudu semsi
刺哈 成化 十四 年（1478） 十 月 初 三 日 除授 前 职，弘治五年（1492）
laqa čingquwa arban dörben on arban sara türün γurban naran tüsijü urida čola. qungji tabun on
十 二 月 十 二 日 故 了。 今 保 他 男 老察 袭
arban qoyar sara arban qoyar naran ügei baraba . edüge baulan tegün nu köbegün lauča jalγamji
他 父 都督 佥事 便益。 怎生 恩赐 圣旨 知道。
tegün nu ečige dudu semsi joqistai. yambar（yamar）yar soyurqaqu yi jrlq（jarliq）medemü ja.

---

① 注：完者秃成化五年七月任都指挥佥事。此“来文”虽无年代记载，根据完者秃的在任年代，可断定是成化年间的来文。

② 注：“珠子”被直译为“sobud（珍珠）köbegün（儿子）”。《华夷译语》珍宝门“珠”译为“sobud（速不惕）”。这里将“珠子”的“子”字译为“köbegün”是错误的。

③ 注：赏哈是在正德三年二月袭职，此“来文”应是正德年间来文。

79. 皇帝洪福前，建州左卫 都督 脱罗 怯 怕 奏， 天顺八年（1464）正 月
qaγan nu suu tu ，genjiu suu ui dudu tulud emiyeged ayun öčimü，ten sün naiman on qobi sara
十 八 日 除授 马 木敦 做 都 指挥。成化 元 年 抢 去 边
arban naiman naran tüsijü ma modun kijü duu jiqui. čingquwa terigün on talan erči qijaγar（kijaγar）
上 十 九 人， 马 十 匹，甲 八 副。 将 这 马 木敦 送
degere arban yisun kömön，morin arban be，quyaq naiman wuu. abuju（abču）ene ma modun üde
到 广 宁 城 收了。 这 马 木敦 多 出 气力 有 来。因此，
kürbe kün ning balaγasun（balγasun）quriyaba. ene ma modun olan küčü öggün boi ire. tegüber
今 保 他 男 马哈塔 袭 父 都 指挥 职 事。怎生
edüge baulan tegün nu köbegün maqata jalγamji ečige duu jiqui čola si yambar（yamar）yar
恩赐 圣旨 知道。
soyurqaqu yi jrlq（jarliq）medemü ja.

80. 皇帝洪福前，阿者迷河卫[1]都督只克 怯 怕 奏 有，都督答吉禄剌哈 都
qaγan nu suu tu ，ajimi qowa ui dudu jige emiyeged ayun öčimü boi，dudu taqilu laqa bügüde
蒙[2] 朝廷 赐 与 大帽、金 带 有 来。今 奴婢 照 例 奏
mong degedüs un soyurqaqu ög bürge altan büse boi ire，edüge boγul jerge yi qauli bar öčimü
讨 大帽、金带。 怎生 恩赐 圣旨 知道。
γuyun bürge altan büse，yambar（yamar）yar soyurqaqu yi jrlq（jarliq）medemü ja.

81. 皇帝洪福前，建州 右卫 都督 人 等 保 奏， 成化 十五年（1479）三
qaγan nu suu tu ，genjiu yiu ui dudu kömön kiged baulan öčimü，čingquwa arban tabun on γurban
月 十 六 日 除授 阿剌哈做 都 指挥 佥事 有，升 官 的 敕书 被
sara arban jirγuγan naran tüsijü alaqa kijü duu jiqui semsi boi，nere nemen noyan yin（nu）čisü mün
大 军 马 抢 了。 今 保 他 男 忽塔哈 袭 父 前 职。
yekečerig morin talan baraba. edüge baulan tegün nu köbegün qudaqa jalγamji ečige uridačola.
成 化 十五年（1479）三 月 十 六 日 除授 阿塔忽做 都 指挥 佥事
čing quwa arban tabun on γurban sara arban jirγuγan naran tüsijü ataqu kijü duu jiqui semsi
有，升 官 的 敕书 也 被 大 军 马 抢 了。 今 有 他
boi，nere nemen noyan yin（nu）čisü taqai mün yekečerig morin talan baraba. edüge boi tegün nu
男 马塔要 袭 父 职。 怎生 恩赐 圣旨 知道。
köbegün mata ab jalγamji ečigečola. yambar（yamar）yar soyurqaqu yi jrlq（jarlig）medemü ja.

---

① 注：阿者迷河卫，女真卫所之一，建于明永乐六年（1408）二月。

② 注：“蒙”被音译为“meng”，有时被译为“egeren”。

82. 皇帝洪福前，兀者前卫都督卜哈　怯　怕　奏　有，本　卫都督 脱里 景泰
qaγan nu suu tu ，üje san ui dudu buqa emiyeged ayun öčimü boi，bütün ui dudu tüli gengtei
元年（1450）十月　十　一　日　除授　前　职，诚心　出　气力　行
terigün on arban sara arban nigen naran tüsijü urida čola. juruken（jiruken）kücü öggün yabu
间，　后　天　顺　二　年（1458）被迤北　达　子①　做　贼　将　这
jaγura，qoina ten sün qoyar on ümetü（umaratu）mungγul köbegün kijü qulaγai abuju（abču）ene
都督脱里 抢　去了　有。他　男　兀哈秃天　顺　三　年（1459）进　贡
dudu tüli talan erčibe boi. tegün nu köbegün ükatü ten sün γurban on aγuljarin yin（yan）üjegülün
时，袭　了　他　父　都督 佥事　职　事，出　气力　行　间　故　了。　今
čaq jalγamji baraba tegün nu ečige dudu semsi čola ji. kücü öggün jabu jaγura ügei baraba. edüge
有　他　男　纳哈出　袭　父　都督　佥事。　怎生　恩赐
boi tegün nu köbegün naqaču jalγamji ečige dudu semsi. yambar（yamar）yar soyurqaqu yi
圣旨　知道。
jrlq（jarliq）medemü ja.

83. 皇帝洪福前，兀列河卫②指挥使塔必纳　怯　怕　奏，比　先　有　奴婢　祖　阿哈塔
qaγan nu suu tu ，üle qowa ui jiqui si tabina emiyeged ayun öčimü，bi san boi boγul ebüge aqata
在　边　多　出　气力，　升　了　指挥使，出　力　行　间　故　了。
balan qijaγar olan kücü öggün，nere nemen baraba jiqui si kücü öggün yabu jaγura ügei baraba.
后　奴婢　父　袭　了　祖　职 事，　故　了。天顺　五　年（1461）四月　十
qoina boγul ečige jalγamji baraba ebüge čola si. ügei baraba. ten sün tabun on dörben sara arban
二　日　奴婢 塔必纳　袭　了　父　职，出　气力　多　年　了。　今　叩头
qoyar naran boγul tabina jalγamji baraba ečige čola，kücü öggün olan on baraba. edüge mürgü
进贡　来了，讨　升　都　指挥 佥事。　怎生　恩赐
aγujiran yan üjegülün irebe. γuyun nere nemen duu jiqui semsi. yambar（yamar）yar soyurqaqu yi
圣旨　知道。
jrlq（jarliq）medemü ja.

84. 皇帝洪福前，建州右卫都督赏哈　怯　怕　奏，　成　化　十　四年（1478）
qaγan nu suu tu ，genjiu yiu ui dudu sangqa emiyeged ayun öčimü，čing quwa arban dörben on
除授　猛可　做　都 指挥 同知，后　被　抚　顺　所　官　人　杀　了
tüsijü mungqe（müngke）kijü duu jiqui tungji，qoina mün wuu sün suu noyan kömön alaba baraba
有，升　官　的　敕书失落了，今　保　他　男　伯孙　袭　父

① 注：此处"达子"指蒙古人，但是，在蒙古文翻译中，将"达"译为"mungγul"（蒙古），"子"译为"köbegün"（儿子）。

② 注：兀列河卫，女真卫所之一，设于明永乐五年（1407）。

boi, nere nemen noyan yin（nu）čisü aldaraba. edüge baulan tegün nu köbegün baisun jalɣamji ečige
都 指挥同知。 怎生 恩赐 圣旨 知道。
duu jiqui tungji. yambar（yamar）yar soyurqaqu yi jrlq（jarliq）medemü ja.

85. 皇帝洪福前，兀者卫都督指挥佥事马塔哈 男 撒秃哈 奏，比先 奴婢 袭
qaɣan nu suu tu , üje ui dudu jiqui semsi maqata köbegün satuqa öčimü, bi san boɣul jalɣamji
父 职 事 有，敕书被 歹人 抢 去了。比先 有 马 侍郎 大人 去 招附
ečigečola si boi, čisü mün taisin talan erčibe. bi san boi ma silang tasin erči ilsegülün（elsegülün）
时，奴婢 随他出 气力 主 人 前 叩头 来了。众 人 都 升
čaq boɣul taɣa tegün nü kücü ökgün. ejen kömön urida mörgü irebe. bürin kömön duu nere nemen
了 职 事，止（只）奴婢 不曾 得 升。 今 照 例 讨 升
barabačola si. türidge boɣul ese olun nere nemen. edüge jerge yi qauli bar ɣuyun nere nemen
职 事。怎生 恩赐 圣旨 知道。
čola si. yambar（yamar）yar soyurqaqu yi jrlq（jarliq）medemü ja.

86. 皇帝洪福前，建州卫指挥使童撒哈 怯 怕 奏：天 顺 六 年 除授 前
qaɣan nu suu tu , genjiu ui jiqui si tangsaqa emiyeged ayun öčimü, ten sün jirɣuɣan on tüsijü urida
职。 今 进 贡 马 匹 叩头 来了，讨 升 都 指挥 佥事。
čola. edüge aɣuljarin yin（yan）üjegülün morin ba mörgü irebe. ɣuyun nere nemen duu jiqui semsi.
又 有 指挥 佥事 撒哈塔天 顺 八年（1464）袭 了 父 职，年 远 了，今
basa boi jiqui semsi saqata ten sün naiman on jalɣamji baraba ečigečola, on qola baraba. edüge
讨 升 都 指挥 同知。又 有 指挥同知卜儿哈天 顺 二年（1458）袭 了 父
ɣuyun nere nemen duu jiqui tungji. basa boi jiqui tungji burqa ten sün qoyar on jalɣamji baraba ečige
职，年 远 了，今 进 贡 马 匹 叩头 来了，讨 升
čola, on qola baraba. edüge aɣuljarin yin（yan）üjegülün morin ba mörgü irebe. guyun nere nemen
指挥使。怎生 恩赐 圣旨 知道。
jiqui si. yambar（yamar）yar soyurqaqu yi jrlq（jarliq）medemü ja.

87. 皇帝洪福前，建州左卫都督脱罗①怯 怕 保 奏， 成 化 四年（1468）七
qaɣan nu suu tu , genjiu ui dudu tulud emiyeged ayun baulan öčimü, čing quwa dörben on doluɣan
月 十 一 日 除授 牙速 做 都 指挥 佥事，今 故 了 有。他 男
sara arban nigen naran tüsijü yasu kijü duu jiqui semsi. edüge ügei baraba boi. tegün nu köbegün
亦剌哈 要 袭 父 职。又 有 指挥同知马哈木 天 顺 二 年（1458）三月 十 九
iraqa ab jalɣamji ečigečola. basa boi jiqui tungji maqamu ten sün qoyar on gurban sara arban yisun
日 除授 前 职 多 年 了。 今 讨 升 都 指挥 佥事。怎生

① 注：脱罗成化五年七月任都指挥同知，正德元年故。

naran tüsijü uridačola， olan on baraba. edüge guyun nere nemen duu jiqui semsi. yambar（yamar）
恩赐 圣旨 知道。
yar soyurqaqu yi jrlq（jarliq）medemü ja.

88. 皇帝洪福前，撒鲁河卫[①]指挥同知脱塔 奏： 比先 招附 奴儿干人民 有
qaγan nu suu tu ，salu quwa ui jiqui tungji tuta öčimü，bi san ilsegülün（elsegülün）nurγan urγan boi
功， 升 与 指挥同知。又 有 弗提卫 指挥 同知亦塔哈 奏：奴婢 出 力 多
güng，nere nemen ög jiqui tungji. basa boi wudi ui jiqui tungji idaqa öčimü，boγul kücü ökgün olan
年 了， 都 讨 升 赏。 怎生 恩赐 圣旨
on baraba bügüde γuyun nere nemen soyurqa. yambar（yamar）yar soyurqaqu yi jrlq（jarliq）
知道。
medemü ja.

89. 皇帝洪福前，卜忽里卫[②]指挥佥事[③]兀列格奏：天顺 五 年（1461）除授前职，今 远
qaγan nu suu tu ， buquli ui jiqui semsi ülege öčimü，ten sün tabun on tüsijü uridačola，edüge qola
地 方[④] 进 贡 貂鼠 皮 二十 张 叩头 来了，讨
γajar dörbeljin aγuljarin yin（yan）üjegülün boluγan（bolaγan）arasun qorin jang mörgü irebe. γuyun
升 职 事。又 有 乞塔 河 卫[⑤]指挥佥事 里 三格 天 顺五年（1461）除授 前 职，
nere nemenčola si，basa boi qita quwa ui jiqui semsi li sange ten sün tabun on tüsijü uridačola，
出力 多 年 了，今 讨 升 赏。 又 有 弗提 卫指挥 同知 牙速、
kücü öqgü olan on baraba.. edüge γuyun nere nemen soyurqa. basa boi wudi ui jiqui tungji yasu，
童宽山 卫指挥 佥事 影克、撒里卫[⑥]副 千户 阿哈 等，今 奴婢 每，远 地
tungquusan ui jiqui semsi yingke， sali ui wuu samqu aqa kiged，edüge boγul nar qola γajar
方[⑦] 进 贡 来了，都 讨 升 赏。 怎生
dörbeljin aγuljarin yin（yan）üjegülün irebe. bügüde γuyun nere nemen soyurqa. yambar（yamar）yar
恩赐 圣旨 知道。
soyurqaqu yi jrlq（jarliq）medemü ja.

---

① 注：撒鲁河卫，女真卫所之一，应该是正统年间设立的撒里河卫。
② 注：卜忽里卫，女真卫所之一，始设年代待考。
③ 注：此处的“指挥佥事”被音译为“jiqui semsi”。
④ 注：此处将“地方”一词按单个字的意思直译为“γajar dörbeljin”。将“地”译为“γajar”（地），“方”直译为“dörbeljin”（方形之意）。
⑤ 注：乞塔河卫，女真卫所之一，设于明永乐六年（1408）十一月。
⑥ 注：撒里卫，女真卫所之一，应该指永乐三年（1405）二月设立的撒力卫。
⑦ 注：此处将“地方”一词按单个字的意思直译为“γajar dörbeljin”。将“地”译为“γajar”（地），“方”直译为“dörbeljin”（方形之意）。

90. 皇帝洪福前，泰宁 等 三 卫[①] 达 子[②] 忽里赤 等 三 百 人
qaγan nu suu tu , taining ui kiged γurban ui mungγul köbegün qoriči kiged γurban jaγun kömön
进 贡 到 京。今 遇 万 寿 圣 节，
aγuljarin yin (yan) üjegülün kürbe ging. edüge jolaγalduba (jolγalduba) tümen nasutai sayin üdür
都 进 贡 骟 马[③] 一 匹。 怎生 恩赐 圣旨
bügüde aγuljarin yan üjegülün aqta morin nigen ba. yambar (yamar) yar soyurqaqu yi jrlq (jarliq)
知道。
medemü ja.

91. 皇帝洪福前，建州右卫 都督 赏哈 怯 怕 奏 有：都 指挥 阿剌哈 家 下
qaγan nu suu tu , genjiu yiu ui dudu sangqa emiyeged ayun öčimü boi, duu jiqui alaqa ger duura
妻 子[④] 九 口 人 被 陈 都 堂 杀了有。 升 官 的 敕书 被
gergei köbegün yisun ama kömön münčin duu tang alaba boi. nere nemen noyan yin (nu) cisü mün
人 抢 去了。先 前[⑤] 失落了 敕书 的 人，后 都 给 予 了。
kömön talan erčibe. san urida boi aldarabačisü yin kömön qoina bügüde tügejü ökčü baraba.
今 奴婢 保 这 阿剌哈 奏 讨 都 指挥 敕书。怎生 恩赐
edüge boγul baulan ene alaqa öčimü γuyun duu jiquičisü yambar (yamar) yar soyurqaqu yi
圣旨 知道。
jrlq (jarliq) medemü ja.

92. 皇帝洪福前，建州左 卫 都督 脱罗 怯 怕 奏： 天 顺 四 年 (1460) 十
qaγan nu suu tu , genjiu suu ui dudu tulud emiyeged ayun öčimü, ten sün dörben on on arban
二 月 十 二 日 除授，脱你赤做 都 指挥 佥事。今 保 他 做 都
qoyar sara arban qoyar naran tüsijü tuniči kijü duu jiqui semsi. edüge baulan tegün nu qiju duu
指挥同知。成 化 元 年 二 月 十[⑥] 九 日 除授， 歹罕 做 指挥同知，今保他
jiqui tungji. čing quwa terigün on qoyar sara yisun naran tüsijü taiqan kijü jiqui tungji edüge baolan tegün
做 都 指挥使。成 化十 四年 (1478) 十 月 初 三 日 除授，
nü kijü duu si jiqui (duu jiqui si). čing quwaarban dörben on arban sara türün γurban naran tüsijü
扫察 做 都 指挥 佥事， 今 故 了， 保 他 男 昂克温 袭 父
sauča kijü duu jiqui semsi. . edüge ügei baraba, baulan tegün nu köbegün angkün jalγamji ečige

① 注：蒙古兀良哈三卫，即朵颜、泰宁、福馀三个卫所。
② 注：此处“达子”指蒙古人，但是，在蒙古文翻译中，将“达”译为“mungγul”（蒙古），“子”译为“köbegün”（儿子）。
③ 注：“骟马”译为“aqta morin”，“骟马”即译为“aqta”就可以了，加“morin”多余。
④ 注：“妻子”译为“gergei（妻子）köbegün（儿子）”。
⑤ 注：这里缺少与蒙文“boi”相对应的汉文“有”字。
⑥ 注：蒙文部分中，缺少与“十”对应的“ arban”。

前职。怎生　恩赐　　　　圣旨　　　　知道。
uridačola. yambar（yamar）yar soyurqaqu yi jrlq（jarliq）medemü ja.

93. 皇帝洪福前，朵颜卫 都　指挥[①]猛可帖木儿　　　　　怯　　怕　　奏：比 先
qaγan nu suu tu，duyan ui duu jiqui munggetemür（münggetemür）emiyeged ayun öčimü，bi san
有 我 父　　祖　　管　　大　　职　事 有　来，多　出　气力，辈　辈　　进
boi bi ečige ebüge qadaγala yekečola si boi ire. olan küčü ökgün，üye üye aγuljarin yin（yan）
贡　　　到　　京。今　　遇　　　　　　　万　　寿　　圣　　节　　　　进
üjegülün qürbe ging. edüge joluγalduba（jolγalduba）tümen nasutai sayin üdür（edür）aγuljarin yan
贡　　骟　　马，　　专　　差　指挥兀剌台叩头　　去了，奏　讨　青　　　红　　布、
üjegülün aqta morin. jorin jaruju jiqui ülatai mürgü erčibe. öčimü γuyan küke ulaγan ülejin
帐房、　　　　鱼　　　网、　　剪子 等　　件。　怎生　　　　　　恩赐　　　　圣旨
čačir（čačar），jiγasun külmi，qaiči kiged juil. yambar（yamar）yar soyurqaqu yi jrlq（jarliq）
知道。
medemü ja.

94. 皇帝洪福前，罕东　左　卫　都督 只克 奏：奴婢　每　在　边　外　　地　　方[②]
qaγan nu suu tu，qandung suu ui dudu jige öčimü，boγul nar balan qijaγar γadana γajar dörbeljin
出　气力　有，千户 阿儿乞纳 在　地　方[③]　有　紧　事，差　　他　　领
kücü öqgün boi，samqu arqina balan γajar dörbeljin boi törgen öile jaruju tegün nu üdüridčü
人　　　马　提防　他　　多　有　功　劳，因此，　今　奴婢　保　　升
（uduridču）kümün morin mančin tegün nu olan boi günglau. tegüber edüge boγul baulan nere
他　　职　事，望　　朝廷　　　怎生　　　　　　怜悯，　　　升　　　　与　　他
nemen tegün nučola si. egeren degedüs un yambar（yamar）yar eneriqüi，nere nemen ög tegün nu
职　事，使 后　　人　　好　　出　气力。　怎生　　　　　恩赐　　　圣旨　　　知道。
čola si. si qoina kümün sin kücü öggün. yambar（yamar）yar soyurqaqu yi jrlq（jarliq）medemü ja.

95. 皇帝洪福前，朵颜卫都督阿儿乞蛮　怯　　怕　奏：　奴婢　　敬　　顺　　天
qaγan nu suu tu，duyan ui dudu arqimal emiyeged ayun öčimü，boγul köndölen daγan tengri
道，　尊事　　朝廷，　　诚　　心　　正　直，　出　　气力　行　　走，蒙
yin aγur yi，erqilen degedüs un. čing jurüqen（jirüqen）čing sidurgu，küčü öggün yabu küi，mung
朝廷　　与　了　大　　赏赐　有 来。今　　遇　　　　　万　　　　寿　　　圣

① 注：此处的“都指挥”被音译为“duu jiqui”。
② 注：此处将“地方”一词按单个字的意思直译为“γajar dörbeljin”。将“地”译为“γajar”（地），“方”直译为“dörbeljin”（方形之意）。
③ 注：此处将“地方”一词按单个字的意思直译为“γajar dörbeljin”。将“地”译为“γajar”（地），“方”直译为“dörbeljin”（方形之意）。

degedüs un ög baraba yeqe sangsi boi ire. edüge joluγalduba（jolγalduba）tümen nasutai sayin
节。 进 贡 骟马 二 匹、骆驼 一 只、差 指挥 那孩、帖木儿叩头
üdür（edür）aγuljarin yan üjegülün aqta qoyara ba temegen nigen ji，jaruju jiqui nuqai temur mörgü
去了。又 奏 奴婢 被 歹人 抢 夺 艰难， 奏 讨 帐房、
erčibe. basa öčimü boγul mün daisin talan büliyen（buliyan）yadangqi. öčimü γuyančačir（cacar），
织 金 衣 服、 胡椒、青 红 布[①]、剪子、鱼 网、鞍 子、
nekemel altatu dege（debel）qobčasun，qisaqu küke ulagan büs，qaiči jiγasun külmi，emegel si，
嚼头、 手帕、 胭脂、 粉、针。 怎生 恩赐
qadaγar（qajaγar），ar č igur，anggesge（enggesge），owa，jegün（jegüu）. yambar（yamar） yar soyurqaqu yi
圣旨 知道。
jrlq（jarliq）medemü ja.

96. 皇帝洪福前，建州左卫 都 指挥[②]使 花当 怯 怕 奏： 成 化五年（1469）有
qaγan nu suu tu，genjiu sou ui duu jiqui si qaudang emiyeged ayun öčimü，čing quwa tabun on boi
李三 名字 人 逃 在 我 每 地 方[③]， 我 花 当 将 这
lisan neretu kümün dutaba[④]balan bi nai γajar dörbeljin. bi qandang（qaudang）abuju（abcu）ene
人 拿 住，送 到 韩 总 兵 处 收了。成 化九年（1473）有 朵颜 三 卫
kümün bari ju，üde kürbe qam sungbing jug（jüg）quriyaba. čing quwa yisun on boi duyan γurban ui
达 子[⑤] 来 抚 顺 所 地 方[⑥] 抢 夺 时，我每 与 他
mungγul köbegün ire wuu sün suu gajar dörbeljin talan büliyen（buliyan）čag，bi nar ög tegün nu
厮 杀了，他 一 人 送 与 边 上 王 大人 处。 成 化
qadγuldun alaba. tegün nu nigen kümün üde ög qijagar degere ög（ong）dasin jug（jüg）. čing quwa
十二年（1476）有 王 成 名字 人 逃 在 我 每 地 方[⑦]，我[⑧]拿 住
arban qoyar on boi ongčing neretü kümün dutaba（ditagaba）balan bi nar γajar dörbeljin，bari ju

---

① 注：此处的“布”字被译为“büs”，《至元译语》衣服门中“布”字被译为“玩真”（“ülejin”），《华夷译语》鞑靼馆译语衣服门中“布”字被译为“斡列真”（“ülejin”），棉布被译为“博丝”（“büs”）。而《鞑靼译语》衣服门中“布”字被译为“孛思”（“büs”），《登坛必究》衣服门中“布”字被译为“补四”（“büs”）。第58号来文中，青红布的“布”字被译为“ülejin”。

② 注：此处的“都指挥”被音译为“duu jiqui ”。

③ 注：此处将“地方”一词按单个字的意思直译为“γajar dörbeljin”。将“地”译为“γajar”（地），“方”直译为“dörbeljin”（方形之意）。

④ “逃”应译为“dutaγaba”。这里译为“dutaba”，与蒙古语口语接近，当作书面语来翻译是错误的。

⑤ 注：此处“达子”指蒙古人，但是，在蒙古文翻译中，将“达”译为“mungγul”（蒙古），“子”译为“köbegün”（儿子）。

⑥ 注：此处将“地方”一词按单个字的意思直译为“γajar dörbeljin”。将“地”译为“γajar”（地），“方”直译为“dörbeljin”（方形之意）。

⑦ 注：此处将“地方”一词按单个字的意思直译为“γajar dörbeljin”。将“地”译为“γajar”（地），“方”直译为“dörbeljin”（方形之意）。

⑧ 注：蒙古文部分中缺少与“我”字相对应的蒙文“bi”。

送 到 兵部 马 大人 处 有 来。奴婢 有 这等 功劳，今 叩头 来了，
üda kürbe bingbü ma dasin jug（jüg）boi ire. boγul boi ein günglau. edüge mürgü irebe,
讨 升都督 佥事。 怎生 恩赐 圣旨 知道。
γuyan nere nemen dudu semsi. yambar（yamar）yar soyurqaqu yi jrlq（jarliq）medemü ja.

97. 皇帝洪福前，福馀卫都督脱罗干 等 叩头 奏 有： 迤北 达 子[1]
qaγan nu suu tu，wuyur ui dudu tölögen kiged mörgü öčimü boi ，ümetü mungγyul köbegün
乩加思阑太师 将 我 每 抢 杀。我 每 的 近 日 依靠 着 朝廷[2]
biγaslan taisi abuju（abču）bi nar talan ala. boi（bi）nar yin（un）oira naran situju（tüsijü）mün degedüs
差 马 大人 来 着，我 每 多 人 做
un qijagar yuqurqa saγuqu. mong degedüs un jaruju ma dasin ire mün，bi nar olan kümün kijü
买 卖[3]。 我每 三 卫 头目 十分 欢 喜。今 有乩加思阑太师[4] 被
qudalduju ab qudaldu. bi nar γurban ui teümü masi qun bayasba. edüge boi bigeslen taisi mün
人 杀了，我每 听 得 这等 信， 差 人 朝廷 前 奏 报。
kümün alaba. bi nar sonus olun ein bisiregül ，jaruju kümün degedüs un urida öčimü qele.
怎生 恩赐 圣旨知道。
yambar（yamar）yar soyurqaqu yi jrlq（jarliq）medemü ja.

98. 皇帝洪福前，福馀卫 大 小 头目 人 等 叩头 奏： 今 我 每 处
qaγan nu suu tu，wuyur ui yehe öčühen teümü kömön kiged morgue öčimü ，edüge bi nar jug[5]
有 主剌把都儿 等 今 年 三 月 间，往 迤北 达 子[6] 处 打 听
boi jula badur kiged，edüge on γurban sara jaγura üdün ümetü mungγyul köbegün jüg kübsi sonus
声 息[7]，五 月 内 回 来了，言 说 迤北 达 子[8] 移 营
üsüg juluji，tabun sara dotura hari[9] irebe. üge kele ümetü mungγyul köbegün nigübe[10] nüntüs[11]

---

① 注："达子" 指 "蒙古"，应译为 "mungγyul"。这里直译为 "mungγyul qöbegün"（蒙古男子）。

② 注：汉文部分中，缺少与蒙文 "degedüs un qijagar yuqurqa saguqu. mong" 相对应的汉字。蒙文的意思是 "朝廷边墙居住，蒙朝廷"。《蒙古秘史》和《华夷译语》中 "yuqurqa" 被译为 "墙" 字。

③ 注："做买卖" 被直译为 "kijü qudalduju ab qudaldu"。应译为 "qudaldagu kijü"。

④ 注：此处 "乩加思阑太师" 应该是指 "乩加思兰太师"。

⑤ 注："jüg" 的误写。

⑥ 注：此处 "达子" 指蒙古人，但是，在蒙古文翻译中，将 "达" 译为 "mungγyul"（蒙古），"子" 译为 "köbegün"（儿子）。

⑦ 注：这里 "声息" 译为 "üsüg juluji"，续增《华夷译语》"人事门" 中 "声息" 一词被译为 "üsüg sabaγan"（兀 租克撒巴安）。

⑧ 注：此处 "达子" 指蒙古人，但是，在蒙古文翻译中，将 "达" 译为 "mungγyul"（蒙古），"子" 译为 "köbegün"（儿子）。

⑨ 注："qariju" 的误写。

⑩ 注："negübe" 的误写。

⑪ 注："nutuq" 的误写。

往 西 行 了，因此 奏 报。 怎生 恩赐 圣旨
üdün ürüne yabu barba. tegüber öčimü kele. yambar （yamar） yar soyurqaqu yi jrlq （jarliq）
知道。
medemü ja.

第三节　永乐本《华夷译语》鞑靼馆“来文”蒙古文还原

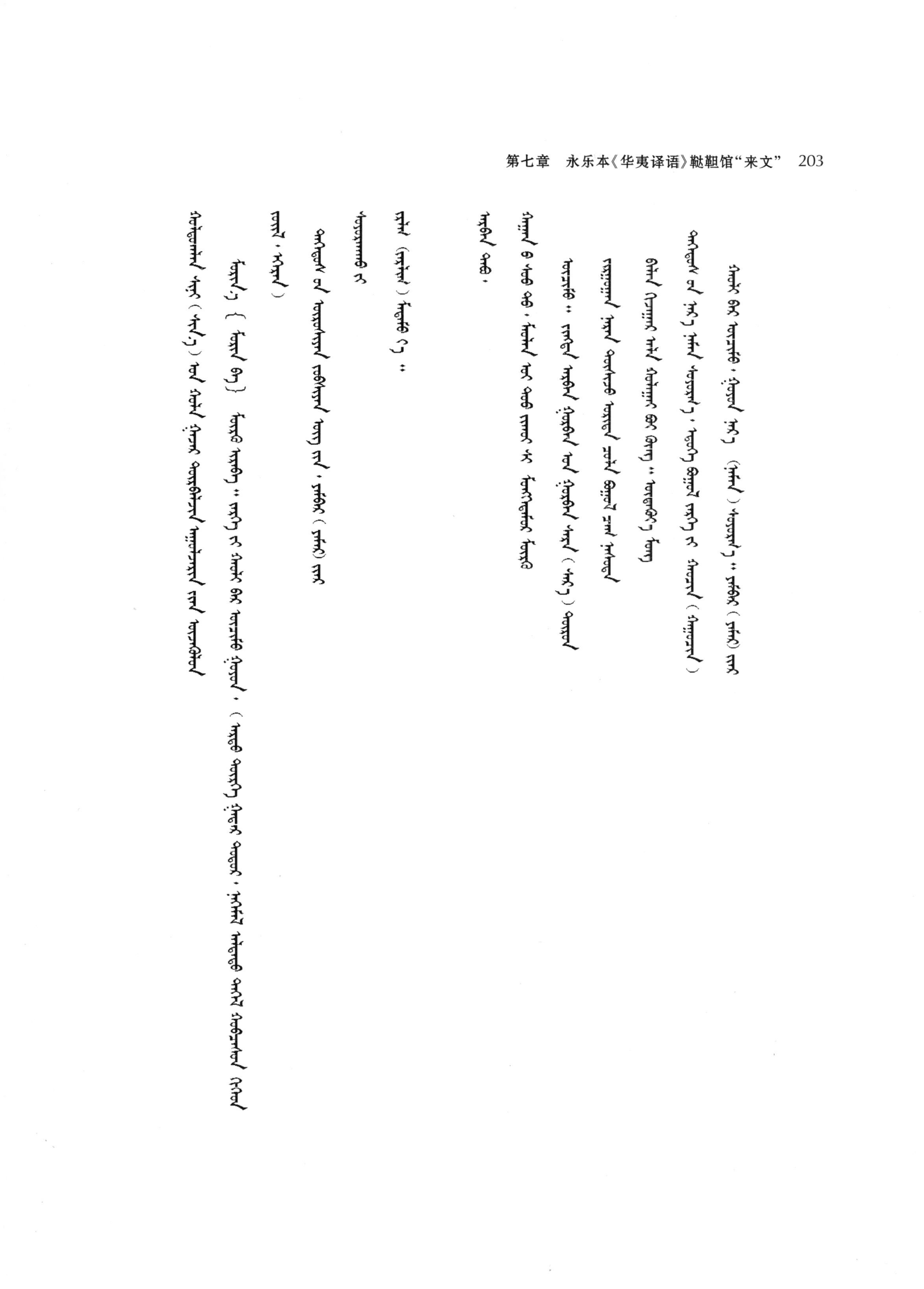

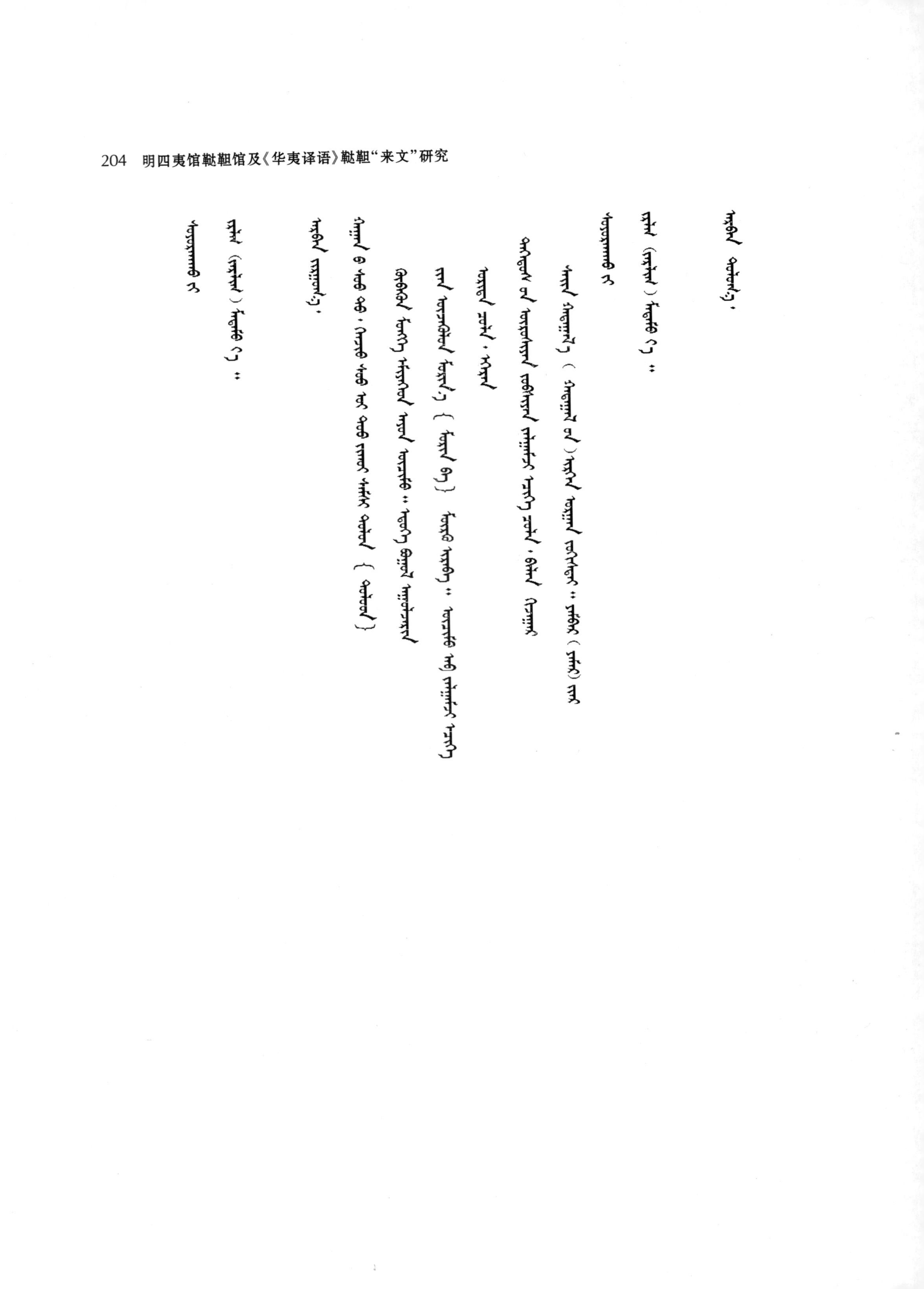

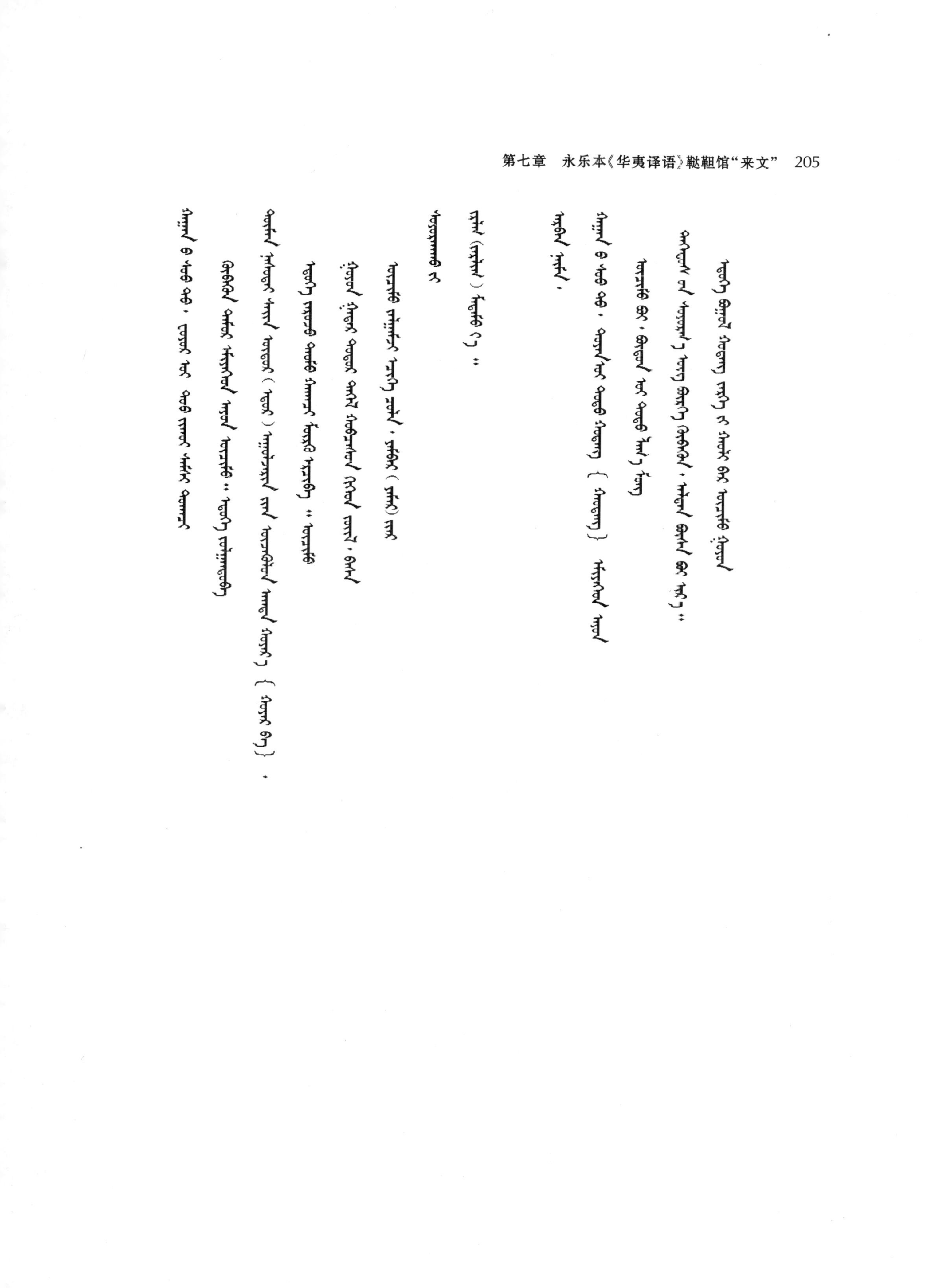

[illegible]

[illegible]

[illegible]

[illegible]

[illegible]

[illegible]

[illegible]

[illegible]

[illegible]

[illegible]

[illegible]

[illegible]

[illegible]

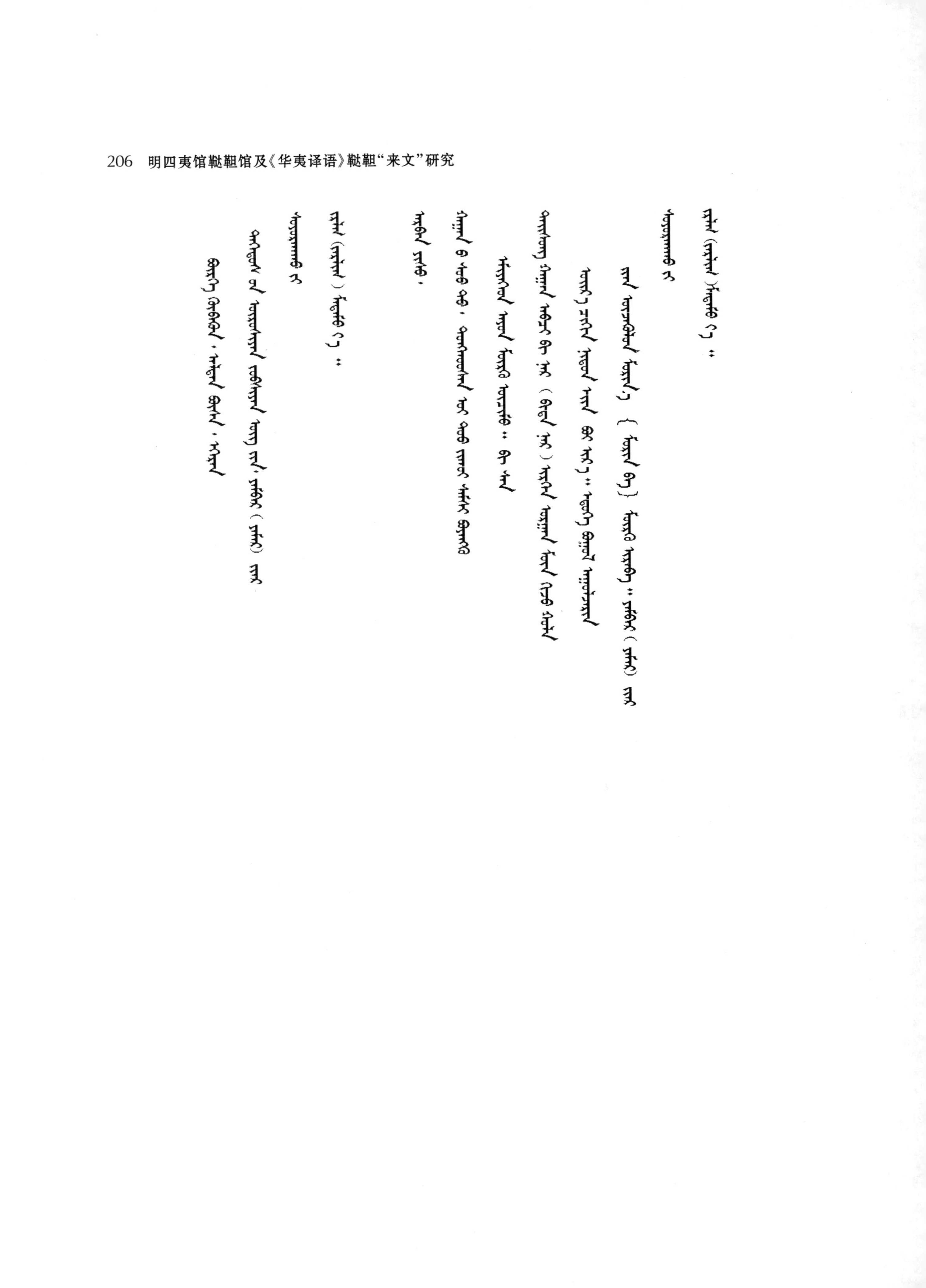

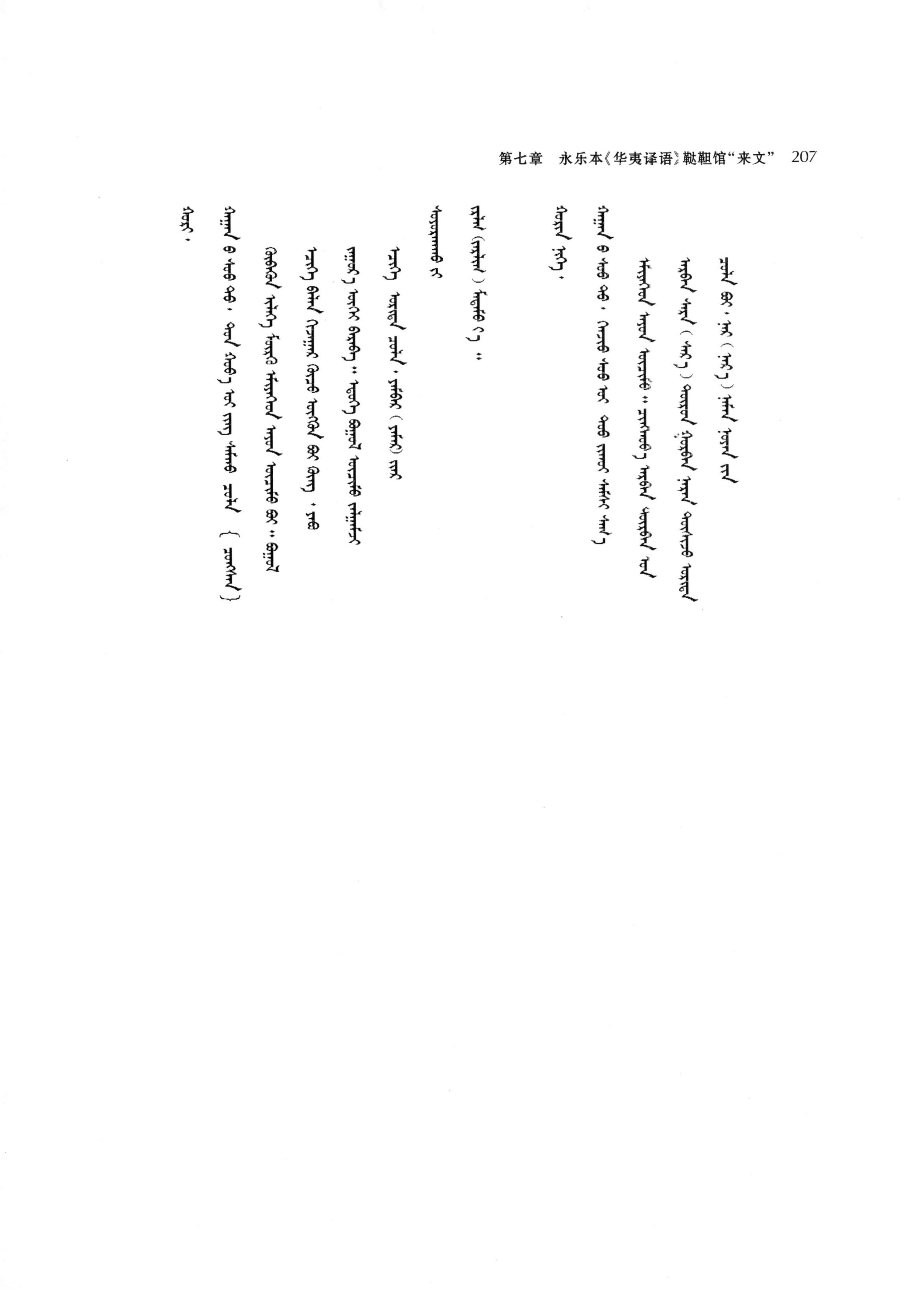

[illegible]

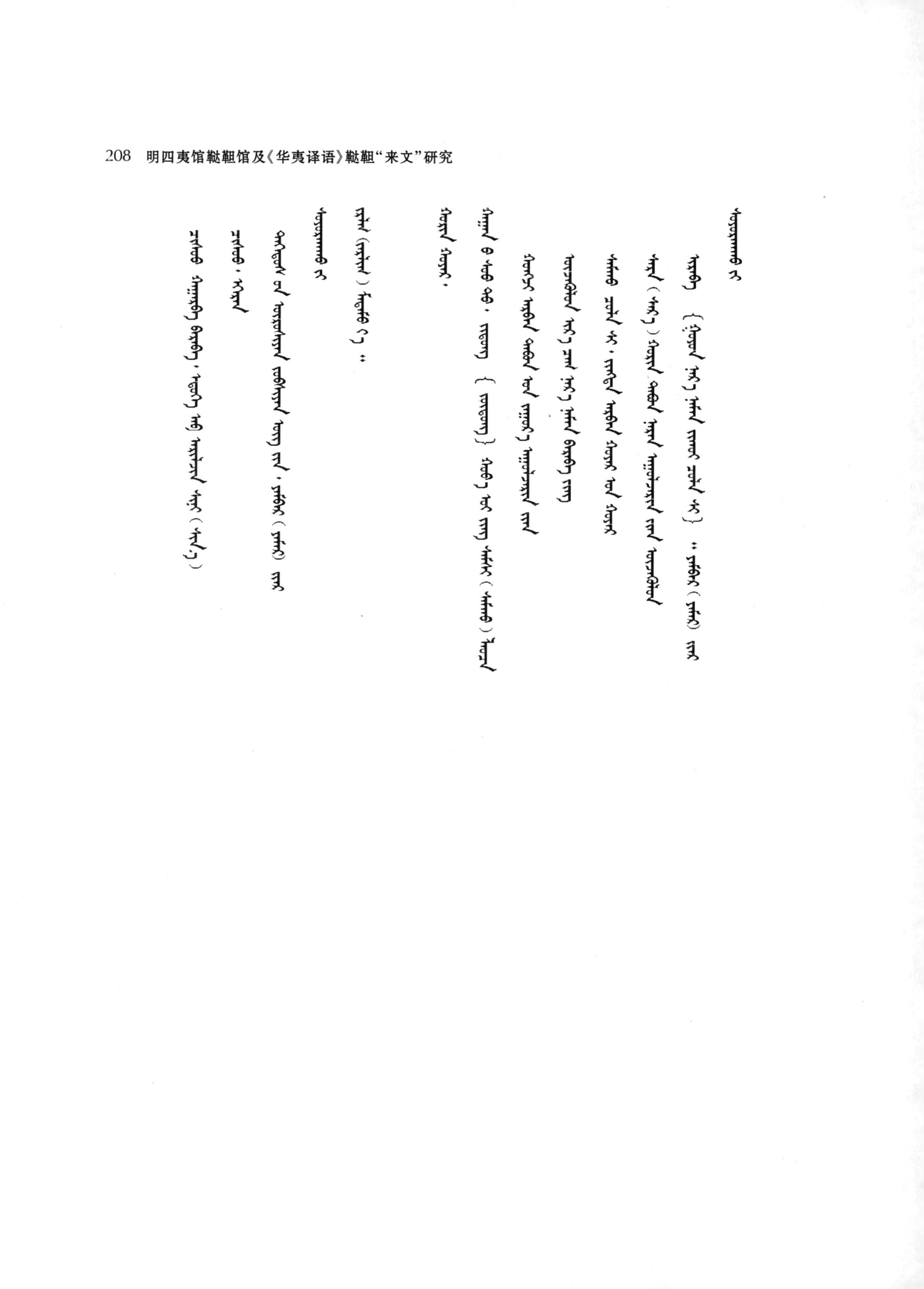

[illegible]

[illegible]

[illegible]

[illegible]

[illegible]

[illegible]

[illegible]

[illegible]

[illegible]

[illegible]

[illegible]

[illegible]

[illegible]

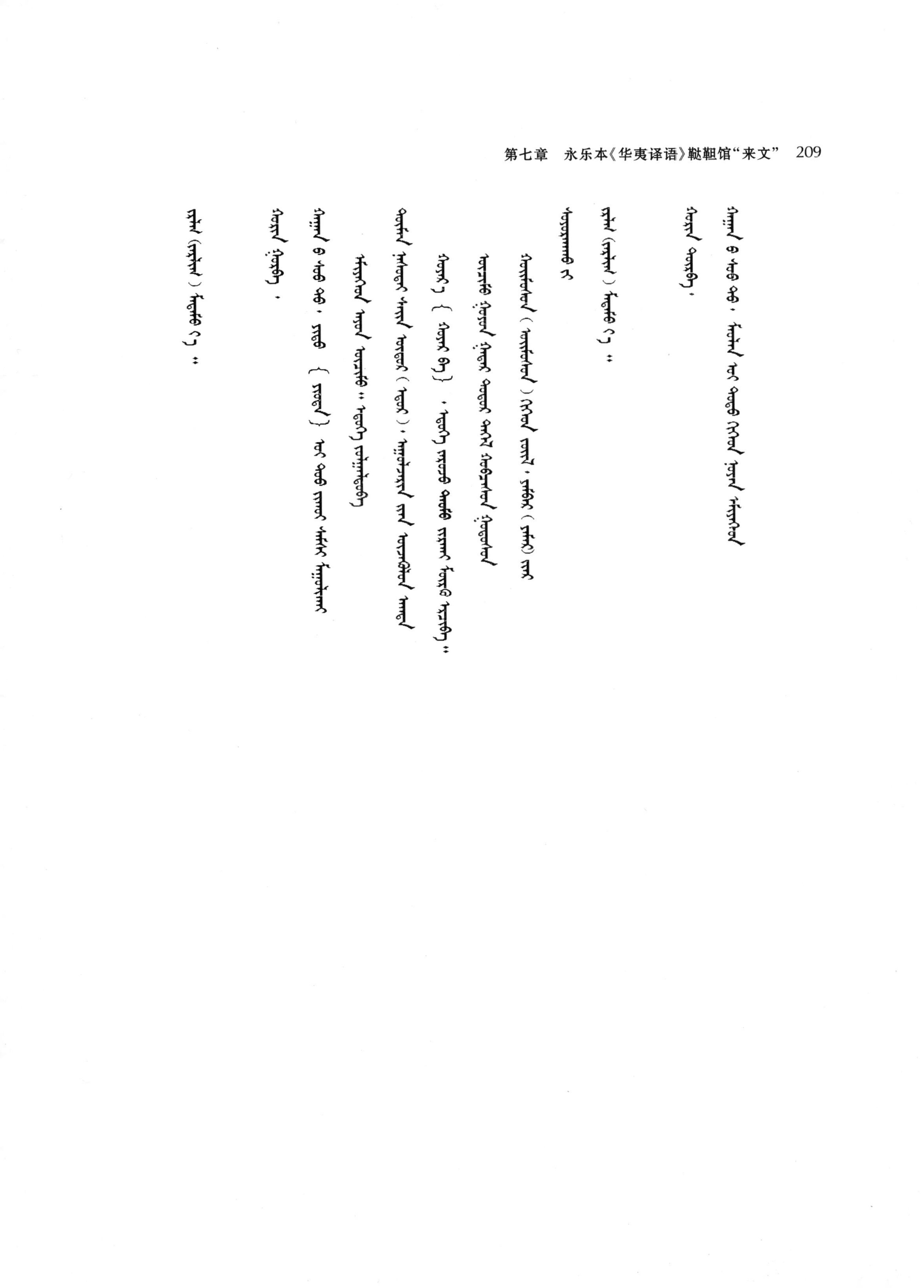

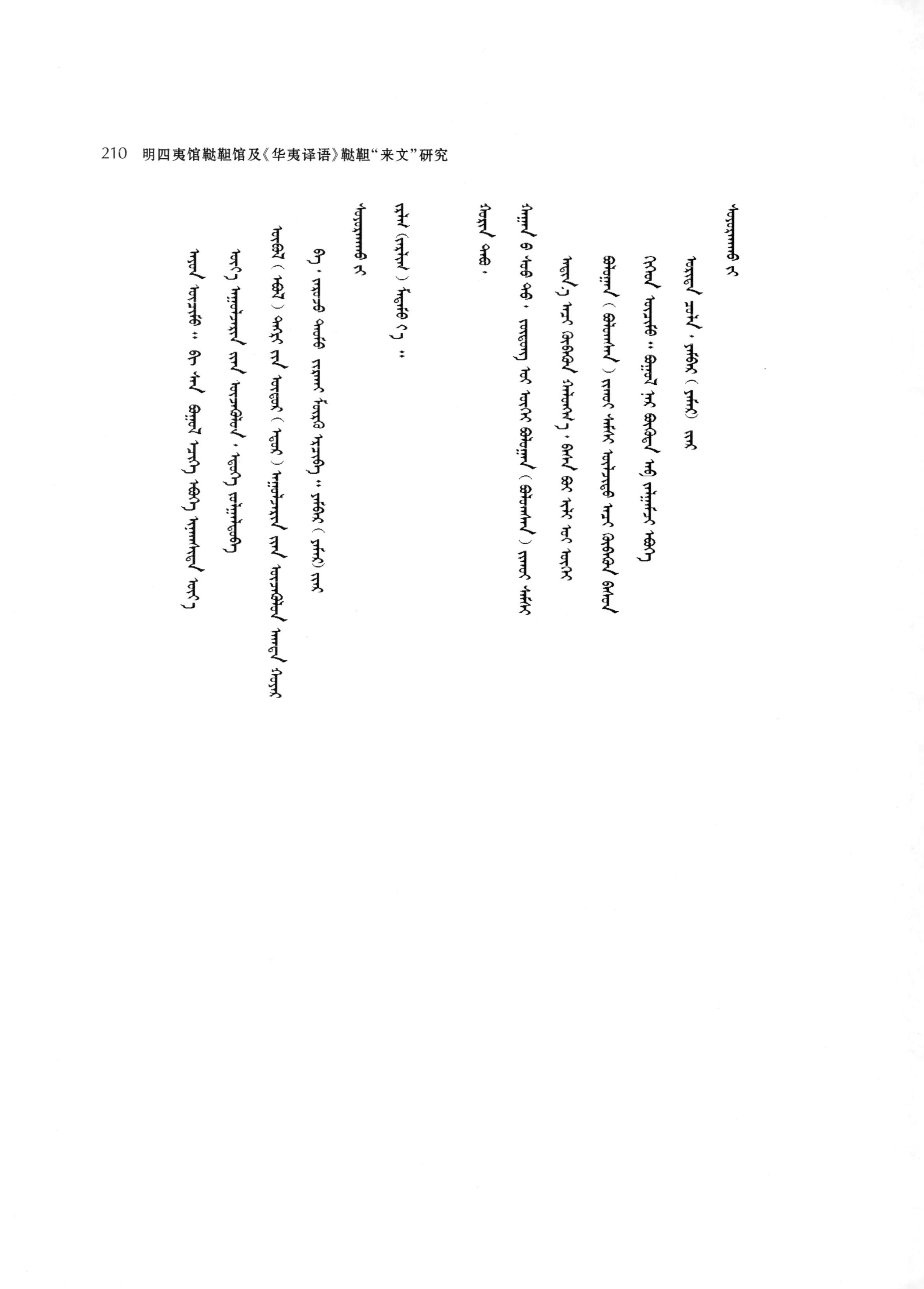

[illegible]

[illegible]

[illegible]

[illegible]

[illegible]

[illegible]

[illegible]

[illegible]

[illegible]

[illegible]

[illegible]

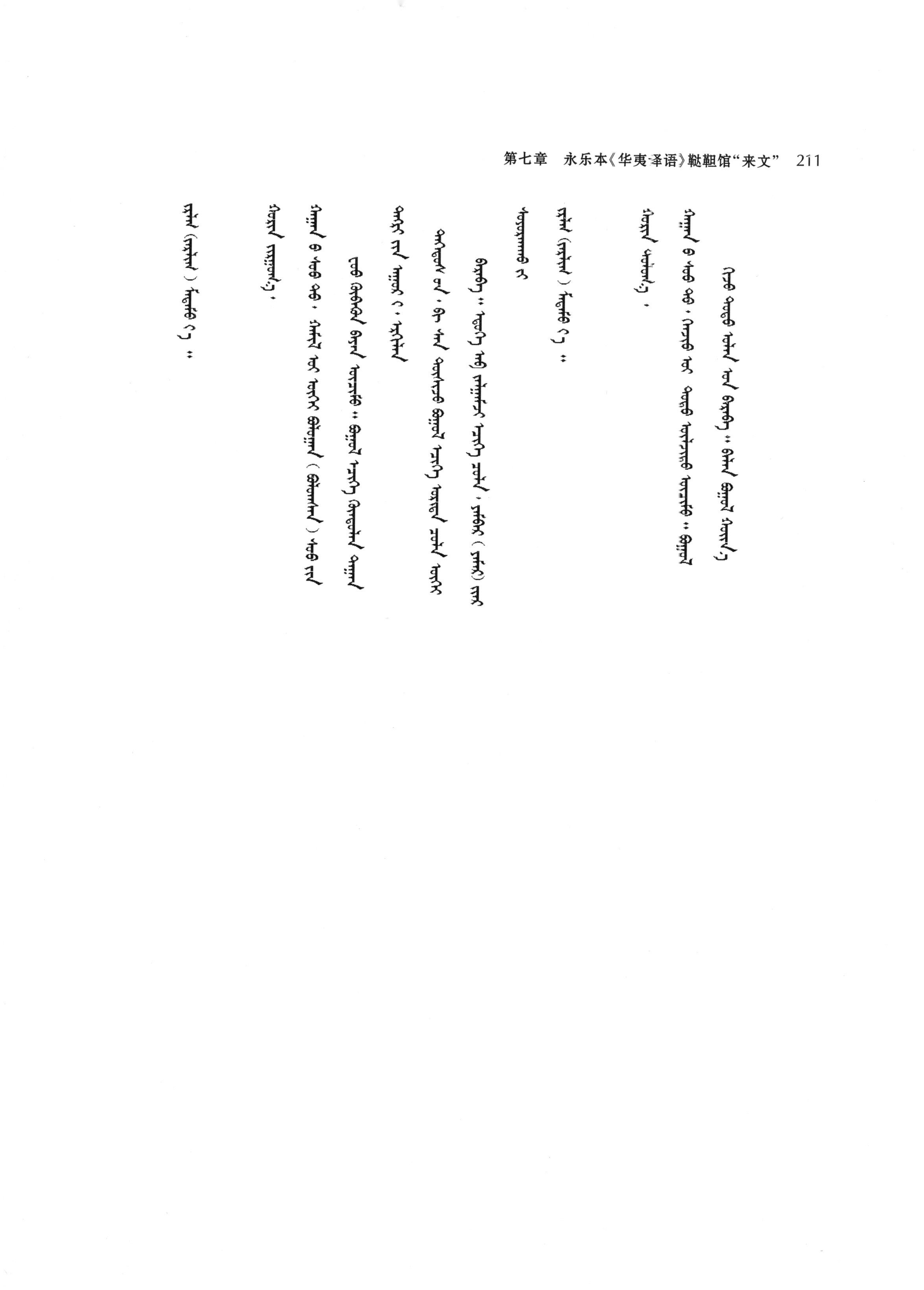

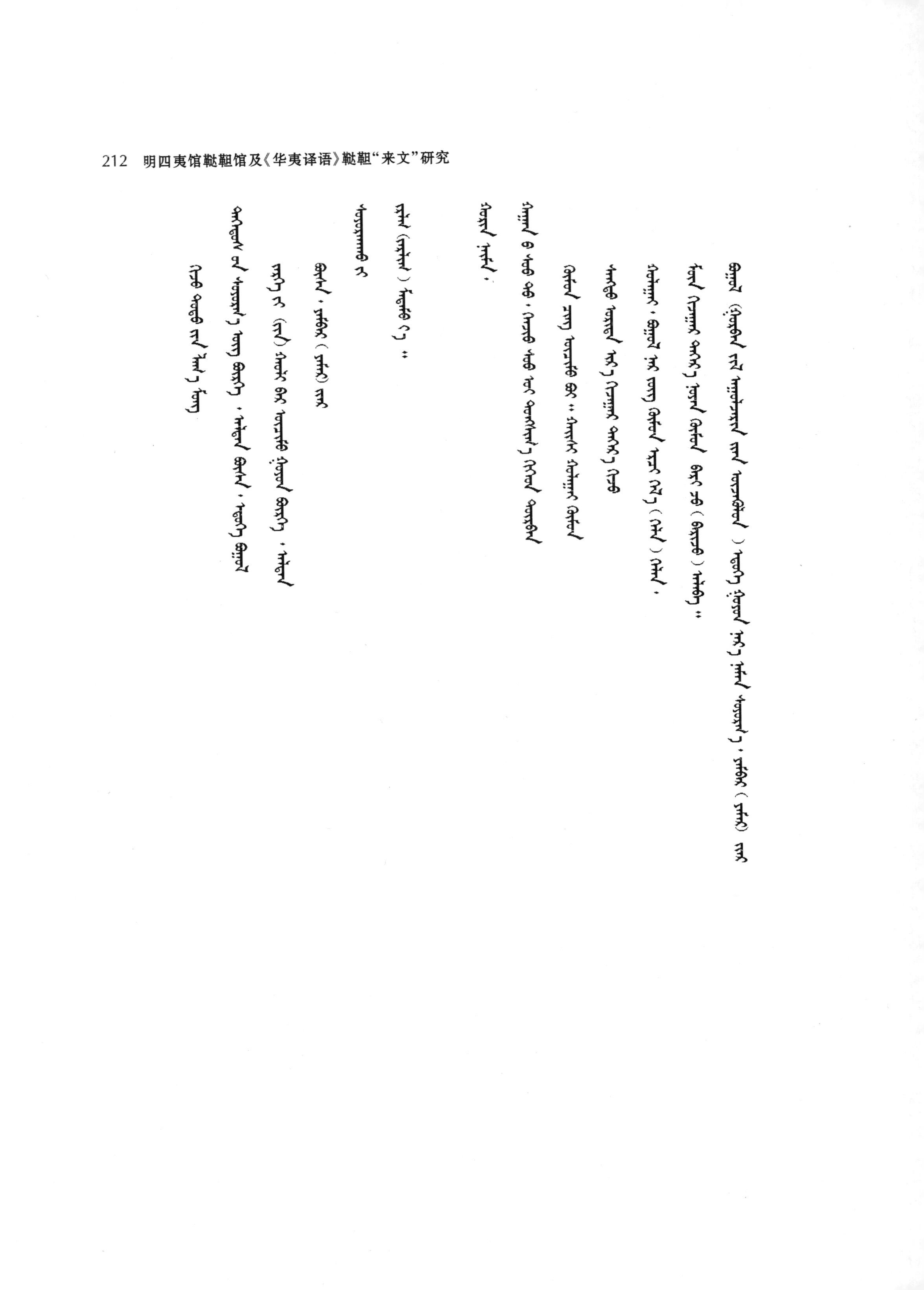

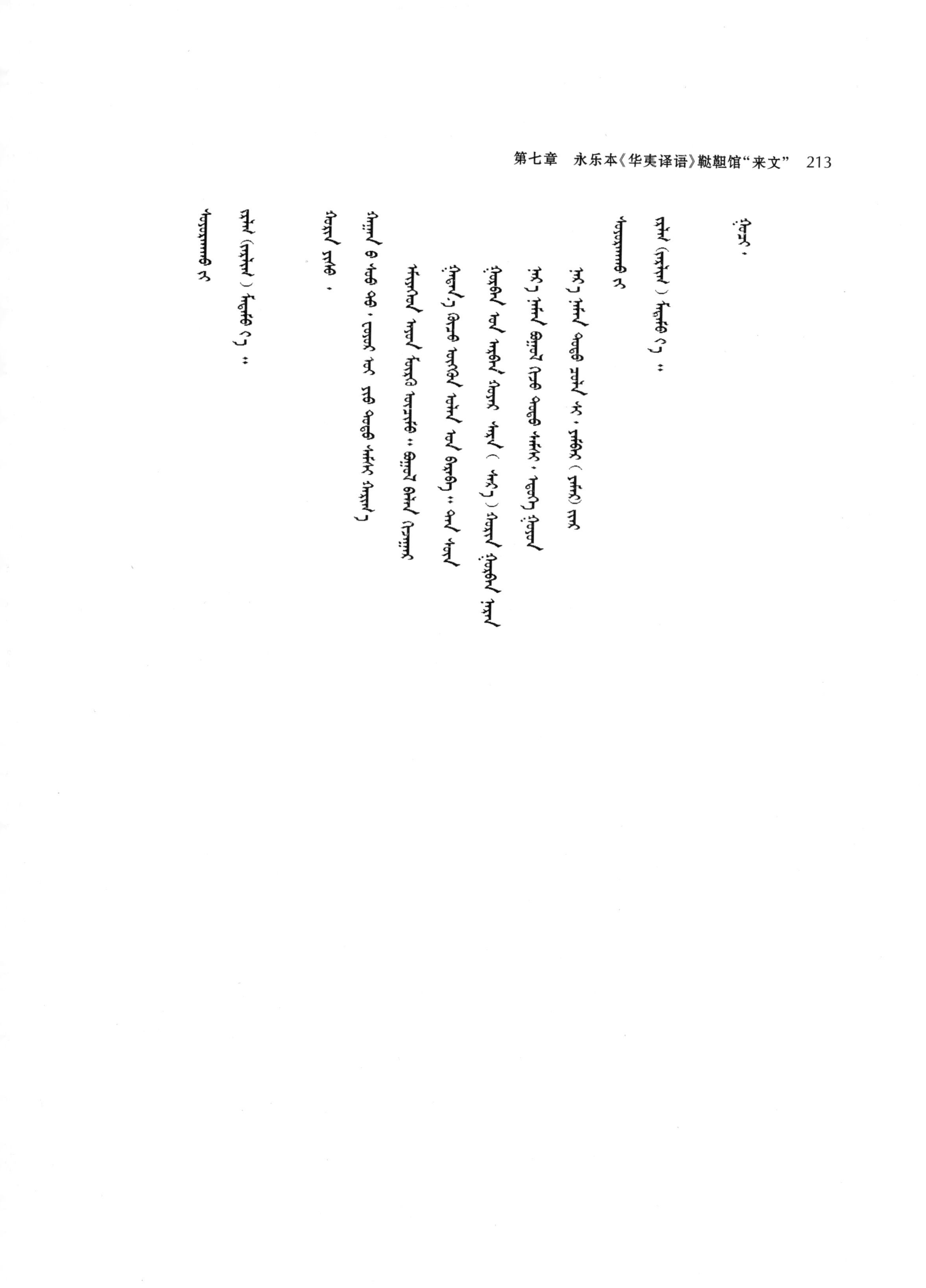

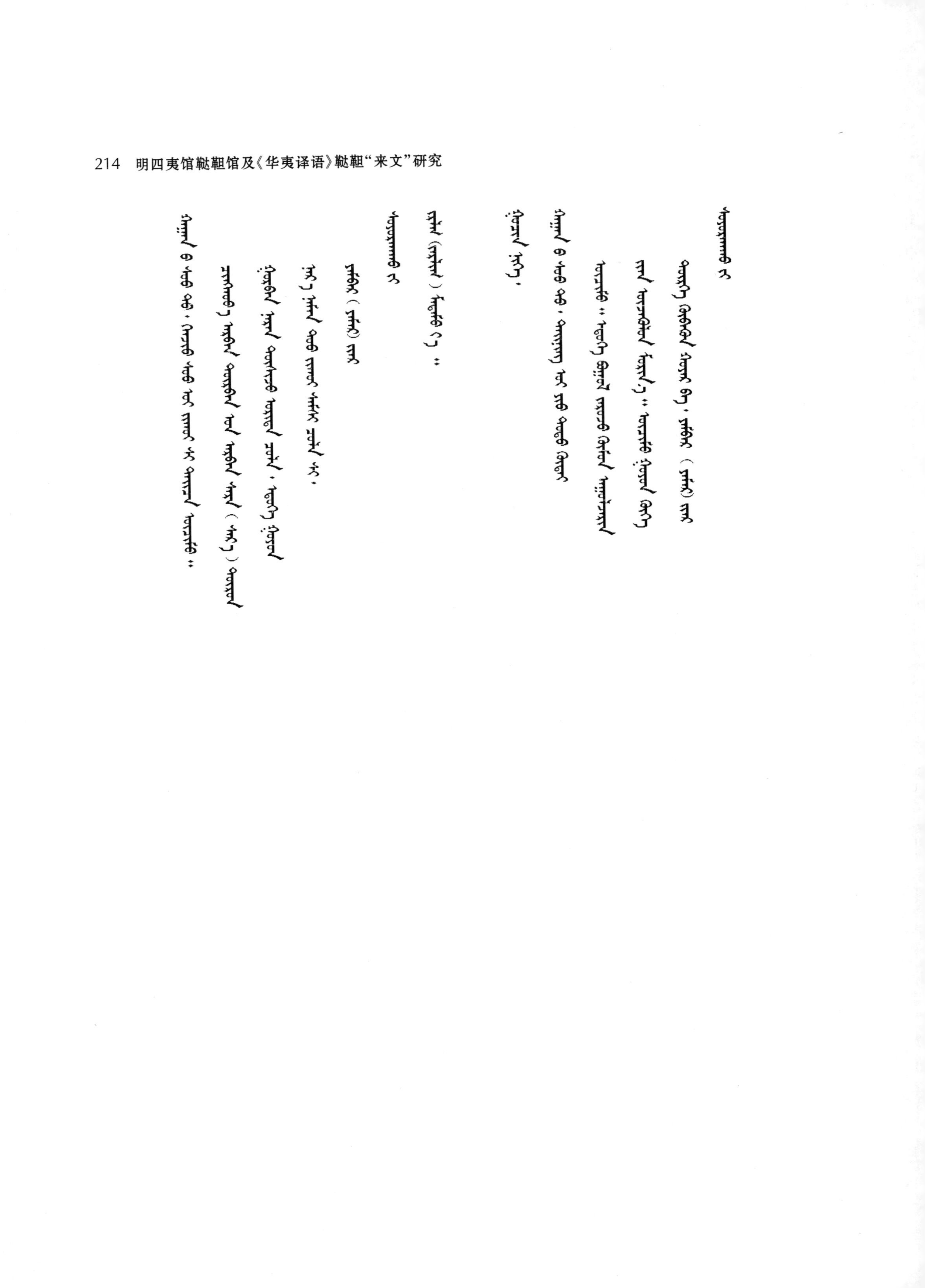

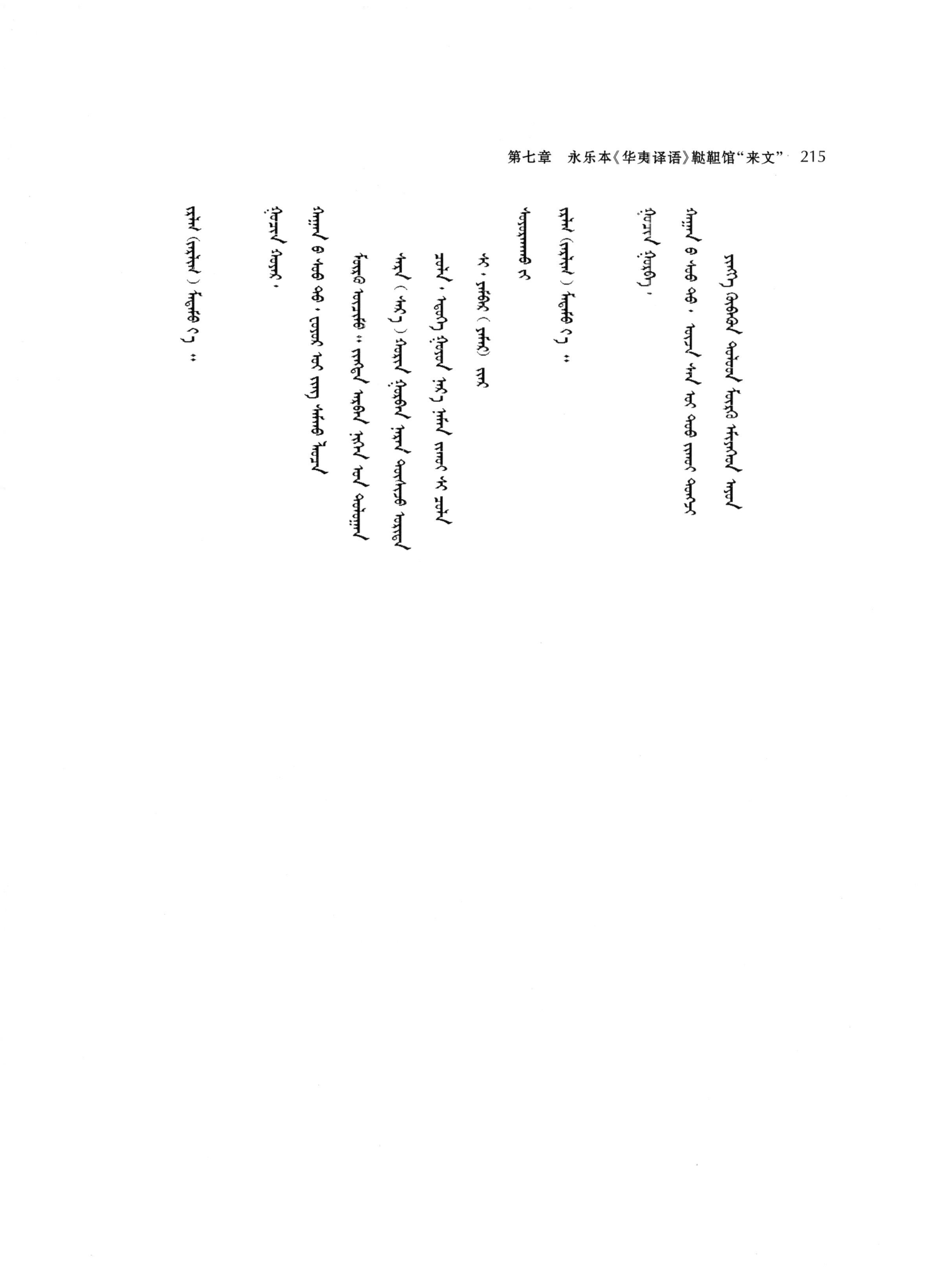

[illegible]

[illegible]

[illegible]

[illegible]

[illegible]

[illegible]

[illegible]

[illegible]

[illegible]

[illegible]

[illegible]

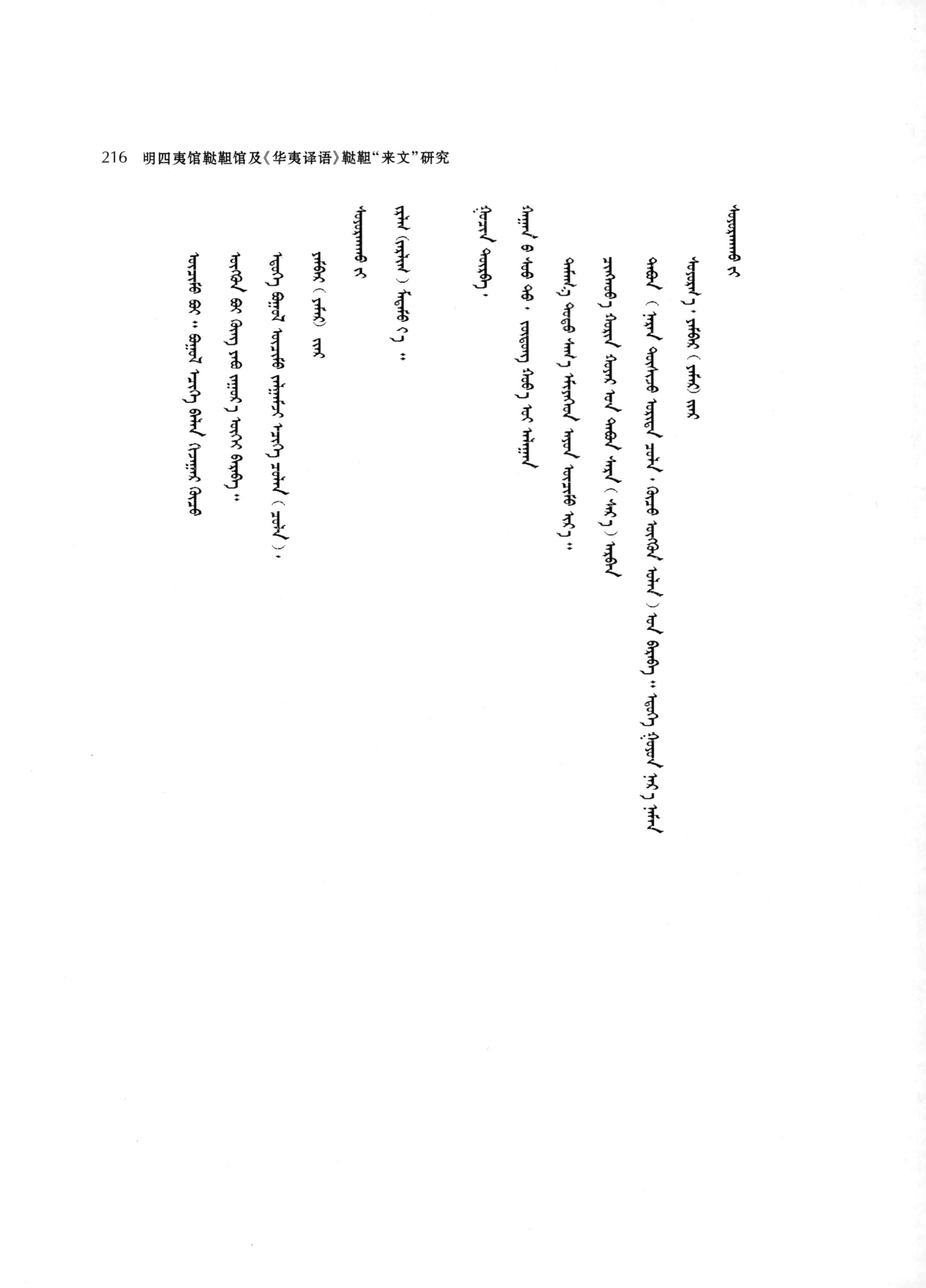

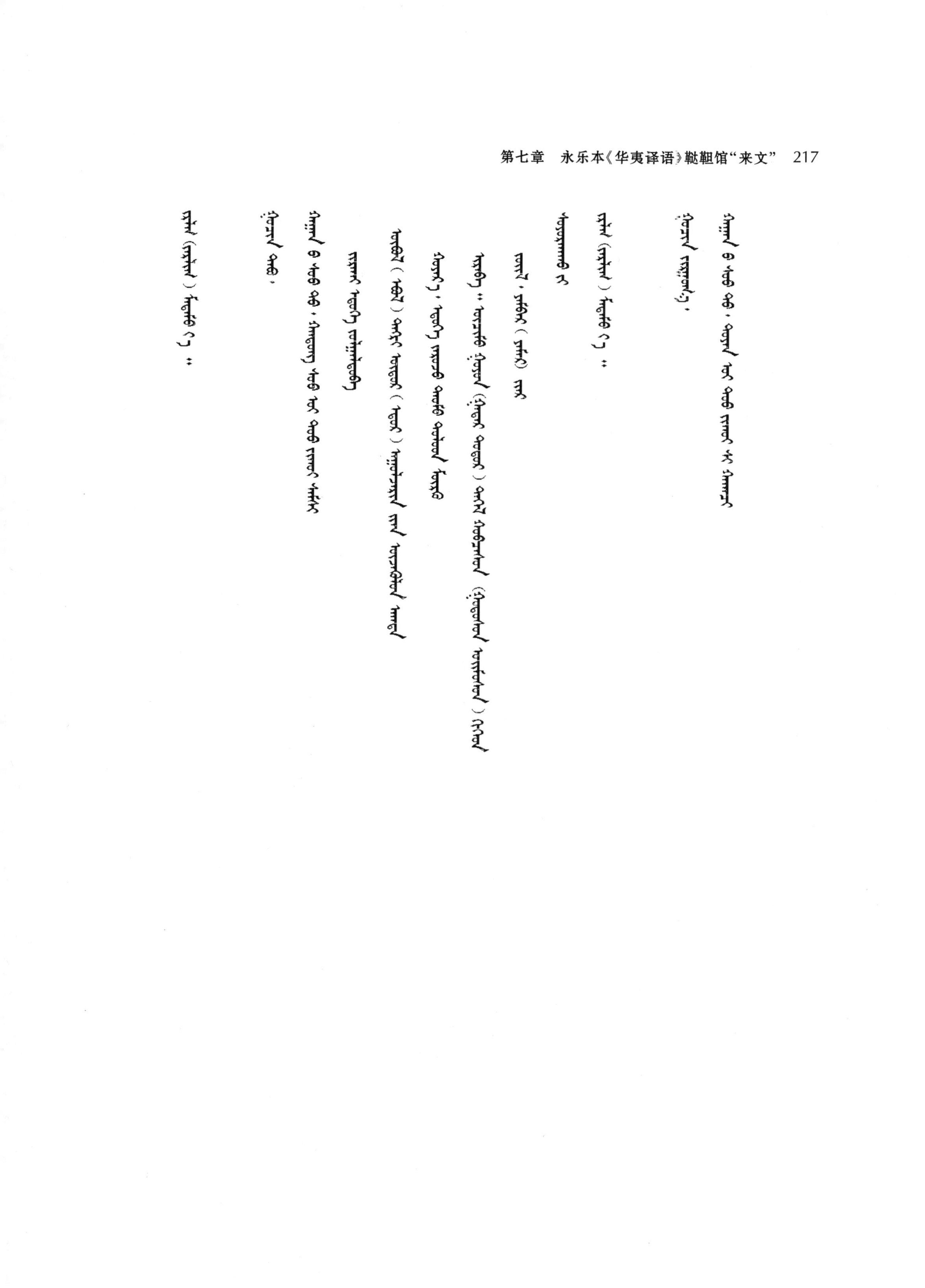

[illegible]

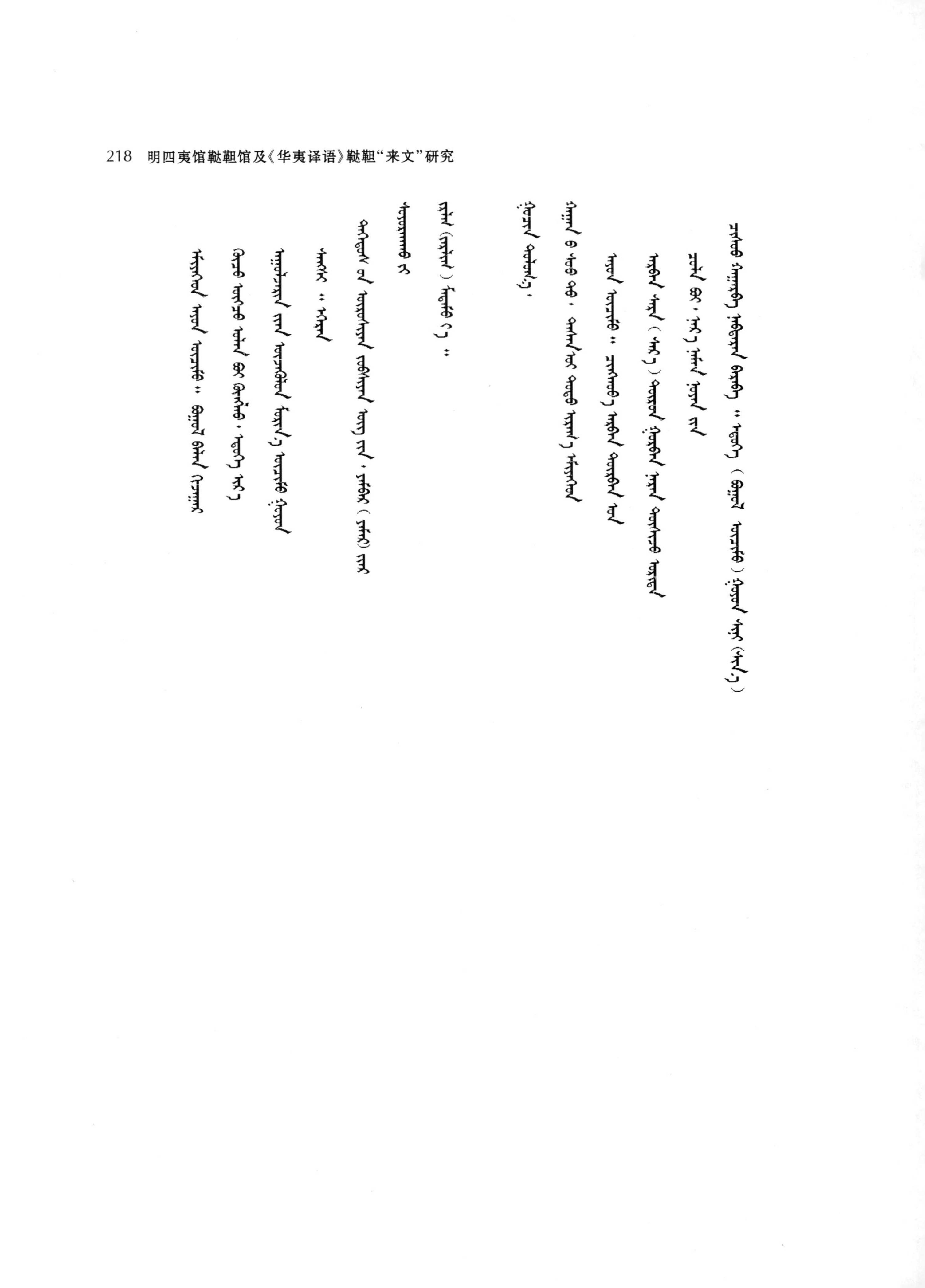

[illegible]

[illegible]

[illegible]

[illegible]

[illegible]

[illegible]

[illegible]

[illegible]

[illegible]

[illegible]

[illegible]

[illegible]

[illegible]

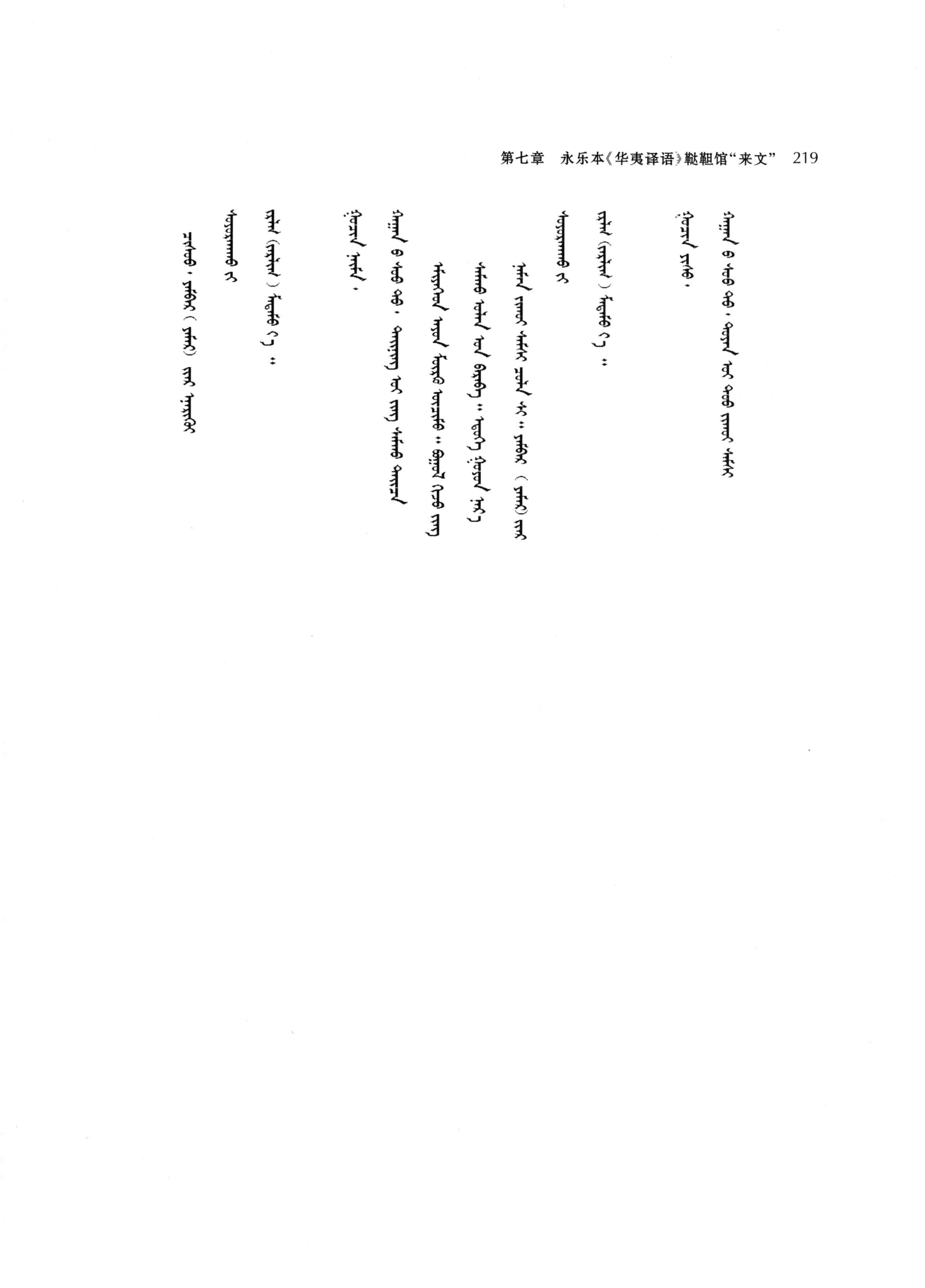

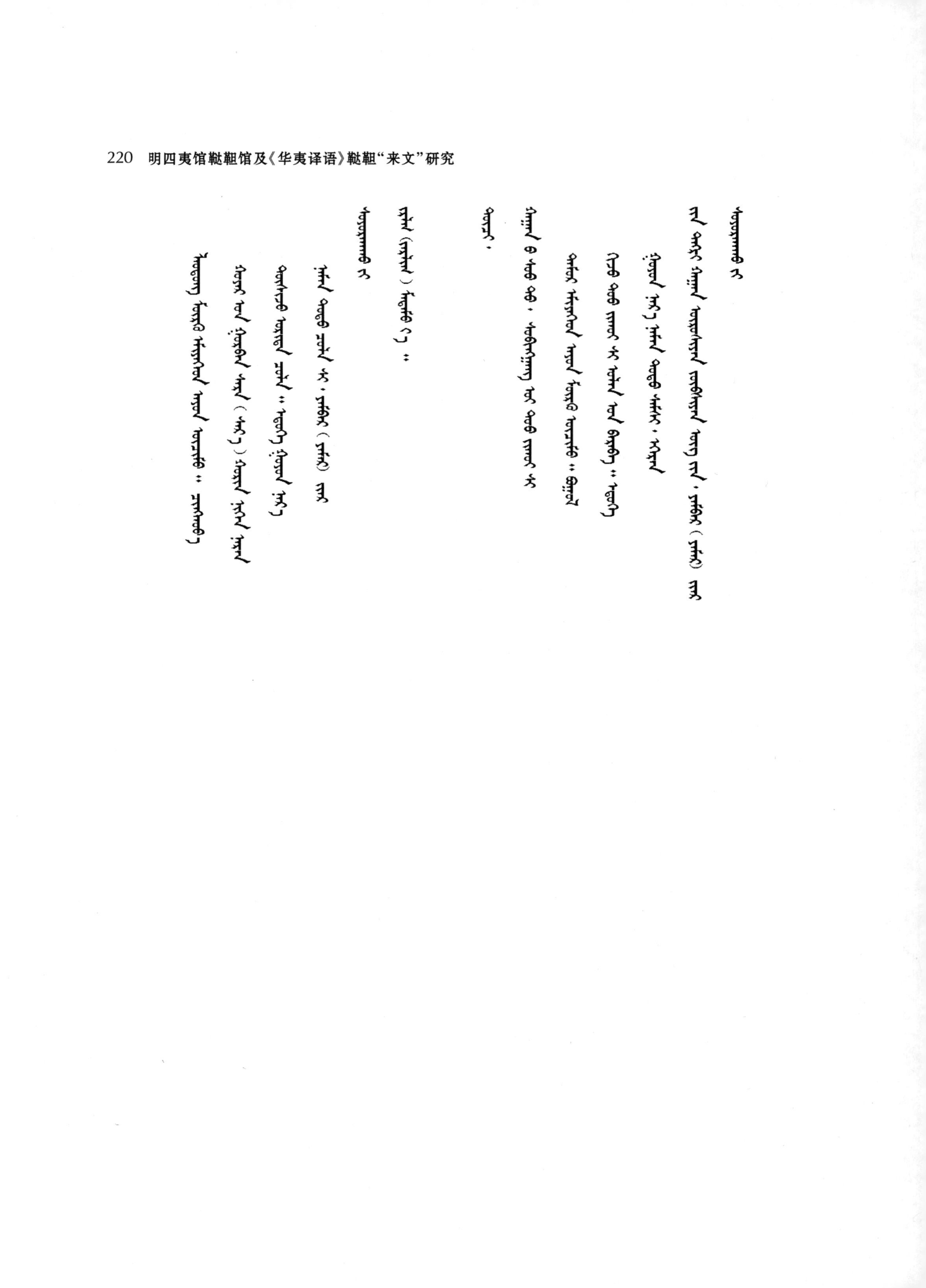

ᠬᠠᠭᠠᠨ ᠤ ᠰᠤᠤ ᠳᠤ᠂ [illegible]

[illegible]

ᠵᠠᠷᠯᠢᠭ (ᠵᠠᠷᠯᠢᠭ) ᠮᠡᠳᠡᠲᠦᠭᠡᠢ ::

[illegible]

[illegible]

[illegible]

ᠬᠠᠭᠠᠨ ᠤ ᠰᠤᠤ ᠳᠤ᠂ [illegible]

[illegible]

ᠵᠠᠷᠯᠢᠭ (ᠵᠠᠷᠯᠢᠭ) ᠮᠡᠳᠡᠲᠦᠭᠡᠢ ::

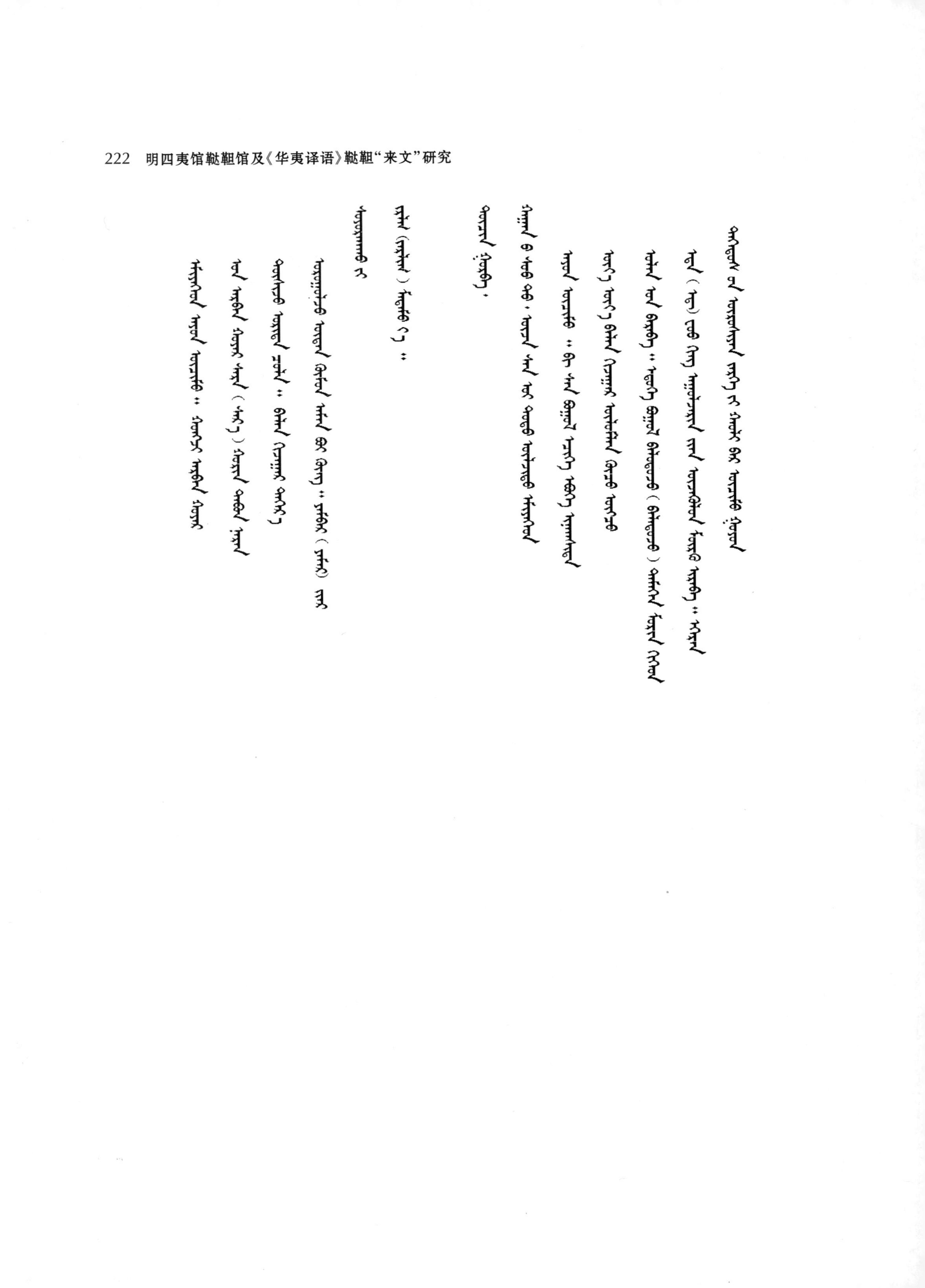

[illegible]

[illegible]

[illegible]

[illegible]

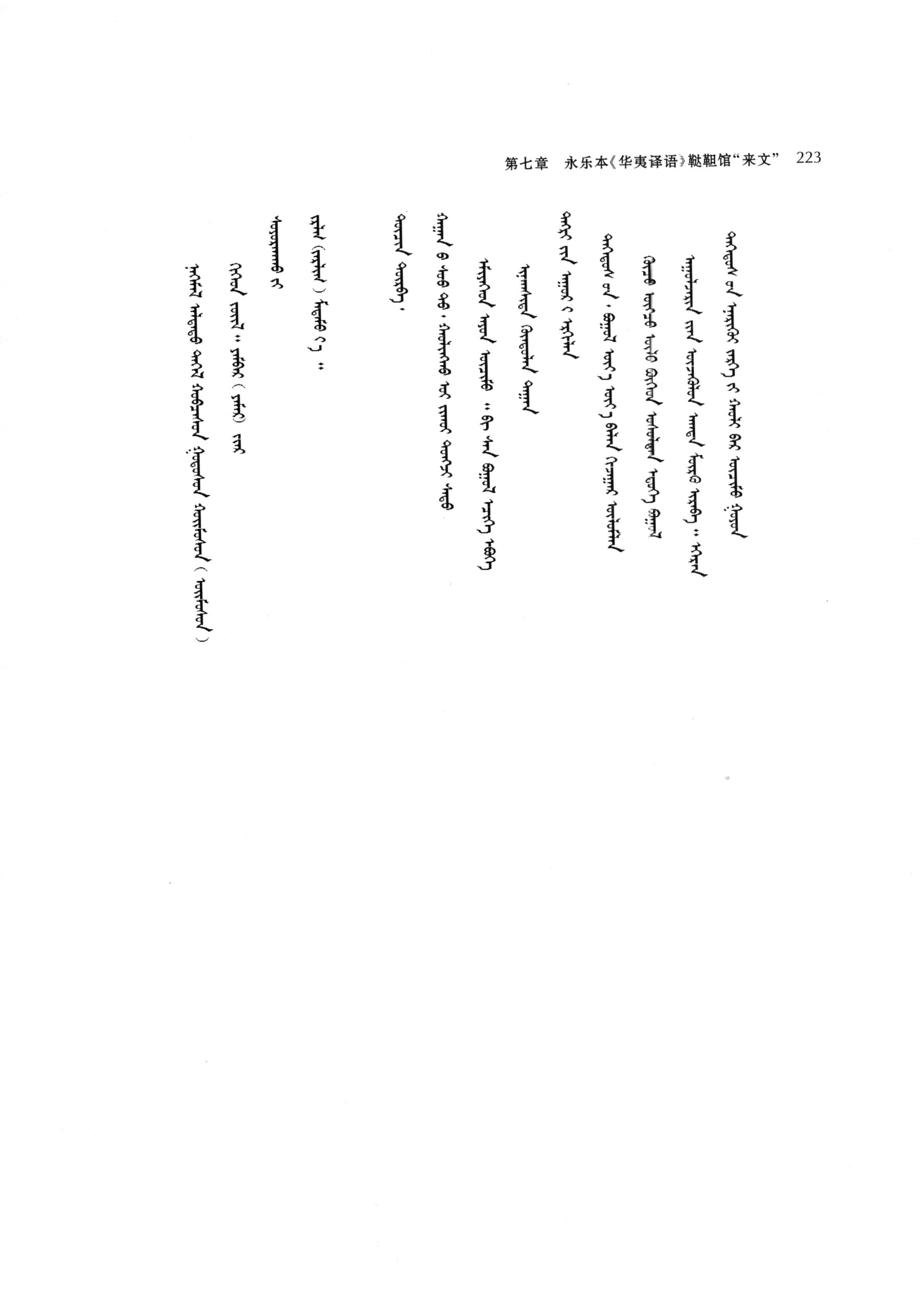

[illegible]

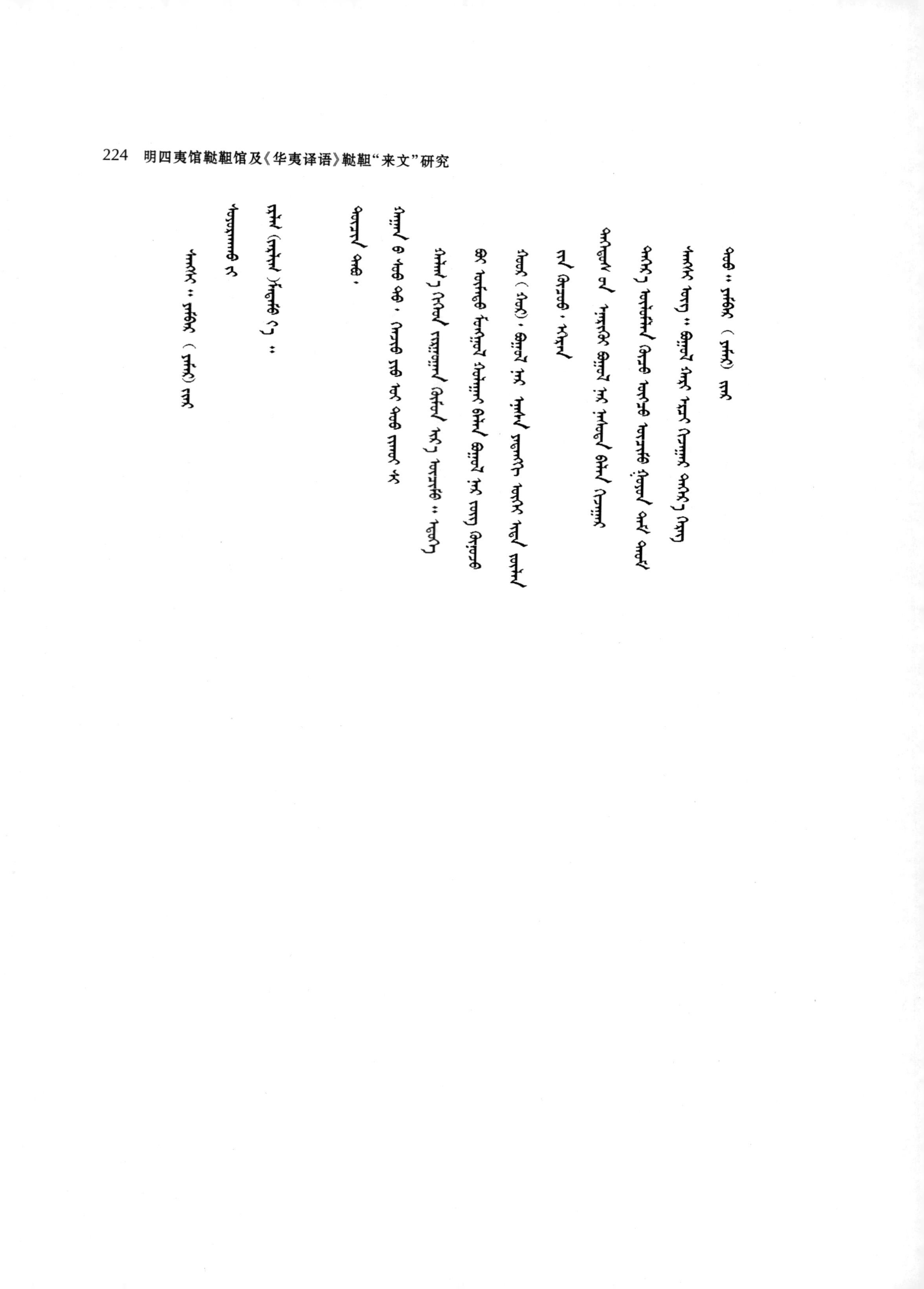

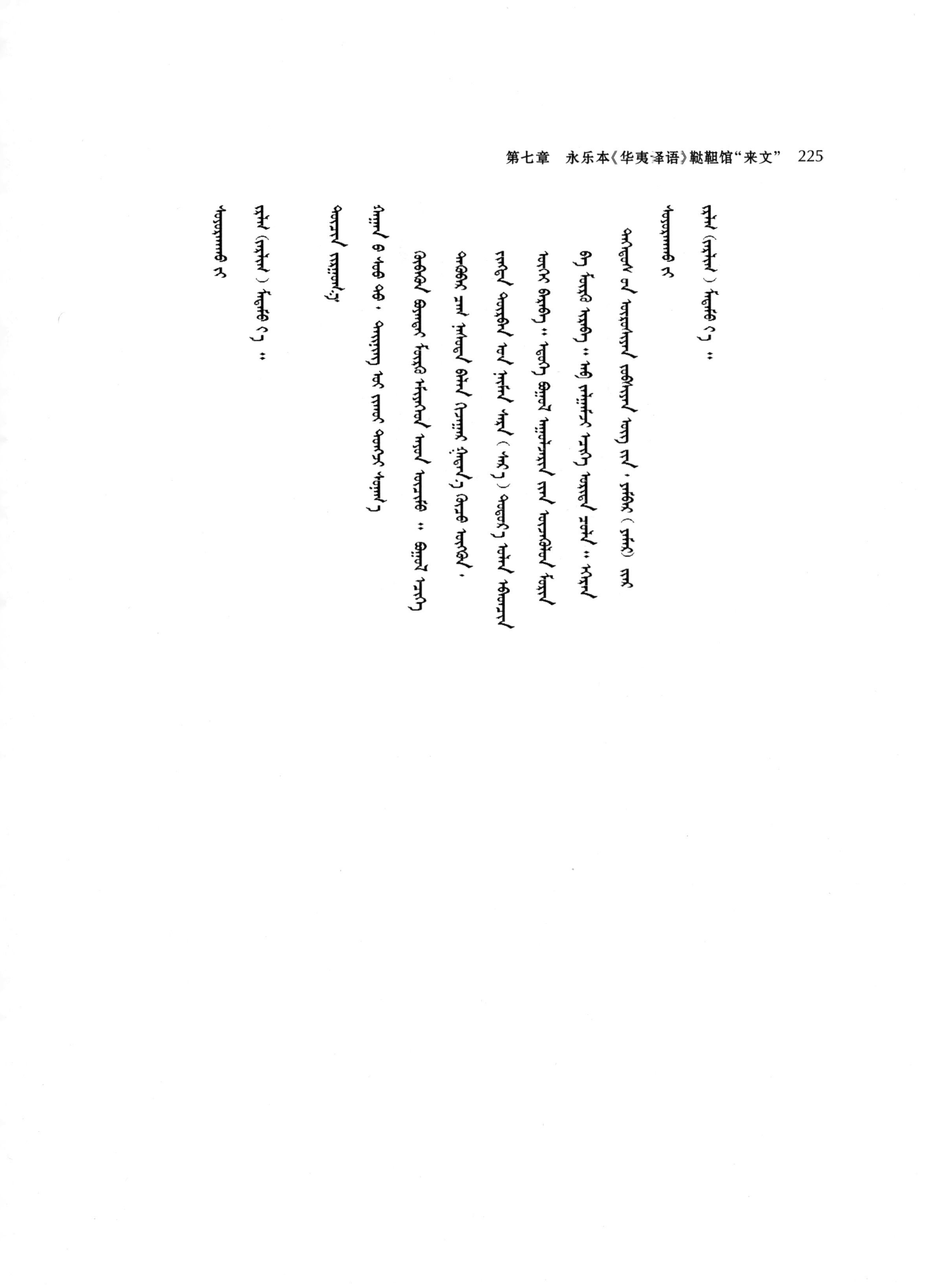

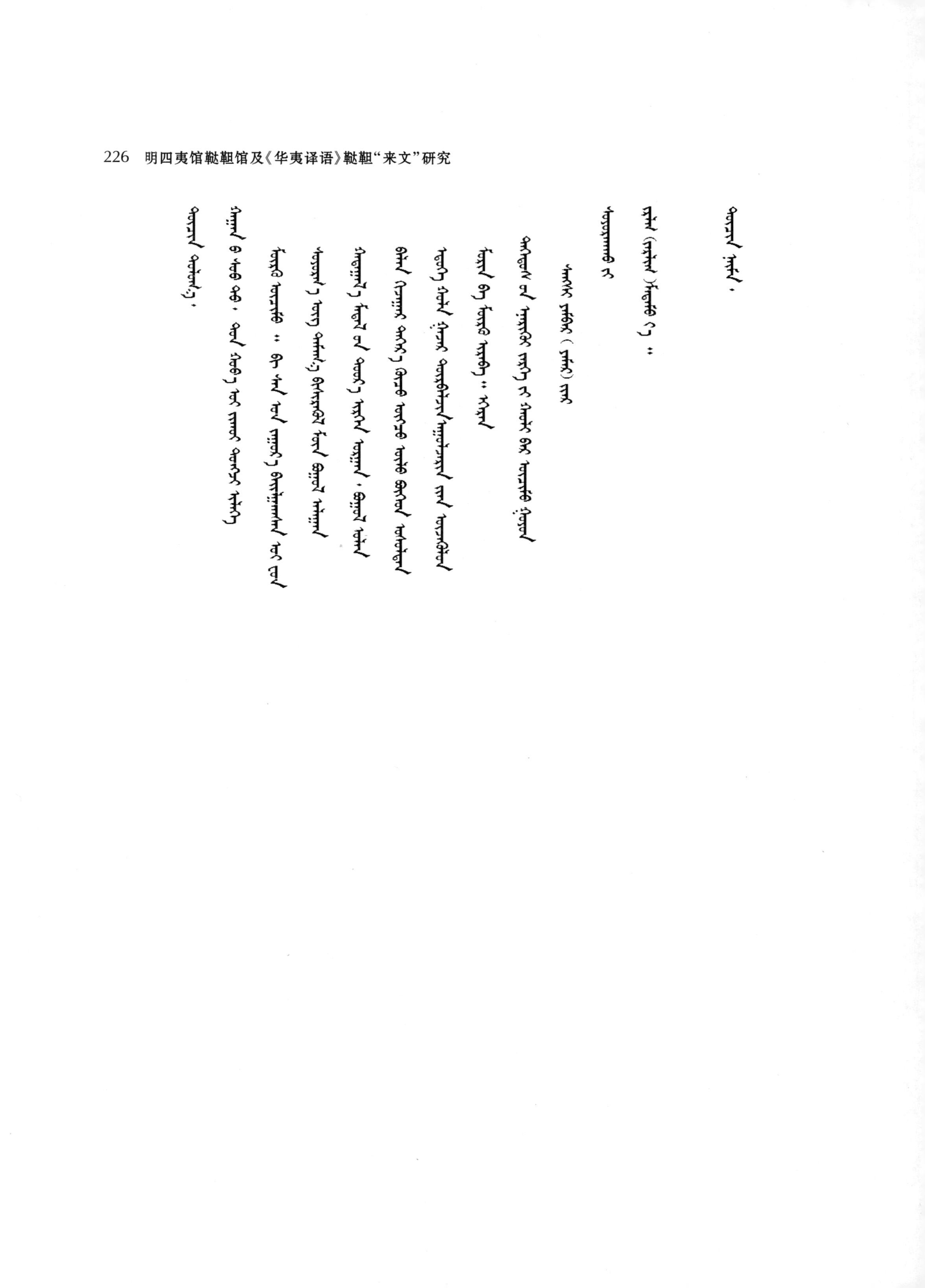

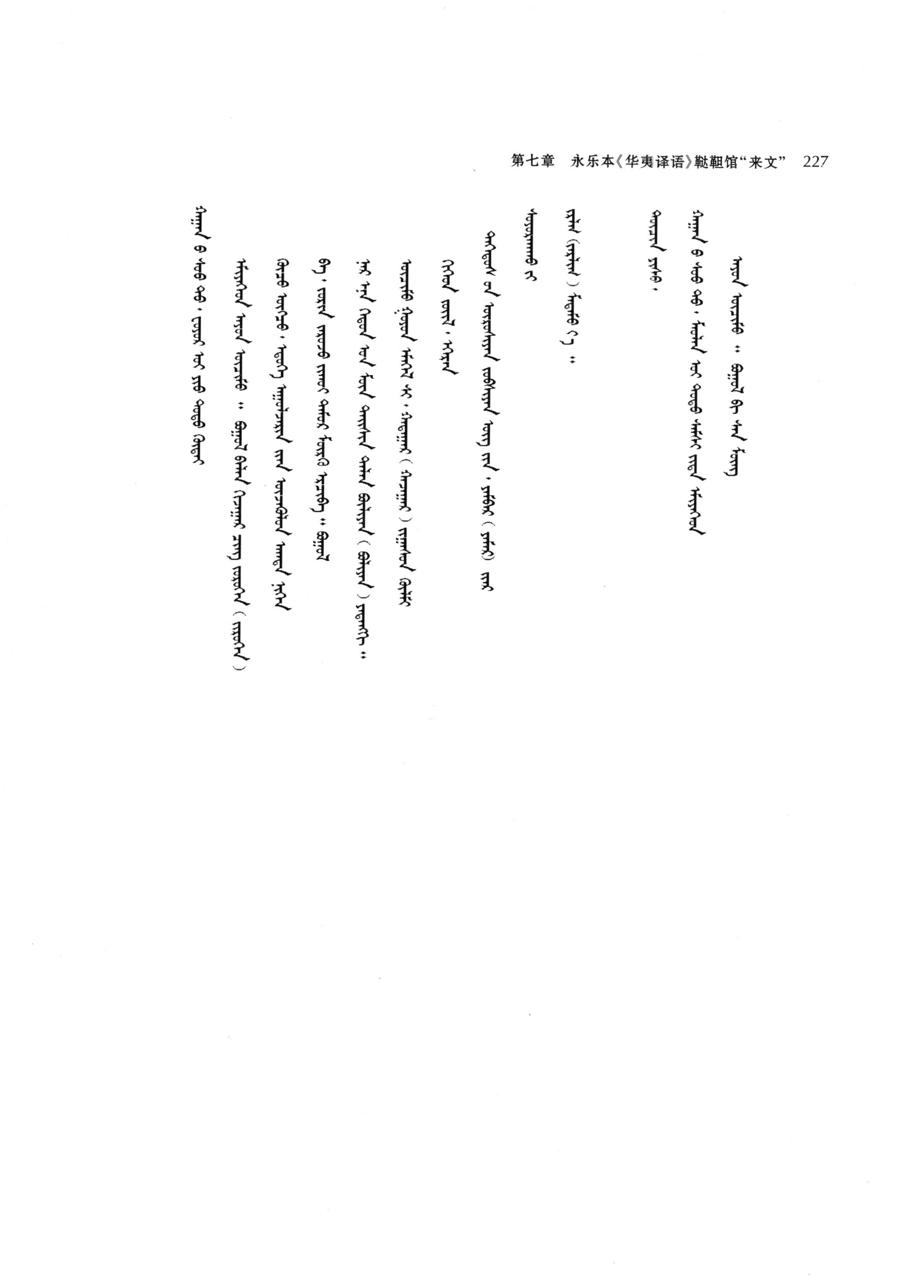

[illegible]

[illegible]

[illegible]

[illegible]

[illegible]

[illegible]

[illegible]

[illegible]

[illegible]

[illegible]

[illegible]

[illegible]

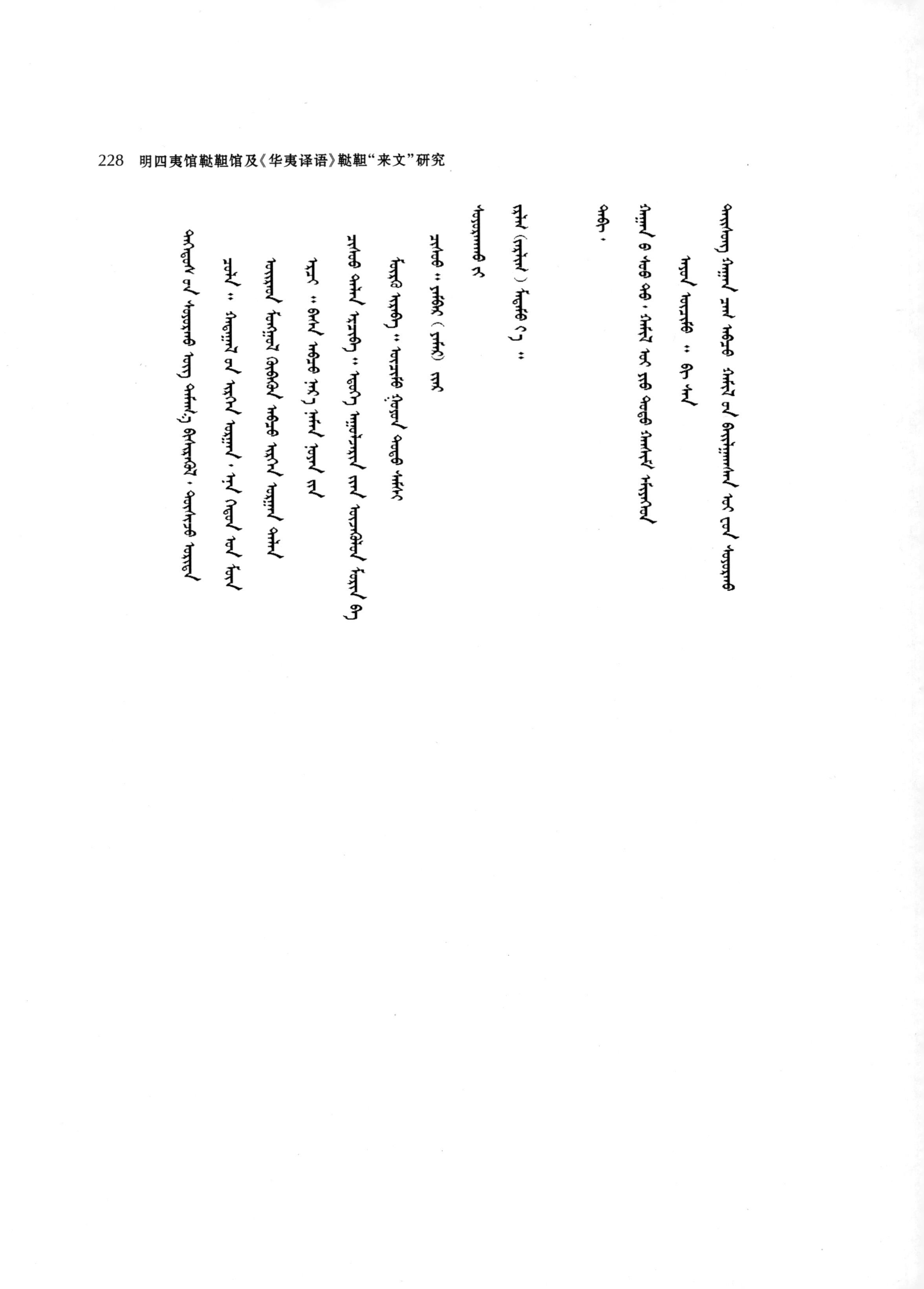

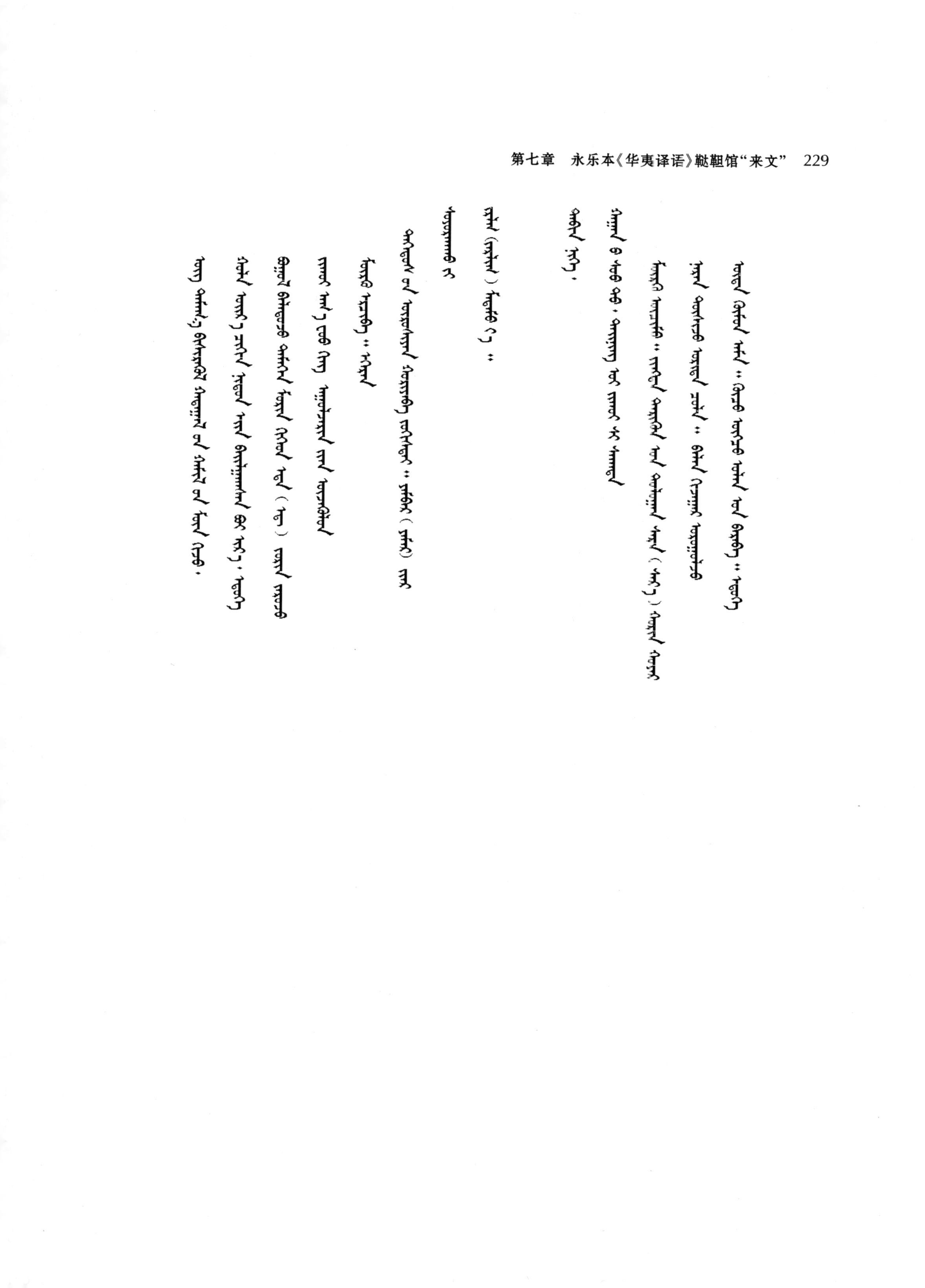

[illegible]

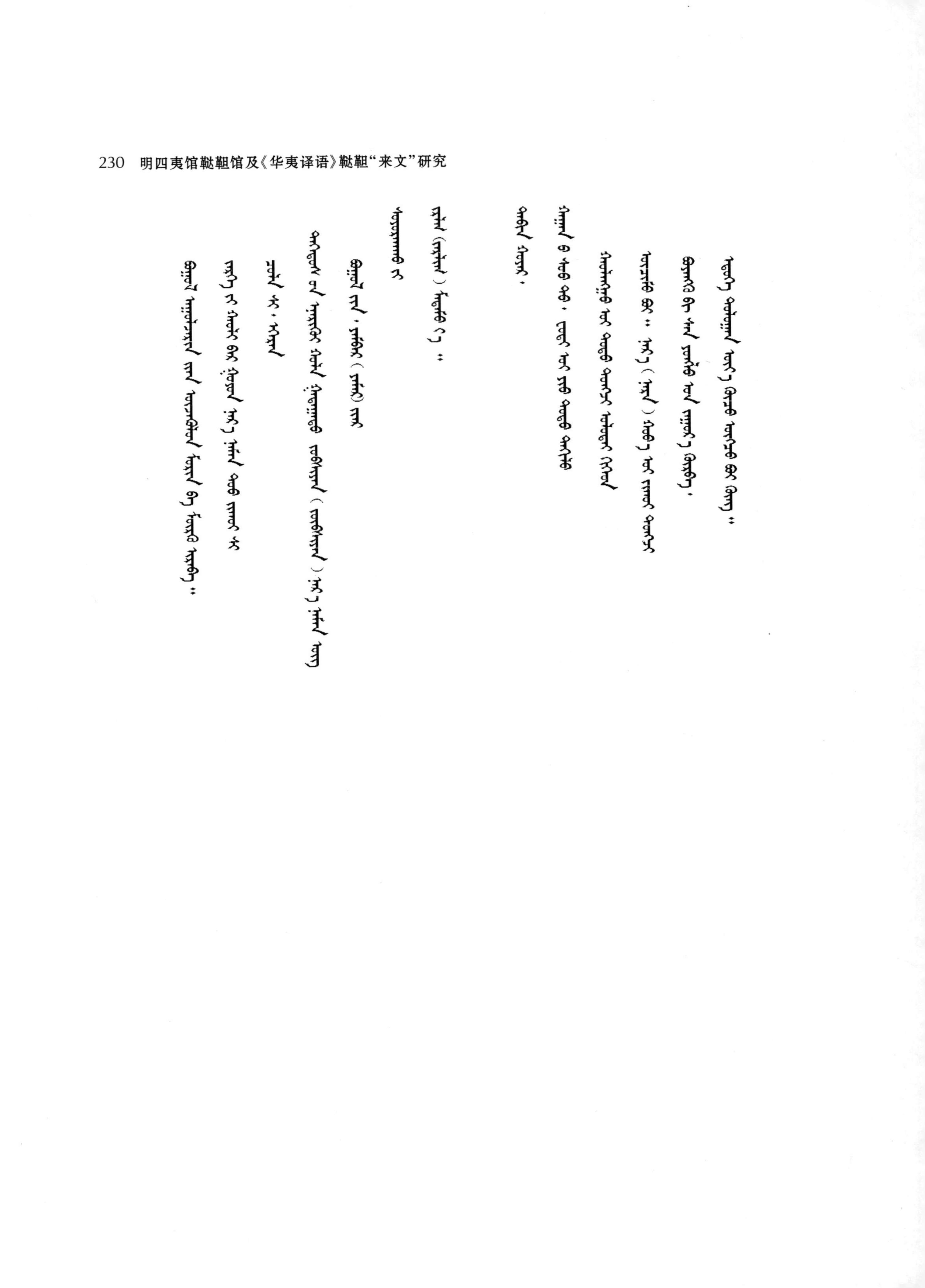

[illegible]

[illegible]

[illegible]

[illegible]

[illegible]

[illegible]

[illegible]

[illegible]

[illegible]

[illegible]

[illegible]

[illegible]

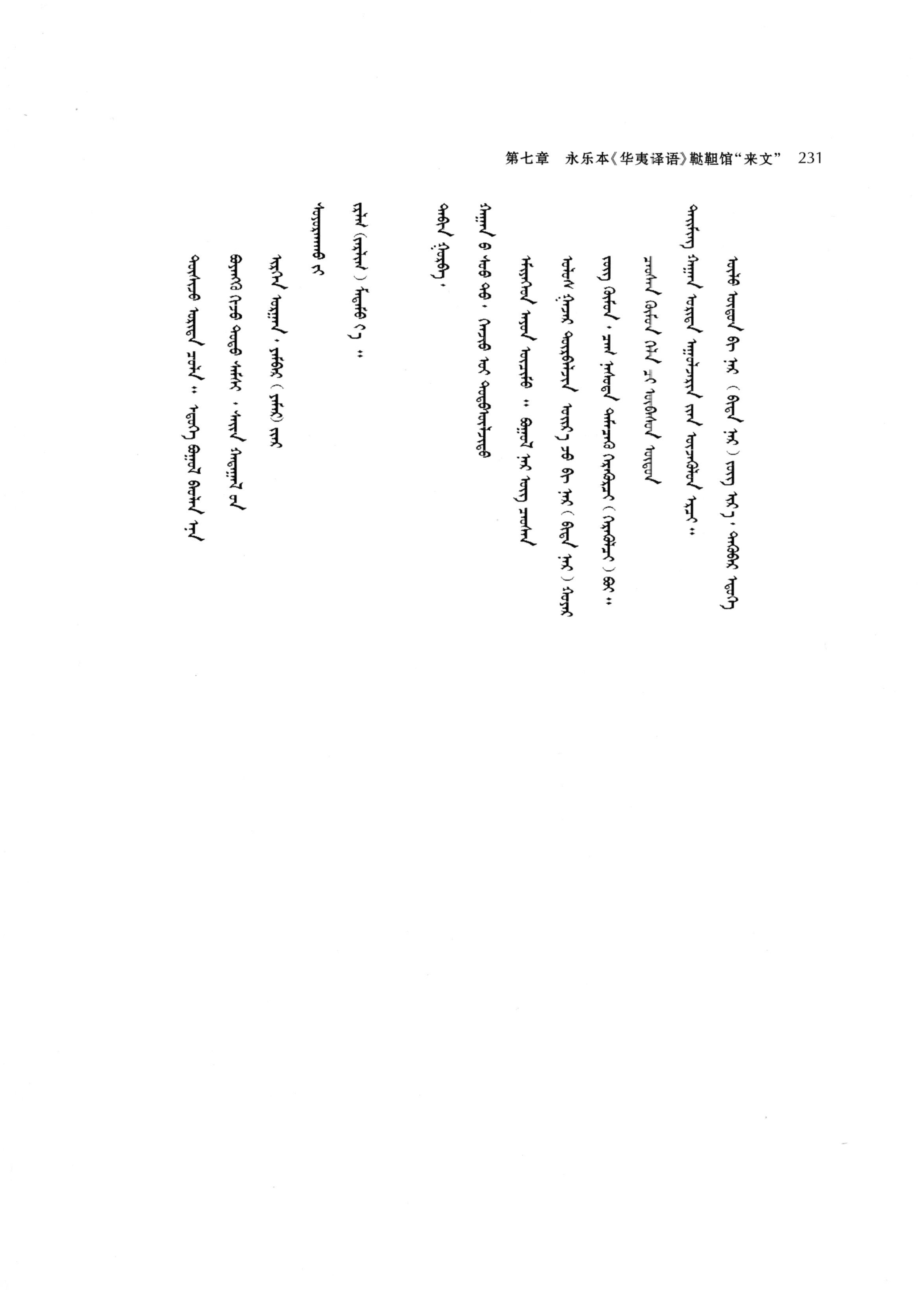

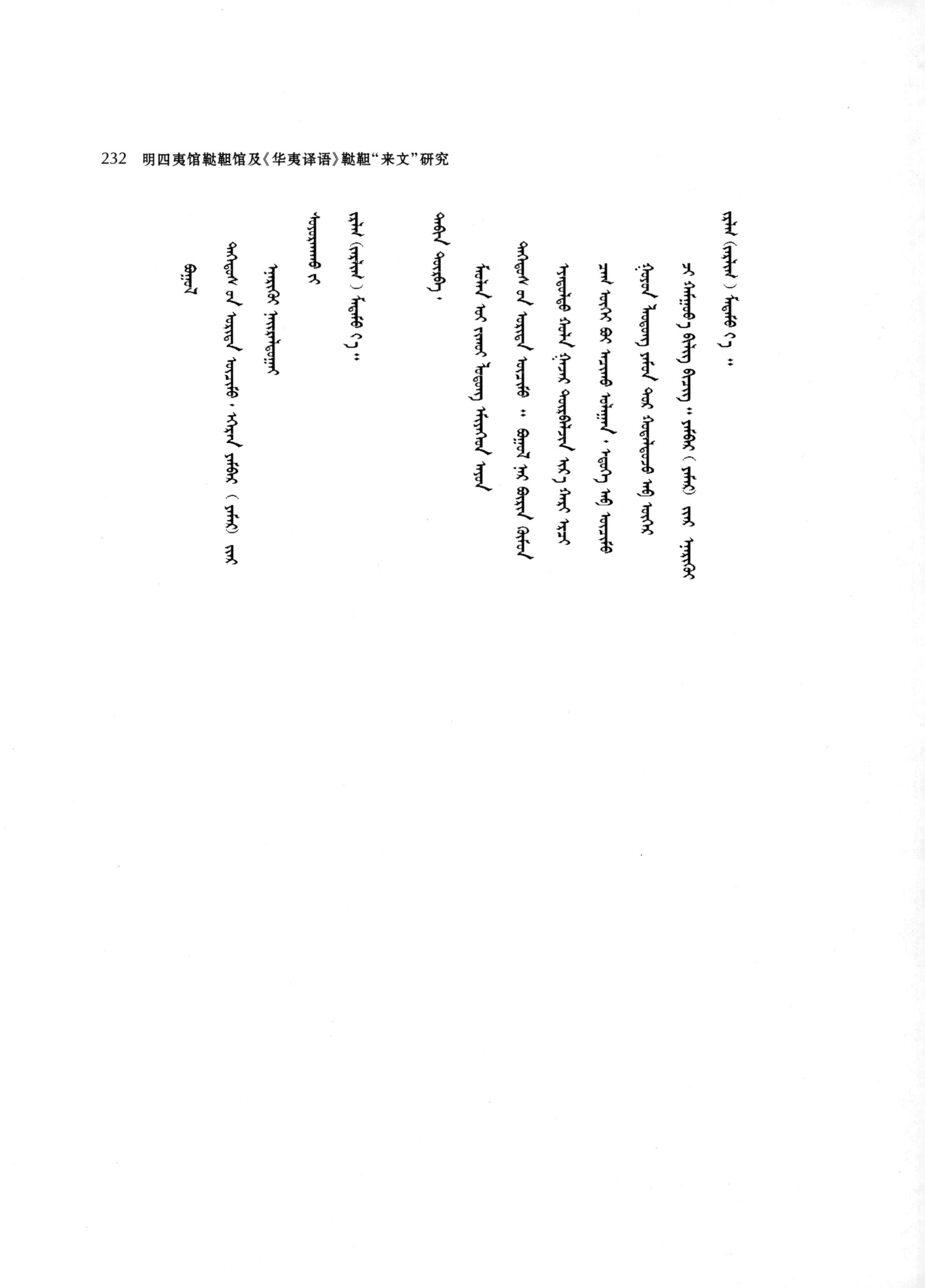

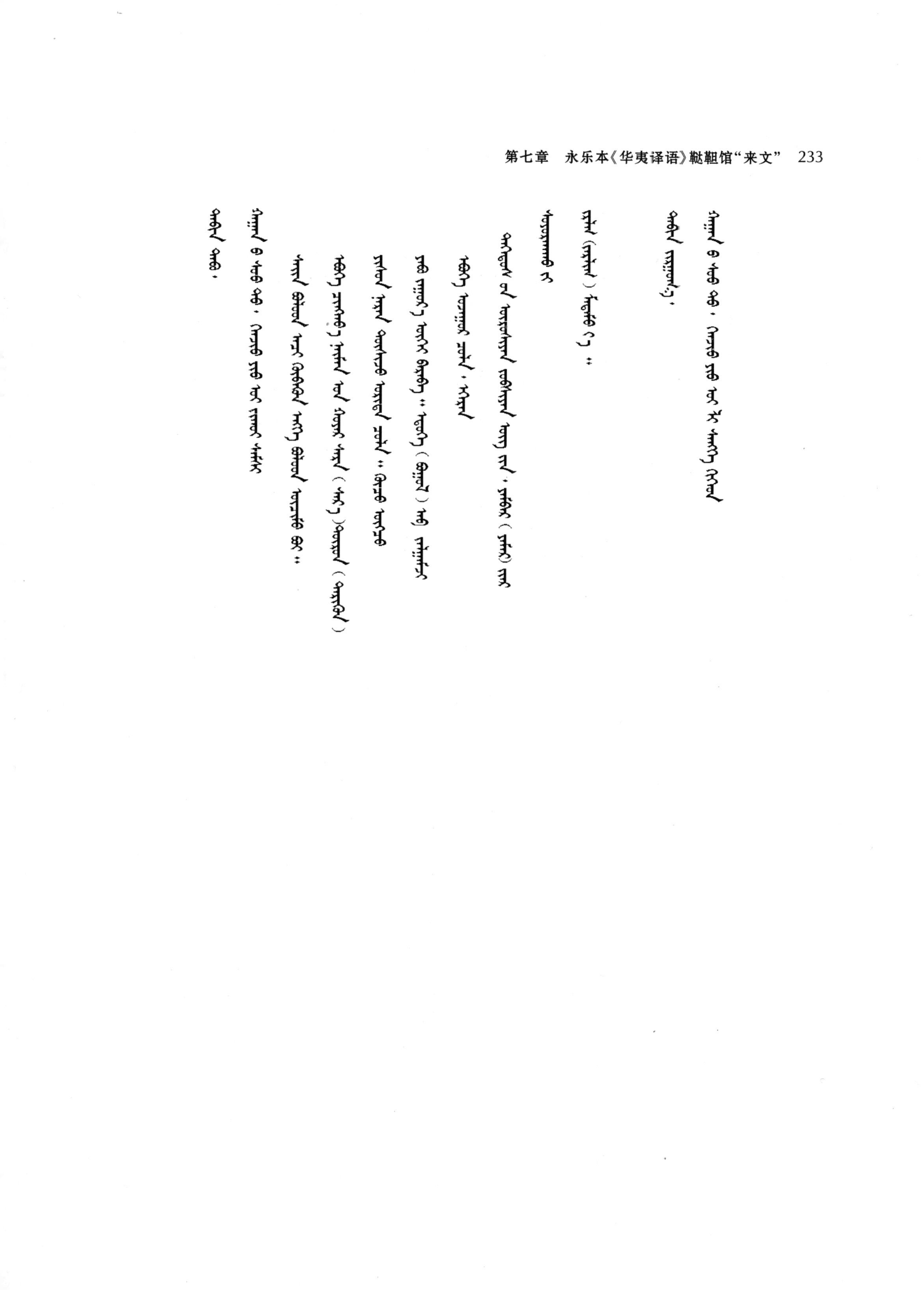

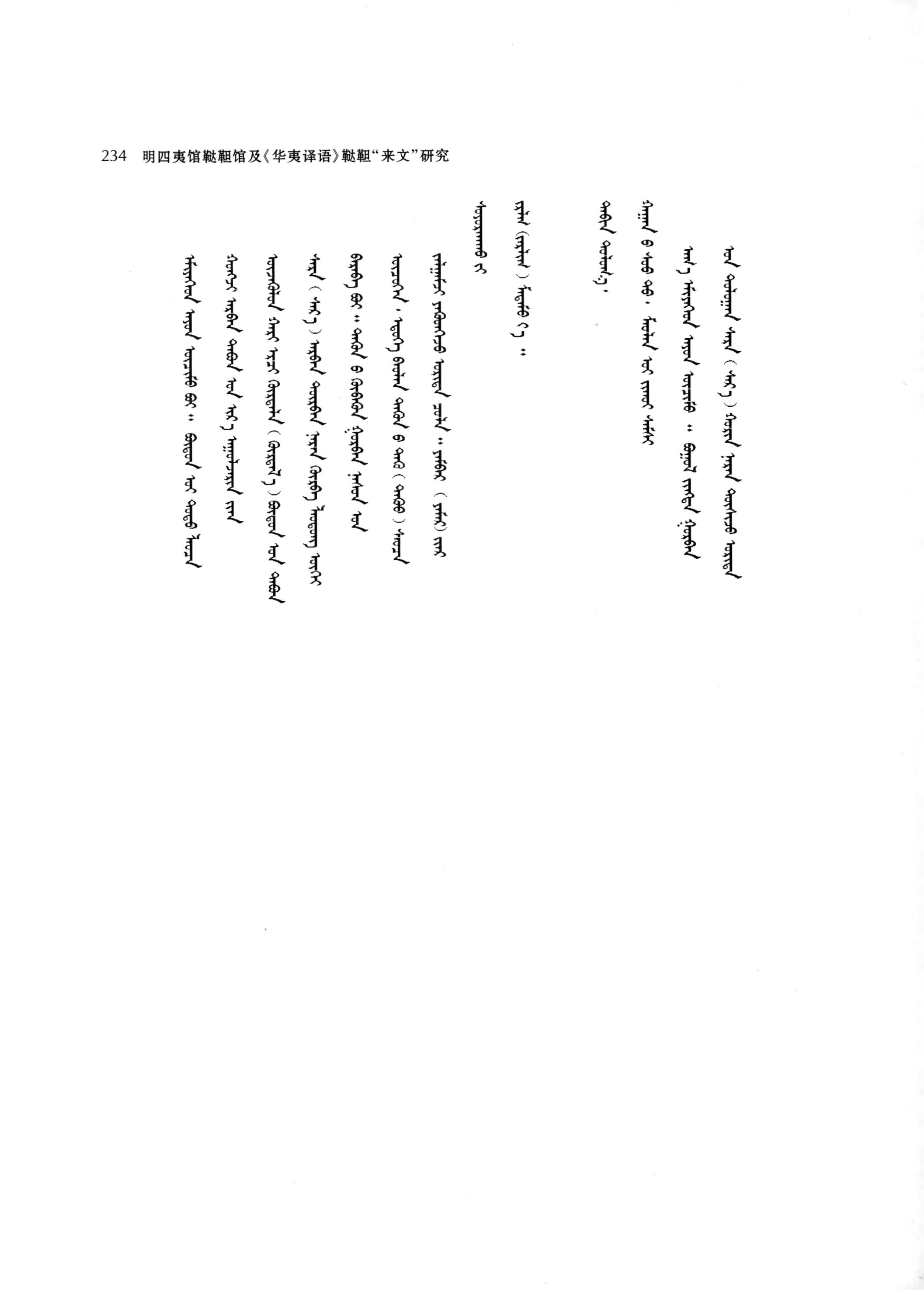

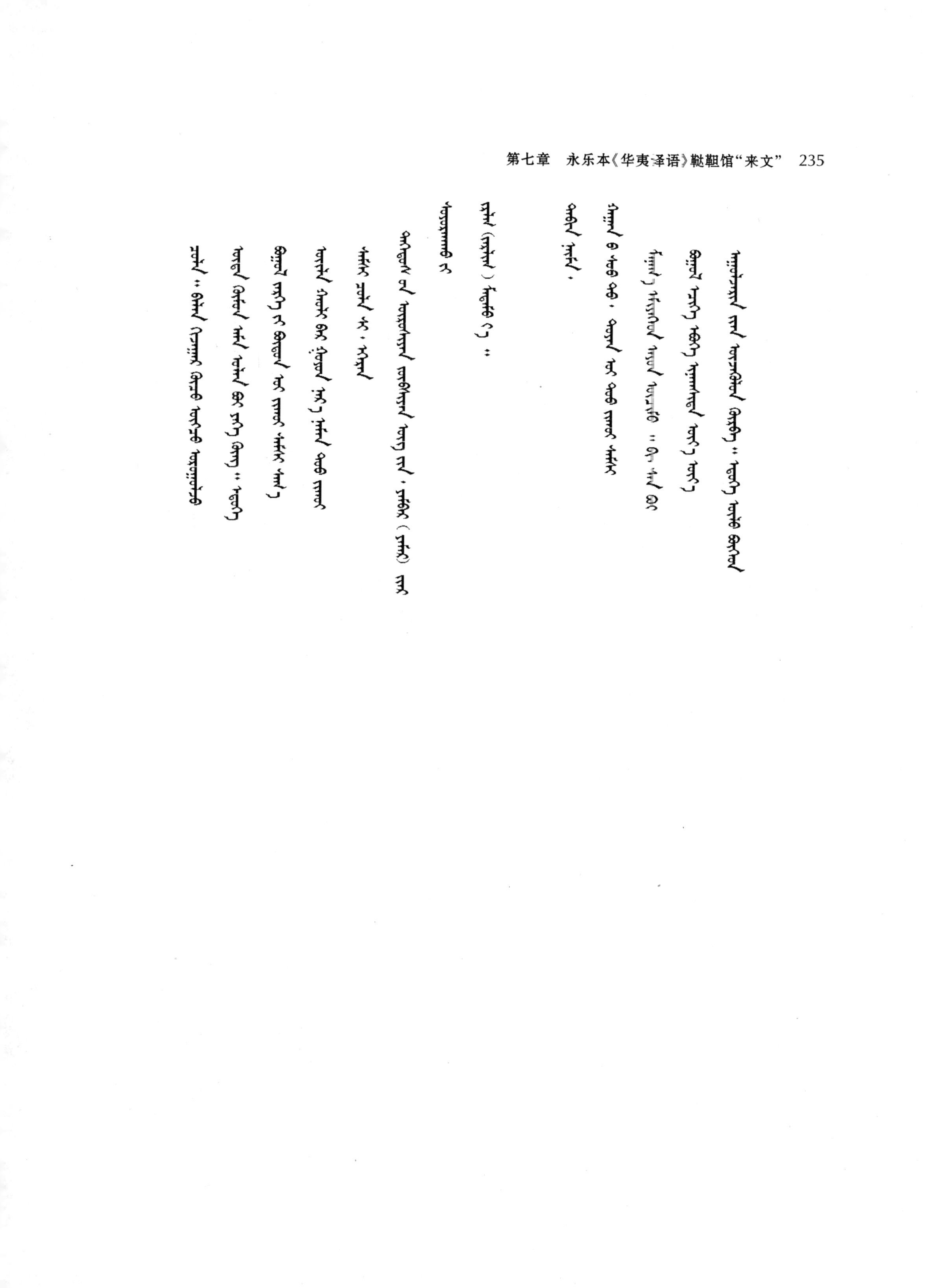

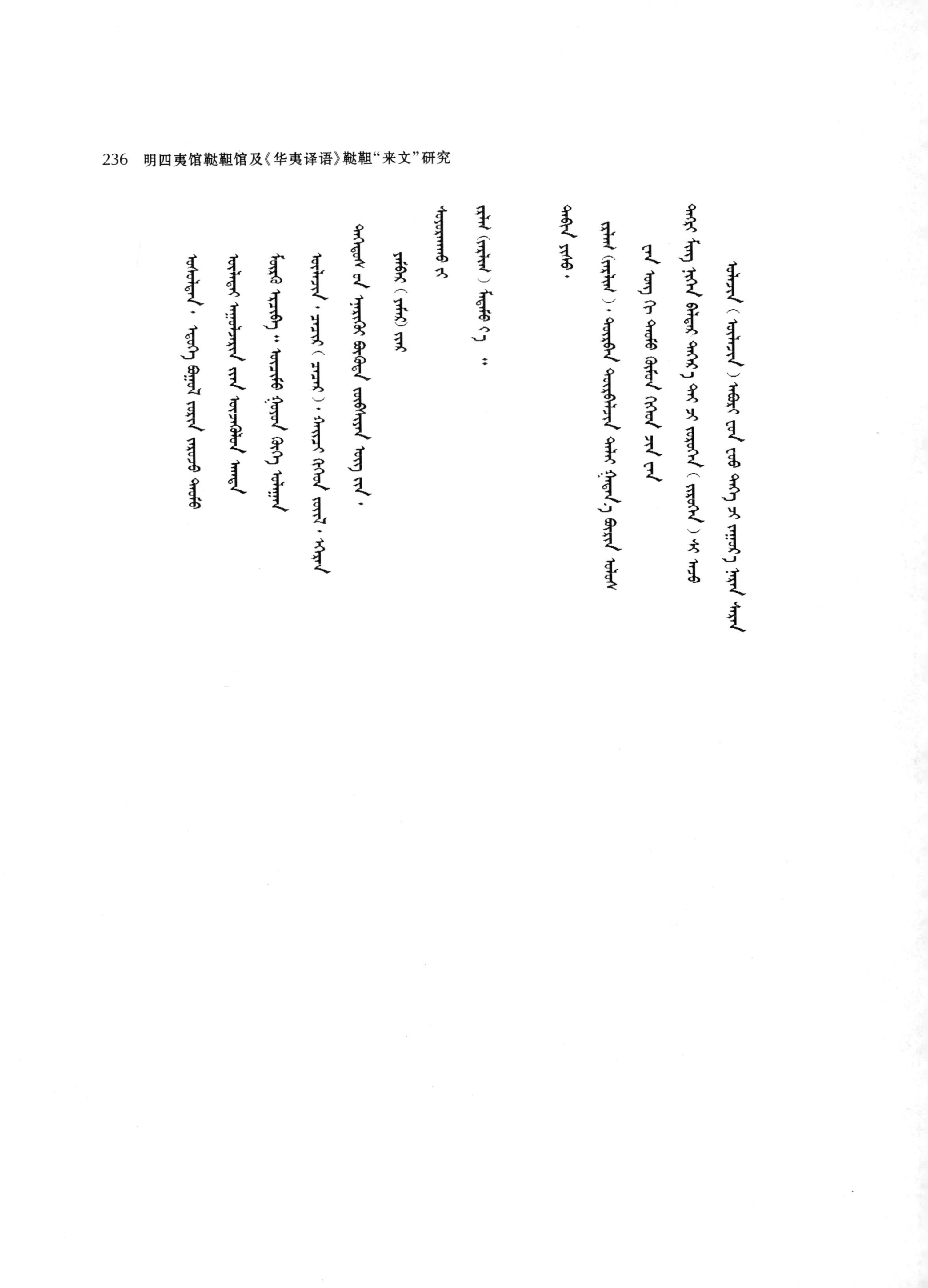

[illegible]

[illegible]

[illegible]

[illegible]

[illegible]

[illegible]

[illegible]

[illegible]

[illegible]

[illegible]

[illegible]

[illegible]

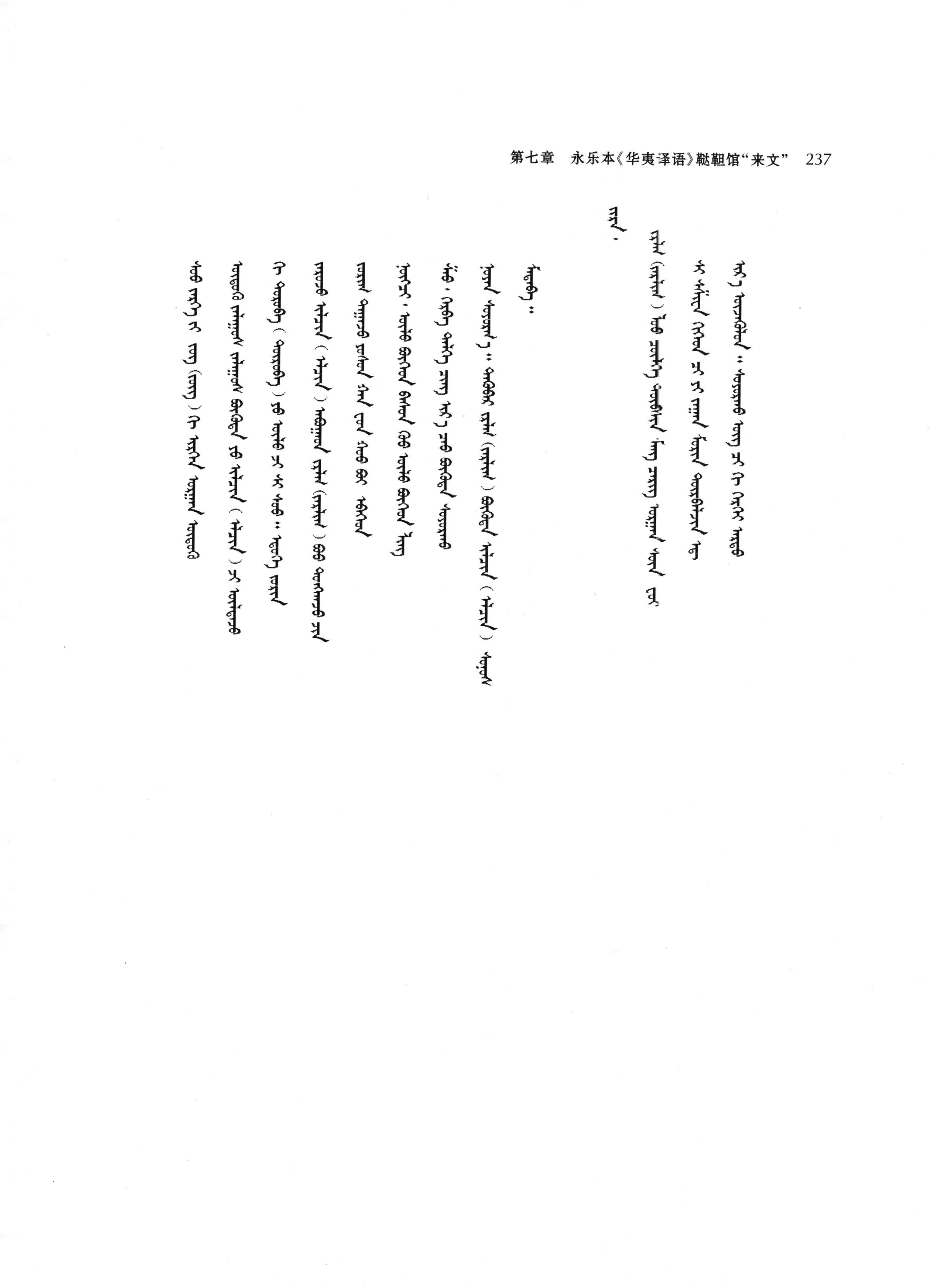

[illegible]
[illegible]
[illegible]
[illegible]

[illegible]
[illegible]
[illegible]
[illegible]
[illegible]
[illegible]
[illegible]
[illegible]
[illegible]

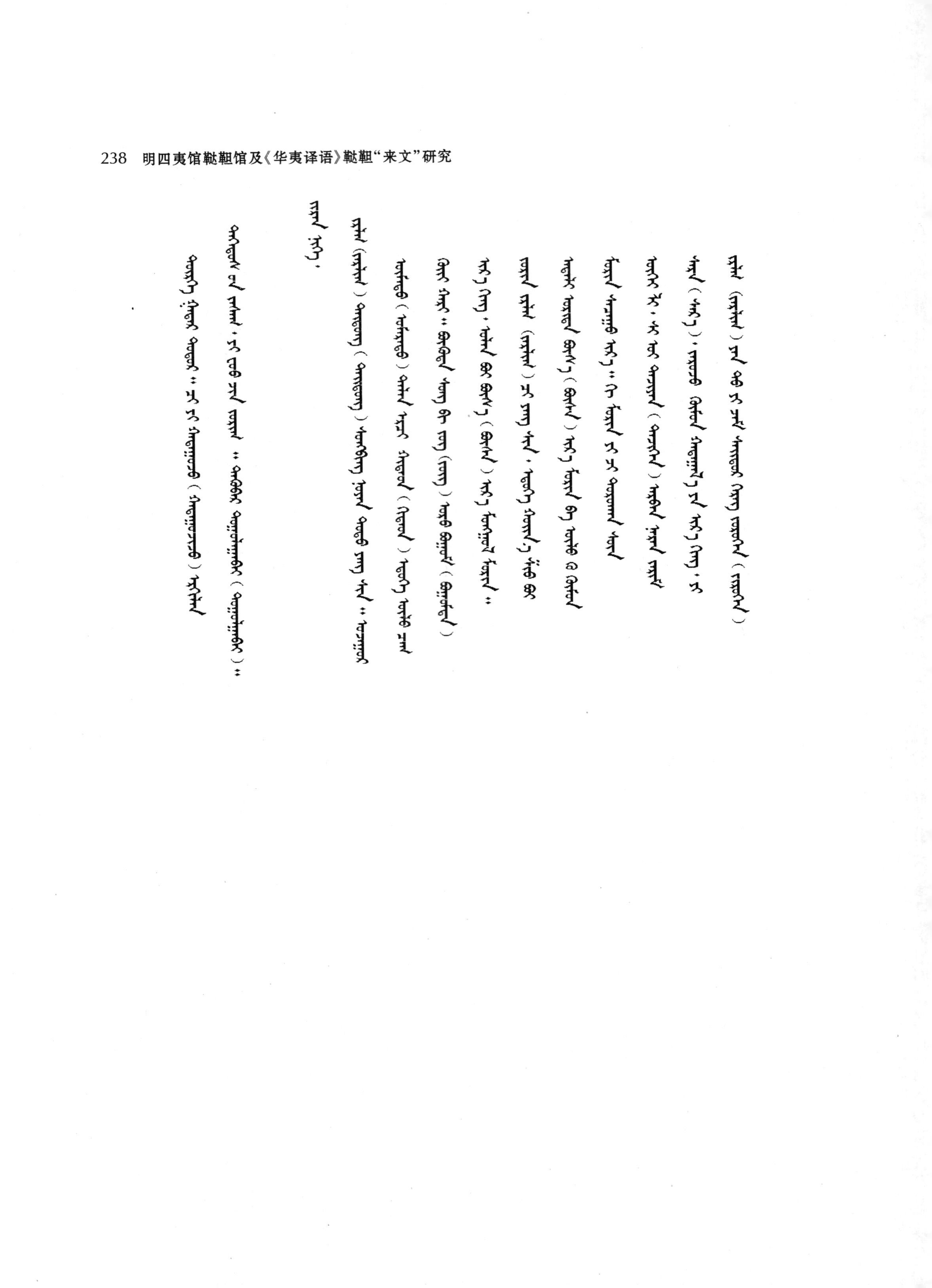

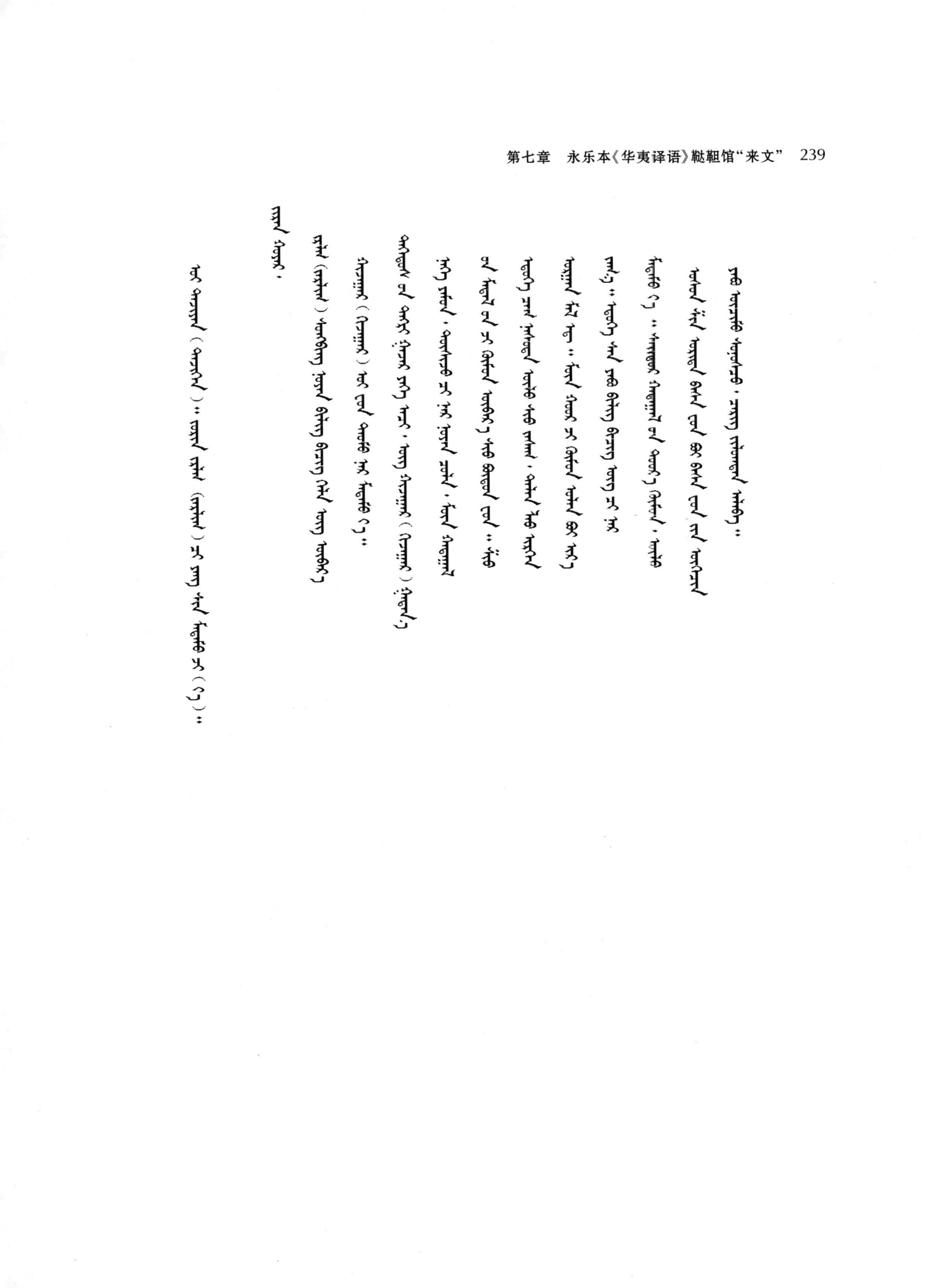

[illegible]

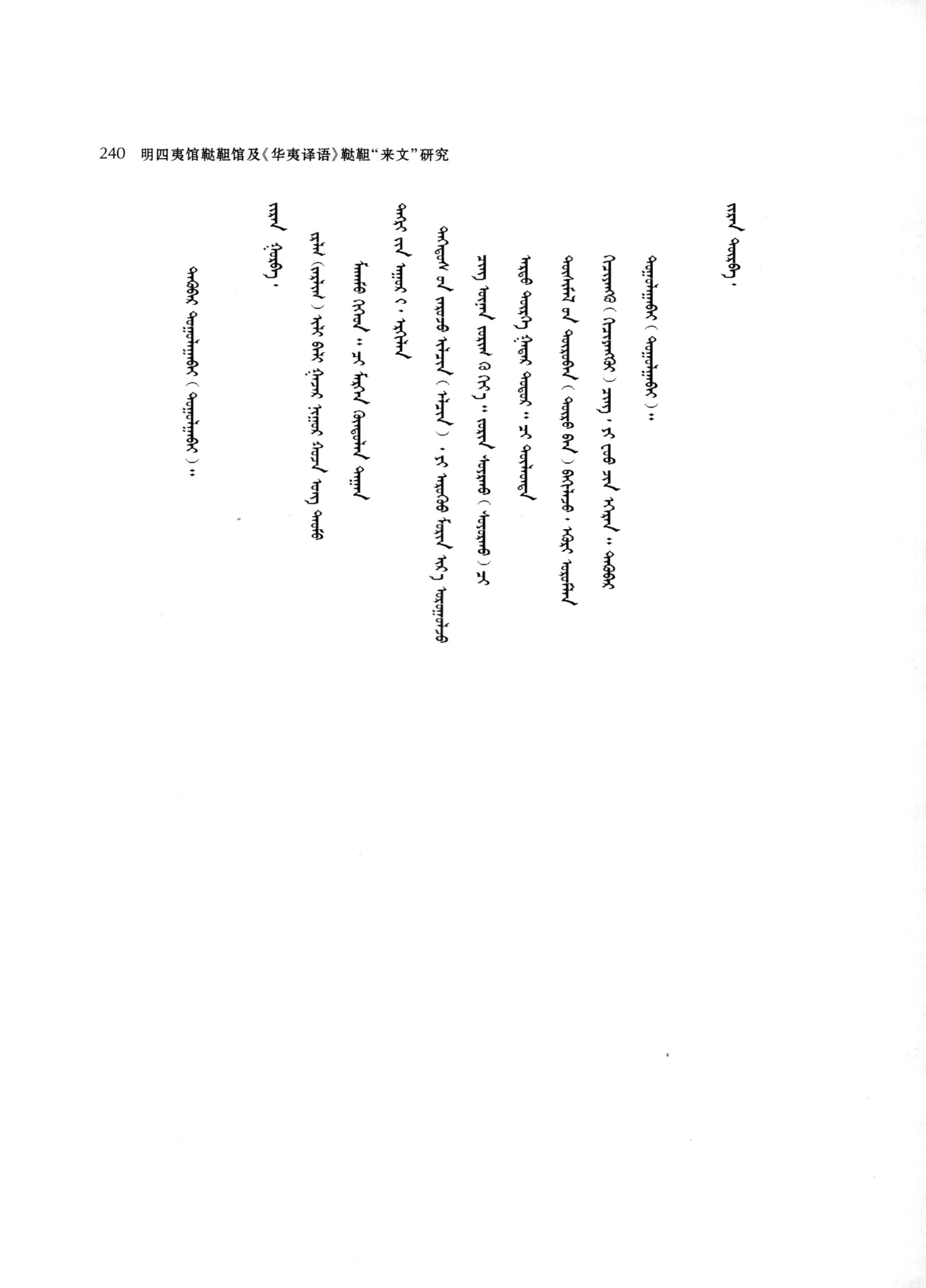

[illegible]

[illegible]

[illegible]

[illegible]

[illegible]

[illegible]

[illegible]

[illegible]

[illegible]

[illegible]

[illegible]

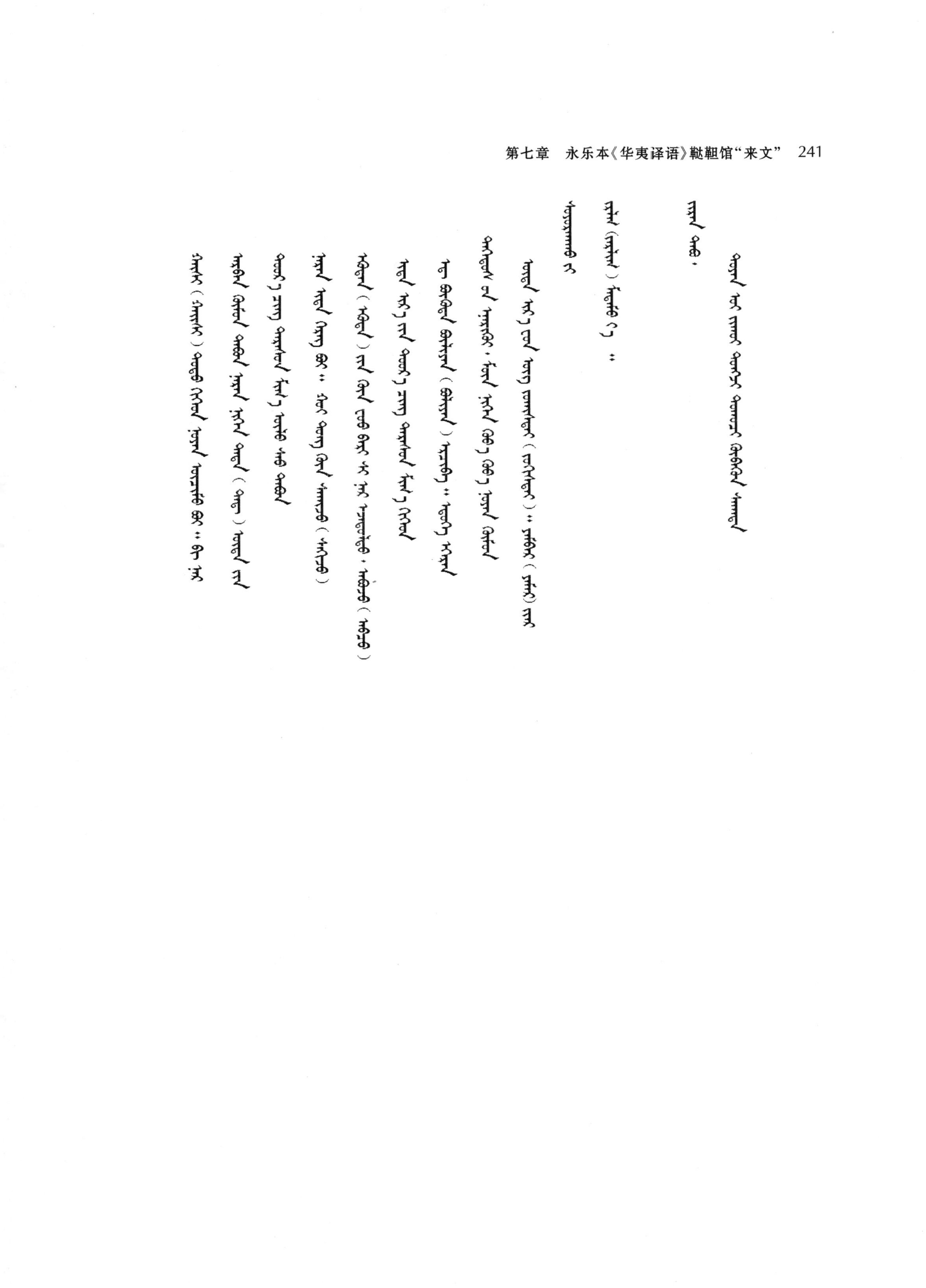

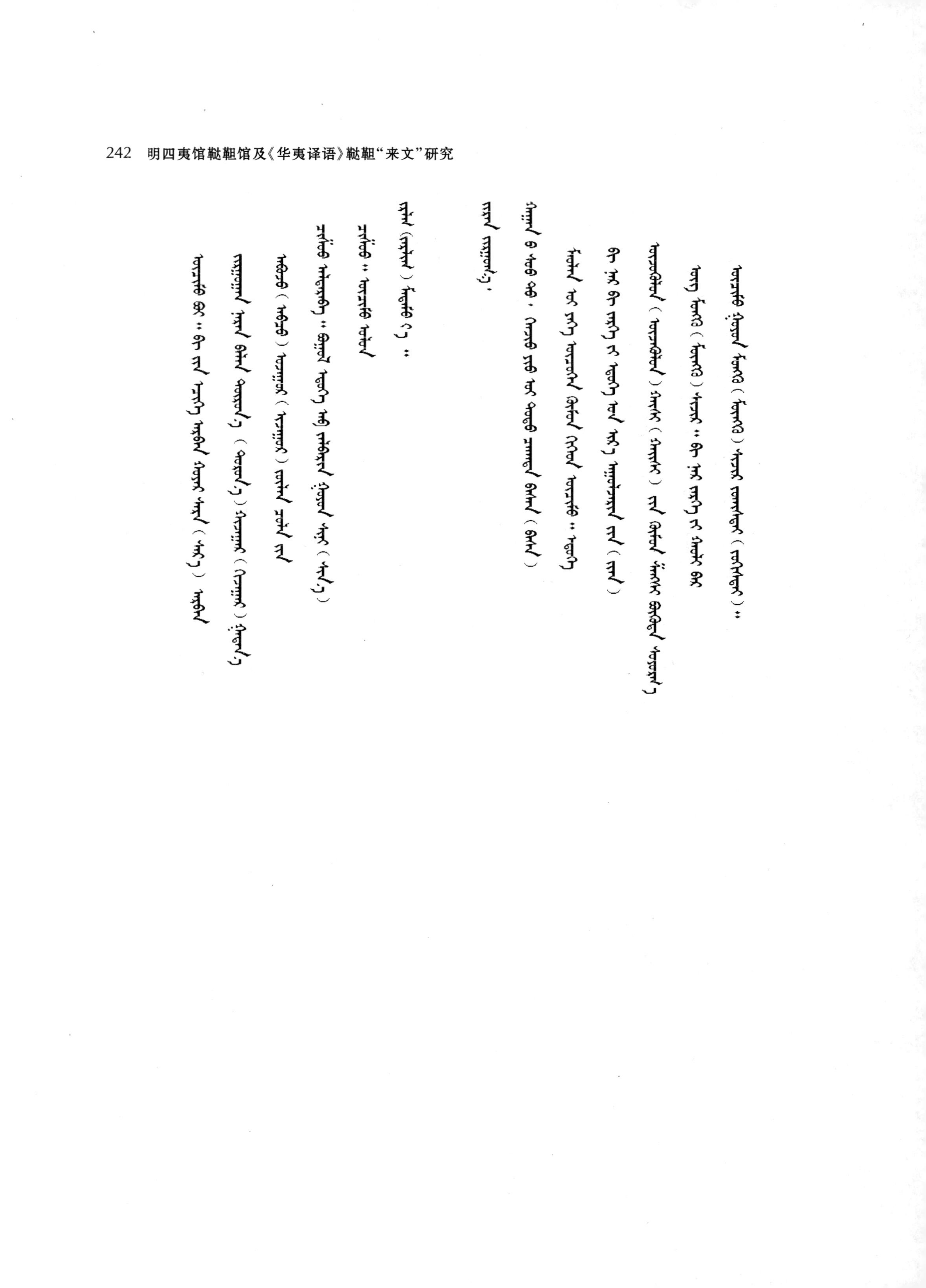

[illegible]

[illegible]

[illegible]

[illegible]

[illegible]

[illegible]

[illegible]

[illegible]

[illegible]

[illegible]

[illegible]

[illegible]

[illegible]

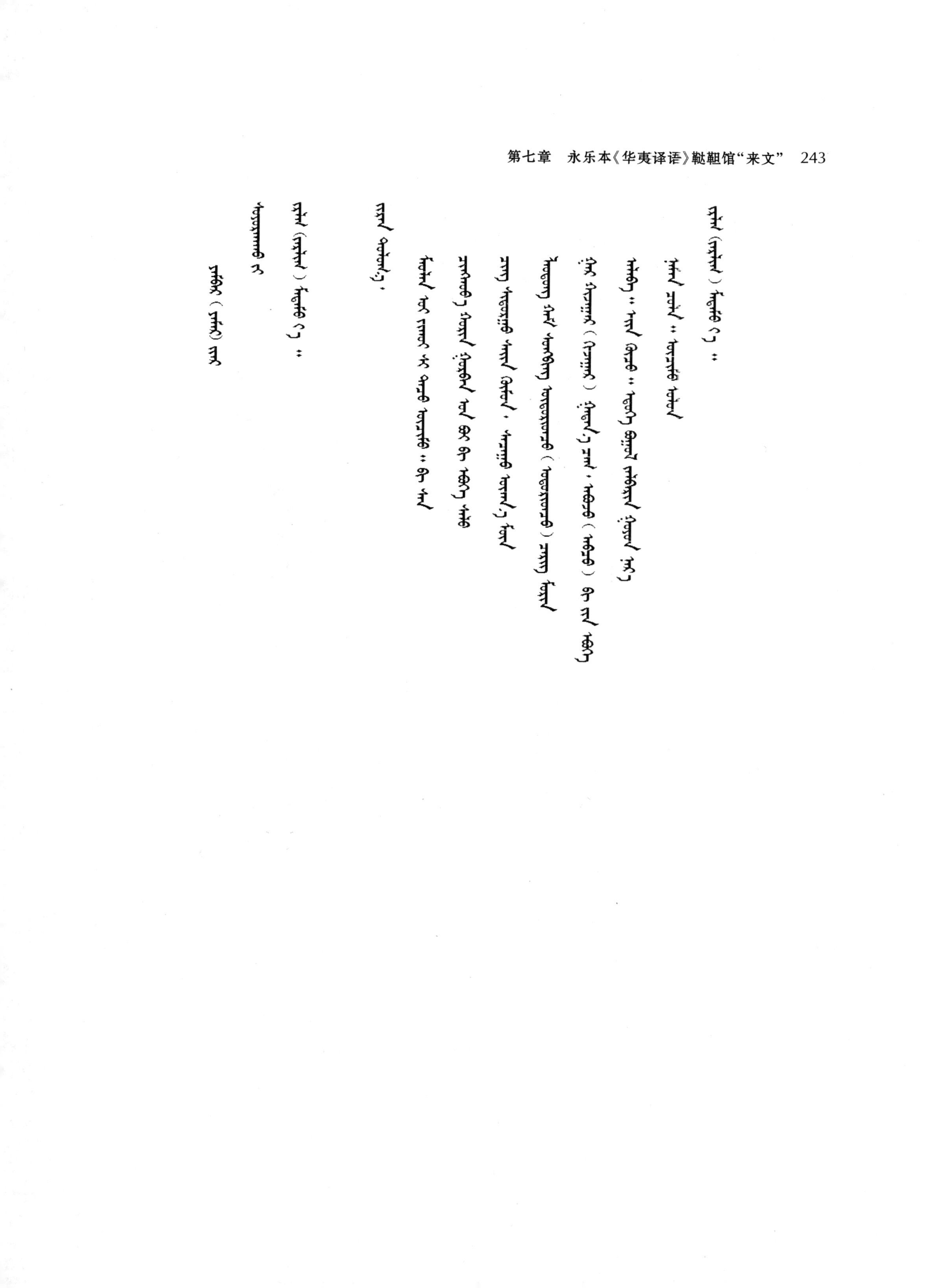

[illegible]

[illegible]

[illegible]

[illegible]

[illegible]

[illegible]

[illegible]

[illegible]

[illegible]

[illegible]

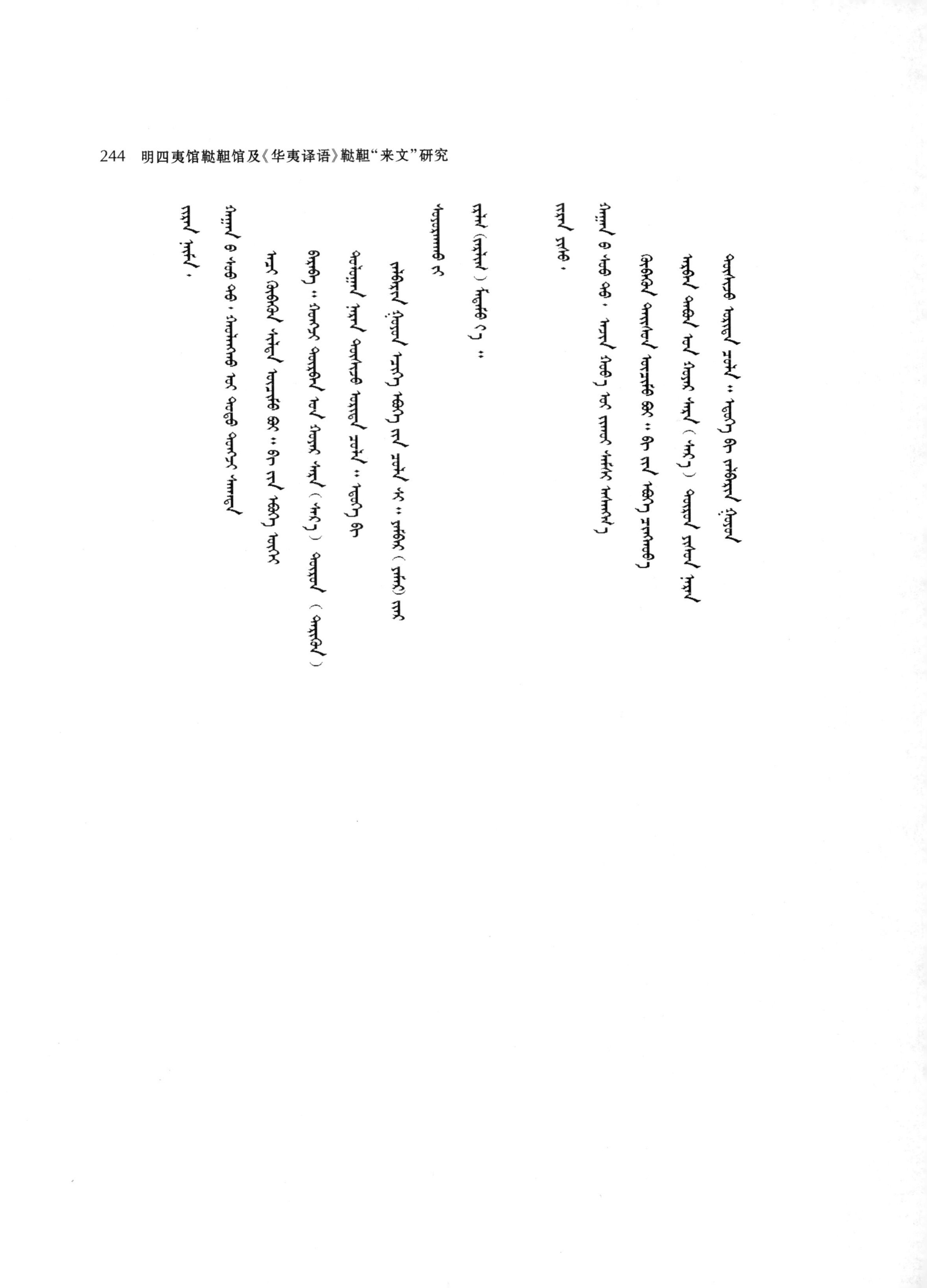

[illegible]

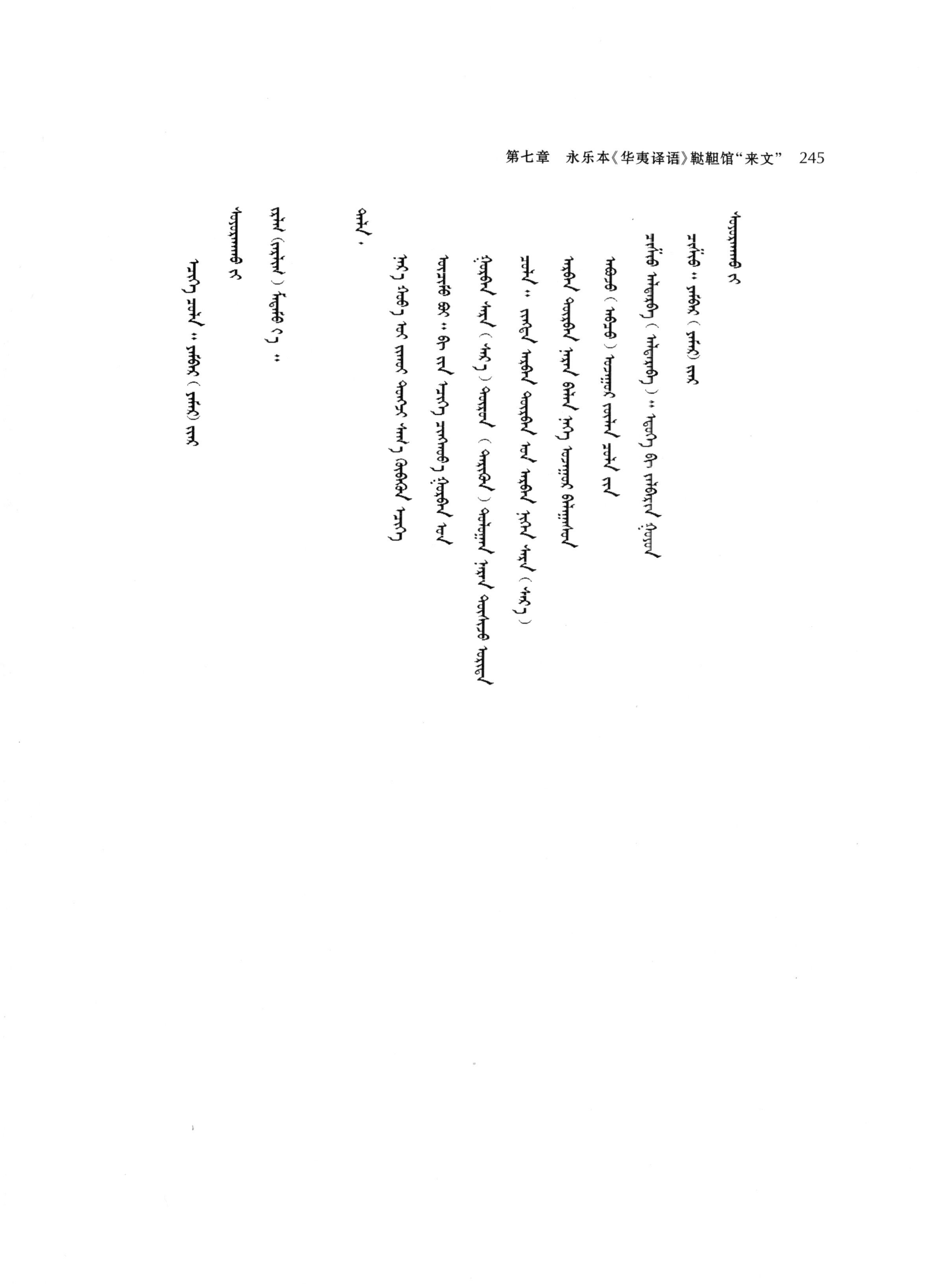

[illegible]

[illegible]

[illegible]

[illegible]

[illegible]

[illegible]

[illegible]

[illegible]

[illegible]

[illegible]

[illegible]

[illegible]

[illegible]

ᠡᠵᠡᠨ (ᠬᠠᠭᠠᠨ) ᠮᠡᠳᠡᠲᠦᠭᠡᠢ ::

[illegible]

[illegible]

[illegible]

[illegible]

[illegible]

[illegible]

ᠡᠵᠡᠨ (ᠬᠠᠭᠠᠨ) ᠮᠡᠳᠡᠲᠦᠭᠡᠢ ::

[illegible]

[illegible]

[illegible]

ᠡᠯᠴᠢ (ᠡᠯᠴᠢᠨ) ᠢᠷᠡᠪᠡ ᠭᠡ ::

ᠡᠭᠦᠳᠡᠭᠰᠡᠨ ᠳᠦ

ᠪᠠᠷᠢᠵᠤ ᠪᠢᠴᠢᠭ :: ᠴᠢᠮᠡᠭ (ᠴᠢᠮᠡᠭ) ᠢᠶᠠᠷ

ᠡᠯᠡᠴᠢᠪᠡ :: ᠪᠣᠯᠤᠭ ᠪᠦᠬᠦᠢ ᠬᠡᠪᠡᠯᠡᠢ ᠬᠦᠮᠦᠨ ᠡᠰᠡᠨ ᠪᠠᠢᠭ᠎ᠠ (ᠪᠠᠢᠨ᠎ᠠ)

ᠤᠯᠤᠰ ᠤᠨ ᠠᠮᠤ ᠪᠤ ᠂ ᠡᠷᠬᠡ ᠶᠢᠨ ᠦᠭᠡᠢ ᠳᠤᠷ ᠲᠡᠭᠦᠰᠬᠡᠯ ᠡᠷᠡᠯ

ᠪᠠᠢᠨ᠎ᠠ ᠬᠦᠴᠦᠯᠡᠭ᠂

ᠡᠯᠴᠢ (ᠡᠯᠴᠢᠨ) ᠢᠷᠡᠪᠡ ᠭᠡ ::

ᠵᠠᠷᠯᠢᠭ :: ᠡᠯᠡᠴᠢᠪᠡ ᠪᠢᠯᠡᠭ

ᠪᠦᠭᠦᠳᠡ ᠤᠯᠤᠰ ᠤᠨ ᠬᠦᠮᠦᠨ ᠡᠨ᠎ᠡ

ᠵᠠᠷᠯᠢᠭ ᠪᠢᠯᠡᠭ ᠪᠣᠯ ᠬᠦᠮᠦᠨ ᠤ ᠡᠨ᠎ᠡ ᠪᠡᠯᠡᠭ ᠬᠢᠬᠦ ᠪᠣᠯ :: ᠪᠠᠢᠨ᠎ᠠ

ᠵᠠᠷᠯᠢᠭ ᠤᠯᠤᠭᠰᠠᠨ :: ᠰᠠᠢ ᠤᠯᠤᠭᠰᠠᠨ ᠡᠨ᠎ᠡ

ᠪᠣᠯᠭᠠᠭᠰᠠᠨ ᠬᠣᠷᠢᠭᠤ (ᠬᠣᠷᠢᠭᠤ) ᠲᠡᠭᠡᠷᠢ ᠶᠢᠨ ᠡᠨ᠎ᠡ

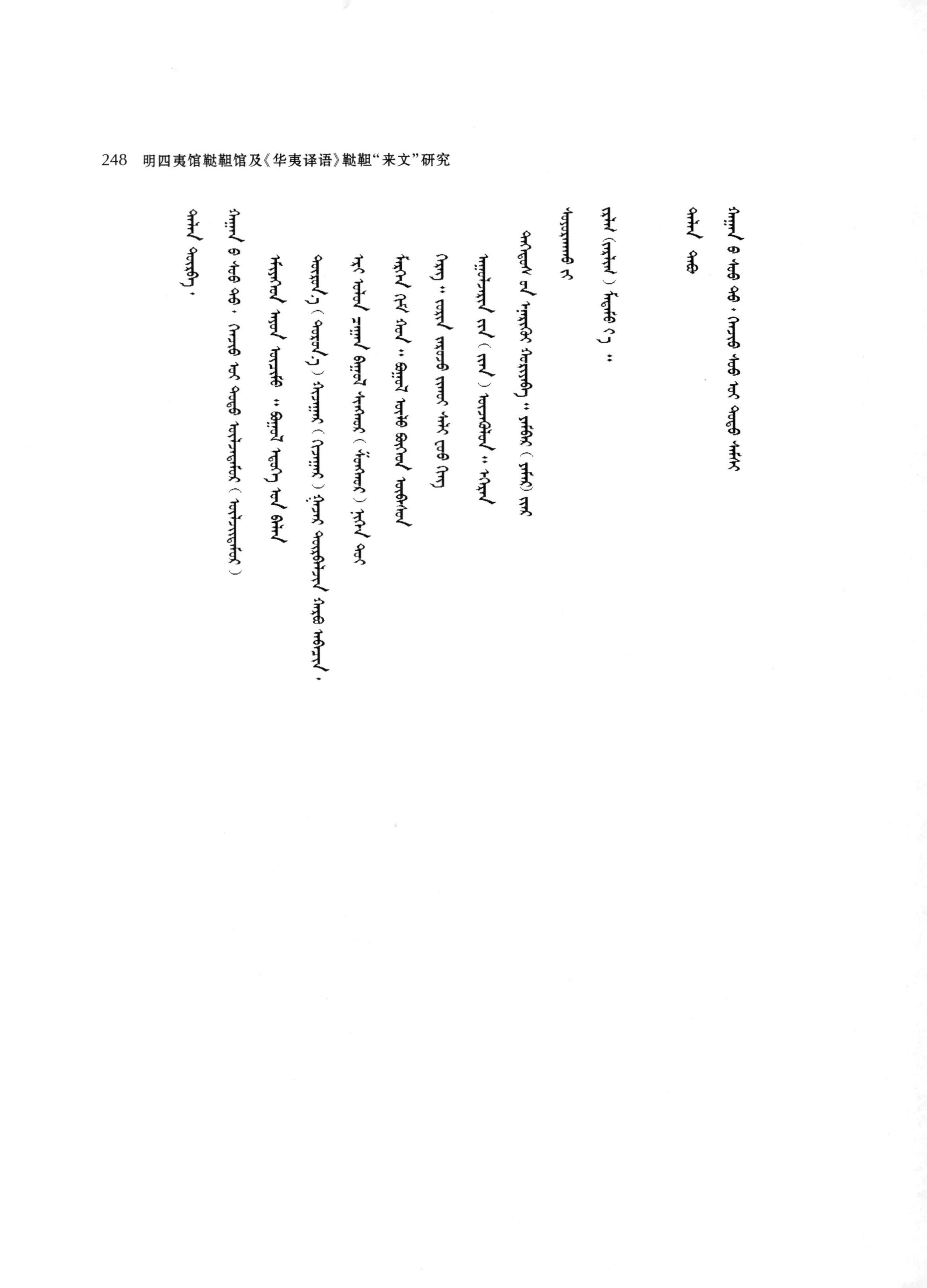

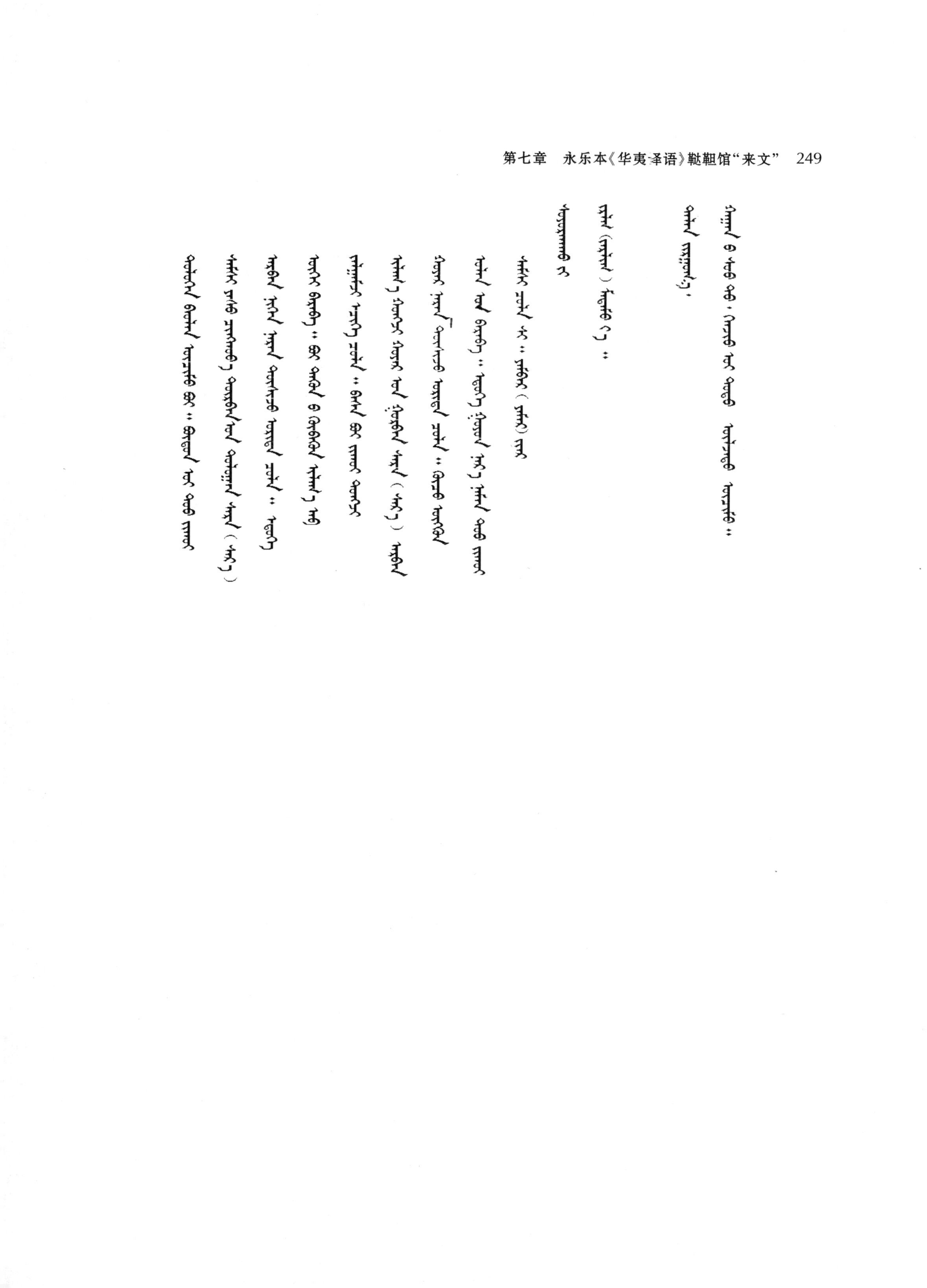

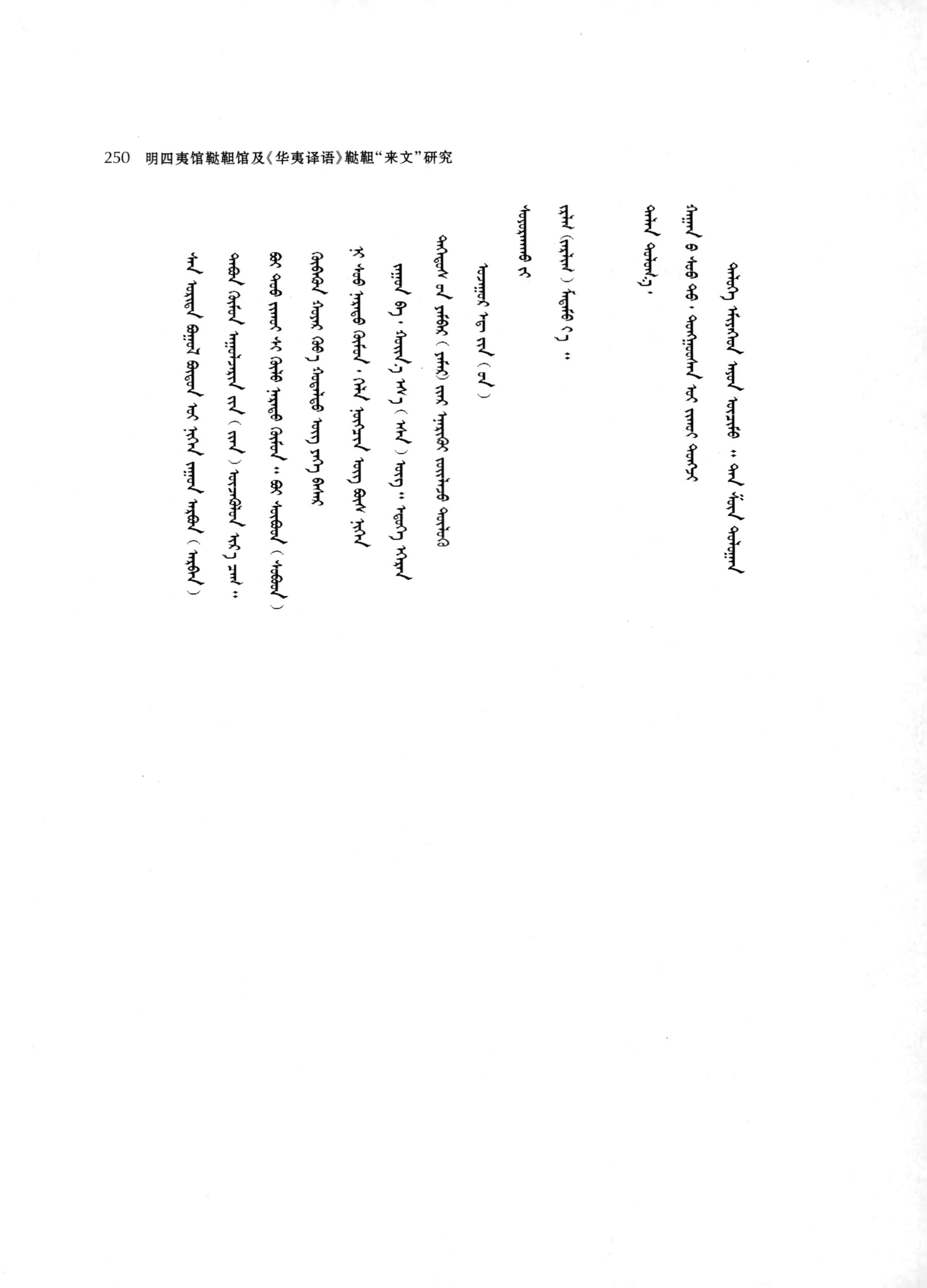

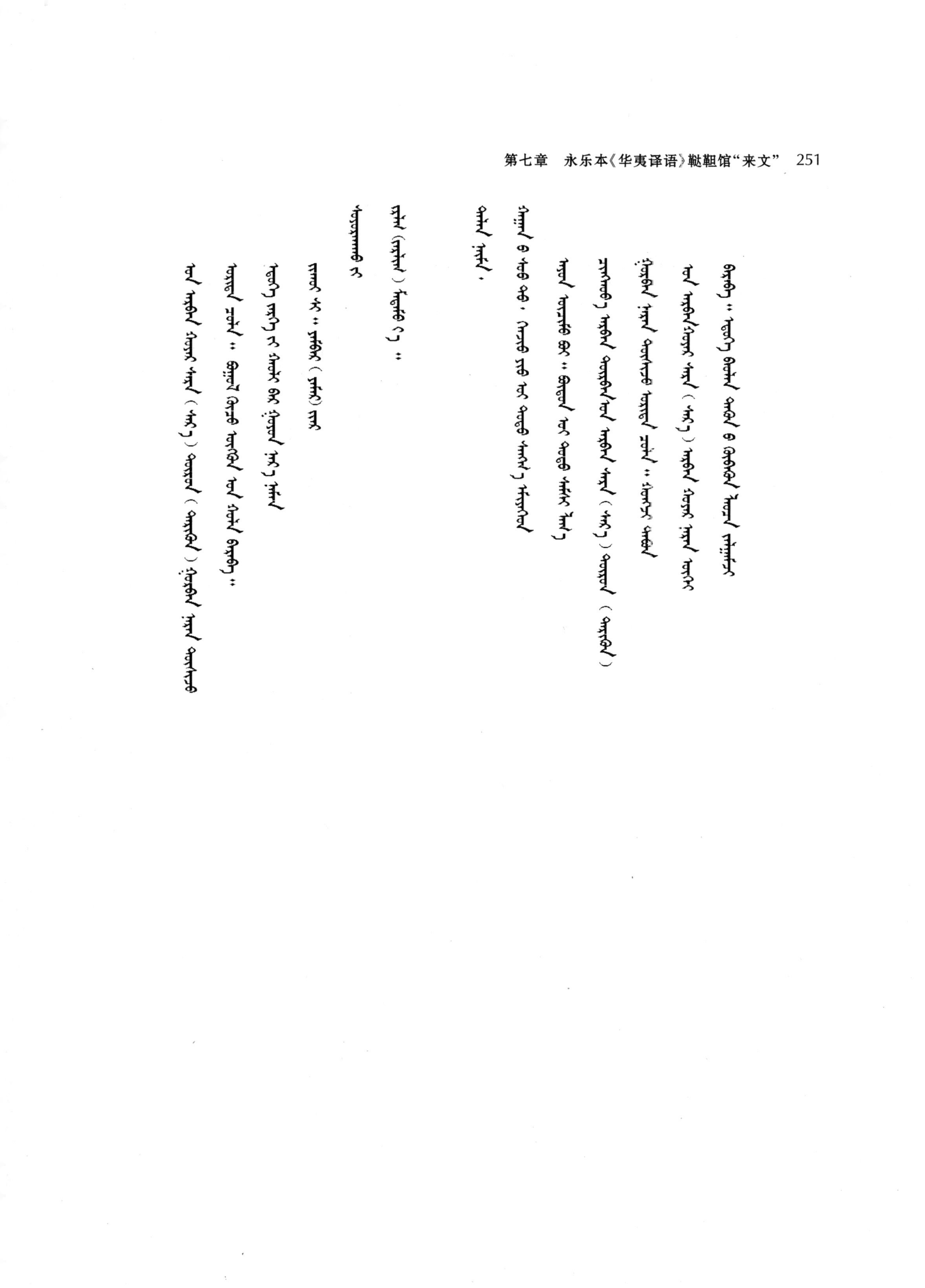

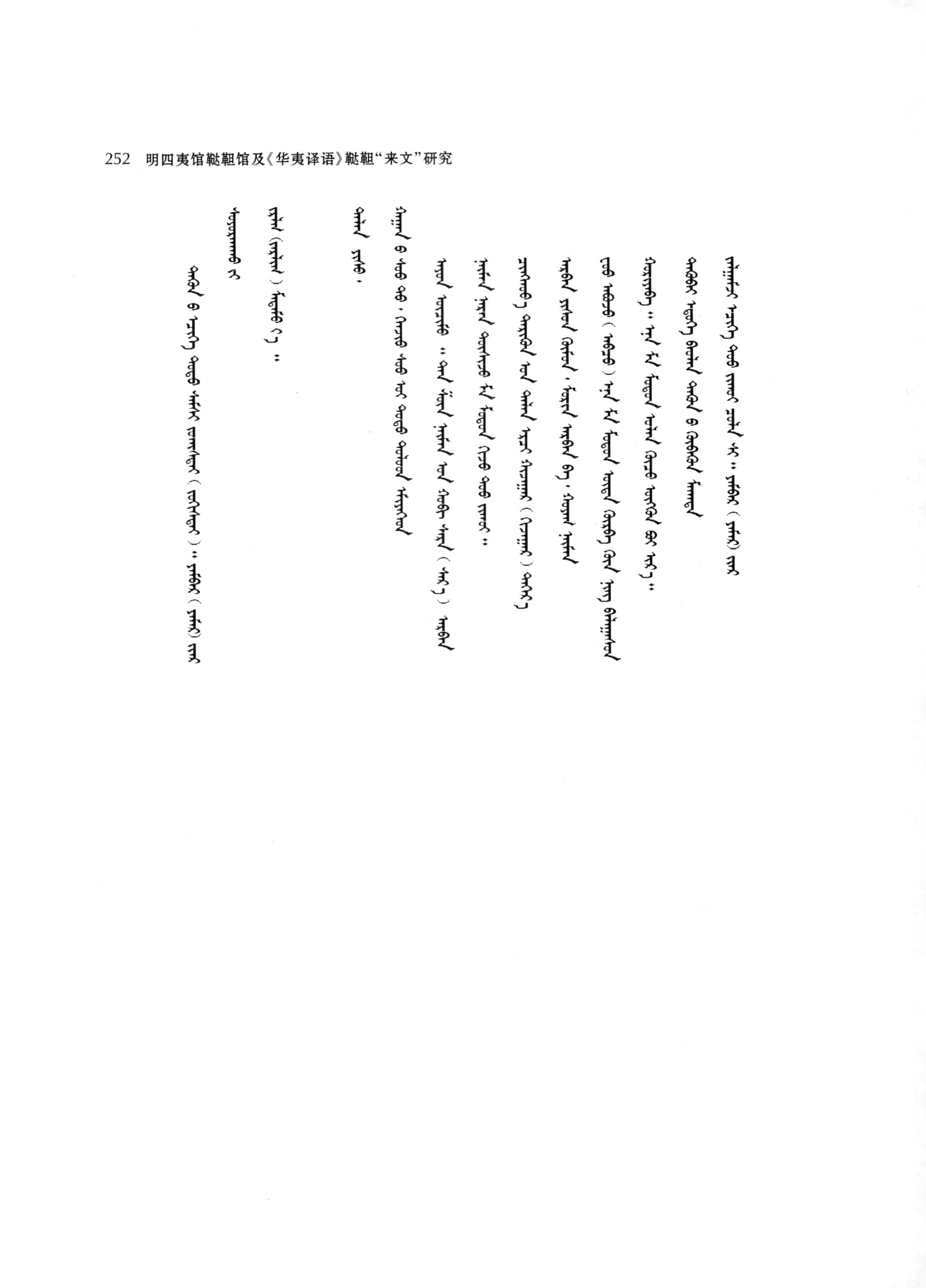

[illegible]

[illegible]

[illegible]

[illegible]

[illegible]

[illegible]

[illegible]

[illegible]

[illegible]

[illegible]

[illegible]

[illegible]

[illegible]

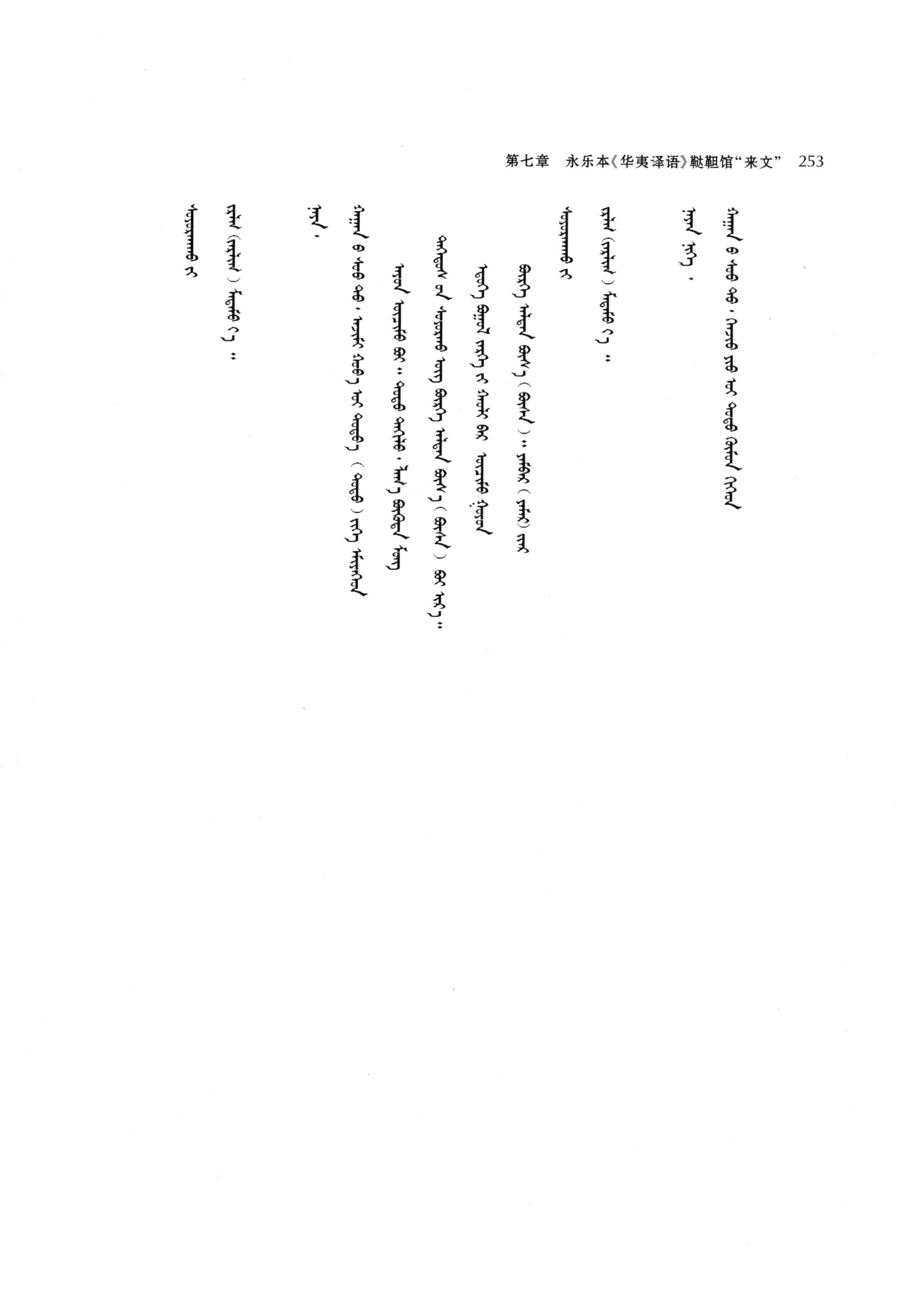

ᠪᠣᠯᠤᠨ ᠲᠣᠭᠠᠴᠠᠭᠤ ᠄ ᠲᠤᠰᠠᠯᠠᠬᠤ ᠮᠣᠷᠢ ᠪᠣᠷ ᠲᠠ ᠬᠦᠷᠭᠡᠭᠦᠯ

ᠬᠦᠷᠭᠡᠭᠦ ᠶᠠᠮ ᠤᠨ ᠤᠯᠠᠭ᠎ᠠ ᠬᠣᠨᠢ ᠢ ᠭᠤᠶᠤᠬᠤ ᠄ ᠲᠡᠭᠦᠨ ᠪᠠᠯᠭᠠᠰᠤᠨ

ᠪᠣᠯ ᠰᠠᠶᠢᠨ ᠲᠡᠮᠡᠭᠡ ᠪᠣ ᠄ ᠨᠢᠭᠡ ᠮᠣᠷᠢ ᠲᠡᠷᠡᠭᠦᠨ ᠨᠢ (ᠪ)

ᠨᠡᠶᠢᠯᠡ (ᠨᠢᠭᠡ) ᠮᠣᠷᠢ ᠲᠠᠪᠤᠨ ᠨᠢᠭᠡ ᠪᠠᠷᠢᠵᠤ ᠮᠣᠷᠢᠳ ᠢᠶᠠᠷ ᠪᠤᠢ

ᠬᠦᠷᠭᠡᠭᠦ ᠶᠠᠮ ᠤᠨ ᠤᠯᠠᠭ᠎ᠠ ᠬᠣᠨᠢ ᠢ ᠭᠤᠶᠤᠬᠤ ᠄ ᠲᠡᠭᠦᠨ ᠪᠠᠯᠭᠠᠰᠤᠨ

ᠪᠣᠯᠤᠨ ᠤ ᠪᠣᠭᠳᠠ ᠶᠢᠨ ᠵᠠᠷᠯᠢᠭ ᠢᠶᠠᠷ ᠬᠠᠮᠤᠭ ᠣᠯᠠᠨ

ᠨᠡᠶᠢᠯᠡ ᠄ ᠲᠤᠰᠠᠯᠠᠵᠤ ᠮᠣᠷᠢ ᠪᠣᠷ ᠲᠠ ᠬᠦᠷᠭᠡᠭᠦᠯ ᠨᠢᠭᠡ (ᠨᠢᠭᠡ)

ᠮᠣᠷᠢ ᠲᠠᠪᠤᠨ ᠨᠢᠭᠡ ᠪᠠᠷᠢᠵᠤ ᠮᠣᠷᠢᠳ ᠢᠶᠠᠷ ᠪᠤᠢ

ᠰᠠᠶᠢᠨ ᠲᠡᠮᠡᠭᠡ ᠪᠣ ᠄ ᠨᠢᠭᠡ ᠮᠣᠷᠢ ᠲᠡᠷᠡᠭᠦᠨ ᠨᠢ (ᠪ)

ᠬᠦᠷᠭᠡᠭᠦ ᠶᠠᠮ ᠤᠨ ᠤᠯᠠᠭ᠎ᠠ ᠬᠣᠨᠢ ᠢ ᠭᠤᠶᠤᠬᠤ ᠄ ᠲᠡᠭᠦᠨ

ᠪᠣ ᠪᠣᠯᠤᠨ ᠤ ᠪᠣᠭᠳᠠ ᠶᠢᠨ ᠬᠦᠷᠭᠡᠵᠦ ᠴᠢᠨᠠᠭᠰᠢ ᠤᠯᠠᠭ᠎ᠠ ᠄

ᠲᠡᠭᠦᠨ (ᠲᠡᠷᠡ) ᠲᠡᠷᠡ

ᠮᠣᠩᠭᠣᠯᠴᠤᠳ ᠤ

ᠨᠡᠶᠢᠯᠡ (ᠬᠠᠷᠢᠶᠠᠳ) ᠬᠠᠷᠢᠶᠠᠳ ᠤ ᠄

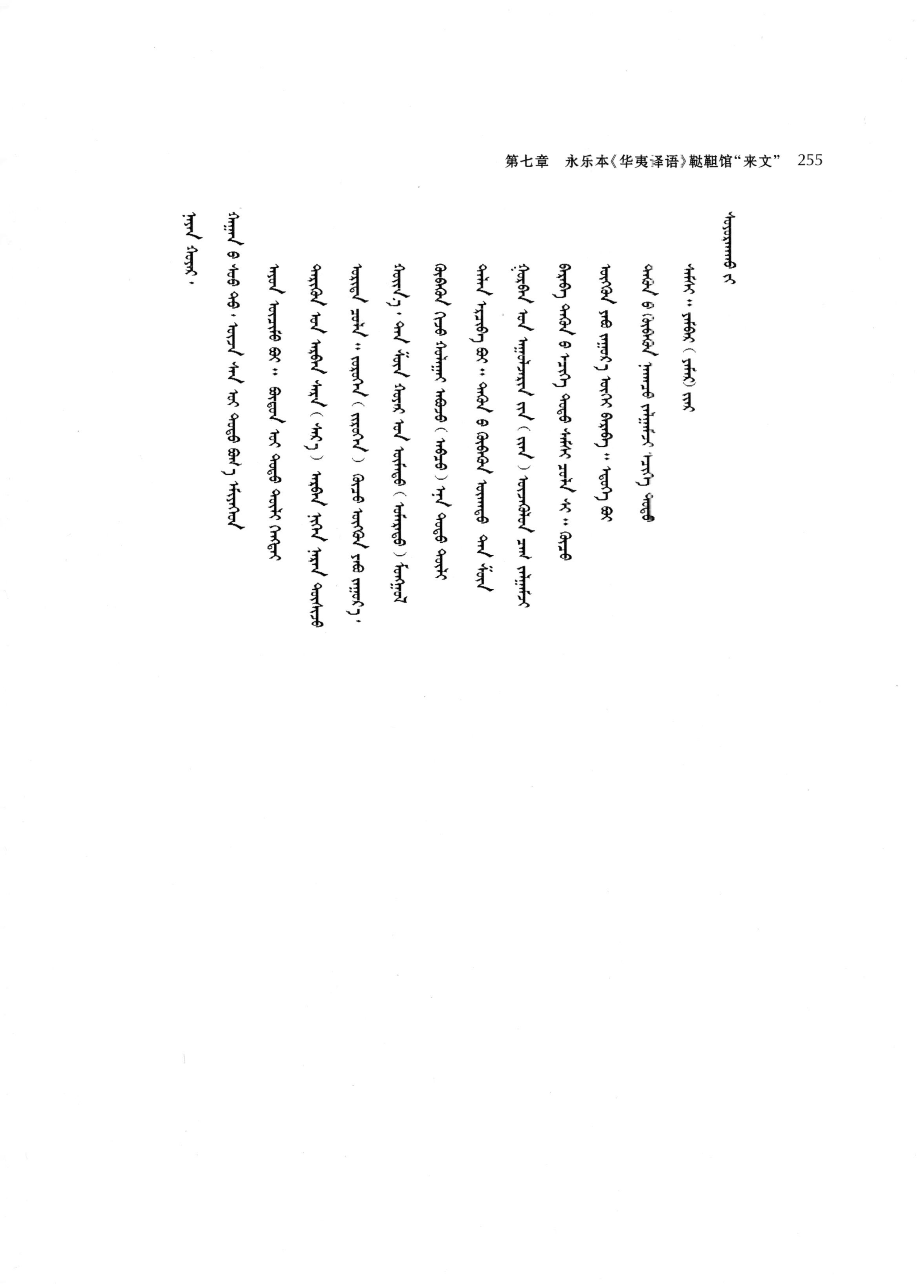

[illegible]

[illegible]

[illegible]

[illegible]

[illegible]

[illegible]

[illegible]

[illegible]

[illegible]

[illegible]

[illegible]

[illegible]

[illegible]

[illegible]

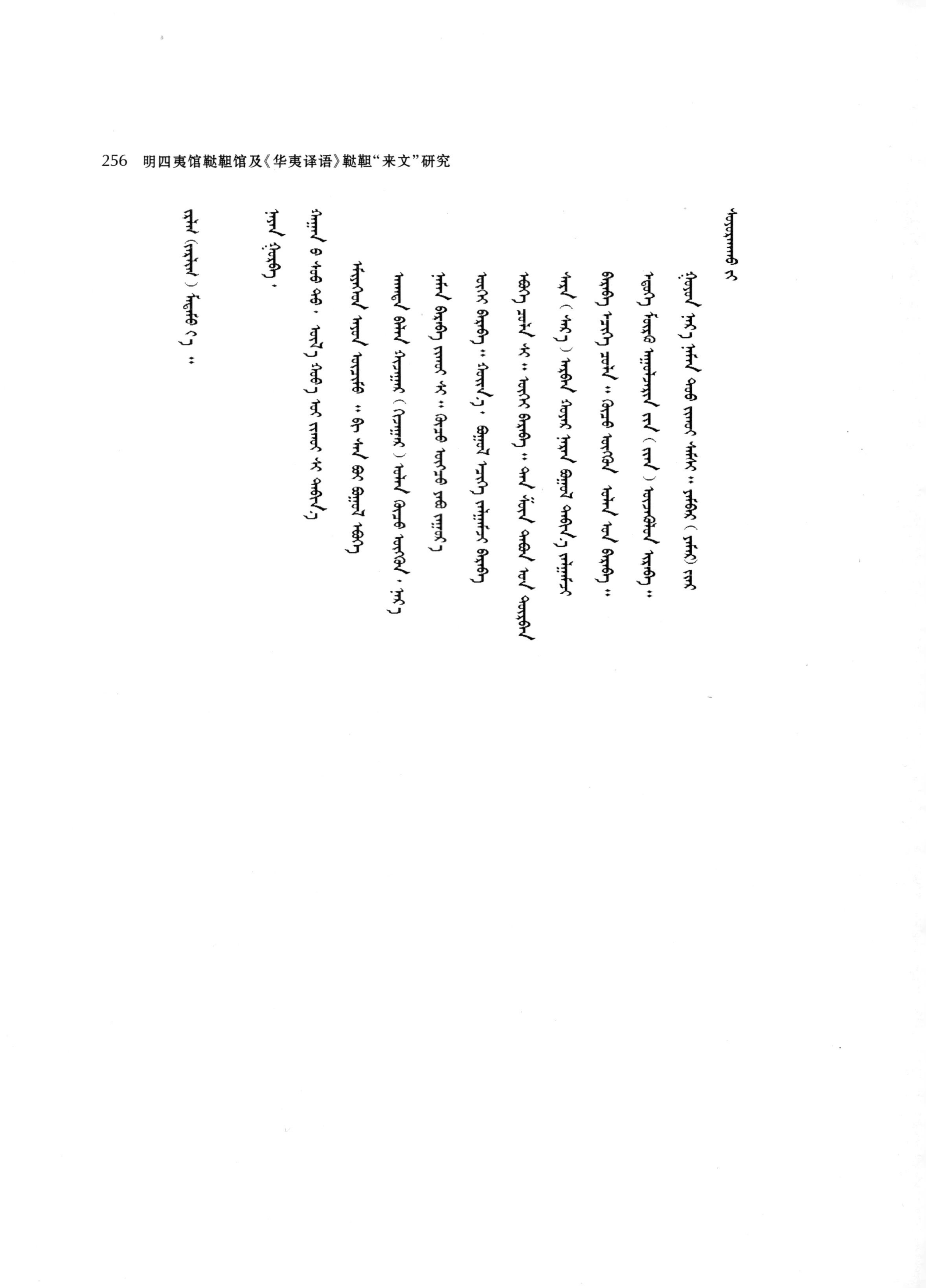

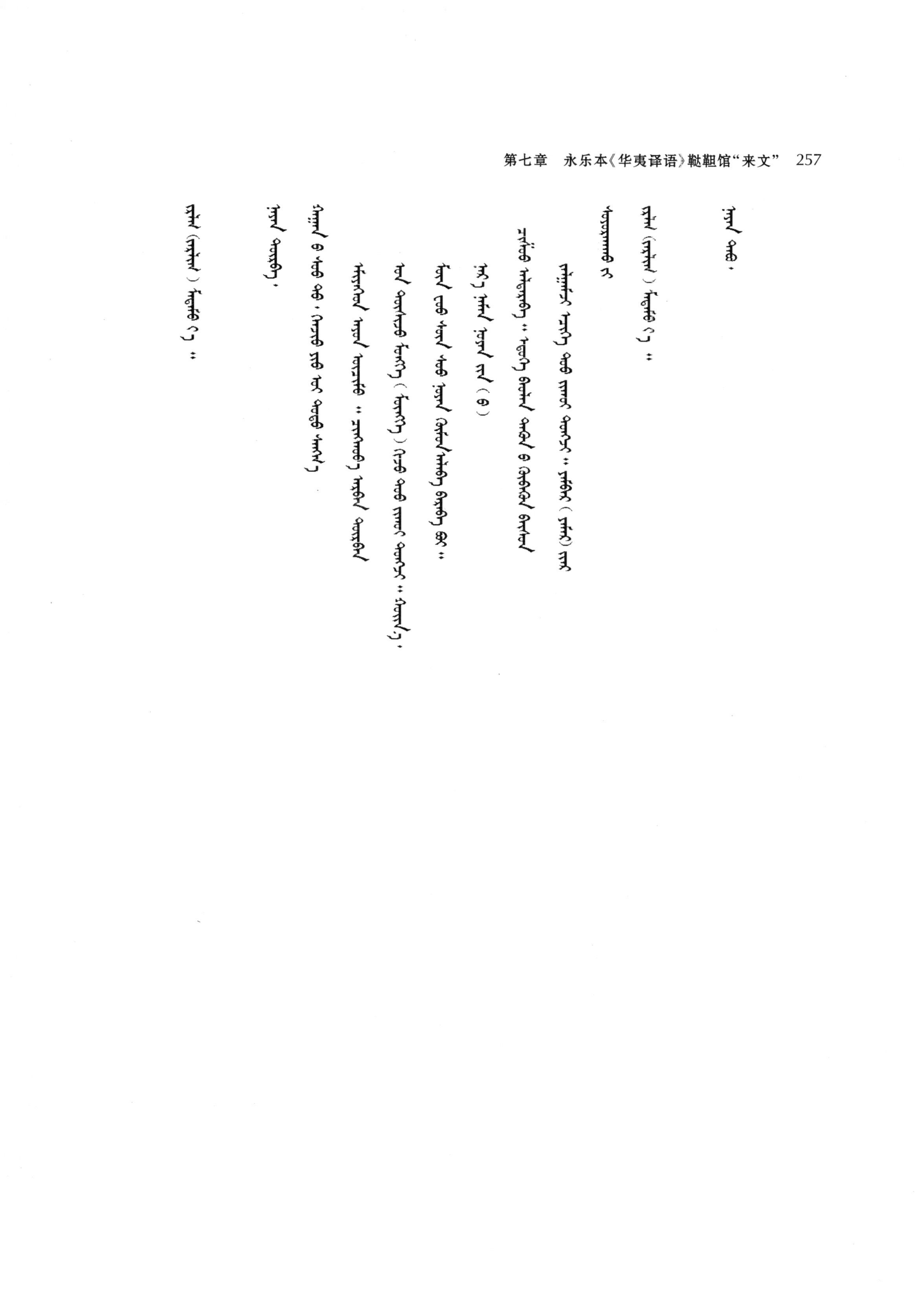

[illegible]

[illegible]

[illegible]

[illegible]

[illegible]

[illegible]

[illegible]

[illegible]

[illegible]

[illegible]

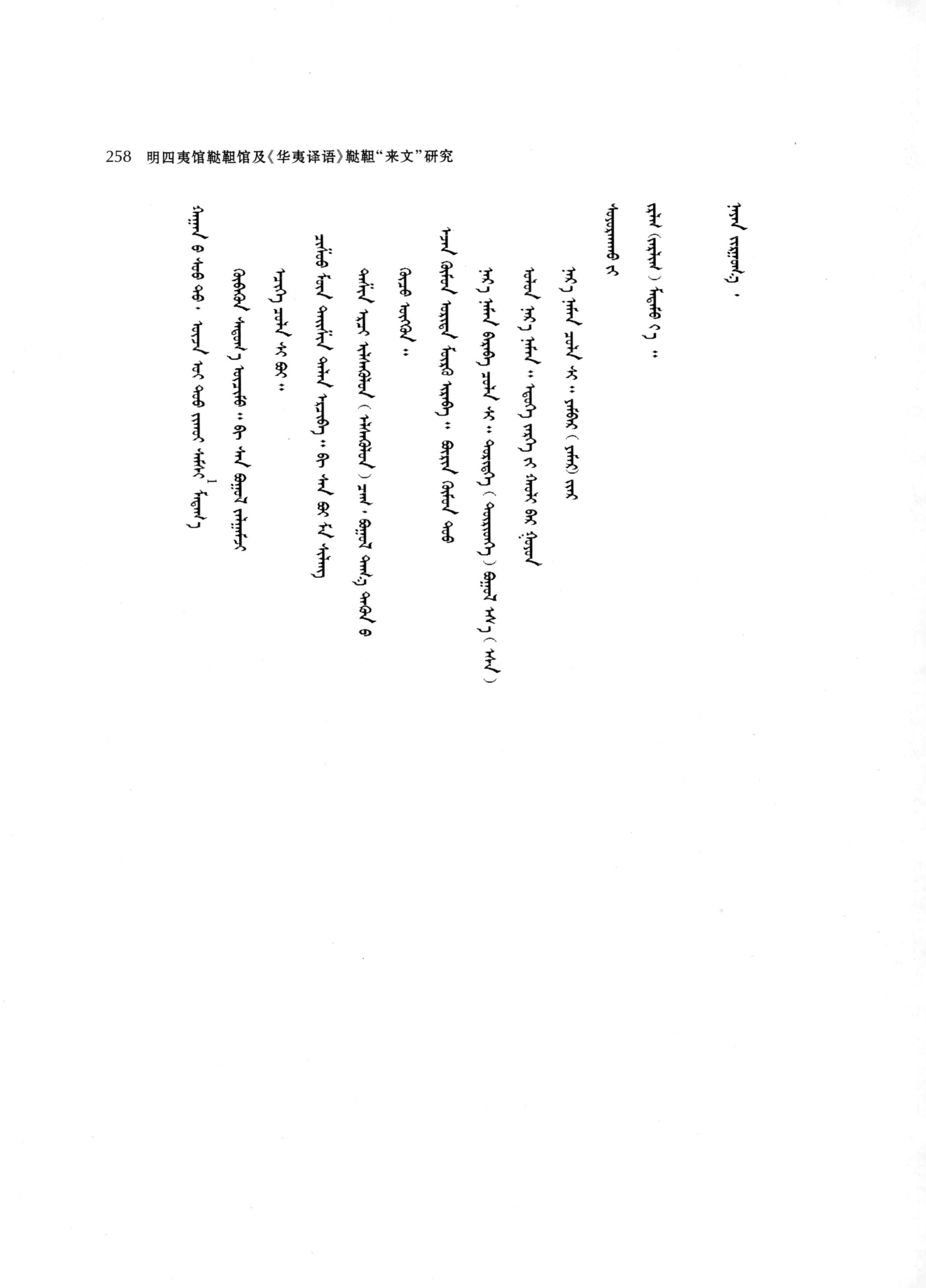

[illegible]

[illegible]

[illegible]

[illegible]

[illegible]

[illegible]

[illegible]

[illegible]

[illegible]

[illegible]

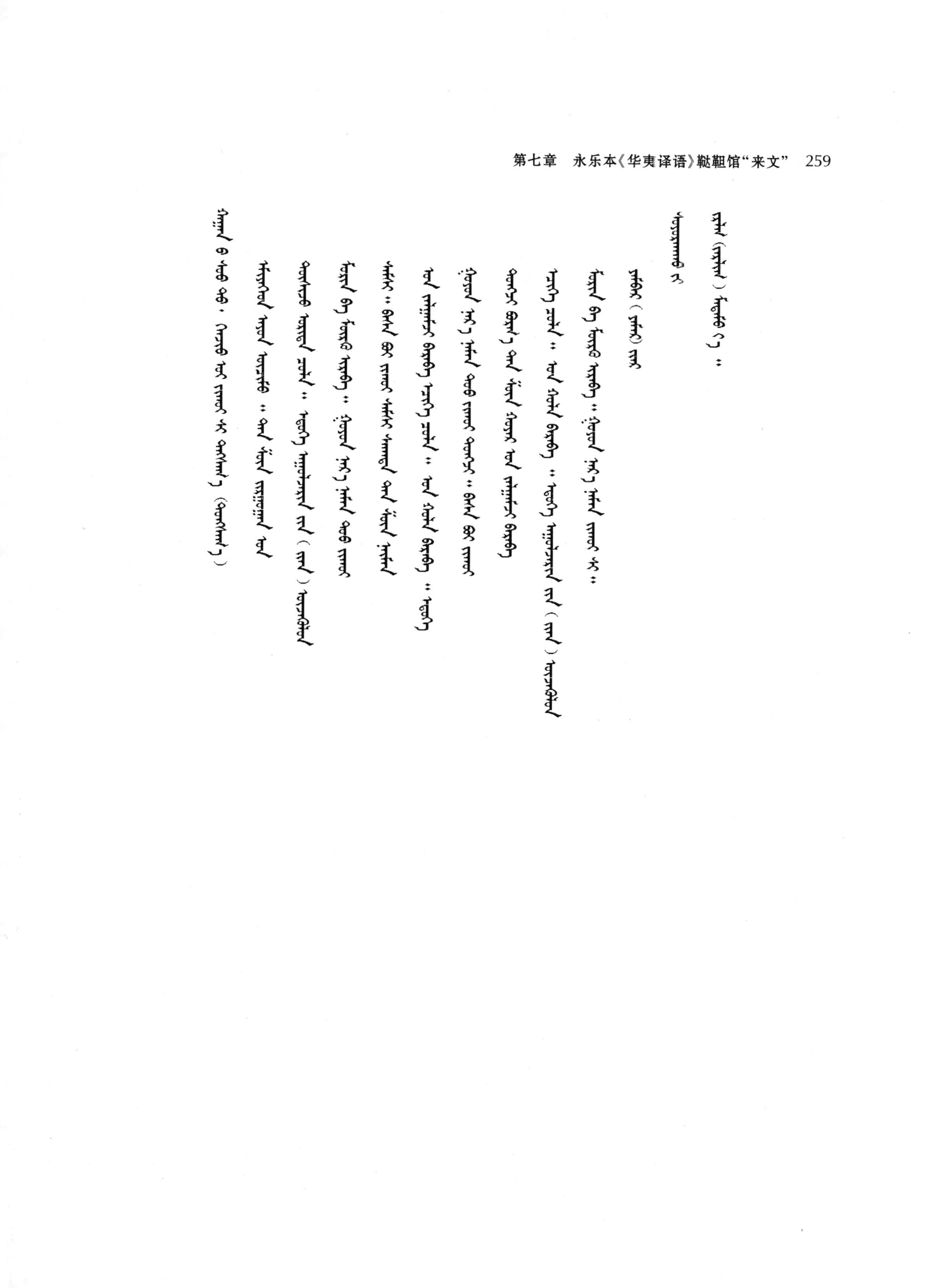

[illegible]

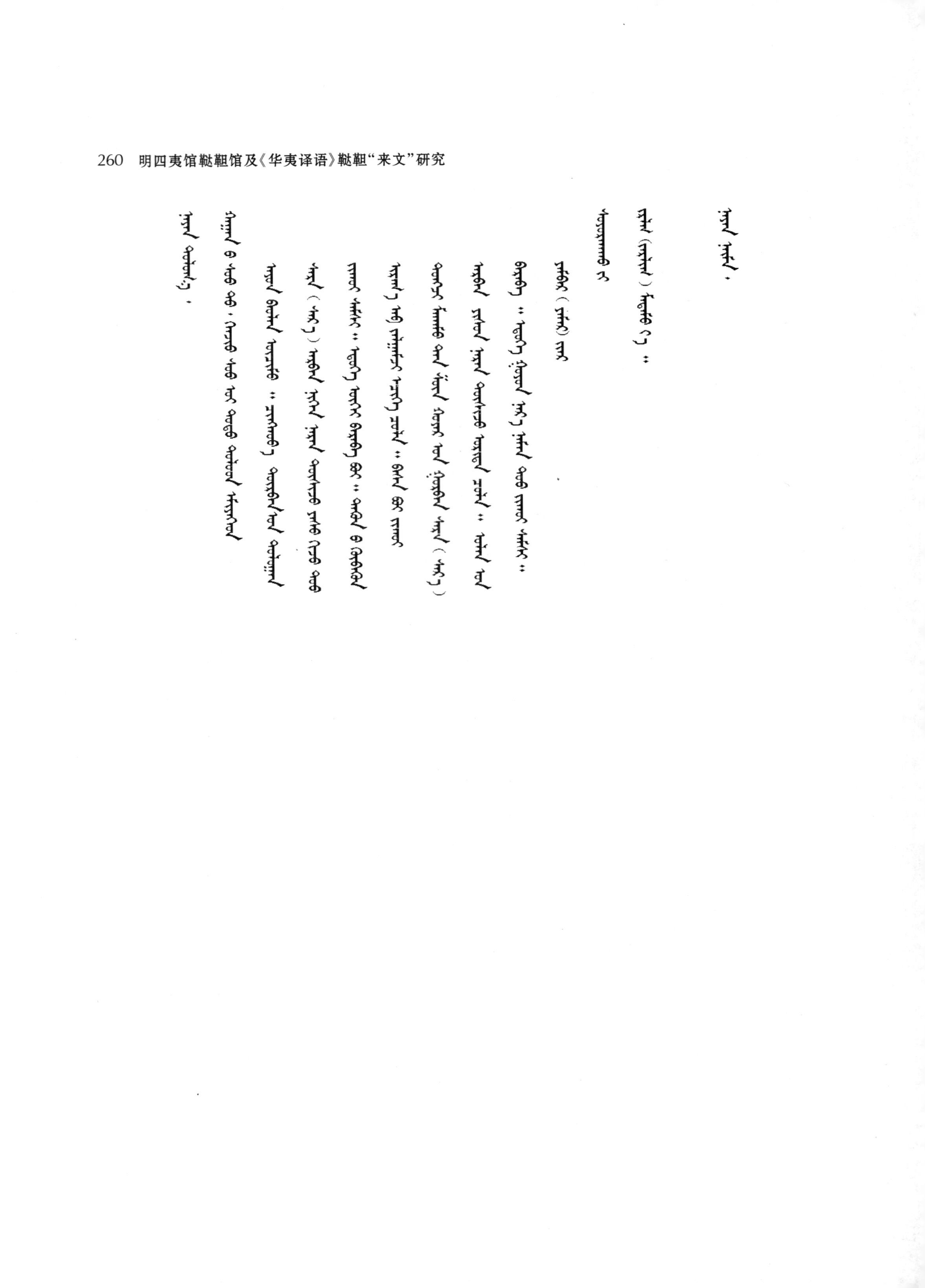

[illegible]

[illegible]

[illegible]

[illegible]

[illegible]

[illegible]

[illegible]

[illegible]

[illegible]

[illegible]

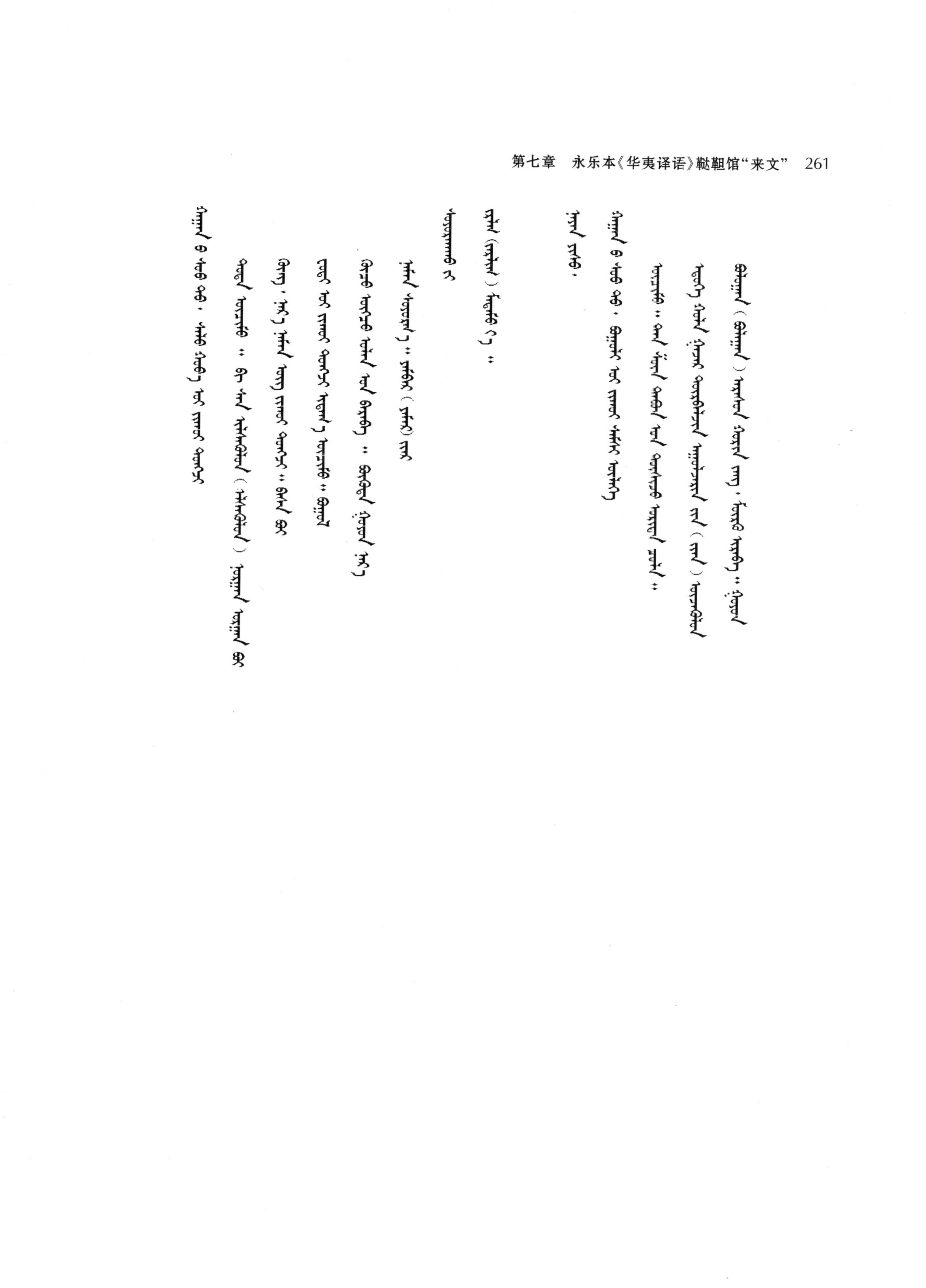

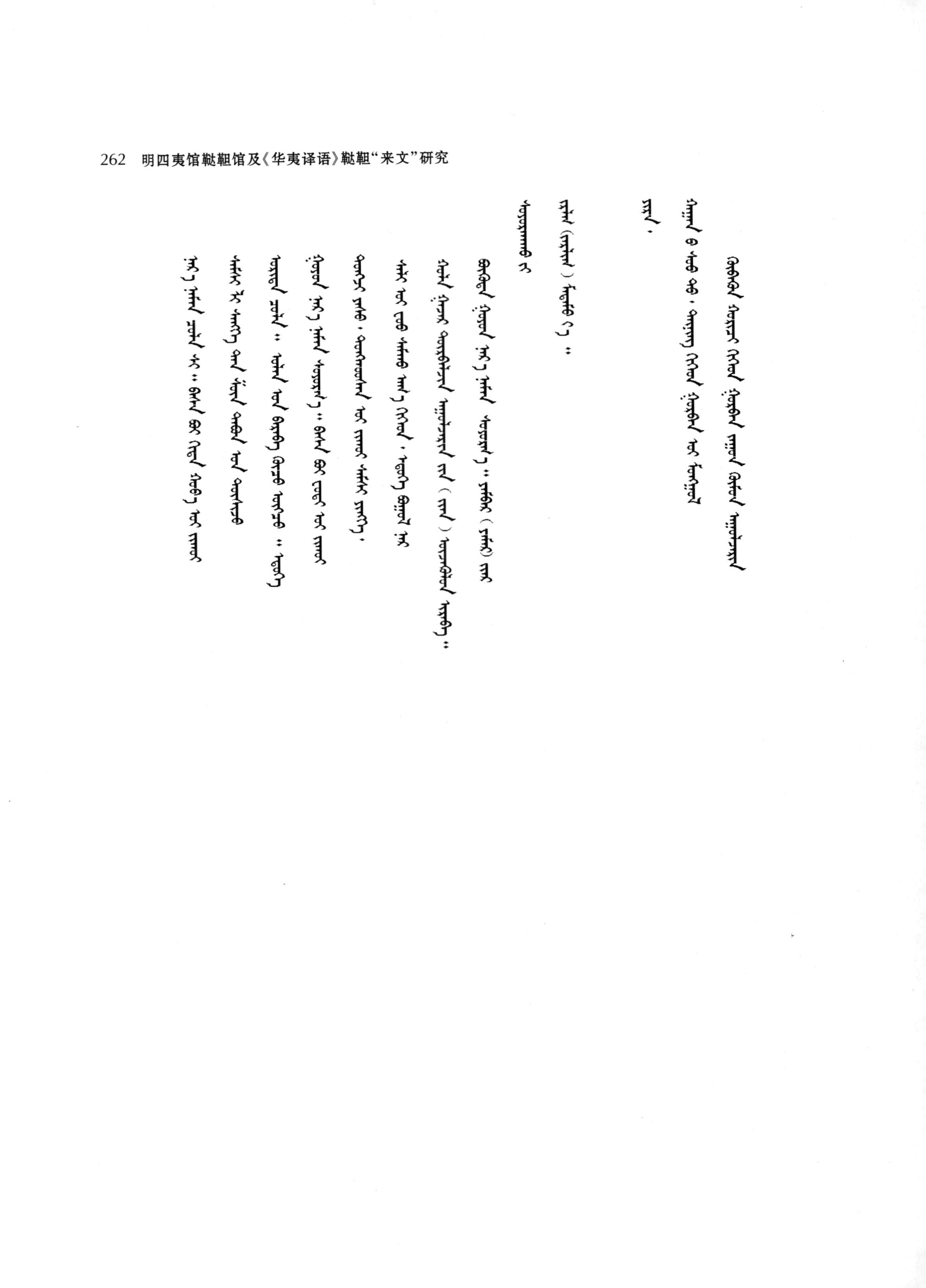

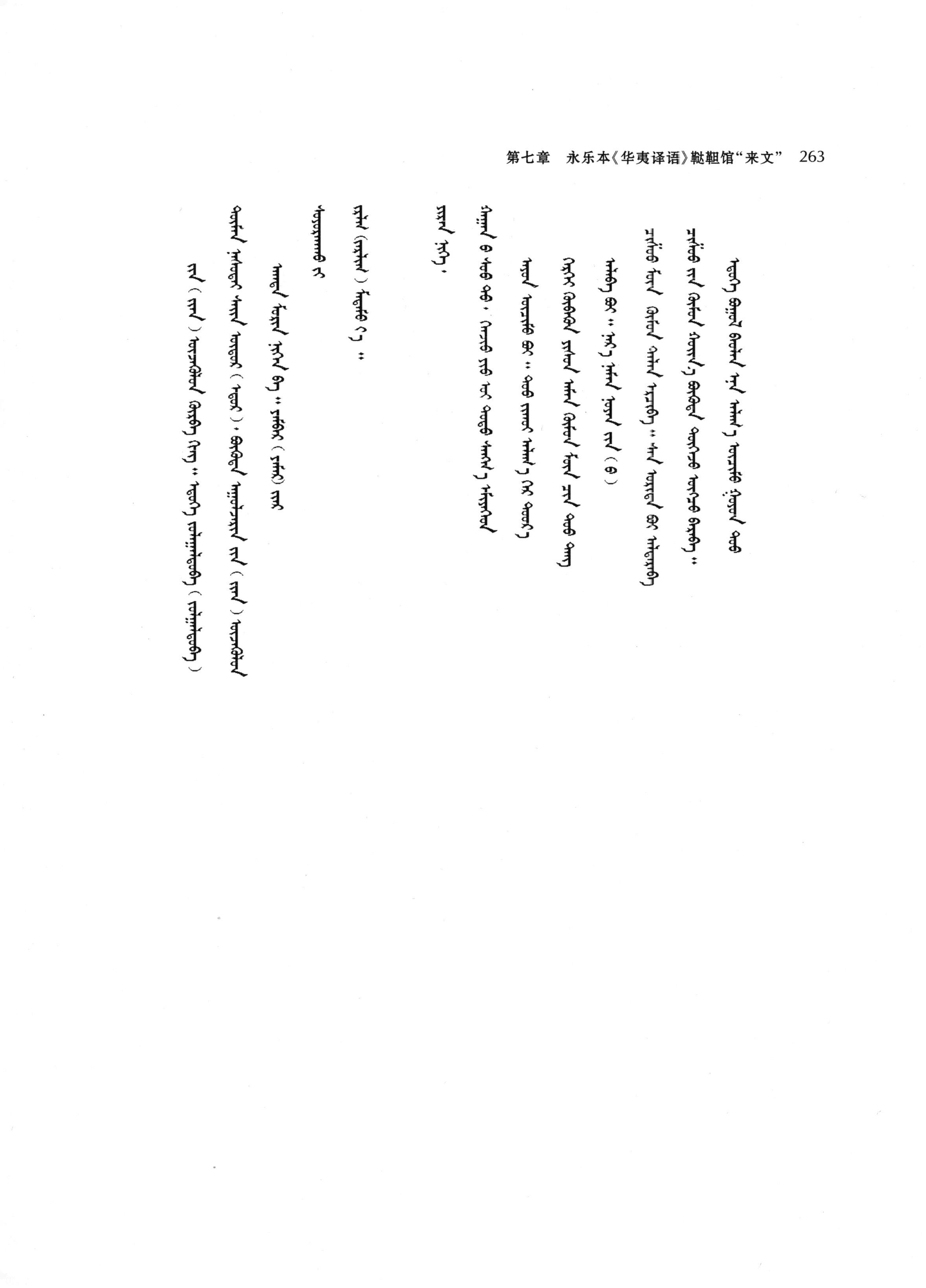

[illegible]

[illegible]

[illegible]

[illegible]

[illegible]

[illegible]

[illegible]

[illegible]

[illegible]

[illegible]

[illegible]

[illegible]

[illegible]

[illegible]

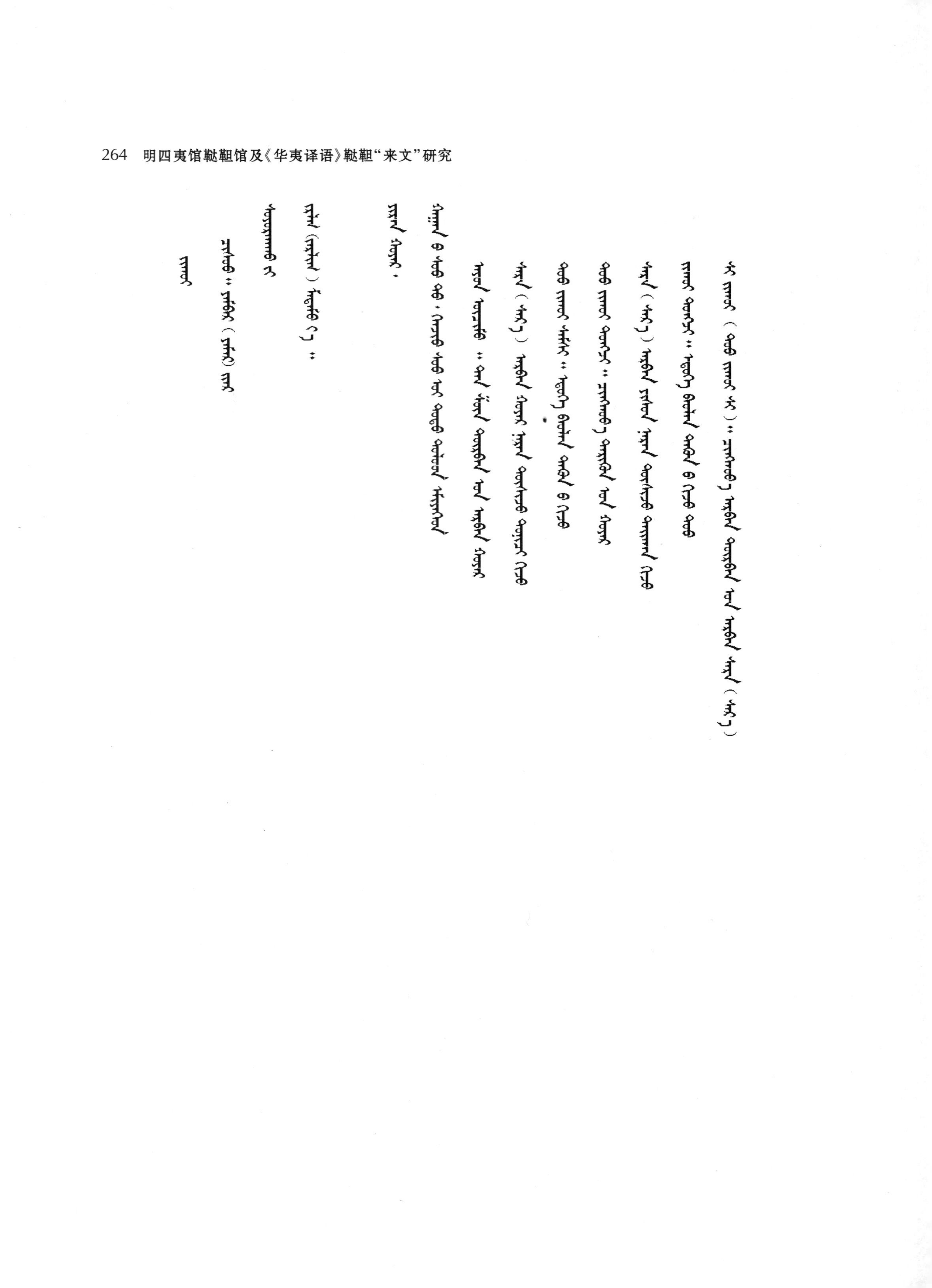

[illegible]

[illegible]

[illegible]

[illegible]

[illegible]

[illegible]

[illegible]

[illegible]

[illegible]

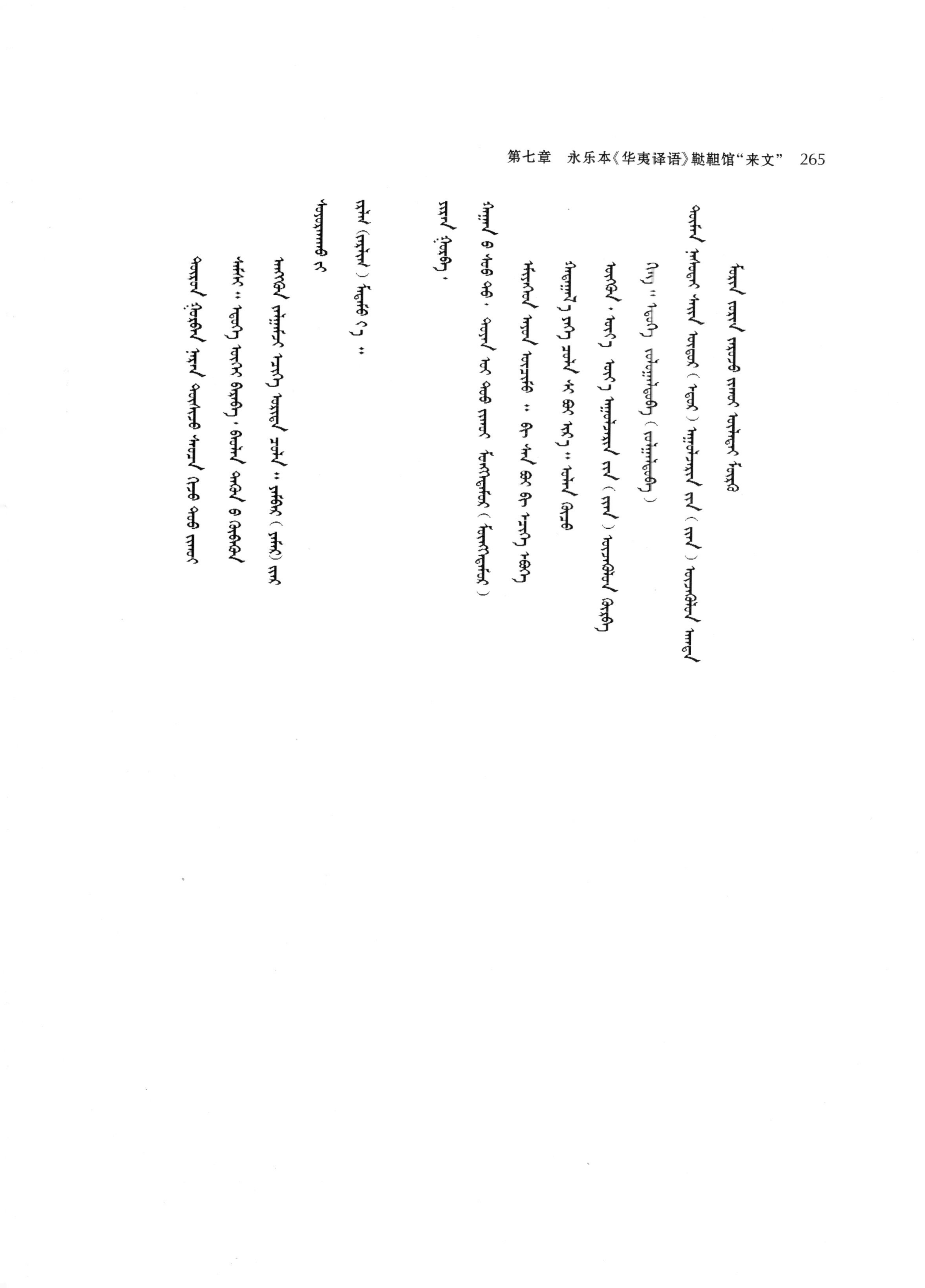

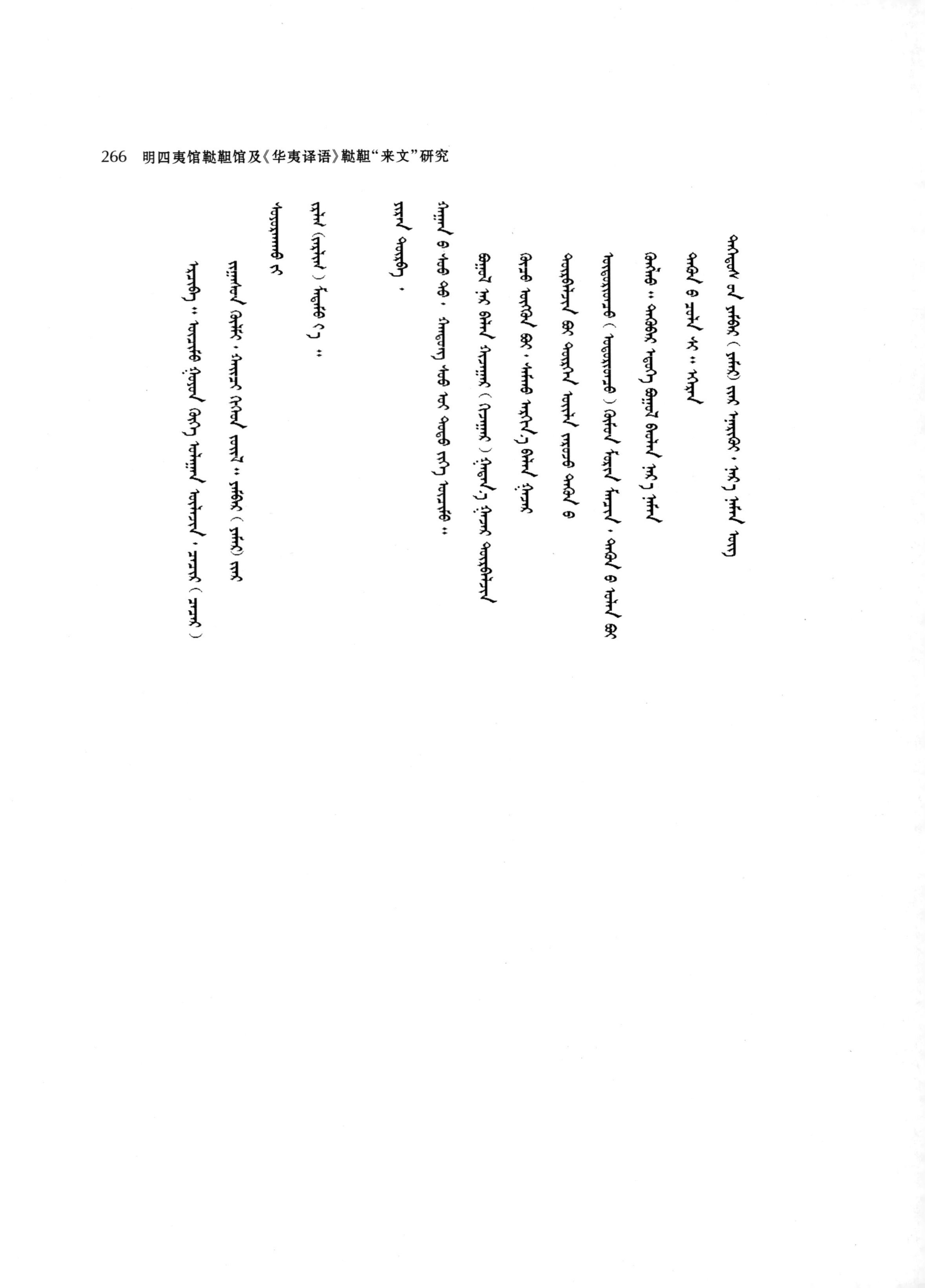

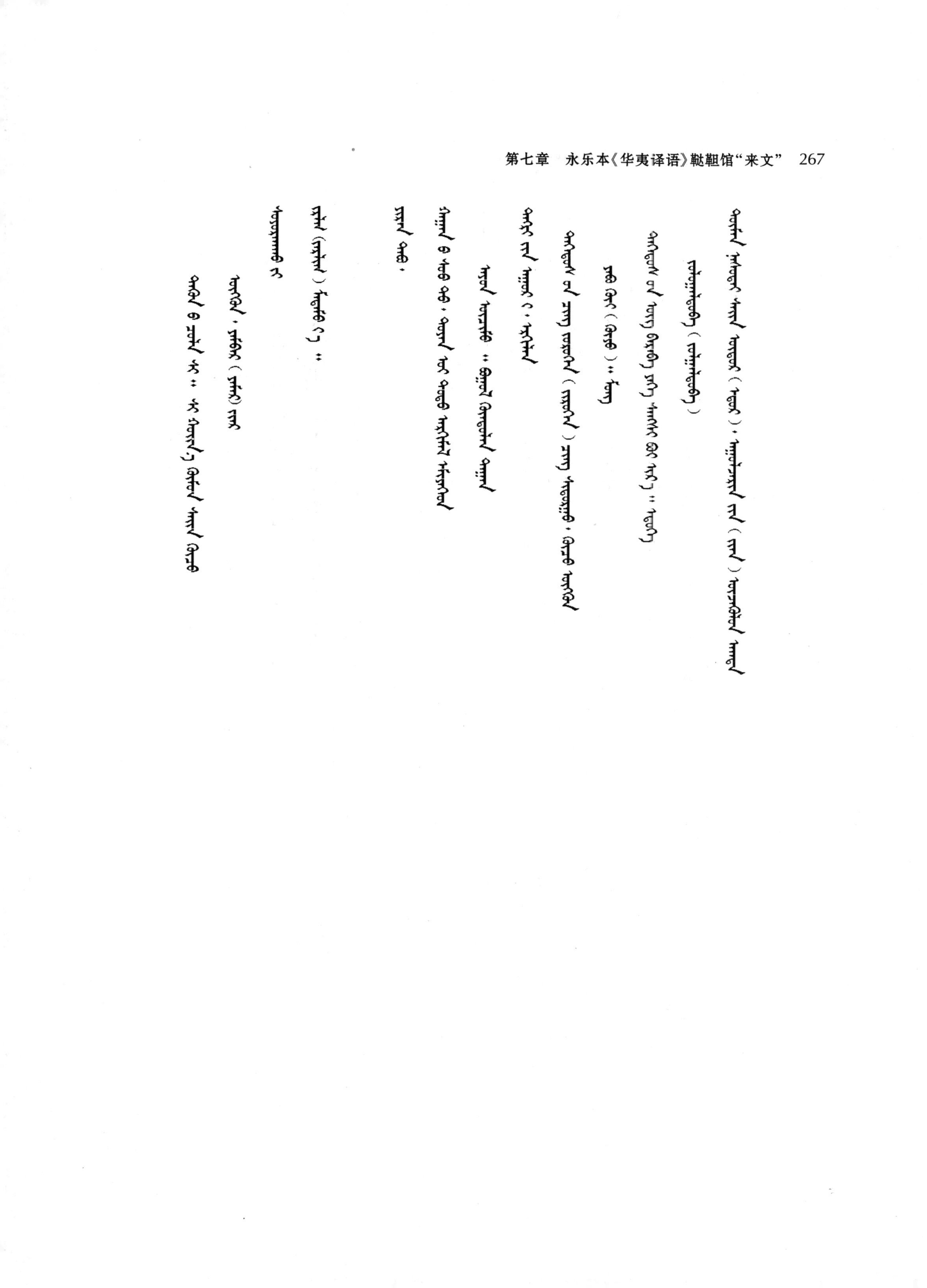

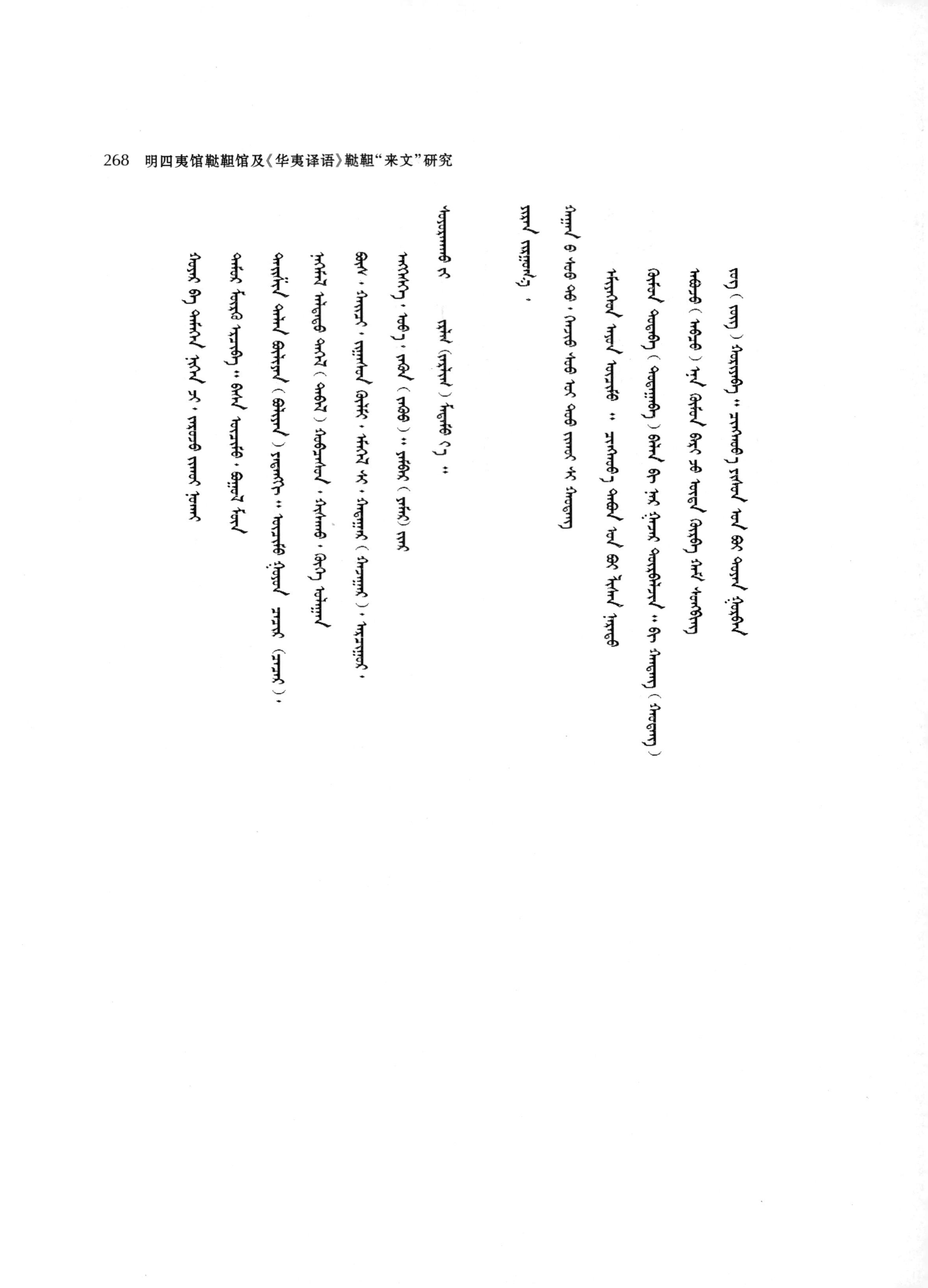

[illegible]
[illegible]
[illegible]
[illegible]
[illegible]
[illegible]

[illegible]
[illegible]
[illegible]
[illegible]
[illegible]
[illegible]
[illegible]

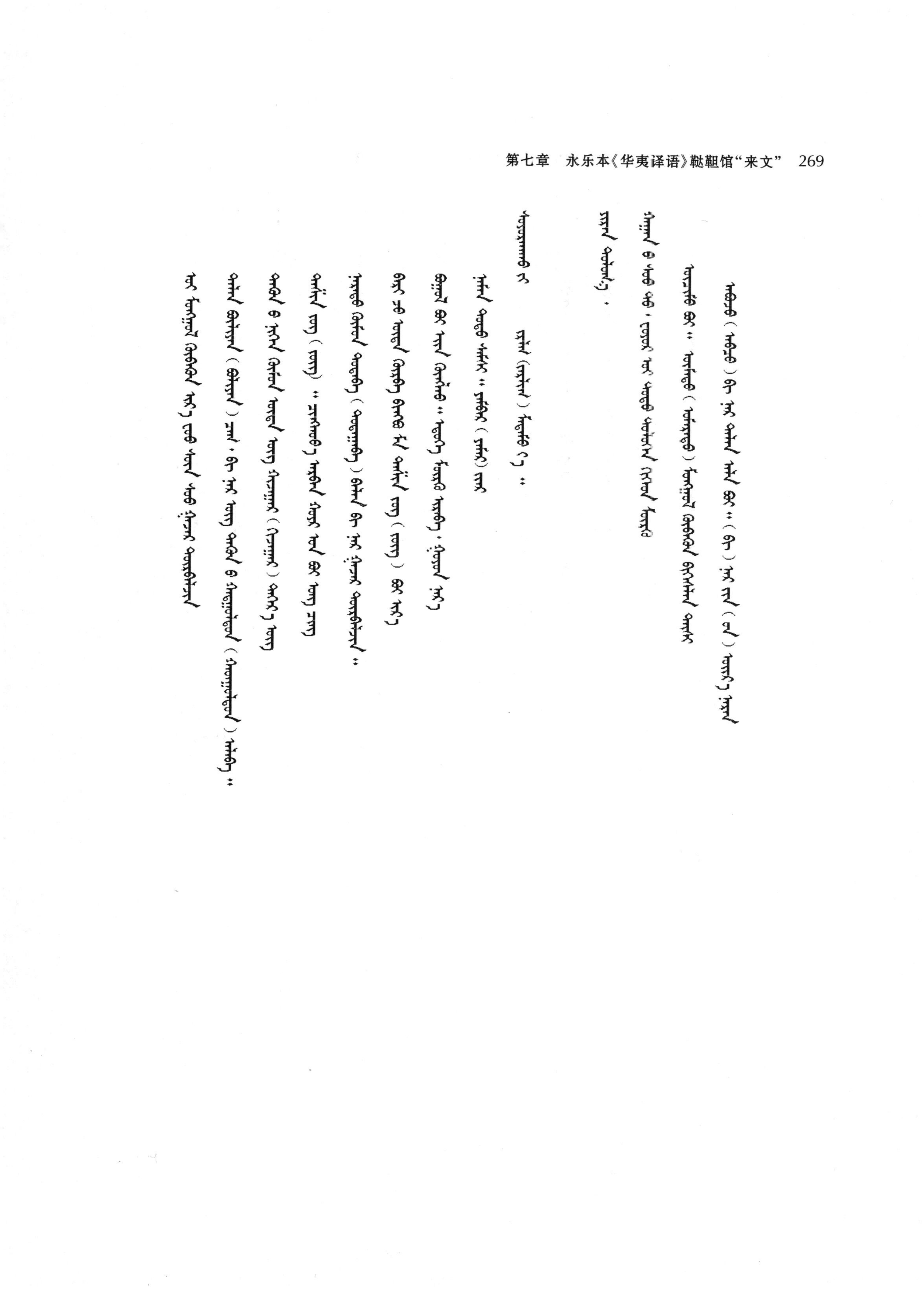

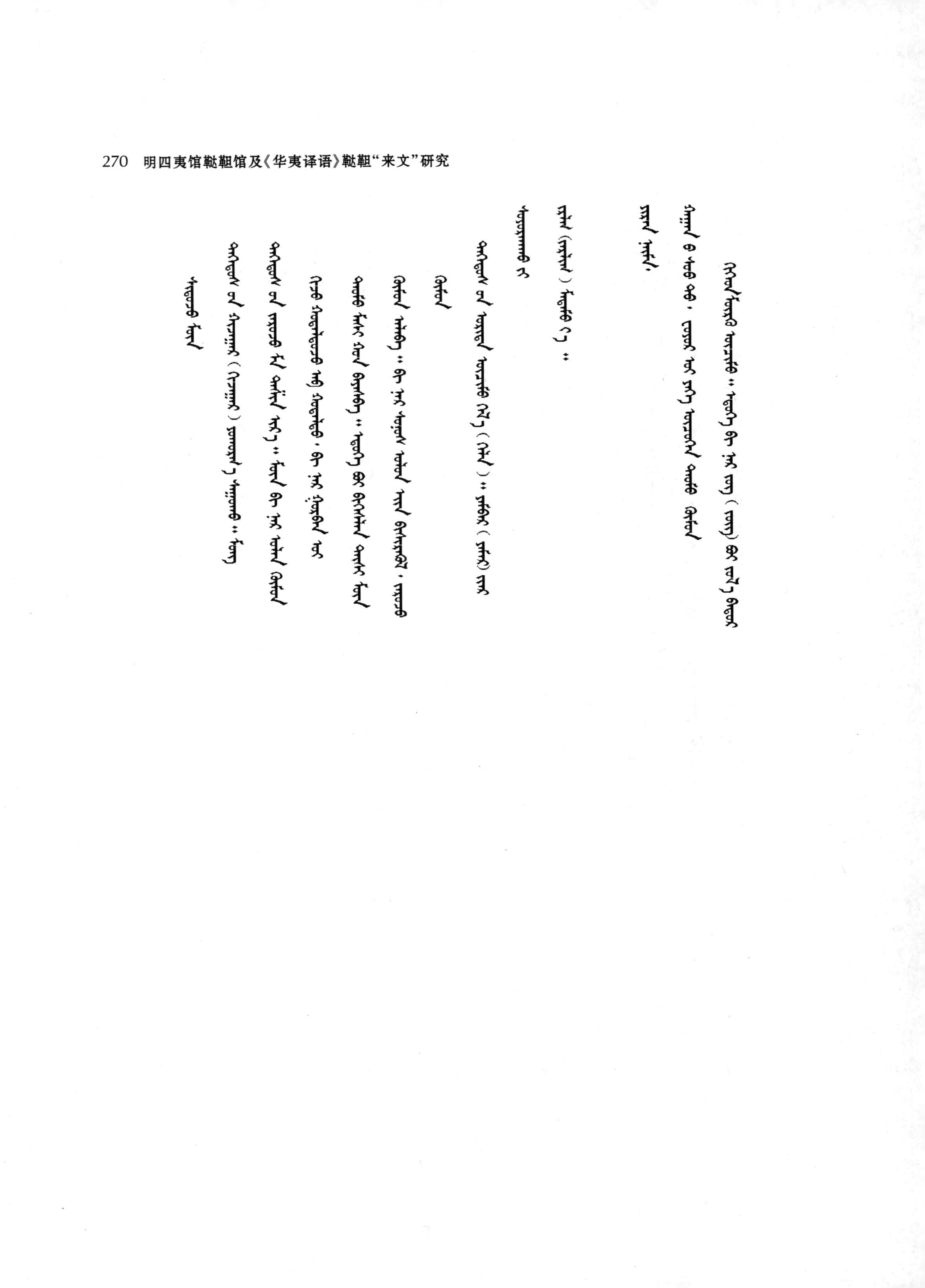

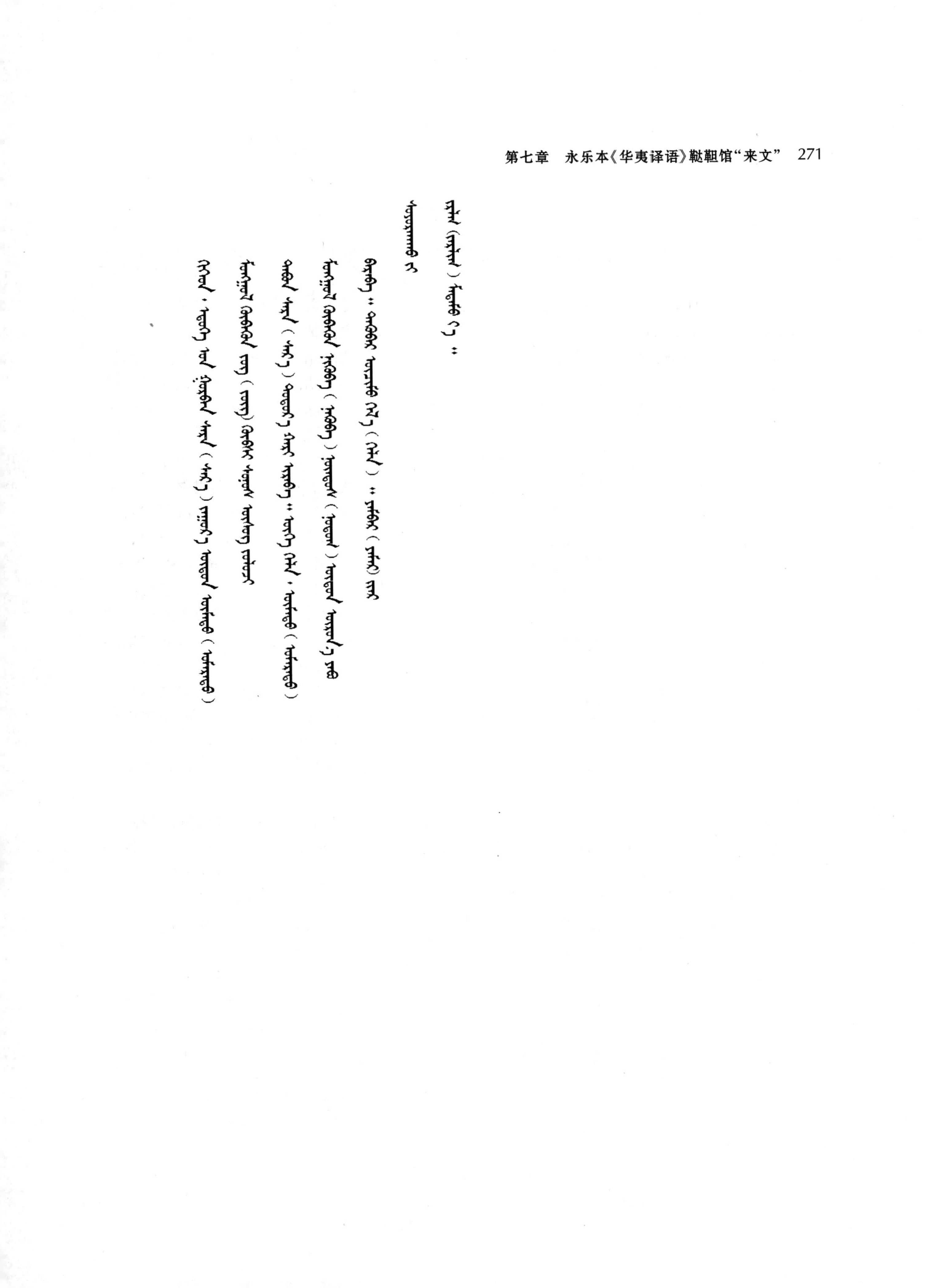

[illegible]

[illegible]

[illegible]

[illegible]

[illegible]

[illegible]

[illegible]

第四节　永乐本《华夷译语》鞑靼馆“来文”文书格式

外国朝贡、四夷献方物，须向明朝递交官方文书，即朝贡表文。从现存文献或从四夷馆编撰的《华夷译语》各馆来文来看，明朝与诸外国、四夷国家、部族来往，所使用的文字是汉语言文字和诸番语言并用的形式。据张文德研究，明朝与西域诸国、中亚诸国，尤其与帖木儿王朝交往，往来文书使用两种或两种以上文字。① 明朝与帖木儿王朝、西域诸国沟通，除了使用波斯语、突厥语之外，使用蒙古语也是明朝与西域诸国沟通的重要语言。明朝向帖木儿王朝、西域诸国所派使臣有蒙古人或通蒙古语的使臣。② 可见，明朝与中亚撒马尔罕地区、西蒙古卫拉特和东部蒙古、女真人交往，均使用汉语、蒙古语两种文字并用的文书形式。

洪武本《华夷译语》鞑靼来文是以汉字标记蒙古语的形式保存下来的外交文书。当时的文书原文以及文书格式尚不清楚。但是，在洪武本《华夷译语》鞑靼来文中，有保留蒙古文书特点的地方。洪武本《华夷译语》第6份文书开头“速图 中合罕纳”（suu tu qaγana），即皇帝洪福这一冒头句与元代文书开头的“ qaγan nu suu tu”（大福荫护助里）是一脉相承的。只是到了明朝将与蒙古语“ qaγan nu suu tu”相对应的“大福荫护助里”演变为“皇帝洪福里”。笔者于2006年4月15日在九州大学做了题为“元代外交文书展望——以忽必烈时代诏谕日本文书为中心”的学术报告时指出：“元朝送达日本的文书保留了蒙古文书冒头句固定形式的特点，蒙古语中的qaγan nu suu tu在元朝给日本的文书中有两种汉文表现形式。一是皇帝洪福里，二是皇帝福荫里。元朝的外交文书、高丽的外交文书、明四夷馆鞑靼馆来文，均受到蒙古语命令文的冒头句影响。”③ 与洪武本《华夷译语》鞑靼来文相比，永乐本《华夷译语》鞑靼来文以“皇帝洪福前”（“ qaγan nu suu tu”）开头的文书更多，86篇来文中有76篇来文均以“皇帝洪福前”（“ qaγan nu suu tu”）开头。可见，永乐本《华夷译语》鞑靼馆来文很大程度上保留了元代蒙古语文书开头的固定书写格式。

元代的“大福荫护助里”、元朝给日本文书中的“皇帝福荫里”、“皇帝洪福里”以及永乐本《华夷译语》鞑靼馆来文中的“皇帝洪福前”，与其相对应的蒙古语只有一种，就是“qaγan nu suu tu”。可见，从元到明代与蒙古语文书开头的固定语“ qaγan nu suu tu”相对应的汉文翻译有了发展演变，从元代的“大福荫护助里”演变为明代的“皇帝洪福里”，以及永乐本《华夷译语》鞑靼馆来文中的“皇帝洪福前”。“皇帝洪福里”和“皇帝洪福前”的“里”字和“前”字，均为与蒙古语“tu”相对应的译文。

洪武本《华夷译语》鞑靼来文还保留有蒙古文书以十二生肖纪年的传统。在元代八思巴字蒙古语圣旨中，采用以十二生肖纪年法。④ 例如：洪武本《华夷译语》鞑靼来文第7份文书

① 张文德：《明与帖木儿王朝关系史研究》，中华书局2006年版，第168页。

② 同上书，第170—176页。

③ 笔者于2006年4月15日在九州大学做的题为“元代外交文书展望——以忽必烈时代诏谕日本文书为中心”的学术报告。

④ 参看照那斯图《八思巴字和蒙古语文献2》文献汇集，东京外国语大学，1991年。

“纳门驸马书”中，结尾处有写于“龙年”的记载，充分保留了蒙元时期蒙古文书以十二生肖纪年的方法。明朝发给故元蒙古将领的敕谕文书则用洪武年号纪年法。与洪武本《华夷译语》鞑靼来文相比较，永乐本《华夷译语》鞑靼馆来文中未有以十二生肖纪年的方法。文中所涉及的年份均以明朝皇帝的年号纪年。

永乐本《华夷译语》鞑靼馆来文明显受汉文文书的书写形式影响。蒙元时期的蒙古语言文字的文书的书写格式是自左向右书写，蒙古语要竖着书写。而永乐本《华夷译语》鞑靼来文受汉文文书书写格式影响，自右向左书写。

永乐本《华夷译语》鞑靼馆来文受汉文文书的书写格式影响，鞑靼馆来文中，皇帝、成祖皇帝、太宗皇帝、大明皇帝、天道、天命、天皇帝、庆贺新年、万寿圣节、恩赐、圣旨等词，另起行书写之外，向前顶两格书写。鞑靼馆来文蒙古文部分，也受汉文文书书写格式影响，与上述汉文字词相对应的蒙古文部分也顶两格书写。

永乐本《华夷译语》鞑靼馆来文完整的文书格式是以“皇帝洪福前”开头，以“怎生恩赐圣旨知道”结尾。但是，也有未以“皇帝洪福前”开头，只有以“怎生恩赐圣旨知道”或“圣旨知道”结尾的来文。

例如：皇帝、恩赐、圣旨等词，在东 1—30，柏 1—21，柏 23—30，北 8、北 10、北 11、北 13、北 15—30、北 32—36、北 39、北 40 中，另起行书写之外，向前顶两格书写。北 7、北 9、北 14、柏 22 中，圣旨一词另起行书写之外，向前顶两格书写。北 6、北 12 中，恩赐、圣旨等词，另起行书写之外，向前顶两格书写。北 31、北 37、北 38 中，皇帝、恩赐等词，另起行书写之外，向前顶两格书写。而圣旨一词未另起行书写，连接恩赐之后空两格书写。

东 7、柏 13 中，成祖皇帝一词，成祖一词另起行书写之外，向前顶两格书写。皇帝一词未另起行，也未顶格书写。相同，柏 12 中的太宗皇帝和柏 19 中的大明皇帝，太宗和大明等词另起行书写，并向前顶两格书写。而皇帝一词，未另起行书写也未向前顶两格书写。可见，皇帝一词前如有皇帝的尊号，尊号另起行，向前顶两格书写，而皇帝一词不另起行。

庆贺新年一词，在东 2、柏 2 中，另起行书写之外，向前顶两格书写。

万寿圣节一词，在东 5、东 11、柏 10、柏 18、北 32、北 35、北 37 中，另起行书写之外，向前顶两格书写。

天道一词，在东 14、柏 5、柏 23、北 5、北 37 中，另起行书写之外，向前顶两格书写。

天皇帝一词，在东 28 中，另起行书写之外，向前顶两格书写。与天皇帝相对应的蒙古文部分中应该顶两格写的“tengri”前出现了属格助词的“yin”，应该是抄写中出现的错误。

天命一词，在北 1 中，另起行书写之外，向前顶两格书写。

永乐本《华夷译语》鞑靼馆来文中，朝廷、主人、敕书、敕谕、敕、冬至令节等词，另起行书写之外，比皇帝等缩进一格，向前顶一格书写。鞑靼来文蒙古文部分，也受汉文文书书写格式影响，与上述汉文字词相对应的蒙古文部分也顶一格书写。

朝廷一词，在东 1—4，东 6、东 9、东 14、东 15、东 24、柏 1—9、柏 11、柏 12、柏 15、柏 19、柏 22—24、柏 26—30、北 2、北 4—6、北 18、北 22、北 36、北 39 中，另起行书写外，比皇帝等词缩进一格，向前顶一格书写。

主人一词，在北 27 中，与朝廷一词相同，另起行书写外，比皇帝等词缩进一格，向前顶一格书写。

敕书一词，在东 9、东 25、柏 11、柏 27、北 7、北 12、北 14、北 23、北 26、北 27、北 33 中，与朝廷一词相同，另起行书写之外，比皇帝等词缩进一格，向前顶一格书写。

敕谕一词，在北 1 中，与朝廷一词相同，另起行书写之外，比皇帝等词缩进一格，向前顶一格书写。

北 2、北 4、北 5 中，敕与朝廷等词相同，另起行书写之外，向前顶一格书写。而北 3 中，开头的敕字另起行书写之外，向前顶一格书写。但是，最后一行的敕字另起行书写，没有向前顶一格书写。

冬至令节一词，在东 12、东 23、柏 20 中，与朝廷一词相同另起行书写之外，比皇帝等词缩进一格，向前顶一格书写。

以东洋文库本为例，高昌馆、女真馆、百夷馆、八百馆、缅甸馆、暹罗馆的来文与鞑靼馆来文的书写格式相同，番文部分均竖着书写，番文部分也与汉文部分相同，大明皇帝、天皇帝等词另起行书写之外，向前顶两格书写。朝廷、敕书等词另起行书写之外，比皇帝等词缩进一格，向前顶一格书写。而回回馆来文和西番馆来文，波斯语原文和藏文原文部分采用波斯文和藏文横着书写的习惯，横着书写外，未采取汉文部分的书写格式，每行全部顶格书写。并未采取与鞑靼馆等各馆来文相同的皇帝等词另起行书写之外，向前顶两格书写。朝廷、敕书等词另起行书写之外，比皇帝等词缩进一格，向前顶一格书写的格式。

以下是东洋文库本、柏林本、北图本《华夷译语》鞑靼来文的原文书汉文部分的格式。

文书东 1、柏 1

皇帝洪福前，斡阑卫指挥同知委列
　　怯怕奏：去年奴婢差头目阿剌哈
　　等各备骟马等物赴京进贡，蒙
　朝廷给与重赏赐。今奴婢又差头目
　　赏哈进贡驼马等物，叩头去了，望
　朝廷怜悯照例奏讨赏赐。怎生
恩赐
圣旨知道。

文书东 2、柏 2

皇帝洪福前，忽儿海卫都指挥失勒
　　得等 怯怕奏：奴婢每在边外效劳，
　　出力年远了。今奴婢
庆贺新年远地方进贡马匹，叩头来了，照
　　例奏讨彩叚（缎）表里、织金衣服等件。望
　朝廷可怜见准与的。怎生
恩赐

圣旨知道。

文书东 3、柏 3

皇帝洪福前，毛怜卫都指挥使猛可
帖木儿叩头奏：正德十三年三月
初六日除授前职。奴婢时常在边
杀贼有功。未蒙
朝廷升赏。今奴婢照旧例奏讨升赏。怎生
恩赐
圣旨知道。

文书东 4、柏 28

皇帝洪福前，建州左卫都指挥佥事
脱罗男猛可怯怕奏：（今）奴婢进贡马
匹叩头来了，奏要袭父前职。望
朝廷可怜见准袭父职。在边境好管束
人民便益。怎生
恩赐
圣旨知道。

文书东 5、柏 10

皇帝洪福前，福馀卫都指挥佥事脱
忽赤男帖木儿怯怕奏：今遇
万寿圣节，进贡骟马二匹。今差头目哈
哈赤叩头去了，奏讨表里、衣服等
件。又奏袭父职。怎生
恩赐
圣旨知道。

文书东 6、柏 26

皇帝洪福前，朵颜卫都督花当怯怕
奏有：本卫都督剌哈蒙
朝廷赏与大帽子、金带有来。今奴婢
花当照例奏讨大帽子、金带，望
朝廷可怜见准与的。怎生
恩赐
圣旨知道。

文书东 7、柏 13
皇帝洪福前，童宽山卫都指挥佥事
卜养古怯怕叩头奏：比先
成祖（太宗）皇帝将我每人民着做远近、耳目
这等有来，今奴婢进贡马匹叩头
来了。怎生
恩赐
圣旨知道。

文书东 8、柏 14
皇帝洪福前，屯河卫正千户冲山男
亦列格叩头怯怕奏有：奴婢父在
边出气力有功行间故了。今奴婢
奏袭父前职。怎生
恩赐
圣旨知道。

文书东 9、柏 27
皇帝洪福前，建州左卫都指挥佥事
撒哈怯怕奏：成化十四年十月初
三日除授前职有，升官的
敕书破了。今要换新
敕书，望
朝廷可怜见准与的。怎生
恩赐
圣旨知道。

文书东 10、柏 17
皇帝洪福前，渚冬河卫正千户老察
弘治 十五年间进贡来时，升了
正千户职事。正德 十二年二 月二十
五日进贡来了，讨升指挥职事。怎
生
恩赐
圣旨知道。

文书东 11、柏 18

皇帝洪福前，友帖卫都指挥佥事卯
　　里孩怯怕奏：今遇
万寿圣节进贡骟马二匹，今差头目只
　　儿挨叩头去了，奏讨表里衣服、靴
　　袜等件。怎生
恩赐
圣旨知道。

文书东 12、柏 20

皇帝洪福前，毛怜卫都督等官怯怕
　　奏：比先奴婢父祖以来辈辈进贡，
　　不敢怠慢。今遇
　冬至令节，进贡骟马二匹，差头目只
　　儿挨叩头去了。怎生
恩赐
圣旨知道。

文书东 13、柏 21

皇帝洪福前，渚冬卫已故指挥佥事
　　阿的纳孙男哈龙哈，又有亦里卫
　　已故指挥佥事完者秃孙男伯孙
　　等奏：奴婢每都要袭祖前职。怎生
恩赐
圣旨知道。

文书东 14、柏 23

皇帝洪福前，哈密卫已故所镇抚男
　　伯颜奏：奴婢父敬顺
天道，尊事
　朝廷。比先除授奴婢父前职故了。今
　　要袭父前职。怎生
恩赐
圣旨知道。

文书东 15

皇帝洪福前，建州卫都督完者秃奏：

奴婢做都督多年了，在奴婢后做
都督的剌哈蒙
朝廷赏与大帽、金带。今奴婢照例奏
讨大帽、金带。怎生
恩赐
圣旨知道。

文书东 16
皇帝洪福前，建州左卫童失哈等四
人呈奏有：海西贼人尚秃前来边
上做贼，奴婢每处人去报说被上
官人拿住杀了。奴婢三年来进贡，
今讨升赏。怎生
恩赐
圣旨知道。

文书东 17
皇帝洪福前，福馀卫右都督佥事哈
里哈怯怕叩头奏：奴婢在边外出
气力多年了。天顺三年十二月
二十三日升奴婢做都督佥事，今讨
升都督职事。怎生
恩赐
圣旨知道。

文书东 18
皇帝洪福前，建州左卫指挥使歹察
奏：成化十四年十月初三日除授
前职。今讨升都指挥佥事职事。怎
生
恩赐
圣旨知道。

文书东 19
皇帝洪福前，泰宁卫右都督可台
奏：今奴婢差人进贡马匹，奏讨
青段（缎）子二匹。怎生

恩赐
圣旨知道。

文书东 20
皇帝洪福前，福馀卫正千户老察
叩头奏：正德十一年七月二十
三日除授前职。今讨升指挥使
职事。怎生
恩赐
圣旨知道。

文书东 21
皇帝洪福前，兀者前卫都指挥同知
影克男脱罗叩头怯怕奏有：奴婢
父在边出气力有功行间故了。今
奴婢奏袭父职。怎生
恩赐
圣旨知道。

文书东 22
皇帝洪福前，渚冬河卫掌印都督
撒哈怯怕奏：成化二十二年五月
十五日除授前职。出气力多年了，
今讨升赏。怎生
恩赐
圣旨知道。

文书东 23
皇帝洪福前，罕东左卫都指挥佥事
只儿挨，今遇
冬至令节，进贡骟马二匹，今差头目
脱罗叩头来了，奏讨表里、衣服、靴
袜等件。怎生
恩赐
圣旨知道。

文书东 24

皇帝洪福前，朵颜卫都指挥使哈哈
赤怯怕奏：奴婢在边出力多有功
劳。今来进贡马匹，奏讨赏赐，望
朝廷可怜见准与的。怎生
恩赐
圣旨知道。

文书东 25

皇帝洪福前，塔山卫都督亦剌哈怯
怕奏：成化十四年十月初三日除
授前职，有升官的
敕书破坏了，今奴婢奏讨都督
敕书。怎生怜悯
恩赐
圣旨知道。

文书东 26

皇帝洪福前，泰宁卫正千户歹察
怯怕叩头奏：奴婢做正千户多年
了，今讨升指挥佥事职事。怎生
恩赐
圣旨知道。

文书东 27

皇帝洪福前，朵颜卫都指挥佥事
老佟叩头怯怕奏：成化二年三
月二十一日除授前职。今讨升
都督职事。怎生
恩赐
圣旨知道。

文书东 28

皇帝洪福前，速平江卫都指挥使帖
木儿怯怕叩头奏：奴婢做都指挥
使多年了，今讨升都督佥事，望
天皇帝可怜见准与的。怎生
恩赐

圣旨知道。

文书东 29

皇帝洪福前，建州卫掌印都督卜
　　里哈怯怕奏：成化十五年三月
　　十五日除授前职，出气力多年
　　了。今讨升赏。怎生
恩赐
圣旨知道。

文书东 30

皇帝洪福前，兀者前卫指挥同知撒
　　哈塔怯怕奏：弘治十二年十二月
　　二十五日除授前职，在边上进送
　　人口有功。今讨升都指挥佥事职
　　事。怎生
恩赐
圣旨知道。

柏 4

皇帝洪福前，兀者前卫都督
　　完者秃怯怕奏有，比先奴婢
　　父祖以来辈辈在边效劳
　　出力多年了，今奴婢备办
　　驼马等物赴京进贡叩头
　　来了，望
　朝廷可怜见照例奏讨织金
　　衣服、靴袜等件。怎生
恩赐
圣旨知道。

柏 5

皇帝洪福前，考郎兀卫指挥
　　同知撒秃怯怕奏，比先奴
　　婢父祖以来敬顺
天道，尊事
　朝廷。奴婢辈辈在边效劳出

力不敢怠慢。今奴婢进贡
骟马叩头来了，望
朝廷怜悯照例奏讨赏赐。怎
生
恩赐
圣旨知道。

柏6
皇帝洪福前，建州右卫都指
挥使哈剌哈等六人来奏，
今有迤北达贼，在奴婢每
处扰害。奴婢每过活艰难
无食，受这等苦楚，望
朝廷怜悯奴婢每常在边上
效劳出力奏讨赏赐与奴
婢回去边上用度。怎生
恩赐
圣旨知道。

柏7
皇帝洪福前，泰宁卫指挥同
知速纳哈男卜颜台叩头
怯怕奏，奴婢父因此时常
在边外出力气，正德四年
八月内得病故了。今奴婢
进贡马匹叩头来了。要袭
父前职。望
朝廷可怜见准与的。怎生
恩赐
圣旨知道。

柏8
皇帝洪福前，屯河卫指挥同
知亦列格叩头奏，比先年
间设立卫，分赐与印信，着
奴婢掌管部下人民。奴婢
多在边上出力不敢怠慢。

今远地方进贡马匹叩头
来了。望
朝廷怜悯照例奏讨赏赐。怎
生
恩赐
圣旨知道。

柏 9

皇帝洪福前，福馀卫右都督
可台怯怕奏，奴婢在边诚
心出力，今进贡骟马一匹，
专差指挥帖木儿叩头去
了。奴婢每这几年被歹人
抢夺艰难。奏讨鞍子、嚼头、
鱼网等件。望
朝廷可怜见准与的。怎生
恩赐
圣旨知道。

柏 11

皇帝洪福前，毛邻卫都督佥
事只塔怯怕奏，奴婢比先
蒙
朝廷赐与印信，除授前职，管
束人民。这几年被瓦剌达
子将人民抢去。又将升官
的
敕书抢去了。今进贡马匹叩
头去了。奏讨都督佥事
敕书。怎生
恩赐
圣旨知道。

柏 12

皇帝洪福前，哈密卫右都督
罕慎怯怕奏，比先
太宗皇帝时将哈密设立卫分

赐与印信管束哈密着，做
远近耳目这等设立有来。
今奴婢备办驼马等物，专
差指挥阿哈赴京进贡叩
头去了。望
朝廷可怜见收了便益。怎生
恩赐
圣旨知道。

柏 15
皇帝洪福前，泰宁卫指挥使
撒哈塔叩头奏，正德 元年
七月二十二日除授前职。
在边进送人口，出力多年
了。今奴婢进贡马匹叩头
来了。照例讨升都指挥使
职事。望
朝廷怜悯远夷准升与奴婢
的。怎生
恩赐
圣旨知道。

柏 16
皇帝洪福前，弗提卫右都督
荅吉禄、考郎兀卫都督同
知斡罗台等奏有，纳剌河
卫指挥同知卜养古，比先
永乐年间到今七辈出力
有功，除授前职。今奴婢保
这卜养古做都督佥事，好
管束人民。怎生
恩赐
圣旨知道。

柏 19
皇帝洪福前，建州卫都督完
者秃怯怕奏，奴婢每与朝

鲜国地方近住。我每二处
人，时常争闹有。朝鲜人说
你自往
大明皇帝前进贡去，不往我每
处来。因此，今奴婢
朝廷前奏，望怎生怜悯处置
恩赐
圣旨知道。

柏 22
毛邻卫都指挥老佟怯怕
朝廷前奏，奴婢每众人商量
远地方来，回去时无有驮
驮脚力。今要奏讨辽东衙
门里买牛只勘合文书。怎
生怜悯
圣旨知道。

柏 24
皇帝洪福前，建州右卫指挥
佥事撒因孛罗孙男昂克
孛罗奏有，祖成化八年二
月初九日除授前职。出力
行间故了。今奴婢要袭祖
原职，望
朝廷可怜见准与的。怎生
恩赐
圣旨知道。

柏 25
皇帝洪福前，建州右卫里三
格等怯怕奏有，本卫都督
老察弘治十五年来进贡
回去，至本年五月十四日
到辽东故了有。他男三岁
年小。今保他弟扫察袭替
前职。怎生

恩赐
圣旨知道。

柏 29
皇帝洪福前，毛邻卫指挥佥
事阿哈怯怕奏，奴婢正德
三年七月二十日除授前
职。在边出力，进送人口多
有大功。今奴婢照本卫指
挥佥事撒哈事例讨升都
指挥佥事职事，望
朝廷可怜见准与的。怎生
恩赐
圣旨知道。

柏 30
皇帝洪福前，朵颜卫都指挥
佥事马纳哈怯怕奏，比先
有奴婢父祖以来辈辈进
贡，到今不敢怠慢。今奴婢
专差头目兀剌台进贡骟
马叩头去了。奏讨青红布、
帐房、剪子等件。望
朝廷怜悯都准与的。怎生
恩赐
圣旨知道。

北 1
敕谕四方海外诸国番王及
头目人等朕奉
天命，一体上帝之心，施恩布德 。
凡覆载之间，日月所照之
处，其人民老老少少皆欲
使之遂其生育不致失所。
今特遣使赍敕普谕朕意，
循理安分，勿有违越，不可
欺寡，不可凌弱。若摅诚来

朝，咸赐官赏。故兹敕谕都
使闻知。

北 2

敕麓川 、平缅军民宣慰使思
任发等，尔以象马方物来
贡，赐与尔及妻彩段（缎）表里，
尔宜恪遵
朝廷法度，以副朕意，故谕。

北 3

敕大同总兵官杨信，原
迤北抢去汉人，今不时
走回，俱从彼处入关进京，多
有带来鞑马。特敕尔杨信，
今后如有似前带来马匹
不可人马同来，其马以致
瘦损无力须喂养十日半
月，差人管押来京。已敕沿
途驿站，好生用心喂养。特
敕尔杨信知之。

北 4

敕总兵官文书说与各边卫
分头目每知道
朝廷天地大恩，与边外开卫
门，除授你每官职着管束
部下之人，各守本分。如今
时常不守法度，抢掠人民
财物，被害之人多有来告。
今先行文书与你每知道，
好生管束下人，不许仍前
再犯。有再犯的定奏闻，
调兵征剿。故谕。

北 5

敕亦里把里地面火者、王、头

目马哈木等，尔能敬顺
天道，尊事
朝廷，遣使以阿鲁骨马来进，
诚意可嘉。特赐尔彩段（缎）表
里，尔宜益坚臣节，永效勤
诚，以副朕望。故谕。

北 6

海西都督等官奏有，我每
十人五日一次送的下程
酒肉，不足五日吃用有。会
同馆把门的馆夫的牌子每
商量，将送来的下程酒肉
等物都夺去了。今望
朝廷怜悯着一个官人送来
分与便益。怎生
恩赐
圣旨知道。

北 7

朵颜卫指挥同知脱忽赤
男撒哈塔奏有，我的父十
二月十六日，在东边外，将
原授职的
敕书失落了，奴婢要求讨
新
敕书，奏得
圣旨知道。

北 8

皇帝洪福前，建州右卫都督
察哈塔并毛怜卫大小人
等奏，今我每比照今年来
进贡海西的人赏赐，都赏
与银两，我每照例奏讨银
两便益。怎生
恩赐

圣旨知道。

北 9

毛怜卫指挥使塔出奏，比
先成化二十三年有，我祖
撒鲁正直好人，同兀黑纳
被辽东韩总兵领军马出
边外时，将我的祖杀了。这
等苦楚今奴婢求讨升职
奏得。

圣旨知道。

北 10

皇帝洪福前，考郎兀卫都督
同知撒哈塔孙男失勒得
奏有，我的祖故了，弘治四
年二月初七日除授前职。
今我求讨父祖的职事。怎
生

恩赐

圣旨知道。

北 11

皇帝洪福前，阿真河卫指挥
佥事阿桑哈男歹孙奏有，
我的父成化十五年二月
初九日除授前职。今我求
讨父职。怎生

恩赐

圣旨知道。

北 12

纳剌河卫指挥同知撒哈
男额赤格奏有，我的父成
化三年三月初七日除授
前职。正德十四年十一月
十四日，在开原城将原授

职的
敕书失落了，今我求讨
敕书。怎生
恩赐
圣旨知道。

北 13
皇帝洪福前，兀者左卫指挥
佥事哈里哈男撒鲁格奏
有，（我）的父成化十年二月十
七日除授前职。今奴婢求
讨父职。怎生
恩赐
圣旨知道。

北 14
朵伦卫指挥同知脱忽赤
男亦纳哈奏有，我父在开
原城将授职的
敕书失落了。这失落了的
敕书在屯河卫的人手里，今
奴婢求讨父的
敕书奏得。
圣旨知道。

北 15
皇帝洪福前，兀者卫都督也
克怯怕奏，今奴婢求讨金
带、大帽子。怎生
恩赐
圣旨知道。

北 16
皇帝洪福前，建州卫都督完
者帖木儿怯怕奏，奴婢今
年在东边地方射猎，寻得
白爪海青一对，能擒天鹅。

奴婢不敢自用，专差指挥
撒里赴京进贡。望
朝廷怜悯收了。怎生
恩赐
圣旨知道。

北17
皇帝洪福前，建州左卫都督
佥事脱罗干保奏有，本卫
都指挥佥事牙速成化四
年七月十一日除授前职，
今故了有。他男亦剌哈要
袭父职。又有指挥同知阿
剌哈弘治二年三月十二
日除授前职。出气力多年
了，今讨升都指挥佥事职
事。怎生
恩赐
圣旨知道。

北18
皇帝洪福前，建州卫都督完
者秃奏，先前奴婢本卫一
百十五人进贡来时有，都
指挥使苦鲁名字人有珠
子二个，卖与大市倪佐名
字人，说定与布一百匹，后
不曾与。今望
朝廷怎生怜悯追还原物的
恩赐
圣旨知道。

北19
皇帝洪福前，童宽山卫指挥
同知帖鲁格怯怕奏，天顺
七年十二月初三日除授
前职。奴婢出气力年远了，

今照例讨升指挥使。怎生
恩赐
圣旨知道。

北 20
皇帝洪福前，建州右卫都督
赏哈怯怕奏有，本卫都督
佥事剌哈成化十四年十
月初三日除授前职，弘治
五年十二月十二日故了。
今保他男老察袭他父都
督佥事便益。怎生
恩赐
圣旨知道。

北 21
皇帝洪福前，建州左卫都督
脱罗怯怕奏，天顺八年正
月十八日除授马木敦做
都指挥。成化元年抢去边
上十九人，马十匹，甲八副。
将这马木敦送到广宁城
收了。这马木敦多出气力
有来。因此，今保他男马哈
塔袭父都指挥职事。怎生
恩赐
圣旨知道。

北 22
皇帝洪福前，阿者迷河卫都
督只克怯怕奏有，都督荅
吉禄剌哈都蒙
朝廷赐与大帽、金带有来。今
奴婢照例奏讨大帽、金带。
怎生
恩赐
圣旨知道。

北 23
皇帝洪福前，建州右卫都督
人等保奏，成化十五年三
月十六日除授阿剌哈做
都指挥佥事有，升官的
敕书被大军马抢了。今保他
男忽塔哈袭父前职。成化
十五年三月十六日除授
阿塔忽做都指挥佥事有，
升官的
敕书也被大军马抢了。今有
他男马塔要袭父职。怎生
恩赐
圣旨知道。

北 24
皇帝洪福前，兀者前卫都督
卜哈怯怕奏有，本卫都督
脱里景泰元年十月十一
日除授前职，诚心出气力
行间，后天顺二年被迤北
达子做贼将这都督脱里
抢去了有，他男兀哈秃天
顺三年进贡时，袭了他父
都督佥事职事，出气力行
间故了。今有他男纳哈出
袭父都督佥事。 怎生
恩赐
圣旨知道。

北 25
皇帝洪福前，兀列河卫指挥
使塔必纳怯怕奏，比先有
奴婢祖阿哈塔在边多出
气力，升了指挥使，出力行
间故了。后奴婢父袭了祖

职事，故了。天顺五年四月
十二日奴婢塔必纳袭了
父职，出气力多年了。今叩
头进贡来了，讨升都指挥
佥事。怎生
恩赐
圣旨知道。

北 26
皇帝洪福前，建州右卫都督
赏哈怯怕奏，成化十四年
除授猛可做都指挥同知，
后被抚顺所官人杀了有，
升官的
敕书失落了，今保他男伯孙
袭父都指挥同知。怎生
恩赐
圣旨知道。

北 27
皇帝洪福前，兀者卫都督指挥
佥事马塔哈男撒秃哈奏，
比先奴婢袭父职事有，
敕书被歹人抢去了。比先有
马侍郎大人去招附时，奴
婢随他出气力
主人前叩头来了。众人都升
了职事，止奴婢不曾得升。
今照例讨升职事。怎生
恩赐
圣旨知道。

北 28
皇帝洪福前，建州卫指挥使
童撒哈怯怕奏：天顺六年
除授前职。今进贡马匹叩
头来了，讨升都指挥佥事。

又有指挥佥事撒哈塔天
顺八年袭了父职，年远了，
今讨升都指挥同知。又有
指挥同知卜儿哈天顺二
年袭了父职年远了，今进
贡马匹叩头来了，讨升指
挥使。怎生
恩赐
圣旨知道。

北 29
皇帝洪福前，建州左卫都督
脱罗怯怕保奏，成化四年
七月十一日除授牙速做
都指挥佥事，今故了有。他
男亦剌哈要袭父职。又有
指挥同知马哈木天顺二
年三月十九日除授前职
多年了。今讨升都指挥佥
事。怎生
恩赐
圣旨知道。

北 30
皇帝洪福前，撒鲁河卫指挥
同知脱塔奏，比先招附奴
儿干人民有功，升与指挥
同知。又有弗提卫指挥同
知亦塔哈奏，奴婢出力多
年了，都讨升赏。怎生
恩赐
圣旨知道。

北 31
皇帝洪福前，卜忽里卫指挥
佥事兀列格奏，天顺五年
除授前职，今远地方进贡

貂鼠皮二十张叩头来了，
讨升职事。又有乞塔河卫
指挥佥事里三格天顺五
年除授前职，出力多年了，
今讨升赏。又有弗提卫指
挥同知牙速、童宽山卫指
挥佥事影克、撒里卫副千
户阿哈等，今奴婢每，远地
方进贡来了，都讨升赏。怎
生
恩赐　　圣旨知道。

北 32
皇帝洪福前，泰宁等三卫达
子忽里赤等三百人进贡
到京。今遇
万寿圣节，都进贡骟马一匹。怎
生
恩赐
圣旨知道。

北 33
皇帝洪福前，建州右卫都督
赏哈怯怕奏有，都指挥阿
剌哈家下妻子九口人被
陈都堂杀了有。升官的
敕书 被人抢去了。先前失落
了
敕书的人，后都给与了。今奴
婢保这阿剌哈奏讨都指
挥
敕书。怎生
恩赐
圣旨知道。

北 34
皇帝洪福前，建州左卫都督

脱罗怯怕奏，天顺四年十
二月十二日除授，脱你赤
做都指挥佥事。今保他做
都指挥同知。成化元年二
月十九日除授，歹罕做指
挥同知，今保他做都指挥
使。成化十四年十月初三
日除授，扫察做都指挥佥
事，今故了，保他男昂克温
袭父前职。怎生
恩赐
圣旨知道。

北 35
皇帝洪福前，朵颜卫都指挥
猛可帖木儿怯怕奏，比先
有我父祖管大职事有来，
多出气力，辈辈进贡到京。
今遇
万寿圣节进贡骟马，专差指挥
兀剌台叩头去了，奏讨青
红布、帐房、鱼网、剪子等件。
怎生
恩赐
圣旨知道。

北 36
皇帝洪福前，罕东左卫都督
只克奏，奴婢每在边外地
方出气力有，千户阿儿乞
纳在地方有紧事，差他领
人马提防他多有功劳，因
此，今奴婢保升他职事，望
朝廷怎生怜悯，升与他职事，
使后人好出气力。怎生
恩赐
圣旨知道。

北 37

皇帝洪福前，朵颜卫都督阿
儿乞蛮怯怕奏，奴婢敬顺
天道，尊事
朝廷，诚心正直，出气力行走，
蒙
朝廷与了大赏赐有来。今遇
万寿圣节。进贡骟马二匹、骆驼
一只、差指挥那孩、帖木儿
叩头去了。又奏奴婢被歹
人抢夺艰难，奏讨帐房、织
金衣服、胡椒、青红布、剪子、
鱼网、鞍子、嚼头、手帕、胭脂、
粉、针。怎生
恩赐　　圣旨知道。

北 38

皇帝洪福前，建州左卫都指
挥使花当怯怕奏，成化五
年有李三名字人逃在我
每地方，我花当将这人拿
住，送到韩总兵处收了。成
化九年有朵颜三卫达子
来抚顺所地方抢夺时，我
每与他厮杀了，他一人送
与边上王大人处。成化 十
二年有王成名字人逃在
我每地方，我拿住送到兵
部马大人处有来。奴婢有这等功
劳，今叩头来了，讨升都督佥事。怎生
恩赐　　圣旨知道。

北 39

皇帝洪福前，福馀卫都督脱
罗干等叩头奏有，迤北达
子能加思阑太师将我每

抢杀。我每的近日依靠着
朝廷差马大人来着，我每多
人做买卖。我每三卫头目
十分欢喜。今有叱加思阑
太师被人杀了，我每听得
这等信，差人
朝廷前奏报。怎生
恩赐
圣旨知道。

北 40

皇帝洪福前，福馀卫大小头
目人等叩头奏：今我每处
有主剌把都儿等今年三
月间，往迤北达子处打听
声息，五月内回来了，言说
迤北达子移营往西行了，
因此奏报。怎生
恩赐
圣旨知道。

附录一　参考文献

一　著作

（按作者或编辑者姓氏首字声母为序，编著者不明者，按书名首字声母排列）

巴雅儿：《蒙古秘史》，内蒙古人民出版社 1981 年版。

《八岁儿；小儿论；三译总解；同文类解》，延禧大学校出版部 1956 年版。

（清）陈宗蕃编著：《燕都丛考》，北京古籍出版社 2001 年版。

（宋）陈元靓：《事林广记》，中华书局 1987 年版。

曹永年：《蒙古民族通史》第三卷，内蒙古大学出版社 1991 年。

《大元圣政国朝典章》，台湾故宫博物院所藏元刊本，1972 年影印本。

大友信一、木村晟：《日本馆译语》，东京洛文社 1968 年版。

达力扎布：《明代漠南蒙古历史研究》，内蒙古文化出版社 1997 年版。

道布：《回鹘式蒙古文文献汇编》（蒙文），民族出版社 1983 年版。

［法］费赖之著，冯承钧译：《在华耶稣会士列传及书目》上、下册，中华书局 1995 年版。

冯承钧译：《多桑蒙古史》，中华书局 1962 年版。

郭造卿：《卢龙塞略》，明万历刊本，（台湾）学生书局 1987 年版。

《海槎日记》，《海行摠载》第 4 册，京城：朝鲜古书刊行会，1914 年。

河内良弘：《明代女真史研究》，（日本京都）同朋舍出版 1992 年版。

胡振华、胡军：《回回馆译语》，中央民族大学出版社 2008 年版。

（明）火源洁撰：《华夷译语》不分卷，收于《涵芬楼秘笈》第四集。

《华夷译语》，《北京图书馆古籍珍本丛刊》第 6，经部，书目文献出版社。

《华夷译语》，东洋文库抄本。

《华夷译语》，德国柏林图书馆抄本。

黄时鉴点校：《通制条格》，浙江古籍出版社 1986 年版。

贾敬颜、朱风合辑：《蒙古译语、女真译语汇编》，天津古籍出版社 1990 年版。

［法］加斯东·加恩著，江载华、郑永泰译：《彼得大帝时期的俄中关系史》，商务印书馆 1980 年版。

（清）江蘩：《四译馆考》，南京图书馆藏清康熙三十四年（1695）刻本。

蒋一癸：《长安客话》，北京古籍出版社 1982 年版。

金光平、金启宗：《女真语言文字研究》，文物出版社1980年版。

《李朝实录》，日本，东京学习院东洋文化研究所，昭和三十一年（1956年）版，影印本。

李贤等：《大明一统志》，天顺五年（1461）五月十六日刊本。

李云泉：《朝贡制度史论》，新华出版社2004年版。

刘迎胜：《〈回回馆杂字〉与〈回回馆译语〉研究》，中国人民大学出版社2008年版。

刘迎胜：《察合台汗国史研究》，上海古籍出版社2006年版。

刘迎胜：《西北民族史与察合台汗国史研究》，南京大学出版社1994年版。

《洛阳伽蓝记》卷三，范祥雍校注，上海古籍出版社1982年版。

（明）吕维琪：《四译馆则》，京都帝国大学文学部东洋史研究室重刊，昭和二年（1927）12月。

《明实录》，台湾“中央研究院”历史语言研究所，1962年影印本。

《蒙语类解》，（韩国）汉城大学古典刊行会影印本1971年版。

（明）丘濬：《大学衍义补》，文渊阁《四库全书》第713册。

《钦定大清会典事例》，新文丰出版公司影印，1976年10月。

（明）申时行等重修：《大明会典》，江苏广陵古籍刻印社影印本1989年版。

（明）慎懋赏：《四夷广记》，收于《玄览堂丛书续集》，第84—102册。

（明）宋濂：《元史》，中华书局点校本1976年版。

《隋书》，中华书局点校本1973年版。

孙伯君：《金代女真语》，辽宁民族出版社2004年版。

聂鸿音、孙伯君：《〈西番译语〉校录及汇编》，社会科学文献出版社2010年版。

孙国权：《燕都游览志》今已不存。见于朱彝尊的《日下旧闻》卷10，城市一，中城上，清康熙二十七年（1688）六峰阁刻本。

（元）陶宗仪：《南村辍耕录》，中华书局点校本1959年版。

《通文馆志》，朝鲜史编修会编朝鲜史料丛刊，（韩国）民昌文化社1991年版。

（元）脱脱等撰：《宋史》，中华书局点校本1977年版。

（元）脱脱等撰：《金史》，中华书局点校本1975年版。

《万历起居注》，北京大学出版社影印本1988年版。

向达：《唐代长安与西域文明》，生活·读书·新知三联书店1957年版。

（清）王之春：《清朝柔远记》，赵春晨点校，中华书局2000年版。

（明）王宗载：《四夷馆考》，东方学会印本，1924年。

徐居正：《四佳文集》，《韩国文集丛刊》11，民族文化推进会，1991年。

（明）徐学聚编撰：《国朝典汇》，书目文献出版社1996年版。

（明）瞿九思：《万历武功录》，《四库禁毁书丛刊》子部36，北京出版社1997年版。

小仓进平：《朝鲜语学史》，刀江书院1940年版。

西田龙雄：《多续译语研究》，京都，松香堂1973年版。

《译科榜目》，［韩］汉城奎章阁影印本1994年版。

杨绍猷、莫俊卿：中国历代民族史《明代民族史》，社会科学文献出版社 2007 年版。
亦邻真：《亦邻真蒙古学文集》，内蒙古人民出版社 2001 年版。
余大钧译：《北方民族史与蒙古史译文集》，云南人民出版社 2003 年版。
余太山主编：《西域通史》，中州古籍出版社 1996 年版。
《元朝秘史》，四部丛刊三编本。
《元明杂剧》，南京国学图书馆影印明刻本 1929 年版。
（明）臧晋书编：《元曲选》，中华书局影印本 1958 年版。
（明）叶子奇：《草木子》，中华书局 1983 年版。
《永乐大典》，中华书局版 1986 年版。
（清）张廷玉等：《明史》，中华书局点校本 1976 年版。
张星烺编：《中西交通史料汇编》，中华书局 1977 年版。
（清）朱彝尊：《日下旧闻》，清康熙二十七年（1688）六峰阁刻本。
（清）赵尔巽等撰：《清史稿》，中华书局点校本 1977 年版。
赵云田主编：《北疆通史》，中州古籍出版社 2002 年版。
志费尼：《世界征服者史》，何高济译，内蒙古人民出版社 1981 年版。
周清澍：《元蒙札记》，内蒙古大学出版社 2001 年版。
（宋）周密：《癸辛杂识》，中华书局 1988 年版。
（元）周致中：《异域志》，中华书局 1985 年版。
（明）止云居士编，白云山人校：《万壑清音》，台湾学生书局 1987 年版。
《中国通史》，上海人民出版社 1997 年版。

二　论文

（按作者或编辑者姓氏首字汉字读音声母为序，编著者不明的，按书名首字汉字读音声母排列）

本田实信：《关于"回回馆译语"》，《北海道大学文学部纪要》第十一辑，1963 年。
长田夏树：《元代的中·蒙语汇〈至元译语〉》，《神户外大论丛》第四卷第二、三号，1953 年。
陈得芝：《元代回回人史事杂识》，《中国回族研究》第一辑，宁夏人民出版社 1991 年版。
陈高华：《印度马八儿王子孛哈里来华新考》，《南开学报》1980 年第 4 期。
陈高华：《元代的哈剌鲁人》，《西北民族研究》1988 年第 1 期。
陈垣：《元秘史译音用字考》，《陈垣学术论文集》第二集，中华书局 1982 年版。
稻叶岩吉：《吾妻镜女真字的新研究》，《青丘学丛》第九号，1931 年。
道尔吉、和希格：《女真译语研究》，《内蒙古大学学报》（哲学社会科学版）1983 年增刊。
渡边熏太郎：《女真馆来文通解》，《亚细亚研究》第十一号，1933 年。
渡部熏太郎：《女真语的新研究》，《亚细亚研究》第十二号，1935 年。

渡边三男：《关于〈华夷译语〉及“日本馆译语”》(1)、(2)，《驹泽大学研究纪要》第十八、十九辑，1960年、1961年。

福克司：《关于新〈华夷译语〉》，《辅仁英文学志》第8期，民国二十年（1931）十二月出版。

Walter Fuchs: Remarks on a new “Hua-I-I-Yü”, Bulletin of the Catholic University, peking, No. 8, 1931.

冯蒸：《〈华夷译语〉调查记》，《文物》1981年第2期。

服部四郎：《“琉球馆”和“国语”的音韵法则（二）》，《方言》第二卷第九号，1932年。

哈斯额尔敦：《〈华夷译语〉（汉蒙译语）研究》，《内蒙古师范大学学报》（汉文哲学社会科学版）1987年第1期。

和希格：《永乐〈女真译语〉词汇总论》，《满族研究》1998年第2期。

河内良弘：《朝鲜王朝的女真通事》，《东方学》第99辑，2000年。

津吉孝雄：《关于回回馆译语》，《东洋史研究》第二卷第二号，1936年。

刘迎胜：《旭烈兀时代汉地与波斯使臣往来考略》，载中国蒙古史学会编《蒙古史研究》第二辑，内蒙古人民出版社1986年版。

刘迎胜：《〈回回馆杂字〉与〈回回馆译语〉研究》，载南京大学《元史及北方民族史研究集刊》第12—13期，1989—1990年。

刘迎胜：《明代中国官办波斯语教学教材源流研究》，载《南京大学学报》1991年第3期。

刘迎胜：《13—18世纪回回世俗文化综考》，载《中国回族研究》第1辑，1991年。

刘迎胜：《唐元时代中国的伊朗语文与波斯语文教育》，载《新疆大学学报》1991年第1期。

刘迎胜：《〈回回馆杂字〉与〈回回馆译语〉“天文门”至“时令门”校释与研究》，载《中国回族研究》第2辑，宁夏人民出版社1992年版。

刘迎胜：《〈回回馆杂字〉与〈回回馆译语〉“花木门”校释》，刊于《中国史论集》，祝贺杨志玖教授八十寿辰论文集，天津古籍出版社1994年版。

刘迎胜：《〈回回馆杂字〉与〈回回馆译语〉校释举例（“器用门”至“文史门”）》，《中亚学刊》第5辑，1996年。

刘迎胜：《古代中原与内陆亚洲地区的语言交流》，《学术集林》卷7，上海远东出版社1996年版。

刘迎胜：《〈回回馆杂字〉与〈回回馆译语〉“方隅门”“数目门”校释》，刊于《学术集林》卷十一，上海远东出版社1997年版。

刘迎胜：《宋元至清初我国外国语教学史研究》，《江海学刊》1998年第3期。

刘迎胜：《〈回回馆课集字诗〉回回文研究》，《文史》1999年第2期，中华书局。

刘迎胜：《永乐初明与帖木儿帝国的使节往来》，刊于《庆祝王钟翰教授八十五暨韦庆远教授七十华诞学术论文合集》，黄山书社1999年版。

刘浦江：《女真语言文字资料总目提要》，《文献》2002 年第 3 期。

栗林均：《〈华夷译语〉（甲种本）蒙古语全单词、语尾索引》，东北亚研究中心丛书，第 10 号，2003 年 3 月 28 日发行。

马建春：《元代回回教育特征述论》，《民族研究》2002 年第 1 期。

那波利贞：《四译馆则》，《史林》第 13 卷第 3 号，1928 年。

浅井惠伦：《校本日本译语》，《安藤教授还历祝贺纪念论文集》，1940 年。

泉井久之助：《巴黎本・东洋文库本〈华夷译语〉“百夷馆杂字及来文的解读”》，《京都大学文学部研究纪要》第二辑，1952 年。

秋山谦藏：《镰仓时代女真船的来航——〈吾妻镜〉的女真文字和〈华夷译语〉中的女真文字的比较》，《历史地理》第六十五卷第一号，1935 年。

秋山谦藏：《明代支那人的日本语研究》，《国语和国文学》第十卷第一号，1933 年。

山本守：《静喜堂本“女真馆译语”考异》，《书香》第十六卷第十号，1943 年。

山崎忠：《乙种本〈华夷译语〉“鞑靼馆来文”の研究——东洋文库本》（《乙种本〈华夷译语〉“鞑靼馆来文”研究——东洋文库本》），《日本文化》第三十一辑，1951 年。

山崎忠：《〈华夷译语〉“鞑靼馆来文”の研究资料编——ベルリン本と东洋文库本との异同》（《〈华夷译语〉“鞑靼馆来文”的研究资料编——柏林本和东洋文库本的异同》），《欧亚学会研究报告 2 游牧民族研究》，京都，自然学会，1955 年。

山崎忠：「いわゆる甲種本華夷訳語の音訳漢字の研究—文例の部」、（ユーラシア学会研究報告『遊牧民の社会と文化』），1952 年。

三田村泰助：《关于“暹罗译语”》，《言语研究》第十九、二十合刊号，1952 年。

辻直四郎：《西天馆译书调查报告（序言）》，《东洋学报》第三十一卷第二号，1947 年。

神田喜一郎：《明の四夷館に就いて》（《关于明四夷馆》），《史林》第 12 卷第 4 号，1927 年。

石田干之助：《女真语研究の新资料》（《女真语研究新资料》），《东洋史论丛》桑原博士还历纪念，1931 年。

石田干之助：《所谓丙种本〈华夷译语〉の〈鞑靼馆译语〉》（《所谓丙种本〈华夷译语〉的〈鞑靼馆译语〉》），《北亚细亚学报》第 2 辑，1944 年。

石田干之助：《关于〈至元译语〉》，《东洋学论丛》第一册，1934 年。

石田干之助：《关于〈卢龙塞略〉所见汉・蒙对译语汇》，《蒙古学》第二册，1938 年。

田坂兴道：《最近における四夷馆及び华夷译语の研究》（《最近关于四夷馆及华夷译语的研究》），《东洋学报》第 33 卷第 3、4 号合刊本，1951 年。

田坂兴道：《有关“回回馆译语”的觉书》，《回教圈》第六卷第五号，1942 年。

田坂兴道：《“回回馆译语”语释》（一）至（四），《东洋学报》第三十卷第一、二、四号，1943 年；第三十三卷第三号，1951 年。

田坂兴道：《“回回馆译语”及其国际性》，《东洋史研究》第八卷第一号，1943 年。

特木勒：《明暹罗馆设置考》，《元史及民族史研究集刊》第 14 辑，2001 年 9 月。

特木勒：《迁都前明朝四夷馆方位小考》，《元史及民族史研究集刊》第 14 辑，2009 年

12 月。

王静：《北魏四夷馆论考》，《民族研究》1999 年第 4 期。

王静：《元代会同馆论考》，《西北大学学报》2002 年第 3 期。

王静：《明朝会同馆论考》，《中国边疆史地研究》2002 年第 3 期。

闻宥：《国外对于〈华夷译语〉的收藏和研究——兼介绍西田龙雄的〈研究丛书〉》，《学术集林》卷 7，上海远东出版社 1996 年版。

乌云高娃：《国内学者对〈蒙古秘史〉的研究状况》，《中国史研究动态》2001 年第 3 期。

乌云高娃：《朝鲜司译院"蒙学"蒙古语教习活动研究》，《中央民族大学学报》2001 年第 4 期。

乌云高娃：《古代东亚"译语"考——兼论元明、朝鲜"译语"意义之演变》，《元史及民族史研究集刊》第 14 辑，南方出版社 2001 年版。

乌云高娃：《日本学者对明四夷馆及〈华夷译语〉的研究状况》，《中国史研究动态》2002 年第 6 期。

乌云高娃：《日本学者对〈蒙古秘史〉的研究状况》，《中西初识》（原《中外关系论丛》）第 7 辑，2002 年 9 月。

乌云高娃：《明四夷馆"鞑靼馆"研究》，《中央民族大学学报》2002 年第 4 期。

乌云高娃：《明四夷馆和朝鲜司译院研究状况及史料简介——以"蒙古语学"为中心》，《元史及民族史研究集刊》第 15 辑，2002 年 8 月。

乌云高娃：《14—18 世纪东亚大陆的"译学"机构》，《黑龙江民族丛刊》2003 年第 3 期。

乌云高娃：《明四夷馆"鞑靼馆"来文初探》，《元史及民族史研究集刊》第 17 辑，2004 年 8 月。

乌云高娃：《朝鲜司译院蒙学三书》，《中国社会科学院历史研究所学刊》第三集，2004 年 10 月。

乌云高娃：《清四译馆"西洋馆"》，澳门政府文化局《文化杂志》第 53 辑，2004 年冬季刊。

乌云高娃：《〈蒙语类解〉与〈御制满珠、蒙古、汉字三合切音清文鉴〉》（1），《第五届韩国传统文化国际学术研讨会论文集》，华夏文化艺术出版社 2004 年版。

乌云高娃：《明四夷馆"女真馆"和朝鲜司译院"女真语学"》，《中国史研究》2005 年第 1 期。

乌云高娃：《永乐本〈华夷译语〉"鞑靼馆来文"注释》，《欧亚学刊》第 5 辑，2005 年 6 月。

乌云高娃：《朝鲜司译院的"类解书"与〈华夷译语〉》，《华夷译语论文集》，日本大东文化大学语学教育研究所，2007 年 10 月。

向达：《瀛涯琐志——记巴黎本王宗载〈四夷馆考〉》，载于《唐代长安与西域文明》，生活·读书·新知三联书店 1957 年版。

向正树：《忽必烈时代的朝贡与元朝的南海信息》，《元史论丛》第十辑，中国广播电视出版社 2005 年版。

小仓进平：《“朝鲜馆译语”语释》(上、下),《东洋学报》第二十八卷第三、四号，1941 年。

西田龙雄：《丙种本“西番馆译语”研究》,《京都大学文学部研究纪要》第七辑，1963 年。

伊波普猷:《介绍日本译语》,《方言》第二卷第九号，1932 年。

张文德:《王宗载及其〈四夷馆考〉》,《中国边疆史地研究》2000 年第 3 期。

郑光:《译学书研究的诸问题——以朝鲜司译院“倭学书”为中心》,《朝鲜学报》第 170 辑，1999 年。

中村栄孝:《捷解新語》の成立・改修および《倭語類解》成立の時期について,《朝鲜学报》第 19 輯，1961 年 4 月。

附录二　索　引

D

E

F

G

H

J

K

L

M

N

P

Q

R

S

Z

附录三　汉、蒙语汇对照索引

A

C

D

M

N

T

W

X

Y

Z

后　记

这部《明四夷馆韃靼馆及〈华夷译语〉韃靼“来文”研究》是在笔者博士论文《明四夷馆及朝鲜司译院研究——以“蒙古语学”为中心》基础上进行大幅度的修改、增补而成的。1999年笔者有幸被刘迎胜先生收入门下，在南京大学历史系攻读博士学位。受导师刘迎胜先生对《华夷译语》“回回馆译语”研究的影响，笔者开始研究明四夷馆韃靼馆及其来文，并以此做为博士论文选题。论文是在导师刘迎胜先生的悉心指导下完成的。刘迎胜先生认真审阅论文全部内容，对论文逐字逐句进行修改，并提出诸多宝贵的意见和建议。感谢我的导师刘迎胜先生以及在论文答辩过程中提出宝贵意见的蔡美彪教授、陈得芝教授、陈高华教授、郝时远教授、余太山教授、华涛教授。

经过十几年的修订与增补，本成果对博士论文各章节进行了大的改动，在整体结构方面做了较大调整，并对大多章节的内容做了修改或对有些问题进行了重新考证。

本成果第一章绪论第二节“前人研究”中，新增加了近几年的的最新研究成果。第二章“明四夷馆及‘韃靼馆’”中的第一节“明‘四夷馆’”的设立一节中，根据《大学衍义补》和《四译馆则》的记载，对明成祖朱棣设立四夷馆的目的进行了探讨。第二章的第二节“明‘四夷馆’的具体位置”中，对《明实录》和《国朝典汇》所记载的“置馆于长安右门外处之”，和《燕都游览志》所记载的“四夷馆在玉河桥之西，置馆于长安左门外处之”，查阅其他成果，并参考最近研究成果，对四夷馆的位置重新进行了考证。在博士论文中忽略了明成祖设立四夷馆时，明朝的首都并未从南京迁都到北京的事实，因此，不能正确解释上述史料记载的出入问题。本成果中解决了这一困惑的问题，认为《国朝典汇》所记“置馆于长安右门外处之”句，应该是指四夷馆于明朝迁都前在南京的位置，而《燕都游览志》所记载的“四夷馆在玉河桥之西，置馆于长安左门外处之”的记载是指明朝迁都北京之后四夷馆的位置。

本成果第四章中的第一节“明朝与蒙古的朝贡贸易背景”是新增加的部分，博士论文中只对四夷馆韃靼馆译官在明朝与蒙古的朝贡贸易中所起到的作用等问题进行了探讨，而并未对明朝与蒙古的朝贡贸易背景做充分的分析，本成果中补充了这一部分内容。本成果第五章也对博士论文章节进行了调整，其中，第一节“各版本《华夷译语》所收韃靼‘来文’”对日本内阁文库《华夷译语》中未收录韃靼来文做了介绍。

本成果第六章和第七章是新增加的两大章节，对洪武本《华夷译语》和永乐本《华夷译语》韃靼来文的内容、拼写规律、文书格式进行了研究。在博士论文中只对永乐本《华夷译语》韃靼馆来文进行了校释，并未对其内容、文书格式进行研究，也未做蒙古文还原。本成果第六章分五节对洪武本《华夷译语》中的鞑靼来文进行校释，拉丁转写、还原为蒙古文原文。并对洪武本《华夷译语》中的鞑靼来文的汉字音译与《蒙古秘史》的汉字音译蒙古语进行比较，将汉字音译蒙古语翻译成汉文，与汉字音译蒙古语的旁译、总译进行比较研究，探讨了明代以汉字标记蒙古语的所用汉字、语音、语法特点及其拼写规律。并从洪武本《华夷译语》和永乐本《华夷译语》鞑靼来文的内容比较中，考察来文中所反映出的明初朱元璋对北元的征战及招降政策与永乐时期明朝在蒙古、女真等地建立羁縻卫所，允许蒙古、女真诸部与明朝进行互市、入贡政策的不同。本成果第七章增加了三节，对永乐本《华夷译语》鞑靼来文的内容、文书格式进行了详细的研究，并还原为现代蒙古语。在博士论文中未对洪武本《华夷译语》鞑靼来文进行研究，也未对洪武本《华夷译语》和永乐本《华夷译语》鞑靼馆来文内容进行比较研究，也并未关注到两种版本的《华夷译语》鞑靼来文内容所反映出的明朝洪武、永乐时期对蒙古的不同政策。

在写作过程中与民族研究所的乌兰教授、日本东北大学栗林均教授进行交流，收益非浅，在此感谢乌兰老师和栗林均教授。在收集资料过程中，刘迎胜教授帮忙复制了德国柏林图书馆所藏《华夷译语》鞑靼来文，在此深表感谢。受日本大板国际大学松Ⅲ孝一先生的推荐，有机会到日本东洋文库查阅并复制东洋文库本《华夷译语》鞑靼馆来文，在此深表感谢。同时，受大谷大学松川节教授、京都大学岩井茂澍教授、明治大学的樱井智美教授的帮助，在此对他们表示衷心的感谢。

2006年7月应日本青山学院大学远藤光晓教授的邀请，在日本青山学院大学参加《华夷译语》国际学术研讨会，并到内阁文库查阅《西域同文表》，在此感谢远藤光晓教授及日本研究《华夷译语》的同行学者同仁们的帮助。

这十几年以来，我的家人默默支持我的研究工作，感谢我的父母、兄弟姐妹的鼓励与支持。感谢我的丈夫苏伦一直以来对我工作的理解与支持。同时，感谢曾帮助过我的阿风教授、青格力教授、张文德师兄、特木勒师兄、郭万平师弟、马娟师妹、吴小红师妹、华玉博士。

2013年7月在中国社会科学出版社赵剑英社长和郭沂纹主任的推荐和支持下，这部《明四夷馆鞑靼馆及〈华夷译语〉鞑靼"来文"研究》获得国家社科基金后期资助。感谢赵剑英社长和郭沂纹主任付出的辛勤努力。感谢全国哲学社会科学基金规划办公室的负责人及评委们对该成果的肯定与支持。感谢中国社会科学出版社的编辑以及为此书出版付出辛勤劳动的所有工作人员。同时感谢中国社会科学院历史研究所卜宪群所长、中外关系史研究室李锦绣主任的培养与关怀，感谢科研处博明妹老师以及各位同仁的支持。

在该成果即将出版之际，突然接到大学同学图门贺希格因公牺牲的消息，强忍悲痛校完最后一稿。谨以此书纪念我们真挚的友谊，感谢他多年以来对我无私的关爱、理解与支持。

2014年5月16日
乌云高娃修订于通辽